서점 vs 서점

이 도서의 국립중앙도서관 출판시도서목록(CIP)은 서지정보유통지원시스템 홈페이지
(http://seoji.nl.go.kr)와 국가자료공동목록시스템(http://www.nl.go.kr/kolisnet)에서
이용하실 수 있습니다. (CIP제어번호 : CIP2014001610)

미국의 도서판매와 소비문화의 역사

서점 vs 서점

로라 J. 밀러 지음

박윤규·이상훈 옮김

한울
아카데미

Reluctant Capitalists
Bookselling and the Culture of Consumption
by Laura J. Miller
Licensed by The University of Chicago Press, Chicago, Illinois, U.S.A.

옮긴이의 말

우선 로라 J. 밀러의 역저*力著 Reluctant Capitalists*를 번역할 기회가 생겨 매우 기쁘게 생각한다. 이 책은 미국 도서산업의 초기부터 현대의 체인서점에 이르기까지 도서산업의 변천을 자본주의라는 틀에서 자세하고 매우 논리적으로 설명했다. 이 책에서 볼 수 있듯이 도서산업은 경제적 논리로만 본다면 많은 변화를 겪었고 지금도 많은 변화를 겪고 있는, 전망이 그리 밝지 않은 산업일 것이다. 한국에서도 독서문화의 풀뿌리이자 생장점이라고 할 수 있는 동네서점이 고사하는 작금의 현상을 보아도 그렇다. 특히 디지털미디어 기술의 발달로 인한 수요 위축, 업계의 양극화와 글로벌화로 인해 과거와는 양상이 다른 심각한 위기에 직면했다.

그러나 도서산업을 단지 경제적인 측면으로만 보는 것은 옳지 않은 것 같다. 책은 사회의 교육, 문화, 역사 등 거의 모든 분야에서 매우 중요한 역할을 해왔으며 앞으로도 사회 발전에 지대한 영향을 미칠 것이라는 믿음에는 의심의 여지가 없다. 오프라인 서점은 온라인 서점이 따라올 수 없는 책 고유의 촉각과 향기를 선사하며 지식과 정보를 온몸으로 느끼게 해주는 공간이다. 유럽 대도시에는 역사와 권위를 자랑하는 소규모 독립서점이 아직도 구석구석에 자리 잡고 있다. 파리의 셰익스피어앤드컴퍼니Shakespeare and Company, 런던의 헤이우드힐Heywood Hill 등이 그렇다. 이러한 독립서점은 유럽 도서 시장 전체 매출의 20%를 차지하면서 지역문화의 모세혈관 같은 역할을 한다.

한국 도서산업도 이제 비판적 성찰이 필요하다. 중요한 것은 앞으로 한국 도서산업을 예측하고 발전시키기 위해서는 그 역사를 뒤돌아보는 작업이 필요하다는 것이다. 조지 산타야나George Santayana의 "역사를 모르는 사람은 지나온 과거의 잘못을 되풀이하는 저주를 받을 것Those who cannot remember the past are condemned to repeat it"이라는 말이 뜻하듯, 지나온 과거를 뒤돌아보는 것은 매우 중요하다. 특히 도서산업 분야에서 주도적인 역할을 수행해왔던 유통업체가 어떻게 변화해왔는지 전반적으로 정리하고 의미를 설명하는 작업은 더욱 그렇다. 이런 측면에서 이 책은 미국 서점의 사례이지만 자본주의라는 관점에서 도서산업 유통업체가 변해온 과정을 잘 설명하고 있다.

특히 이 책의 가장 큰 특징 중 하나는 도서산업의 변천사뿐만 아니라 도서산업에 상업문화가 등장하면서 겪게 되는 갈등, 도서산업의 주체가 수행해온 도서산업 구성원으로서, 경제주체로서, 사회구성원으로서의 역할과 의미 등 도서산업에 대한 전반적인 내용을 자본주의라는 관점에서 서술한다는 점이다.

2012년 세계경제포럼(다보스포럼)에 참가한 국제투자자, 애널리스트, 트레이더 등을 대상으로 한 설문조사 결과 응답자의 70%가 "현행 자본주의체제를 바꾸어야" 한다고 답했다. 특히 소로스George Soros는 삶에서 돈이 지배할 수 없는 것이 지적 성취감 같은 것들이라면서, 1980년대 초 모든 걸 돈으로 계산하려는 자유방임형 자본주의체제가 대세가 되면서 자본주의 시스템에 위기가 왔다고 말했다. 빈부격차 확대, 금융위기 확산, 건강보험제도 붕괴, 정치시스템 마비 등 자본주의의 근간을 흔드는 상황이 지속되면 향후 몇십 년간 자본주의의 미래는 담보될 수 없다는 것이다. 이 책은 이러한 자본주의 시스템에서 미국의 도서산업이 어떻게 성장해왔는지를 조명하고 앞으로의 방향을 제시한다. 우리도 자본주의 체제의 위기에서 도서산업이 발전하기 위한 방법은 무엇인지 고민해보아야 할 것이다.

공동으로 번역하는 과정에서 전체적인 조화를 이루는 데 부족한 점이 있을 수 있다. 용어의 통일성 부족 또는 내용이나 문맥상 어색한 표현이 있을 수 있다는 점을 솔직히 고백하면서, 이에 대해 독자들이 넓은 마음으로 이해해주시기 바랄 뿐이다.

이 책이 출간되는 데 역자들 외에 많은 분들이 수고해주셨다. 도서출판 한울의 김종수 사장, 박행웅 고문, 김준영 편집자를 비롯한 많은 분에게 감사의 뜻을 전하고 싶다. 또한 번역 과정에서 유익한 조언을 많이 해주신 모든 분께도 심심한 감사의 마음을 전한다.

번역은 단순히 내용을 옮겨 적는 것이 아니라 다른 나라의 문화적·사회적·경제적 배경 위에 작성된 내용을 한국의 실정에 맞게 해석하는 또 다른 창작이라고 생각할 수 있는바, 역자들은 이 분야의 학자임에도 이 책을 번역하는 것이 수월하지 않았을 뿐만 아니라 아직 부족함이 많다는 것을 느끼고 있다. 부디 역자들의 작은 노력이 이 분야를 이해하고 이를 응용하는 데 조그마한 도움이 되기를 간절히 바란다. 마지막으로 항상 믿고 응원해주는 우리 가족들에게 감사의 말을 전한다.

2013년 12월
박윤규·이상훈

vs

차례

감사의 말

이 책을 만드는 과정은 길었고, 처음 도서산업과 관련된 연구를 시작했을 때 기대했던 것과는 사뭇 다른 책이 되었다. 책을 쓰는 동안 많은 분들이 나에게 지적·실용적·정신적 지지를 해주었다. 캘리포니아 대학교 샌디에이고 캠퍼스UC San diego에서 나는 찬드라 무케르지Chandra Mukerji, 마이클 슈드슨Michael Schudson, 딕 매드슨Dick Madsen, 댄 쉴러Dan Schiller, 조지 립시츠George Lipsitz 등의 도움과 지도를 받는 특권을 누렸다. 그들 덕분에 문화에 관한 다양한 관점과 지식의 깊이를 아우를 수 있었으며, 이에 대한 내용이 이 책에 잘 나타나 있다.

이 프로젝트를 처음 시작했을 때 지지와 조언을 해준 다른 분들, 신디 바우어Cindy Baur, 베릿 덴커Berit Dencker, 아나 데빅Ana Devic, 크리스티나 에스코바르Cristina Escobar, 그렉 만Greg Mann, 매리로즈 뮬러MaryRose Mueller, 마가렛 오벤든Margaret Ovenden, 안나 세메레Anna Szemere, 린다 보Linda Vo에게도 감사를 표한다. 샤론 헤이즈Sharon Hays에게는 특별히 감사의 말을 전한다. 그녀는 사회학자로서의 나의 능력에 변함없는 믿음을 보여주었고, 내가 생각할 수 있는 것 이상의 다양한 방법으로 나의 사고력에 영향을 미쳤다.

이 프로젝트의 두 번째 단계에서 슈드슨은 지속적으로 조언해주었으며, 의견을 제시하고 여러 가지 제안을 해주었다. 나는 특별히 그가 작업의 마지막 단계에서 거의 완성된 원고를 읽어준 것에 감사를 드린다. 또한 캐시 콜Kathy Coll, 킴 다코스타Kim DaCosta, 에밀 하드먼Emilie Hardman, 빌 호인스Bill Hoynes, 키어 케이틀리Keir Keightley, 대니얼 로빈슨Daniel Robinson, 조지 로스George Ross에게도 감사를 드린다. 그들은 책을 집필하는 중에 여러 부분에서 의견을 제공했고, 여러 차례 가치 있는 대화를 통해 그 생각들이 반영되도록 했다. 개인적으로 이름을 거론하지는 않았지만 많은 도움을 받은 캘리포니아 대학교 샌디에이고 캠퍼스, 브랜다이스 대학교 Brandeis University, 웨스턴온타리오 대학교University of Western Ontario, 바사 대학Vassar College의 동료, 스태프, 교사들과 학생들에게도 감사를 드린다.

또한 시카고 대학교University of Chicago 출판부의 더그 미첼Doug Mitchell 과 팀 맥거번Tim McGovern의 열정과 기술, 인내심에도 도움을 받았다. 출판인들과 같이 일하는 것은 그들에 대해 집필하는 것과는 전혀 달랐으며, 시카고 대학교 출판부의 직원들은 출판 과정을 매우 쉽게 진행할 수 있게 해주었다.

학문 이외에도 인생에 더 많은 것들이 있음을 알게 해준 내 가족은 이 프로젝트의 처음부터 끝까지 전 과정 동안 지속적인 관심을 보여주었다. 아트 밀러Art Miller, 실비아 밀러Sylvia Miller, 매트 밀러Matt Miller, 데브라 밀러Devra Miller, 비비안 테노리오Vyvyan Tenorio, 로베르토 요한슨Roberto Johansson, 노미 요한슨밀러Noemi Johansson-Miller, 마하츠 밀러Mahats Miller, 엘리아스 요한슨밀러Elias Johansson-Miller, 자크 테노리오밀러Zach Tenorio-Miller, M. 푸니타쿠마르M. Punithakumar에게도 감사를 표한다.

나의 연구여행 중 기꺼이 집을 방문할 수 있게 해주고 아낌없는 환대를 해준 분들, 조와 메릴린 스톤 부부Joe and Marilyn Stone, 대니얼 로스도이

셔Daniele Rossdeutscher와 그의 가족, 그리고 린 뉴만Lin Neumann과 레베카 뉴
만Rebecca Neumann에게도 심심한 사의를 표한다. 또한 나에게 도서산업에
종사하는 사람들을 소개해준 분들이 없었다면 이 책을 완성할 수 없었을
것이다. 매장 고객과 인터뷰할 수 있도록 해준 서점들과 나에게 대화의
시간을 내준 도서 전문가들에게도 감사를 표한다. 비록 그들이 내가 이
책에서 말하는 모든 내용에 동의하는 것은 아니었지만, 도서산업에서 일
하는 그들의 노고에 대해 깊은 존경심을 느낀다는 것을 믿어주기 바란다.

01_
상업문화와 상업문화에 대한 불만

1960년대 초반, 에드워드 실스^{Edward Shils}는 미국의 서점에 대한 에세이를 집필했다. 실스는 서적상에 대해 "오로지 책과 함께하려고 유리한 봉급을 기꺼이 포기하는 특별한 사람"이라고 찬사를 보냈다. 그는 또한 서점은 문화를 재생산하고 배분하는 독특한 역할을 수행하는 사업을 운영하면서 매우 중요한 공공 서비스를 제공해준다고 언급했다.

> 좋은 서점은 사람에게 동시대의 동질감을 느끼게 해주고, 사람을 연결시켜주는 역할을 한다. 처음으로 만나는 기회를 제공해주고, 더욱 강렬한 기대(전망)를 갖도록 한다. 그곳은 지적 유희의 장소로, 대화하는 것과 같은 가치를 지니고 있다. '문명화된 예술'로서가 아니라 세상과 닿아 있는 활기찬 지성체가 살아가는 데 꼭 필요한 거주공간의 한 부분으로서 가치가 있다.[1]

하지만 미국 사회에서 서점이 차지하는 가치가 높더라도, 도서 소매업이 굉장히 어려운 상태이며 앞으로 더욱 나빠질 것이라 실스는 믿었다. 그가 주장한 문제점은 미국인이 독서에 별로 관심을 보이지 않는다는 것과, 출판사들이 종종 서점을 거치지 않고 대중에게 직접 책을 판매한다는 것이었다. 이러한 현상은 도서판매의 수익성을 악화시키는 조건들이다. 실스가 좋지 않은 현상이라고 아래와 같이 경고했듯이, 결과적으로 대부분의 서점은 베스트셀러나 다른 인기 있는 책만 판매했고, 다양하고 만족스러운 구색을 갖춘 서점은 거의 찾아보기 힘들어졌다.

우리는 서점이 '죽어가는 옛 사회'와 '태어나려고 산고를 겪는 새로운 사회' 사이에 걸쳐 있는 기관으로 인식되는 시대에 살고 있는 듯하다. 서점을 지지하는 사람은 별로 없다. 지지자라고 해도 졸리고 당황스러운 듯 눈을 비비면서 자신이 들어가 있는 동굴의 입구를 쳐다보는 나약한 사람일 뿐이다. 서점이 있어 이익을 얻는 사람들(한편으로는 출판사, 다른 한편으로는 독자와 앞으로 독자가 될 가능성이 있는 사람)은 의도적이든 비의도적이든 서점이 몰락하도록 힘을 쏟고 있다. 어쩌면 서점은 법치주의, 대의제, 대중의 자유, 인신보호영장의 권리 등과 같은 것으로 대변되는 부르주아 시대의 좋았던 것들 가운데 하나로 포함될 것이다. 서점은 보편적인 이익을 제공하지만 그 이익은 너무나 당연하게 여겨져 막상 이익을 얻는 사람은 서점의 번영에 점점 더 소홀해졌다.[2]

실스의 이런 반추를, '좋은(엘리트)' 문화의 중요한 원천이 되는 기관을 포함해, 많은 기관이 직면하게 되는 도전에 대해 괴로워하는 일부 사회학자의 단순한 향수로 치부해버리기 쉽다. 하지만 이러한 편훼는 잘못된 것이다. 서점에 대해 실스가 표명한 견해는 몇십 년 전부터 계속되어왔고, 지금도 비슷한 불평이 들려오고 있다. 그들은 이 소매업을 가치 있게 해주는 본질이 위협받고 있다며 서점에 대한 존경과 함께 놀라움을 나타내고 있다. 이러한 견해가 지속된다는 것은 실스가 제기한 우려가 실제로 나타났는지 의문을 제기할 가치를 느끼게 만든다. 새로운 사회 체제는 정말로 전통적인 방식의 서점이 살아남을 수 있는 조건을 없애버린 것일까? 그리고 왜 서점과 그 서점을 지탱하던 부류의 사람들이 사라져가는 것에 대해 유감을 갖는 것일까? 이러한 질문에 대한 답은 실스가 몰두하고 있던 쟁점에 대한 더욱 최근의 징후를 살펴보면 명확히 알 수 있다.

1990년 5월 당시 미국에서는 세 번째로 큰 체인서점인 크라운북스Crown Books가 버지니아의 알렉산드리아라는 스트립몰(매장이 한 줄로 늘어서고 그 앞에 1열 주차장이 있는 쇼핑센터 ─ 옮긴이)에 처음으로 '슈퍼크라운Super Crown'을 개점했다. 새로운 슈퍼크라운은 기존 크라운북스 서점보다 3~4배나 많은 3만~4만 종의 책을 보유하고 있다는 것에서 차별화되었다.[3] 다른 전국적인 체인서점에서도 비슷한 변화가 나타났다. 1990년 초에 월든북스Waldenbooks는 매장 몇 개를 대형 매장Superstore 형태로 변환해 훨씬 많은 종류의 책을 선보이겠다고 발표했다.[4] 그리고 9월에는 반스앤드노블Barnes & Noble이 대형 매장 버전을 미네소타 주 세인트폴 근교에 있는 로스빌에 처음으로 개점했다. 몇 개의 큰 할인 매장이 들어선 쇼핑몰에 입점한 이 새로운 매장은 1만 5,000제곱피트(약 1,400m²)에 10만 종의 책을 자랑하며 경쟁 우위를 확보했다.[5]

물론 미국에서 대형 서점은 전혀 새로운 것이 아니었다. 특히 1980년대부터 그러한 대형 서점은 미국 전역에 드문드문 생겨났다. 하지만 반스앤드노블, 크라운북스, 월든북스의 움직임은 서점이 충분치 않은 곳에 베스트셀러와 읽기 쉬운 책을 주로 다루는 작고 규격화된 체인서점을 열던 전략을 변화시키는 데 큰 영향을 끼쳤다. 이를 지켜보던 사람들은 이제 체인서점이 어떤 방식으로 자신들의 세련된 기술과 빈틈없는 마케팅, 할인에 대한 방침을 대형 서점 체제와 결합시킬 것인지 궁금해했다.

초기에 언론은 대체로 대형 매장 현상에 대해 열렬한 반응을 보이며 보도했다. 사서를 위한 저명한 잡지에 실린 한 사설은 "마치 도서관처럼 생겼어요!"라는 제목으로 극찬했다.[6] 또 다른 경영 잡지에는 "너무 적은 종의 책만을 보유하고 있다고 몇 년간 체인서점을 비판하던 도서 애호가들이 책의 종수를 늘린 체인서점에 조심스럽게 감사를 표하고 있다"라는 기사가 실렸다.[7] 기자들은 엄청난 도서판매량뿐만 아니라 새로운 매장의 인테리어에 대해서도 언급했다. 너무 밝고 천편일률적인 작은 체인서점과는 달리 대형 체인서점에는 부드러운 조명, 클래식 음악, 편안한 의자가 갖추어져 있었다. 이러한 매장은 정말로 도서 애호가를 염두에 두고 매장을 디자인했다는 메시지를 전달하려고 했다.

하지만 1년도 채 지나기 전에 언론은 도서산업에 종사하는 모든 사람이 이런 변화를 칭찬하지는 않는다는 사실을 깨달았다. 반대자는 실스가 30년 전에 제기했던 것과 같은 우려를 언급했다. 하지만 우려의 내용은 변화하는 시대와 함께 바뀌어 있었다. 대형 매장의 설립으로 제기된 논쟁은 개인이 경영하는 서점(독립서점—옮긴이)과 전국 체인서점 사이에서 지속적으로 진행되는 싸움을 수면 위로 떠올렸다. 비록 이 싸움의 시발점은 100년 전 백화점에서 책을 파는 행위에 대한 의견 불일치였지만, 본격적인 논쟁은 1960년대 초반에 현대의 체인서점이 발달하면서 시작되었다. 한동안 논쟁이 확대되었으나 체인서점과 독립서점이 서로 다른 이미지를 고수하고 다른 종류의 고객을 상대하게 되자, 1980년 말에는 서로에 대한 적개심이 조금 가라앉는 듯 보였다. 하지만 대형 매장의 등장은 서점 전쟁에서 양쪽이 화해할 수 있는 기회를 모조리 없애버렸다. 새로운 형태의 체인서점이 혹시 독립서점에 치명적인 위협이 되지는 않을지, 그리고 이런 위협이 미국의 독자와 책에 어떤 영향을 미칠지에 대한 의문이 다시 생겨났다.

독립서점은 체인서점이 독점 체계를 만들 계획을 세우고, 그 목표를 달성하기 위해 불공정한 경쟁을 펼친다고 불만을 토로했다. 비평가들은 체인서점 기업 사주를 겨냥해, 대형 매장의 움직임은 문학적인 배려보다는 회계손익에 의한 행동이었다고 비판했다. 지지자는 대형 매장의 다양한 책 종수에 놀라워하는 반면, 반대파는 책을 사는 사람들이 예전의 소형 서점에서 제공되던 보편화된 서비스와 똑같은 서비스를 다시 받는 것일 뿐이라고 주장했다. 또한 도서 구입을 비디오 대여만큼 인기 있는 것으로 바꾸어놓은 대형 매장을 칭찬하는 사람들이 있는 한편, 대형 매장은 아이디어나 지성에 관심을 갖게 하기보다는 커피를 더 잘 광고할 것이라며 조롱하는 사람들도 있었다. 이러한 논쟁은 전국 도서판매량에서 대형 체인서점이 차지하는 점유율이 증가하고 많은 수의 독립서점이 대형 체인서점 때문에 사라지자 더욱 뜨거워졌다.

대형 체인서점이 이전의 쇼핑몰 체인서점과 마찬가지로 비난을 받자, 지켜보던 사람들은 여러 해 동안 지적되던 서점의 문제점을 다양한 방식으로 해결한 체인서점이 왜 비난받는지 의아해했다. 지난 세기 동안 도서 전문가들은 책을 읽고 싶어 하는 사람과 책을 연결해주는 곳인 서점의 구시대적이고 비효율적인 시스템에 대해 낙담해왔다. 많은 이들은 충분치 않은 서점 수, 책이 출판사에서부터 소매상까지 배송되는 데 걸리는 긴 시간, 서적상의 나태한 태도, 도서구매 시장의 무지함, 도서 구매자가 원하는 책을 재고로 확보하지 못한 서점에 대해 비난을 퍼부었다. 도서유통 시스템 자체를 현대의 비즈니스 방식에 맞춰 발전시키라는 요구는 항상 끊이지 않았다.

20세기의 지난 40년 동안 이루어진 경제적·기술적·문화적 변화는 드디어 도서 거래를 더욱 합리적으로 바꾸는 데 성공했다. 책을 판매하는 가장 효율적인 방법과 그 방법에 맞는 조직화된 형식과 절차를 발달시킨 것이다. 체인서점의 성장은 다음과 같이 도서시장의 발전을 이끌었다. 즉, 서점이 없던 마을에 체인서점을 입점시켰고, 도서시장의 방향을 알려줄 컴퓨터 시스템의 개발에 점진적인 투자를 유발했으며, 도매상과 출판사가 협력해서 책을 필요로 하는 곳에 빠르게 책을 배송해주었다. 하지만 대형 체인서점에 대한 논쟁이 보여주듯이, 이러한 추세가 완벽한 발전이라고 도서산업에 종사하는 모든 사람에게서 환영을 받은 것은 아니다. 실스가 동굴에서 동굴 너머의 세계를 혼란스럽게 바라보던 사람들이 느꼈을 당혹스러운 감정이라고 언급한 것은, 전체를 바라보는 시야는 넓어졌지만 다른 소비재의 유통에 이용되는 기술과 철학은 받아들이지 않겠다는 고집스러움으로 표현하는 것이 더 적절할 것이다. 도서판매업에서 반복적으로 주장한 것은 오직 효율성과 손익에만 몰두하면 그에 따르는 심각한 부작용이 발생할 것이라는 우려였다.

서점의 미래에 대한 논쟁을 미국 도서산업 역사에서 일어난 사건들과 분리해서 이야기할 수는 없다. 이는 책의 보급에 헌신적으로 노력하면서 무자비한 상업주의에 대항해온 논쟁을 떠올리게 만든다. 이러한 비판의 목소리는 1970~1980년대의 출판사 인수합병에 대한 강한 반대, 1920년대에 새롭게 등장한 북클럽book club에 대한 비판, 그리고 20세기가 되면서 작가가 계약 협상을 위해 에이전트를 이용하는 데 대한 항의에서 분명히 드러난다. 이러한 각각의 쟁점에 대해 도서산업에 종사하는 사람들은 도서와 같이 사회적 가치가 높은 분야에 대해 강매, 탐욕, 무자비한 경쟁, 그리고 "대중" 시장에 대한 아첨 같은 것들이 연관되어 이용되어서는 안 된다고 비난했다. 도서판매업에서 수익을 낼 수 있는 가능성이 증가하면서 이 분야가 상업성에 대한 논쟁의 중심이 된 것은 놀라운 일이 아니다.

하지만 체인서점의 스타일과 기술에 대한 갈등은 문학문화의 수준을 훨씬 넘어선다. 이는 일반적인 상업 분야에서는 아주 익숙한 합리화에 대한 우려를 보여준다. 남북전쟁이 끝난 이후부터 거대 상업조직에 대한 반대는 주기적으로 불거져 나왔다. 상업조직 중에는 대규모 소매상도 포함되는데 이들의 역할은 미국 사회에서 굉장히 두드러진다. 1860년대에 그레이트애틀랜틱앤드퍼시픽티Great Atlantic & Pacific Tea Company(A&P)에서 처음 시작된 체인점은, 규모의 경제를 추구하고 개인 맞춤 서비스를 강조하며 가격 할인을 목표로 제시하면서 인기와 수익성을 모두 얻었다.[8] 하지만 몇몇 사람은 체인점이 개인이 운영하는 독립 매장을 파괴하고, 그로 인해 체인점이 시장을 독점하게 되었으며 개인 소매업과 지역사회의 통제력을 무력화시킨다고 비판했다. 반反체인점 정서는 시대에 따라 증가했다가 줄어들곤 했지만 1930년대 이후부터는 조직적인 반체인점 운동이 거의 일어나지 않았다. 하지만 대형 체인서점과 같은 이른바 대형 소매점의 성장과 함께 체인점에 대한 반대는 다시 거세졌다. 이 운동은 대규모 소매상의 지나친 세력에 대한 과거의 우려를 되살렸다. 그뿐만 아니라 고객과 판매상의 관계를 비인간적 관계로 만들고 이 나라(그리고 점점 이 세계마저) 지역사회를 표준화시킨다며 체인점을 비난했다.

도서판매업을 놓고 벌이는 현재의 논쟁은 상반되는 가치, 즉 도서산업에서의 비즈니스 가치와 일반 소매업 영역에서 주장하는 합리화의 가치를 결합시켰다는 점에서 주목받을 만하다. 내가 이 책을 쓴 목적은 이러한 양면적 가치 연구를 통해 이 질문들에 대한 답을 찾기 위해서다. 왜 도서 소매업을 효율적으로 합리화시키려는 노력은 엄청난 논쟁을 불러오는 것일까? 그리고 체인서점과 같은 대규모 소매상의 힘을 견제하려는 노력은 왜 중요할까? 이 질문들을 통해 시장의 증대와 합리화의 과정, 미국 문화에서 소매업과 소비가 갖는 의미, 미국 사회에서 책이 차지하는 위치 등과 관련된 폭넓은 범위의 쟁점을 진단해보고자 한다.

물론 이런 쟁점을 고려하려면 19세기와 20세기 초 진행된 도서판매와 도매상의 동반성장에 대해 파악해야 하지만, 여기서의 주된 초점은 현대 체인서점의 발전과 이로 인해 생기는 독립서점과의 마찰이다. 이 갈등에는 시장 점유율을 위한 싸움뿐만 아니라 서적상을 위한 적합한 조직 형태 및 소비자와 서적상 모두에게 걸맞은 경영 형태에 대한 윤리적인 판단을 얻으려는 시도도 포함된다. 체인서점과 독립서점 사이의 경쟁은 구체적인 행동으로 드러난다. 예를 들어 매장에 진열할 책을 고르기 위한 소매상의 방법이나, 개별 도서와 서점을 홍보하기 위해 사용되는 다양한 방법에 의해 드러난다. 하지만 그런 판매 전략 수준의 쟁점을 넘어서, 여기에 표현되는 갈등은 독립서점이 가두연설을 하고 자신들의 주장을 법정·입법기관·대중에게 내세우는 방법 등으로 대외적으로 정치화되었다. 서점에 대한 논쟁은 소매업이 경제적으로 강하고 민첩한 자만이 살아남는, 단순히 경쟁만 고려되는 분야 이상이라는 것을 증명해준다. 소매업은 또한 상품의 유통을 통해 개인의 삶과 집단의 삶이 어떻게 서로 다르게 혜택을 받는지 상반되는 의견을 보여주는 분야이기도 하다.

상업 문화

학문적 분석과 대중적 이미지의 범위 안에서 경제와 문화는 어떤 면에서는 서로 어울리지 않고 융합할 수 없는 분야로 인식된다. 이러한 내용은 비즈니스 세계에 널리 존재하는 대중적 이미지에 잘 반영되어 있다. 즉, 다윈의 진화론적인 관점에서 바라보는 비즈니스 세계에서는 문화적 세밀함이 아무런 의미가 없다. 또한 이러한 인식은 구조와 문화 중 어느 것이 사회적 영향력이 큰지에 대한 학문적 논쟁에도 잘 반영되어 있다. 하지만 도서 비즈니스는 경제적·문화적 분석을 동시에 수행해야 하는 중요성을 보여주는 가장 좋은 분야다.

20세기의 출판에 대한 사회학적·역사학적 연구 작업은 비교적 적다. 게다가 도서판매업에 대한 경험적 실험을 통한 연구는 더욱 부족하다.[9]

현시대의 도서산업에 관한 유효한 연구 중 대다수는 회고록, 편집자와 발행자를 찬양하는 자서전, 전문가를 겨냥한 실질적인 보고서의 형태다. 결과적으로 이런 종류의 작업은 대부분 비판적인 시각을 갖추지 못했다. 하지만 도서산업계에 대해 저술한 사람이 역사학자든 사회학자든 전문가든 저널리스트든 간에 도서산업계에 존재하는 상업성에 대한 논쟁이 지속되고 있다는 사실에 대해서는 모든 사람이 인정하고 있다. 논쟁은 일반적으로 시장의 압력과 '좋은' 책에 대한 의무감 사이에 흐르는 긴장감이라고 이해되어왔다. 이러한 긴장감은 문화와 상업의 대립이라고 자주 표현된다.[10] 루이스 코저Lewis A. Coser, 찰스 카두신Chales Kadushin, 월터 포웰Walter W. Powell은 이렇게 설명했다.

이 산업은 상업에서 필요로 하는 요소와 제한하는 요소, 그리고 국가의 상징적인 문화를 지키는 최고 수호자로서의 책임과 의무 사이에 여전히 위험하게 걸쳐져 있다. 또한 상업과 문화의 요구 사이에 존재하는 긴장감은 출판업에 항상 존재하는 듯 보였지만 지난 20년간 더욱 극심해지고 두드러졌다.[11]

코저·카두신·포웰(상업과 문화의 대립을 채택한 다른 이들과 동일하게)은 이 긴장감에 대해 "이익 추구와 우수성에 대한 요구는 동시에 달성할 수 없는 것으로 인식되었다"라고 묘사했다.[12] 따라서 코저·카두신·포웰은 상업과 문화 사이의 긴장감이 미국 사회에 새롭게 등장한 것이라는 주장에 대해 반박했지만, 우수성을 요구한다는 명백한 가정들은 검증하지 않고 남겨두었다. 가치 있는 책과 가치 없는 책의 구분과, 중요한 책과 시시한 책의 구분은 당연하다는 듯이 받아들여졌다.[13]

최근 몇 년 사이에 대중문화에 대한 대부분의 학문은 문학적 장점에 대한 그런 개념이 조금 더 의문을 가질 필요가 있다고 가르쳤다. 문학적 장점이 명백하다고 해서 상업적으로 이익이 없다고 간주하지는 말아야 한다. 오히려 책이 '중요하다'라고 정의되는 과정은 사회적·정치적으로 이루어져야 한다.[14] 이 주장은 문화-상업 간의 긴장감이 뚜렷이 나타나지 않는다는 것을 의미하는 것은 아니다. 하지만 문화를 단순히 '높은 수준의 문화'를 줄인 말로 생각하기보다는, 레이먼드 윌리엄스Raymond Williams의 주장과 같이 지적이고 예술적인 우리의 삶이 현재 존재하는 다양한 문화적 의미와 작품에 아주 밀접하게 관련되어 있다고 생각할 필요가 있다.[15] 이것은 예술적 창의성에 대한 개념이 어떻게 상업적 논리를 넘어서 설명되는지를 어느 정도는 보여준다.

문화-상업 간의 긴장감에 대한 더욱 비판적인 견해는 상업화가 문화 권위자의 지위와 힘에 어떻게 영향을 주는지 조사하도록 만들었다. 예를 들어, 엘리자베스 롱Elizabeth Long은 출판업이 상업화되는 데 대해 오랫동안 존재해온 두려움은 상류층의 문화적 권위를 위협하는 문화적 서열의 변화에서 시작되었다고 주장한다. 특히 책을 읽는 대중이 늘어나고 그들의 요구를 들어주는 제도가 함께 늘어날수록 문화적 엘리트는 자신들의 문학적 가치(즉, 높은 문화 수준)가 새로운 대중 독서가들의 세련되지 못한 취향에 의해 낮아질 위험이 있다고 두려워한다는 것이다.[16]

이와 비슷한 주장이 재니스 래드웨이Janice Radway의 '이달의 책 클럽 Book-of-the-Month Club'에 대한 연구에 포함되어 있다.[17] 래드웨이는 미국 도서산업 역사에서 좀 더 떠들썩했던 논쟁에 대해 언급했다. 이 논쟁은 오늘날의 체인서점에 대한 논쟁과 일치하는 점이 많다. 1920년대에 이달의 책 클럽이 만들어졌을 때 서점은 새로운 경쟁을 두려워했으며, 비판가는 이 혁신으로 인해 소비자가 클럽에서 지정해준 책만 읽어 결국 문학적 규격화(표준화)가 일어날 것이라고 경고했다. 오늘날의 체인서점과 비슷하게 이달의 책 클럽과 이 클럽을 모방한 사람들은 할인 판매, 출판사로부터 받는 우대, 전국에 미치는 영향력, 그리고 이 영향력으로 인해 그들이 갖게 될 문화적 힘 때문에 두려움의 대상이 되었다. 하지만 래드웨이는 이달의 책 클럽을 둘러싼 논쟁에는 사실 더 깊은 뜻이 있었다고 주장한다. 대중문화에 대한 다른 이론처럼, 그녀는 본래 급성장한 사업가들로부터 권위를 위협받은 문화적 엘리트들이 자신들의 불안감을 숨기려는 의도로 표준화를 공격했다고 주장한다.[18] 문화적 권위자를 위협하는 경쟁자들은 문학 세계의 지식인을 압도할 만한 대규모 대중을 이끌고자 시도했을 때 더 위협적으로 보였다. 이 두려움은 이달의 책 클럽을 뻔뻔스럽게 고급문화에 저급문화를, 문화의 순수성에 상업의 세속성을 섞어버리는 중앙집권화된 제도적 권력자라고 비난하는 것으로 표출되었다.[19]

이달의 책 클럽의 논쟁에 대한 래드웨이의 분석은 현재의 서점 전쟁을 이해하는 데 도움이 될 뿐 아니라 책의 상품화에 대한 일반적인 우려를 이해하는 데에도 도움이 된다. 결국 쇼핑몰에 위치한 체인서점이 엄청난 성공을 거둔 이유는, 전통적인 서점을 엘리트화되고 두려운 곳으로 생각한 사람들을 체인서점으로 끌어모았기 때문이다. 하지만 내가 주장하듯이, 문화적 권위자에 대한 생각은 지난 몇십 년간 꽤 많이 바뀌었다. 체인서점 비판자는 독립서점을 엘리트 특권의 수호자로 보는 견해로는 현재 독립서점과 체인서점 모두 대중을 잡으려고 노력한다는 사실을 설명할 수 없다고 한다.

더욱이 학자들이 설명했듯이, 문화-상업의 구도는 '상업'에 대한 내용을 무시했기 때문에 서점을 놓고 벌이는 논쟁을 설명하기에는 부적합하다. 우리는 상업의 영역이 처음 외견상 나타나는 것보다 훨씬 복잡하다는 것을 깨달아야 한다. 물론 자본주의에서는 상업의 어떤 면이 당연하다는 듯 받아들여지기도 한다. 시장은 참가자들, 즉 생산자 대 소비자, 고용주 대 노동자, 자본가 대 자본가가 상대적 이익을 놓고 경쟁하는 원리를 통해 운영된다. 각각의 그룹은 모두 상대방에게 반대되는 물질적 이익을 추구하고 있다. 이런 이유 때문에 사업가는 항상 혁신을 해야 한다. 생산성을 늘릴 새로운 방법이나 새로운 시장을 찾지 않으면 경쟁자에 의해 그의 사업은 문을 닫게 될 것이다.[20] 도서산업의 일원이 자본주의 기업으로 인식됨으로써 받는 제약은 실제 존재하며, 종사자는 이 때문에 불쾌한 방식을 강요받거나 도서산업에 처음 뛰어들었던 이유가 약화된다. 심지어 가장 이상주의적인 서적상도 곧 깨닫듯이, 자본주의 시스템의 전체적인 논리는 경쟁적인 환경에서 이익을 창출해내는 것이다.

그럼에도 어느 누구도 상업이 문화적 영향을 받았다는 주장에 대해서는 반박하지 못한다. 상업이 이해되고 실행되는 방향은 모두 구체적인 역사적·문화적 배경에 의해 결정된다. 칼 폴라니Karl Polanyi가 보여줬듯이, 시장경제에는 역사가 있다. 최대한의 물질적 이익을 추구하려는 목적에 인간이 항상 경의를 표현한 것은 아니었던 것이다.[21] 자본주의 경제체제 내에서도 상업적 행동이 효율적인 물적 이익 추구만으로 축소 해석되지는 않는다. 1980년대부터 발전한 새로운 경제사회학은 경제가 국가와 다른 제도에서 독립해 움직인다는 경제의 자율성 가정을 토대로, 교환 상황에서 개인과 단체의 행동은 예측할 수 있다는 신고전경제학의 이론에 도전해왔다. 오직 최대한의 물질적 이익만을 추구하는 개별화된 개인에 입각한 추상적인 모델은 실제와는 잘 맞지 않는 것으로 판단되었다. 경제행위를 이해하기 위해 개발된 대안적 접근방법은 체인서점과 같은 기업의 승리는 당연한 것이며 체인서점의 낮은 가격을 선호하는 소비자는 단순히 인간의 본능을 따르는 것일 뿐이라는 주장을 바로잡을 때 큰 도움을 준다.

경제사회학에 큰 영향을 미친 사람 중 하나인 마크 그라노베터Mark Granovetter는 경제행위와 경제조직은 사회적 관계 네트워크에 내재되어 있다는 배태성 개념을 주장했다. 이성적 행동이론가 및 배태성이론이 시장경제사회에서는 적용될 수 없다고 믿은 이론가와 달리, 그라노베터는 현대사회에서 경제적인 목표를 추구하는 데에는 다른 조건도 영향을 미친다고 주장했다. 그런데 이러한 조건은 사회적 네트워크의 일부분인 개인과 기업이 이성적인 행동만이 아닌 사교성·명성·권력을 추구함으로써 생기는 것이다. 예를 들면, 사회적 네트워크는 믿음을 바탕으로 이루어지는 규칙적인 경제적 교환도 가능하게 하지만, 경제학자의 입장에서 봤을 때 이성적이지 않은 행동도 유발한다.[22]

꽤 많은 사회학자가 문화의 영향력으로 더욱 잘 설명되는 경제행위에 이론적 근거를 제공하기 위해 배태성이론을 수립했다. 샤론 주킨Sharon Zukin과 폴 디마지오Paul DiMaggio는 그라노베터의 주장을 더욱 발전시켜 경제행위에 영향을 미치는 다양한 종류의 배태성이론을 주장했다. 이들이 주장한 이론 중에는 문화적 배태성이 포함되어 있는데, 이 문화적 배태성은 "경제 전략과 목표를 수립하는 데 집단이 공유하는 생각의 역할"이라고 정의된다. 이들의 정의에 따르면, "문화는 경제제도에 이중적인 영향을 준다. 한편으로 문화는 경제가 움직일 수 있는 구조를 만들어주지만, 다른 한편으로는 시장주체의 자유로운 행동을 제약한다".[23]

적어도 미국에서 실제적으로 많은 연구들은 문화가 구조를 형성하는 역할보다는 구조를 제약하는 역할을 한다고 설명한다. 이 책에서는 문화가 경제행위에 영향을 주는 변수로 검토되었고, 또 어떤 면에서는 손익에 대한 이성적인 계산이 행동의 기본이라는 정도까지 수정·확대시켰다. 예를 들어, 퍼트리샤 손턴Patricia Thornton은 문화가 고등교육출판사에서의 의사결정에 어떠한 영향을 주는지를 설명했다. 그녀는 의사결정자들의 관심을 받아온 문제해결 유형의 역사적 변화를 설명하기 위해 제도적 논리 개념을 사용했다. 고등교육출판사의 관심이 '편집'의 논리에서 '시장'

의 논리로 변하면서, 출판인들은 출판사의 신망을 얻는 데 노력하지 않고 회사의 경쟁력 있는 위치를 확보하는 데 더욱 집중했다고 그녀는 주장했다. 기업의 체계적인 성장을 장려하기보다는 인수에 더욱 몰두하게 되었고, 작가와 편집자를 양성하기보다는 도서 자체를 마케팅하는 것이 성공의 지름길이라고 믿게 된 것이다.[24]

손턴의 목표 중 하나는 "문화의 영향력을 사회적·경제적 체계에서 분리시키도록 재촉하는 것"이다.[25] 하지만 이러한 주장은 기존의 주장보다 문화와 경제가 더욱 확실하게 구별되고 있다는 가정을 전제로 한다. 돈 슬레이터Don Slater가 말했듯이 "경제적·문화적 카테고리는 논리적·상호 의존적이다. 둘 중 어느 한 부분을 축소시키거나 서로 분리시킬 수 없다". 그가 언급했듯이, 이것은 배태성이론보다 훨씬 강한 주장이다.[26] 경제활동이 문화로 인해 수정되는 것이 아니라 오히려 문화가 경제활동의 일부를 구성하고 있는 것이다. 그리고 때가 되면 경제구조가 경제의 범위뿐만 아니라 사회의 온갖 분야에 영향을 주는 문화적 아이디어를 발전시키는 데 도움을 줄 것이다.

미국 사회학자보다 유럽 사회학자에게서 더 전형적으로 나타나는, 문화가 경제를 구성하고 있다는 주장에 대해 나는 찬성한다.[27] 미국학자들이 형성한 이론은 우리가 자본주의 시장의 무자비함과 세력이 지배하는 시대에 살고 있다는 사실에 영향을 받았을 가능성이 있다. 따라서 자본관계가 일반적으로 경제에 대한 생각의 시발점이 된다. 하지만 물건의 생산·유통·소비는 여러 가지 방법으로 이루어질 수 있고, 현대사회라 하더라도 비자본 형태도 존재한다. 이는 경우에 따라 일시적으로 또는 아련한 기억으로 남은 예전의 조직 형태이지만, 발견이 그렇게 어렵지는 않다. 문화와 상업이 어떻게 상호보완적으로 구성되는지를 검증하는 접근방법은 우리에게 경제활동과 자본주의를 동일시하지 말아야 한다는 사실을 상기시켜준다. 이와 유사하게, 이는 우리에게 경제행위(소비자 행동을 포함한)의 목적이 어떻게 결정되는지에 대한 질문을 던진다. 어떤 면에서는 너무나 많은 연구가 외견상 본인들의 주장에 충족되는 기업 또는 산업 세계만을 설명하려고 했기 때문에 경제활동의 목표가 자명해 보인다. 그렇지만 실상 이러한 경제조직이 사회의 다른 부분으로부터 완벽히 분리되어 있지는 않다. 그 결과 사람들이 가족으로서, 시민으로서, 독서와 같은 여가 활동을 추구하는 사람으로서 그 역할을 어떻게 해나가야 하는지에 영향을 주는 생각이나 관심이 노동·거래·소비와 같은 경제활동의 내용과 스타일을 형성한다.

나는 이 연구에서 경쟁·이익·성장·효율성·비인격성을 포함한 자본주의의 몇몇 일반적인 원칙에 도서 전문가가 어떻게 대응하는지 묻고, 이를 기술하고자 한다. 물론 나는 서점의 하루하루 일과에도 관심이 있지만, 서점이 업무를 수행하는 데 필요한 의사결정에 영향을 주는 체계를 구체화하는 것보다 오히려 그러한 결정이 자본주의 원칙에 소비자가 대응하는 방법에 어떻게 영향을 미치는지에 더 관심이 많다. 나의 목표는 역사적으로 자본주의에 순응해온 시대와 뒤떨어진 현상을 설명하는 것이 아니라, 발전되고 겉으로 보기에는 끊어지지 않고 계속 이어져온 듯한 자본주의 시대 동안에도 소매와 소비에 관한 다양한 문화적 모델이 서로 지속적으로 경쟁하고 있음을 설명하는 것이다.

앞으로 펼쳐질 장에서 나는 상업문화, 더욱 자세하게 말하자면 소매업과 소비문화에 대해 탐구할 예정이다. 나는 도서판매업에 대한 논쟁이 하찮거나 유례없는 사건이 아니라고 주장하면서, 그러한 논쟁을 통해 사회생활에서 소매업이 중심적 역할을 하며 쇼핑은 개인의 욕구를 충족시키는 주된 방법이라는 통념적인 믿음을 보여주려고 한다. 이러한 방법을 통해 체인서점에 대한 논쟁은 개인과 사회의 복지에 대한 불만을 반영하는 것으로 이해될 수 있다. 미국에서 상업은 소매업의 더 많은 이익과 관련해 수많은 변화를 겪었지만, 소매업과 소비의 체험에도 변화를 가져왔다. 이런 변화에는 절대적 힘을 휘두를 수 있는 대규모 조직의 성장, 비인간적인 사회관계의 확산, 상업 쇼핑구역의 규격화, 그리고 점점 표준화된 동질적인 제품이 구매되는 경향 등이 포함된다. 독립서점이 주장하는 도덕적 우월감을 통해 체인서점을 비평하는 내용을 보면, 이러한 발전이 소매업에서 느낄 수 있는 특이성과 감상을 사라지게 한 것에 대한 적의를 볼 수 있다. 이러한 상실감은 도서판매업에서 특히 심각한데, 이는 쟁점화되는 소비재인 도서가 오래전부터 존경과 숭배까지 받았던 물품이기 때문이다.

이와 동시에 다른 역사적·문화적 발전 역시 도서산업에 영향을 주는 변화를 서점이 이해하고 그에 대응하는 방법을 찾는 데 영향을 주었다. 가장 중요한 변화 중 하나는 제2차 세계대전 이후 서점이 지녔던 상류 문화 및 사회 엘리트적 이미지가 쇠퇴했다는 것이다. 한편으로 이러한 발전은 독립서점으로 하여금 보수적인 체면은 무시하고 자신들이 높이 평가하는 소매업 모델을 지키기 위해 정치적 행동에 기꺼이 참여하게 만들었다. 이러한 행동에 대한 대중의 지지를 얻으려는 시도로서 독립서점은 소비자에게 자유 시장의 통상적인 영업방식에 반대하는 집단적 관심을 요구했다. 하지만 다른 한편으로 문화적 엘리트주의의 쇠퇴는 소비자 주권의 가치를 증대시켰으며, 소비자는 시장에서 개개인의 이익을 추구할 것이고 추구해야 한다는 인식을 심어주는 데 기여했다. 냉혹한 경제용어로 정의하면, 이러한 소비자의 관심은 독립서점의 관심사와는 정반대다. 따라서 서점 전쟁의 경우는 소비자 동기 부여와 소비자 책임을 정의하기 위해 사용된 경쟁문화적 프레임워크를 강조한다.

합리적인 소매업

막스 베버Max Weber에 따르면 현대 세계는 도구적 합리성의 승리로 특징지어진다. 도구적 합리성이란 주어진 결말에 도달하는 수단으로 이용할 수 있는 자신 주변의 환경과 타인에게 스스로 순응하는 것을 말한다. 합리적인 행동에 감정과 전통을 위한 공간은 없다. 오히려 자신의 목표에 도달하기 위해, 개인 또는 단체는 끊임없이 체계적이고 효율적으로 사용 가능한 수단을 적절히 선택한다. 경제 분야가 이러한 합리성의 좋은 예다. 수익을 얻기 위한 가장 확실한 방법은 거래를 성사시킬 때 개인의 애착을 기준으로 하지 않거나, 다른 이들의 곤경에 자비를 베풀지 않거나, 감상이나 연민이 결정에 영향을 주지 않는 것이다. 결국 다른 이의 손해는 당신의 이득이 된다. 이런 다양한 추세는 현대생활에서 형식적 합리성 — 예측 가능한 결과를 얻기 위해 계산을 적용하는 것 — 이 만연하면서 점점 더 강화되고 있다. 관료제도와 과학적 방법에 대한 베버의 예가 잘 보여주듯이, 모든 상황과 모든 사람에게 적용된 예측 가능한 절차와 규칙은 일정한 결과를 만들어낸다. 하지만 합리적인 행동의 기술적 우수성에도 불구하고 베버는 합리화의 궁극적 결말을 굉장히 암담하게 보았다. 불합리성 — 감정과 미스터리 — 을 없애는 것은 틀에 박힌 생기 없는 일상생활을 초래하고, 자기 존재의 의미를 찾지 못할 정도로 사람들에게 무력감을 느끼게 한다.[28]

독립서점의 업무도 이러한 과정에 영향을 받긴 했지만, 체인서점은 가장 계획적이고 철두철미하게 도서판매업을 합리화시켰다. 체인서점의 관료적인 구조는 중앙 본부에서 이곳저곳에 떨어져 있는 수많은 매장을 관리하는 것을 가능케 해준다. 관료적인 조직은 업무의 전문화도 용이하게 하는데, 이것은 더욱 효율적인 노동 분배를 가능케 하고, 직원을 교육시켜 필요한 곳에 배치하는 업무를 더욱 수월하게 해준다. 획일적인 절차는 일정하고 예측 가능한 결과를 도출해내기 때문에, 체인서점은 규격화된 방법과 규격화된 스타일을 모든 매장에 적용하는 것을 선호해왔다. 이렇게 함으로써 회사가 기획한 이미지에서 벗어나지 않는 비교적 동일한 매장 경험을 각각의 매장이 제공하고 있다고, 먼 곳에 떨어져 있는 매니저가 확신할 수 있게 해준다. 더군다나 체인서점은 여러 가지의 주요 행동을 중앙집권화하고 표준화시킴으로써 규모의 경제를 달성할 수 있다. 선택, 주문, 광고에서부터 가격, 매장 인테리어, 구역과 진열에 대한 결정에 이르기까지의 모든 기능이 중앙 사무실에서 행해지고 있다. 신기술은 합리화 과정에 매우 크게 기여했는데, 미래의 판매실적을 예측하기 위해 적용된 컴퓨터화된 시스템의 기여도가 특히 컸다. 이제 어떤 도서를 받아들일지, 추천할지, 다시 출판사로 돌려보낼지는 이전 판매실적을 분석한 합리적인 기술에 의해 결정된다. 물론 이런 다양한 계획은 도서판매업의 이익을 몇십 년 전에는 상상조차 할 수 없던 수준으로 끌어올렸다.[29] 하지만 합리화는 다른 결과도 불러왔고, 그런 결과들에 대해서는 의견일치가 이뤄지지 않고 있다.

많은 학자들은 합리화 과정과 그 과정에서 의도되지 않았던 결과들이 어떻게 현대사회에서 실제로 인식되고 있는지를 보여주려고 노력했다. 실제로 도서판매업에서 일어났던 일들은 조지 리처George Ritzer가 '사회의 맥도날드화'라고 불렀던 것과 유사하다.[30] 예를 들어 서비스 분야에서 증가하고 있는 합리화의 부정적인 영향에 대한 리처의 분석은 경험의 동질화, 종업원과 고객 간의 상호 비인간화를 포함한다. 이러한 비인간화는 그들 간의 상호작용이 줄어들고, 그나마 남아 있는 상호작용이 천편일률적인 각본에 의해 관리되면서 생기는 현상이다.[31] 리처는 소비자가 맥도날드화된 소매업자에게서 받는 만족감은 사실 속임수이며 소비자와 직원의 기본적인 인격이 침해되고 있다고 가정하지만, 소매업에서 합리화의 영향에 대한 찬반론의 설명은 더욱 철저하게 문화와 역사 양쪽에서 근거를 찾아야 한다.

도서판매업 합리화에 대한 비판은 비인격성·균일화·대형화의 나쁜 영향에 포커스를 맞춰왔다. 독립서점은 자신들 스스로를 지역 결속, 지역 특징, 지역 관심사의 수호자로 여기고 있다. 반면에 크고 기업형이며 표준화된 체인서점은 비인간적인 사회관계 촉진, 지역사회의 특색 말살, 권력을 이용한 경쟁자 파괴 등의 특징으로 이해된다.

비인간성에 대한 비평은 크고 특성이 없는 기관에서 많은 시간을 보내는 일부 사람이 느끼는 외로움을 반영한다.[38] 하지만 외로움 이상으로 출판 분야에 종사하는 많은 사람들은 그 기관에서 일하는 사람들에게 많은 의미를 부여했던 삶에 대해 서글퍼한다. 독립서점을 운영하기로 결정한 사람들은 자신들의 사업에 전념한다. 하지만 아주 드문 경우를 제외하고 일반적으로는 그다지 돈을 벌지 못하고, 많은 시간 일을 해야 하며, 굉장히 큰 불확실성을 겪는다. 독립서점은 자신들의 직업이 그저 생계수단이 아니며, 다른 사람의 밑에서 일하기 싫어 찾아낸 탈출구가 아니라고 끊임없이 설명한다. 이 서적상들은 자신이 다른 사람에게 책을 제공해줌으로써 이 사회를 더 나은 곳으로 바꾸고 있다고 믿는다. 그리고 자신이 고객과 친밀한 관계를 수립하는 것에 대해 굉장한 만족감을 느낀다. 고객을 그저 자신과 주주의 이익 원천이 아닌 이웃으로 인지하는 것이다. 고객도 개인 소매상을 이런 식으로 인식하고 있는지는 알 수 없다. 하지만 도서판매업의 합리화는 서점이 자신의 일을 통해 추구하는 이러한 가치들을 위협해왔다.

덧붙여 합리화는 규격화를 위협하는 방식에 반대 입장을 취한다. 이전에는 출판업의 합리화를 주로 출판업의 개성을 위협하고 반대로 유사성을 야기하는 역할로 보았으나, 지난 몇십 년 사이에 규격화된 지역사회와 동질화된 문화의 문제로 주안점이 바뀌었다. 이러한 관심은 심미적 비평, 즉 체인서점의 규격화된 스타일이 사회의 개성을 없애는 데 기여했다는 비난을 포함하고 있다. 이와 동시에 중앙화되고 합리화된 선택과 추천 방식이 책의 다양성을 위협하고 민주주의의 운영에 필요한 다양한 의견의 교류를 막는다는 의견이 제기되었다. 책을 평가하는 데 수많은 독립상들의 개성 있고 독자적인 평가를 사용하지 않고, 판매를 증가시키기 위해 합리적인 기술을 사용하는 체인종업원들의 평가를 주로 사용함으로써, 독자가 많지 않은 기발하고 비평적인 책은 규격화된 베스트셀러에 의해 점점 밀려난다고, 독립서점과 그 지지자들은 주장한다.

이와 관련해 체인 소매업에 대한 비판은 전통적으로 대규모에 대한 미국인의 의구심을 반영한다. 대규모에 대한 이러한 적개심은 20세기 초반에 타락을 부추기고 사회적 상호 교류를 비인간적으로 만드는 듯한 대도시에 대한 혐오로 표현되었다. 또한 비도덕적 무관심으로 개인의 파멸을 방조한 거대 관료조직에 대한 불신으로도 나타났다. 비평가들은 이런 기관들이 자급자족, 평등, 경제와 정치권력의 분권화와 같은 미국의 중요한 가치를 약화시켰다고 주장했다. 작은 지역사회와 똑같지 않지만 형태가 비슷한 소규모 기업은 덕망 있고 자유로운 시민이 계속 존재할 수 있다는 희망을 갖게 해준다.[88] 규모에 대한 사회적 함의에 관한 이러한 의견들은 현재도 계속 주장되고 있다. 대규모 조직이 직원의 복지, 소비자, 책의 문화적 가치에 대해 덜 중요하게 여길 것이라는 우려는 체인서점에 대한 비판에서 드러날 뿐만 아니라 대규모 독립서점에서 일하는 몇몇 직원이 호소한 소외감에서도 나타나고 있다.

요약하자면, 일반적인 소매업과 도서 소매업은 증가한 합리화의 영향을 받음으로써 중대한 변화를 많이 겪었다. 그리고 일부 사람들은 이 변화의 영향을 많이 체험했으며, 이것이 현대 생활의 가혹함과 억압을 더욱 증대시킨다고 느꼈다. 하지만 증가된 합리화를 향한 움직임은 소매단체의 발전에만 국한된 것은 아니다. 소비 자체도 합리화되었으며, 소비자는 어느 때보다 더 합리적인 행위자의 모습을 닮게 되었다.

소비의 의미

처음 대형 체인서점이 설립되었을 때만 해도 이렇게까지 성공할 것이라고는 아무도 확신하지 않았지만, 대형 체인서점의 생존 능력에 대한 의심은 몇 년 사이에 모두 사라졌다. 이러한 종류의 매장이 번창한 것은 오늘날 미국인의 생활에서 소비자 중심주의가 주된 역할을 하고 있다는 증거다. 역사가들은 소비문화가 절대 새로운 현상이 아니라고 주장했지만, 과거보다 더 많은 지출이 가능한 소득 수준의 사람들이 지나치게 많은 소비 기회와 직면하면서 지난 반세기 동안 소비문화는 더욱 강화됐다. 대부분의 학자는 상품에 포함되어 있는 상징적인 의미 또는 생활의 더욱 많은 부분이 상품화되는 과정을 탐구한 반면, 소수의 학자만이 쇼핑의 경험 자체에 관심을 가졌다.[54] 그들이 논증하듯이, 현대사회에서 쇼핑은 아주 중요한 여가가 되어버렸다. 하지만 소비자에게 쇼핑의 의미란 무엇인가에 대한 의견은 일치하지 않았다.

쇼핑에 대한 최근의 사회학 연구를 보면, 대부분 소비는 개인의 자율을 위한 중요한 영역이라며 찬사를 보낸다. 예를 들어 롭 실즈Rob Shields는 당대의 쇼핑은 여가와 상업적인 활동을 하나로 묶는 새롭고 포스트모던한 공간적 형태의 특색을 띤다고 주장했다. 그는 정치·경제·종교 등과 같은 사회생활의 다른 영역에서는 서로 다른 논리가 적용된다는 베버의 견해를 인용하면서, 이러한 쇼핑 현상이 구분되어 있는 가치영역의 경계를 무너뜨릴 것이라고 주장했다.[35] 하지만 실즈는 과거와의 연속성을 간과했다. 결국 20세기로 접어들 때 백화점(뛰어나고 세련된 소매 조직)은 쇼핑을 오락과 유희의 장으로 바꿔놓았다는 점에서 오히려 주목을 받았다. 일반적인 쇼핑과 마찬가지로 도서판매업 또한 지난 세기 동안 확실하게 바뀌었지만, 이러한 변화는 모더니스트들이 자본주의적 원칙(예를 들면, 대량 유통의 합리화와 대형 공기업의 지배)을 강화한 만큼 '포스트모던'이 이미지와 연극적 요소(예를 들면, 마케팅과 매장 디자인에 대한 관심 증대)를 강조하는 방식으로 바뀌었다.

더욱이 수많은 학자가 쇼핑의 개념화에서 판타지와 쾌활함에 주안점을 두는 것은, 대중뿐만 아니라 학자도 소비는 사회로부터의 피난처 역할을 한다고 지속적으로 믿고 있음을 확실히 보여준다. 실즈는 소비자는 민영 쇼핑몰을 사교를 위한 장소 또는 여러 가지 스타일과 정체성을 실험하는 장소로 이용한다고 주장하는데, 이런 주장은 여전히 개인이 생각하는 쇼핑의 근본적인 의미는 일상생활의 책임감에서 탈출하도록 해주는 것이라는 견해를 더욱 강화시킨다.[36] 그럼에도 오늘날에는 너무나도 당연하게 받아들여지는 관계, 즉 여가와 쇼핑 간의 관계로 인해 소비가 결과적으로 대중적이고 정치적인 영향력을 행사할 수 있다는 사실이 파묻혀 버린다.

함축성 있는 분석 중 하나로 1954년 그레고리 스톤Gregory Stone의 연구를 들 수 있다. 스톤은 도시인이 소매점 직원과 형성한 관계를 통해 지역사회와 밀착되어가는 방식에 대해 관심을 두었다. 그는 서로 다른 소비자가 쇼핑을 통해 추구하는 바를 설명하기 위해 소비자를 네 가지 유형으로 구분했다. 경제적 소비자는 가격·품질·상품의 분류에 민감하며, 판매원을 그저 '물건 사는 것을 도와주는 도구' 정도로밖에 생각하지 않는다. 개인화 소비자는 쇼핑을 사람과 사람 간의 체험으로 보며, 고객과 판매원

사이에 가까운 관계를 형성하는 것을 굉장히 중요하게 여긴다. 윤리적 소비자는 쇼핑을 비교적 큰 일련의 가치로 보며, '특정한 매장을 단골로 삼아야 하는 도덕적 의무'를 인식한다. 마지막으로, 무관심 소비자는 쇼핑에 전혀 관심이 없으며, 매장과 매장의 직원을 다르게 생각하지 않는다.[37]

스톤의 유형학적 분류는 미국 문화에서 나타나는 다양한 형태의 쇼핑을 이해하는 데 유용하다. 하지만 이러한 형태는 20세기 중반과는 확실히 달라졌기 때문에, 나는 소비자를 개념화하기 위해 도서판매업 연구에서 고안된 다른 방법을 제시하고 싶다. 매장 판매원과 개인적인 관계를 형성하고 싶어 하는 미국인이 1950년대보다 현저히 적어진 것은 당연하지만, 그렇다고 해서 감성적인 소비자가 완전히 사라진 것은 아니다. 그러나 서점이 감성적 소비자의 충성심과 연결해 감정적 유대감을 만들어내려고 하는 만큼, 서점은 소비자의 취향과 선택이 소매상에 대한 어떠한 판단보다 우선시되는 자주적인 소비자의 권리를 점점 더 인정하게 된다. 고객은 쇼핑이 고통스럽지 않고 재미있기를 바라기 때문에 소매상은 대접을 원하는 소비자를 만족시키기 위해 상쾌한 휴식과 오락 등을 제공한다. 다른 한편으로는 소매 기법과 방식이 나라 전역에 걸쳐 비슷하기 때문에 예측 가능한 소매 체험을 예상하는 규격화된 소비자를 통해 서점은 예측 가능한 판매량을 달성하는 정형화된 공식을 발견할 수 있다는 희망을 가진다.

소비자에 대한 이처럼 다른 전망이 미국 문화 내에 공존하며, 이는 수많은 독립서점과 소매 체인서점 모두에 전략을 수립하는 데 필요한 기초가 된다. 그럼에도 대다수의 미국인은 갖고 싶은 물건을 가장 낮은 가격에 획득하려는 합리적인 소비자일 것이다. 이러한 내용은 소비에 대한 매우 중요한 이해이자 인간은 근본적으로 자본가적 기질을 가지고 있다는 견해를 뒷받침한다.

어떻게 정의를 내리든 각각의 유형은 개인적 이익에 의해 동기가 부여되는 소비자의 모습을 묘사한다. 하지만 미국 역사의 여러 시기에는 다른 유형도 나타났다. 인지된 공익을 위해 행동하고 소비를 의식적으로 정치적인 행동으로 바꾸는 민간인 소비자의 행동이 바로 그것이다. 이러한 소비자 유형을 받아들이는 미국인은 매우 적으며, 대다수의 사람은 이런 사람들을 별나거나 불쾌하다고까지 생각한다. 하지만 독립서점의 운동은 비록 일관성이 없긴 하지만 소비에 대한 이상을 대중의 의식 속에 더욱 각인시키는 데 기여했다.

나는 스톤의 유형학적 분류와 대비해 이러한 유형의 사람들이 다른 종류의 사람들이라고는 생각하지 않는다. 그보다 각각의 유형은 같은 사람이 때에 따라 다른 방식으로 설명되는 문화적 배경으로 이해되어야 한다. 따라서 나는 이러한 배경을 개인의 특성으로 보기보다 어떠한 상황이 사람들로 하여금 어떠한 유형을 추구하게 만드는지에 관심이 있다. 더 자세히 말하자면, 나는 서점이 맞닥뜨리는 매일매일의 업무에 대해 토론함으로써 사업 관행이 어떻게 소비의 특정한 유형을 반영하고 만들어내는지 보여주려고 한다. 소매상이 특정한 소비 모델의 형성에 단독적 또는 주된 책임이 있다고 말할 수는 없다. 소비 모델은 사회적인 요인과 문화적 요인의 복합적인 혼합물에서 유래한 것이다. 더욱이 대중은 이러한 모델을 무조건적으로 받아들이지 않으며, 일률적인 방식으로 소비에 접근하지도 않는다. 소비자는 자신만의 의미를 찾는 데 몰두하고 있고, 그것이 정체성을 강화시키는 것이든, 사교에 몰두하는 것이든, 거래 우위를 확보하는 것이든, 상품을 사고파는 조건을 종합적으로 결정짓는 것이든 간에 소비에 대한 열망과 소매상이 제공하는 것이 반드시 일치하는 건 아니다. 그럼에도 사업 관행이 일단 도처에 존재한다면 이러한 관행은 사람들이 다른 방식으로 소비에 접근하기 어렵게 만든다. 그러면 소비에 접근하는 과거의 다른 방식에 대한 기억이 사라지면서 사람들은 지금 널리 이용되고 있는 모델의 필연성을 확신하게 된다.

따라서 출판문화 상품을 선택, 진열, 마케팅하는 데 소매상이 사용하는 기술을 꼼꼼히 조사해볼 필요가 있다. 왜냐하면 이러한 기술은 어떤 책이 구매되고 읽힐지 결정되는 데 매우 큰 영향을 주기 때문이다. 하지만 내가 계속 주장했듯이, 서적상이 어떻게 게이트키퍼로서의 역할을 하고 있는지에 대한 쟁점을 넘어 어떠한 소비자 전망이 촉진 전략으로 이용되고 있는지에 대한 문제가 존재한다. 소비경쟁 방향은 많은 부분에서 서점 간의 전쟁을 설명해줄 수 있으며, 이는 단순히 여러 다른 소매상이 점유율을 잃거나 확보하는 것보다 더 중요하다. 소비경쟁 방향은 지역사회 내 경제발전에 대한 정부의 정책을 결정하는 데 도움이 된다. 또한 시장이 어떻게 우리의 일상생활과 접목되는가에 대해서도 설명해준다.

힘겹게 사업을 이어가고 있는 독립서점은 완벽한 자유 시장과 자본주의적 사고를 하는 소비자가 과연 바람직한가에 대해 의문을 가지게 된다. 소매상이 자본주의에 대한 비평가가 될 수 있을지도 모른다는 것을 고려하는 게 어쩌면 이상해 보일지도 모른다. 데이비드 모노David Monod가 언급했듯이, 역사학자와 사회과학자는 일반적으로 독립적인 소매상을 반동적인 시대착오주의자, 즉 사회변화에 적응하는 것이 불가능한 사람처럼 취급했으며, 외국인혐오증과 파시즘에 민감하게 반응하도록 만드는 진보와 현대성에 분별없는 공포를 느끼는 성향이 있다고 언급했다.[38] 카를 마르크스Karl Marx는 뒤떨어진 부르주아의 보수적인 성향을 비난한 최초의 사람들 중 하나였는데, 그는 부르주아가 자신들의 재산권이 안전하던 과거의 시대만을 바라본다고 주장했다.[39] 대니얼 부어스틴Daniel Boorstin은 1920년대와 1930년대에 나타난 반체인점 운동을 자신들의 지역사회에 영향을 주는 변화에 "당혹스러움"을 나타낸 "승산 있는 싸움"

이라고 설명했다.[40] 또한 라이트 밀스C. Wright Mills는 소규모 사업가를 기업 자본주의가 실제로 지배하는 시스템을 합법화시키는 일만 하는 유토피아적 자본주의 이데올로기의 "당황한 옹호자"로 인식했다.[41] 소규모 부르주아 소매상에 대한 이러한 평가는 일부분 정확하긴 하지만 현대 독립서점의 위치를 완벽하게 설명해주지는 못한다.

독립서점이 실제로 외치는 반체인서점에 대한 수사적 표현에는 다음과 같은 내용이 기묘하게 섞여 있다. 즉, 공동체의 화합과 소규모에 대한 보수적인 향수, 아이디어 시장에서 자유로운 표현과 자유로운 선택을 할 수 있는 개인의 권리에 대한 진보적인 옹호, 때로는 자유 시장 경쟁과 경제 엘리트의 권력에 대한 철저한 비판이다. 나는 여기서 독립서점이 미국인을 자본주의의 과도함에서 구해줄 용감한 영웅이라고 주장하는 것은 아니다. 내가 앞으로 설명하려는 것과 같이, 그들의 행동은 그들의 경쟁자와 별반 다를 게 없다. 오히려 첫째, 그들의 체인 소매에 대한 논쟁이 일상생활에서의 합리화를 이해하는 방법을 어떻게 강조하는지 보여주고자 한다. 둘째, 이 서점이 수행해온 집단 활동이 소비자 행동과 자유 시장 경쟁은 불가피하다는 추정에 어떻게 무의식적인 도전장을 내미는지 보여주고자 한다.

끝으로, 체인 소매업에 대한 격렬한 논쟁과 여론을 크게 선동하는 논쟁이 이제 도서판매업에서 이루어지고 있는 것은 우연이 아니다. 20세기 전반에 걸쳐 21세기 초에 이르기까지는 책이 다른 것과는 명백히 다르다는 변함없는 믿음이 존재해왔다. 사람들에게는 책이 다른 상품처럼 사고팔 수 있는 '물건'으로 비춰지는 데 대한 불안감이 있었다. 비비아나 젤라이저Viviana Zeliger가 주장했듯이, 어떤 기업이든 비교할 수 없는 신성한 것과 마케팅이 가능한 불경한 것 사이의 경계를 위반하는 기업은 구조적 모순에 대항해야 했다.[48] 책은 사상과 생각의 창고로, 그리고 인간의 진보를 위한 것으로 인식됨으로써 오랫동안 '신성한 창작품'으로 인식되어왔다. 따라서 신성한 것을 지나치게 상품화하려는 현대의 판매 촉진 기술은 상당한 불안감을 불러일으켰다. 사실 도서판매는 하드웨어나 사무용품, 약을 판매하는 것과 기본적으로 크게 다르지 않다. 그리고 출판산업에 속해 있는 조직 역시 사회적·문화적 요소를 이용해 경제활동을 한다는 점에서 여느 영리 목적의 기업과 다를 바 없다. 하지만 출판업에서 실제로 특이한 점은 거래를 형성하는 지배적인 방식에 대한 양면적 가치가 명백히 드러나 있다는 것이다. 따라서 출판업의 독특한 세계를 자세히 관찰하면 소매업과 소비에 적용되는 일반적인 과정을 더욱 잘 이해할 수 있다.

방법론 노트

이 책에 나오는 다양한 쟁점을 관찰하기 위해서는 광범위하고 다양한 자료에서 얻은 데이터를 잘 활용해야 한다. 나는 도서산업 종사자들과 비공식적으로 수없이 인터뷰했고, 부문별로 44번의 체계화된 인터뷰를 실시했다. 공식적인 인터뷰는 대부분 1993년과 1995년 사이에 이루어졌다. 나는 서적상, 도매상, 편집자, 출판사의 영업 및 마케팅 담당 직원, 컨설턴트, 그 외 다양한 사람과 이야기를 나누었다. 대규모 출판사와 소규모 출판사, 체인서점과 독립서점에 종사하는 각 분야의 사람들도 모두 참여했다. 때로는 내가 특별히 이야기를 나누고 싶던 주요 인물에게 직접 연락을 취하기도 했다. 하지만 정보 제공자를 찾아내기 위해서 주로 눈덩이표집snowball sampling 방식을 선호했다. 도서산업의 일반 직원과 접촉할 수 있는 기회가 많아지고 추천이 있으면 바쁜 전문가들이 나와 대화해줄 가능성이 굉장히 커지기 때문이다. 비록 내가 출판업을 대표하는 상황을 접한 것은 아니지만 이러한 과정을 통해 출판업에 대한 여러 시각과 그곳에 종사하는 사람들의 단면을 확인할 수 있었다.

내가 인터뷰할 때 정보 제공자들은 다양한 질문에 거의 언제나 정중하고 참을성 있게 답변했다. 나는 또한 이들의 명료함에 큰 감명을 받았다. 이것은 틀림없는 능력이었다. 그들은 언어에 집중하고 언어 표현을 굉장히 가치 있게 여기는 환경에서 생활하고 있었던 것이다. 추가로, 이것은 매우 많은 사람들이 언급했던 자신의 일과 책의 세계에 대한 열정을 반영한다고 나는 믿는다. 인터뷰에서 언급되었던 주제는 정보 제공자들에게 굉장히 의미가 컸고, 그들의 답변과 의견에 나는 몇 번이고 감동을 받았다. 어쩌면 인터뷰가 진행된 시기가 더욱더 자기성찰에 기여했는지도 모른다. 대부분의 인터뷰는 미국 도서판매 역사의 중요한 과도기에 진행되었는데, 대형 체인서점이 권력을 쥐기 시작했지만 아직은 너무 새로워서 별로 심각하게 여겨지지 않던 시기였다. 사람들은 이 기업들을 어떻게 생각해야 할지 고심 중이었고, 쇼핑몰 내의 체인서점은 쉽사리 잊히지 않았다. 그 까닭에 한 시대가 끝나가고 있다는 느낌은 있었지만 아직 아무도 미래를 확신하지 못한 상태였다. 앤 스위들러Ann Swidler가 말했듯이, 이러한 "불안정한 시기"에는 문화적 의미가 더욱 명확하고 분명해진다.[45]

나는 또한 체인서점 고객 스무 명과 독립서점 고객 열일곱 명을 대상으로 매우 간단한 인터뷰를 실시했다. 이 인터뷰의 동기는 서점을 경험한 고객의 시각에 대한 정보를 얻고, 도서산업에서 상상하는 소비자와 실제의 소비자 간의 차이를 비교해보려는 것이다. 덧붙여 광대한 범위의 문서 자료를 활용했다. 여기에는 지난 세기 동안 출간된 도서산업에 관한 업계 문헌, 출판사와 유통회사가 쓴 판촉자료, 증권거래위원회Securities and Exchange Commission(SEC)의 연차보고서와 투자분석 및 재정보고서, 여러 가지 법정 사건과 연방무역위원회The Federal Trade Commission(FTC)의 법률 서류, 가격유지캠페인과 관련된 고문서가 포함된다. 나는 또한 미국서점협회American Booksellers Association(ABA)의 연례 회의를 포함해 이 주제와 관련되어 있는 몇몇 회의와 회견에 참석했다. 그리고 도서산업 문제와 관련 있는 인터넷 토론을 검색하고 여러 개의 뉴스도 구독했다. 마지막으로, 대부분의 학자들처럼 나는 상당한 시간을 서점에서 보냈지만 여느 학자와 달리 책을 살피기보다는 직원과 고객을 관찰하는 데 거의 모든 시간을 보냈다. 좀 더 시간이 지난 뒤 나와 동료 세 명은 캐나다 서점의 고객 행동에 대한 연구를 조금 더 체계적으로 진행하게 되었다.[44] 이러한 관찰을 미국 상황에 적용해 결론을 도출했다.

내 연구의 초점은 일반 대중에게 판매하는 책의 소매에 맞춰져 있다. 나는 어린이 책, 교과서, 학술적 또는 전문적인 책, 중고 책, 오디오 책, 그리고 멀티미디어의 판매에 대해서는 논의하지 않을 것이다. 이러한 각기 다른 카테고리는 대부분 자신들이 목표로 하는 독자에게 도달하기 위해 각기 다른 경로를 사용하기 때문이다.[45] 마지막으로, 연구 범위는 소매 서점으로 한정했다. 내 논의는 인터넷사이트, 북클럽, 신문 가판대, 슈퍼마켓, 창고형 매장, 비도서 전문매장이 서점에 미친 영향에 초점을 맞추기 때문이다. 책을 공급하는 다른 종류의 매장이 중요하지 않은 게 아니라 ― 이들 역시 중요할뿐더러 계속 성장하고 있다. 하지만 실제 서점의 신비를 설명하려는 내 의도상 무대 중심에 서지 않을 뿐이다 ― 왜 많은 사람이 서점이 (사라지는) 부르주아 시기의 좋은 것 중 하나에 속한다고 말한 에드워드 실스에 동의하는지 설명하기 위해서다.

vs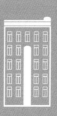

02_

잡화점 상인에서 인터넷 거물까지
미국 역사로 보는 도서판매업

도서산업이 예전만 못하다는 이야기를 놀라울 만큼 자주 듣는다. 관계자들은 돈이 아니라 책이 좋아서 업계에 발을 들여놓았던 황금기를 애석하게 떠올리곤 한다. 당시는 출판사가 베스트셀러 목록에 올라와 있지 않은 작가와 교류하던 시대이자 일반 미국인이 생계를 잇기 위해 고군분투하는 동네 서적상을 지원하던 때였다. 그러나 이 지나간 시절을 콕 집어내려 한다면 계속해서 과거로 회귀하게 된다. 오늘날 업계 관계자들이 애정 어린 시각으로 회상하는 시절이 당대 사람들에게는 꼭 황금기가 아니었던 것이다. 오히려 지난 100여 년 동안 업계는 책을 고유한 신념의 매개체가 아닌 대체 가능한 상품으로 간주하는 동시대의 풍토를 우려했다. 이 기간에 걸쳐 도서출판업의 구성 및 종사자들의 경험에 상당한 변화가 있었음은 분명하다. 그러나 도덕적 가치 상실의 위험에 놓인 직종이라는 인식만큼은 계속 유지되었다.

　이 장에서는 체인서점을 둘러싼 오늘날 논쟁의 역사적 맥락을 미국 남북전쟁 이후 서적상 및 도서판매에 대한 문화적 이해를 포함한 도서유통의 진화를 통해 고찰해보고자 한다. 이를 통해 20세기 도서유통업이 혼란스럽게 분산된 영세 서점, 미약한 도매상, 다양한 드러그스토어·백화점·잡화점 위주에서 고도의 경영 및 판매기법으로 업무를 합리화할 수 있는 대형 체인 및 전국 유통업체 중심으로 이동해감을 보여줄 것이다. 특정 기업에 초점을 맞추겠지만, 이 변화가 몇 명의 개인 또는 기업의 (영 감이었든 주위에 현혹된 것이든) 천재성·의지·대담함에 기인했다고 여기면 안 된다. 오히려 이 회사들이 취한 조치에 타당성과 개연성을 부여한 장기적인 사회적·경제적·문화적 여건을 강조하고자 한다.

현대적 체인서점이 등장하기 시작한 1960년대 이전은 현재와 몇 가지 면에서 중요한 차이점을 보인다. 초창기의 도서유통업은 소비재를 대량 판매하는 신규 기법을 활용하기 시작한 여타 업종에 비해 뒤처지는 듯했 다. 도서유통 시스템의 구태와 비효율성에 대한 보편적인 합의는 있었으 나 업계는 유통 부문 합리화 시도에 휘둘리지 않았다. 도서유통업은 미국 역사의 상당 기간 동안 서로 커뮤니케이션이 거의 없는 영세 서점 중심의 매우 산재된 모습을 보였다.

그럼에도 현대식 체인서점이 등장하기 이전의 세기 동안 특정 기업이 도서 시장에서 큰 점유율을 차지하지 못했다는 사실은 대기업의 진출에 대한 우려를 누그러뜨리지 못했다. 이 같은 우려는 메이시스Macy's 등 백 화점의 도서판매에 대한 대대적 반대와 도덕적 분노에서 가장 잘 드러났 다. 이는 오늘날 체인서점을 둘러싼 비판과 유사한데, 백화점은 마케팅 방식, 가격 인하 행위, 출판계를 대하는 당연시하는 태도, 영업 규모 자체 때문에 논란의 대상이 되었다. 비도서 유통업체의 도서판매 논쟁은 이 기 간에 서적상이 전문 분야로 정체성을 확립해왔음을 보여준다. 업계 관계 자들은 도서만을 취급할 것, 문화 엘리트의 취향에 맞출 것 등 서적상 행 동지침을 분명히 했다.

도서유통은 제2차 세계대전 전후 몇 년 동안 합리성 및 경제성 측면에 서 낙후한 업종이었다. 그러나 중요한 사회적·산업적 변화가 도서유통업체 운영의 제반 여건에 영향을 미치기 시작했다. 전후의 베이비붐, 고등 교육의 폭발적 확대, 끊임없는 경제 번영의 전망으로 도서 구매 의욕과 여력이 충만한 독자층 저변이 확대되기 시작한 것이다. 한편 잠재 고객의 주거지는 서적상들이 기존에 자리 잡고 있던 곳에서 멀리 떨어진 교외로 점차 옮겨갔다. 백화점은 교외에 위치한 지점을 열면서 도서판매 부문을 축소했으나, 체인 잡화점이라는 새로운 형태의 비도서 유통업체와의 경쟁이 1950년대에 들어 일반 서적상을 위협하기 시작했다. 한편 출판업은 인수합병 및 기업 상장이 자주 일어나면서 격변기를 겪고 있었다. 이 같은 여러 변화가 체인서점의 등장 및 서적상 엘리트주의와 결별하는 배경이 되었다.

상류층 산업의 형성

책의 역사가는 15세기 활판인쇄술이 발달한 이래 유럽 서적상이 비용 절감 및 시장 확대를 위해 업무 방식을 능숙하게 합리화했다고 평가한다. 초기 서적상은 상업의 혁신과 현대화의 최전선에 있지는 않았으나 규격화된 도서를 생산 및 유통하고자 노력하고 지식의 체계화와 표준화를 가져올 도서를 제공함으로써 여타 산업의 발달에 기여했다.[1] 이러한 역사적 사실은 출판업계가 비효율적으로 낙후했다는 19세기 미국 사회의 비판과 일부 모순적이다.

미국 도서판매업은 지리적 요인에 따라 형성되어왔다. 초창기부터 서적상은 광활한 영토와 산발적 거주지역이라는 조건에 적응해야 했다. 영국에서 독립하기 전인 식민지 시대와 공화국 초기에 미국 도서출판계는 체계가 잡히지 않은 업종이었다. 출판·인쇄·판매 조직의 존재 여부에 대한 역사학자들의 견해는 엇갈린다. 하지만 지배적인 형태의 조직 없이 다양한 구성 및 조합이 존재했을 가능성이 높다. 식민경제에서 출판업이 독립된 형태로 존재하기는 어려웠을 것이다. 그 대신 출판사, 인쇄업자, 판매업자의 역할을 수행하는 개인이 책 이외의 신문, 청구서 등 지역사회의 기타 인쇄물까지 취급하는 경우가 많았다.

식민사회에서 남북전쟁 이전까지 시대의 문맹률, 책 가격, 운송의 어려움, 통신의 열악함 등을 고려해볼 때 책에 대한 수요 및 접근은 기껏해야 주먹구구식이었을 것이다. 이것은 사람들이 읽을거리를 위해 서점에 들르는 것이 아니라는 미국 특유 구매 패턴의 시초였다. 일례로 독서에 일가견이 있는 18세기 미국인은 서적상의 빈약한 선택 폭을 방대한 개인 서고를 갖춘 지인들과 책을 돌려보며 보충했다. 도서는 상업적으로 문학계에 대해 잘 알지 못하는 이들이 취급했다. 많은 마을에서 책은 잡화점에서 구할 수 있었다.

순회 서적상은 또 하나의 중요한 도서 공급원이었다. 이들은 외판원의 전신으로, 농촌 또는 작은 마을 사람들이 필요로 할 만한 상품과 함께 책을 취급했다. 널리 알려진 파슨 웜스Parson Weems 등을 제외하고는 책을 전문적으로 다루는 상인은 별로 없었다. 순회 서적상이 이미 출판된 책을 행상으로 판매했다면, 여타 출판 에이전트는 구독자를 찾아 전국을 누볐다. 즉, 아직 출판되지 않은 책에 대한 선주문을 받은 것이다. 구독출판은 출판사가 금전적 리스크를 회피하고자 할 때 출판을 지원하면서도 출판물 유통의 위험을 줄일 수 있는 유용한 방법이었다.[2]

남북전쟁 즈음해 도서산업은 오늘날과 유사한 모양새를 띠기 시작했다. 인쇄업자 겸 판매자 조합 모델은 18세기 말 이미 사라지기 시작해 출판·인쇄·판매의 명확한 구분이 자리 잡게 되었다. 이와 함께 남북전쟁 이후 몇 년 사이 여러 출판사에서 출판된 도서를 취급하는 도매상이 등장했다. 여타 산업과 마찬가지로 도서산업도 대륙횡단철도의 등장으로 변모

했다. 철도의 성장은 전국적인 유통망과 예측 가능한 배송 시스템을 가능하게 함으로써 시장 확장에 중요한 역할을 했다. 상점은 정기적으로 재고를 확보할 수 있으므로 도서판매에 대한 투자를 늘릴 수 있었다. 철도는 출판사와 판매자 간의 정기적 커뮤니케이션도 촉진했다. 이는 출판사에 의해 고용되어 전국 판매자를 방문하는 위탁 판매원의 행태로 나타났다.[3]

이 같은 조직적 변화와 함께 도서산업이 하나의 산업으로서의 정체성을 띠기 시작했다. 이러한 현상은 19세기가 4분의 3이 지나갈 즈음부터 가격 책정, 저작권 등의 문제를 다루기 위해 등장한 출판사 및 판매자 협회에서 나타났다. 업계는 국내 시장 지배 및 문화 선봉으로서의 정당한 지위 확보에 대해 진지하게 고려하기 시작했다. 이같이 매우 복잡하게 얽혀 있는 상업적 고려와 문화적 고려는 업계 내에서 상당한 긴장의 원인이 되었다.

출판 종사자의 문화적 야심은 당대 미국 사회의 발달상과 관련이 있다. 19세기 후반 현대 도서출판업의 구조가 합치될 당시 책에 대한 이상은 문화 전반에 대한 개념에서 도출되었다. 앨런 트라첸버그Alan Trachtenberg가 언급했듯이, "남북전쟁 이후 대호황기 도금시대Gilded Age의 문화는 교양, 심미적 감수성, 고등교육 등을 특권으로 보는 특정 개념을 담고 있었다고 할 수 있다".[4] 이 같은 당대 업계의 지배적 관점에 따르면, 책은 기타 예술과 마찬가지로 개인과 국가 모두에 득이 되는 것이었다. 책은 정신을 고양하고 감수성을 키운다. 책은 또한 국가적 희망의 결정체이고 최선의 국민 정서를 구현한다. 이는 산업화로 사회·경제적 격변기에 특히 중요하게 간주되는 성질이었다. 사회가 점차 경쟁, 탐욕, 물질주의, 개인 복지에 대한 집단적 책임의 와해 등으로 점철되는 듯하자 책은 인류를 완성시킬 수 있는 방도로서의 의미를 지니게 되었다.[5]

도금시대의 상류층 문화는 책에 자부심이라는 위상을 부여했다. 물론 모든 책이 이러한 사항에 들어맞는 것은 아니었다. 정신을 고양시키기는 커녕 일부 계층의 저열한 욕망만을 충족시켜준다는 비판을 받는 책도 있었다. 젊은이를 타락시키는 음담패설, 노동자 계급의 현실 도피적 삼류소설, 처녀의 상상력에 불을 붙이는 로맨스 소설 등은 도덕성회복운동가들에게 가장 심한 비난의 대상이 되었을 뿐만 아니라 교양을 높이기보다는 떨어뜨린다는 이유로 문학계의 반감을 불러일으켰다. 따라서 도서의 보완적 특성은 젊은이, 여성, 노동계층과 같은 특정 부류의 사람들에게 어필하는 특정한 도서에는 해당되지 않았다.[6]

독서의 위계가 시사하듯, 도금시대 당시 책에 대한 찬양은 단순히 산업화의 폐해에 대한 해독제 이상의 의미를 지녔다. 상류층 문화 증진에 힘쓰는 이들에게는 또 다른 계획이 있었다. 디마지오가 주장했듯, 고급문화와 대중오락을 구분한 19세기 후반의 새로운 문화 분류체계는 명확한 엘리트 계층의 차별화로 이어졌다.[7] 음악, 시각 예술, 문학 등에서 진정한 예술과 외설스러운 오락 간에 그어지던 구분은 고상한 취향과 예술을 감상할 수 있는 교육받은 사람들의 높은 신분을 강화시켜주었다.

디마지오가 언급한 보스턴의 심포니 오케스트라와 미술관 등 고급 예술단체들이 엘리트 지위를 유지하고 고귀한 예술을 전파한다고 주장할 수 있었던 것은 보스턴의 사심 없는 브라민스Brahmins(상류층 사람 ─ 옮긴이)가 쉽게 관리할 수 있는 비영리 기업이었던 까닭이 크다. 반면 대중문화는 상업적이었다. 즉, 이익을 내기 위해 제작 유포되어 문화를 저열한 상품으로 전락시키는 효과가 있는 듯했으며, 최대한 많은 이에게 인기를 끌 수 있는 요소가 강조되었다. 상업적이냐 비영리적이냐 하는 구분은 문화 엘리트에 포함되고자 했던 출판 종사자에게 몇 가지 문제가 되었다. 이들은 과거의 상업적 행위가 사실 상업적인 게 아니었음을 상술하게 되었다. 이에 따라 '상업적'이라는 개념은 업계 종사자의 줄타기를 반영하는 이중적인 의미를 지니게 되었다. 도서산업은 사람들에게 사업 확장을 위해서라면 수단을 가리지 않을 것으로 여겨지는 한편, 업계 스스로는 대중시장에 기준을 맞추거나 매출 증대를 꾀한다는 의미에서 과도한 '상업주의'는 지양하며 문학적 가치, 혁신, 개인 취향 등의 기준을 준수한다고 주장했다. 괄시 받는 상업주의적 표시는 책의 형태와 내용, 유통 및 마케팅 방식, 독자층의 사회적 면면 등에서 다양해졌다.

따라서 도서산업 종사자들은 상업 영역에서는 찾을 수 없는 높은 수준의 사회 감성을 표현하는 문화영역, 그리고 상업화된 인기 도서를 좋아하는 덜 세련되고 덜 교육된 애호가들로부터 문학의 엘리트 애호가들을 구분할 수 있는 문화영역을 확보하기 위해 애썼다. 동시에 도서산업과 관련해서 그들이 희망하는 것은 성장하는 출판사와 도서유통회사를 연결하는 네트워크를 형성하는 것이었다. 이는 문화적 목표가 그다지 고상하지 않은 자본주의 경제에서 경쟁하기 위해 필요한 방법과 종종 충돌했다.

유통의 문제

상업주의가 업계 문화를 피폐화시키는 정도는 상당한 논쟁거리로 남았다. 그러나 업계의 가장 고질적인 경제 문제가 유통 시스템이라는 데에는 의견이 거의 일치했다. 사실 유통 문제는 19세기 말부터 20세기까지 도서업계의 골칫거리였다. 업계는 출판된 도서와 잠재 독자층을 잇는 문제에 직면해 있었다. 하지만 비합리적인 시스템으로는 효율성을 기대할 수 없었다. 비효율성과 사업 감각의 부재로 정평이 난 출판업계에서 책을 잠재 독자층으로 이어주는 부문이야말로 합리화가 가장 어려울 듯했다. 도서유통 시스템을 비판하는 회의나 논문, 업계지 칼럼은 쉽게 접할 수 있었다.

유통의 문제는 때때로 매우 극적인 논조로 묘사되었다. 1913년 맥밀런Macmillan 출판사의 사장은 매출이 증가하지 않는 까닭에 대해 ≪애틀랜틱 먼슬리Atlantic Monthly≫라는 잡지에서 다음과 같이 서술했다.

그 원인은 도서유통에서 찾을 수 있다. 현대사회에서 유통은 최대 과제이며, 이는 생필품이든 기호품이든 지역사회가 필요로 하는 바를 충족하는 일에 종사하는 이라면 모두 골몰하는 문제다.[8]

유통 딜레마에 대한 그의 평가는 20년 후 더욱 강력한 어조를 띠었다. 1931년, 대표적인 출판협회들이 이례적으로 협업해 업계 경제구조에 대한 조사를 의뢰했다. 대표 저자의 이름을 따 체니Cheney 보고서로 더 잘 알려져 있는 「도서산업경제조사보고서Economic Survey of the Book Industry」는 업계의 강점 및 약점에 대한 기념비적 보고서로 인정받았으며, 오늘날에도 출판업 고유의 문제에 대한 의미 있고 권위 있는 자료로 참조된다. 체니 보고서의 어조는 퉁명스럽고 합리적이며, 이윤이 발생하는 사업을 영위하고자 한다면 부끄럽게 여겨야 할 관행에 대해서 경멸조를 띤다. 그 중 체니 보고서가 가장 절망적이라 여겼던 부문은 유통이었다.

출판사의 목록 작성 기능의 관리 및 통제가 제대로 이루어지지 않고 있지만, 판매 기능과 관련된 여건과 비교하면 조직적으로까지 보인다. 물류의 전체 과정에서 한쪽 끝에는 제본업자의 창고가 있고 다른 쪽 끝에는 구매자가 있다. 이 두 지점 사이에 도서산업의 비극이 있다. 이 두 지점 사이에는 너무도 많은 간극과 혼돈과 업계에 대한 무지가 존재하기 때문에 간극이 메워지고 업계 모든 부문이 스스로 무엇을 해야 하는지 파악하기 전에는, 즉 현재의 모습으로는 파멸의 위협에 놓여 있다.[9]

도서산업이 자멸하지는 않았으나 미국도서출판협회American Book Publishers Council에서 의뢰한 또 다른 보고서를 보면 그로부터 20년 후에도 유통은 크게 바뀌지 않은 듯하다. 이 보고서는 체니 보고서에 비해 논조는 신중해졌으나 보고서 저자들은 도서 소매 부문의 열악한 자금 사정, 총체적인 비효율성, 판매업체와 출판사 간의 깊은 불화를 지적했다.[10] 앞선 보고서와 마찬가지로 개혁 방안을 둘러싼 회의와 논평이 쏟아져 나왔다. 그러나 유통 문제를 해소하기 위해 협업하자는 결의에도 비합리성은 고쳐지지 않았으며, 관련 논평도 지속적으로 나왔다.[11]

유통 부문은 어떤 면에서 그렇게 구태하고 비효율적이라는 비판을 받았을까? 비판의 본질은 시대가 지나도 거의 바뀌지 않았다. 문제의 핵심은 표준화의 부재였다. 규격화된 제품은 필연적으로 많지 않았고, 매년 수천여 버전으로 새롭게 출간되는 상품을 취급해야 하는 어려움도 수반되었다. 또한 해결할 수 있지만 해결되지 않은 표준화된 서점 방식의 부족이라는 문제도 있었다. 전반적으로 서점이 적자를 내는 것도 표준화 부재에 일부 기인했다. 이는 특히 소도시와 시골 등에는 책을 전파할 상점이 몇 군데 없다는 것을 의미했다. 1930년에 실시된 한 설문조사에 따르면 미국 전역에는 책과 관련된 상점이 4,053개 영업 중이었으며, 대부분 드러그스토어, 선물 매장, (회원에게 하루 몇 센트에 책을 대여하는) 서점이었다.[12] 그해 인구 5,000명에서 10만 명 사이인 도시의 절반과 군 단위의 3분의 2에는 서적상이 없었다.[13] 또 다른 보고서에는 1940년 후반에 3,041개의 서적상이 존재했고(그중 1,200개만 '서점이라 칭할 만하다'), 이외에 5,000여 개의 드러그스토어와 체인 잡화점 및 책을 취급하는 6만여 개의 잡지상이 영업 중이었다고 추정했다.[14] 1957년에 이르러서도 책을 중점적으로 취급하는 상점은 8,360개로 증가하는 데 그쳤다.[15] 따라서 미국인 대부분은 구매용 도서를 접하기가 매우 어려웠다.

많은 학자들이 주장했듯, 소매 부문의 합리화는 19세기 말에서 20세기 초반에 등장한 백화점·통신판매업자·슈퍼마켓·체인서점 등 대형 소매업체가 주도한 바가 크다. 이들 대형 소매업체는 협력업체로부터 대량 구매, 셀프서비스 구현, 광고 집중투자 등 전사적 업무 절차를 표준화해 원가 절감 및 규모 확장을 이루어냈다. 이에 따라 전통 상점에서는 불가능한 수준으로 가격 인하 및 매출 증대를 이루어냈다.[16] 그러나 20세기 전반에 대형 소매점이 도서판매에서 수행한 역할은 백화점을 제외하고는 미미했다. 대부분의 서적상이 여전히 영세하고 독립적이었기 때문에 업무의 합리화가 더디었다는 점은 놀랍지 않다. 그럼에도 업계 대표 인사들은 이 상황을 답답하게 여겼다. 대부분의 서적상은 출판계로부터 비효율적이고 무지하며 재고도서가 충분하지 않다는 비난을 받았다. 외부에서는 서적상이 사업을 어떻게 영위해야 하는지 기본을 모른다며 습관적으로 공격했다. 또한 서적상을 가리켜 현실감 없이 구름 속을 떠다니는 애서가이거나 책 장사 외에는 달리 할 것이 없는 무지한 사람이라고 표현했다. 카네기Carnegie 재단의 후원으로 발행된 1930년 도서출판업에 대한 보고서의 저자인 R. L. 더퍼스R. L. Duffus는 "옛 서점은 매력적인 곳이었으나 매력만으로 현대 도서유통의 문제를 해소할 수는 없다. 현실을 직시하기 어려울지 모르겠지만 오늘날 서적상은 물건 자체로 책을 숭배하는 사람들만을 위한 곳일 수 없다"라고 서술했다.[17]

1930년 ≪퍼블리셔스 위클리Publishers Weekly≫의 한 기사에서는 체인 잡화점의 거래 방법을 연구해 사업가 역량을 강화할 것을 도서 소매상에게 주문했다.[18] 예를 들어 기사의 저자는 산발적 수요를 위해 보유하는, 천천히 줄어드는 재고를 빨리 소진시킬 것을 주문했다. 이를 위해서는 서적상이 장부관리에 더욱 신경을 써야 했는데, 서적상의 장부관리는 체인 잡화점의 상세한 회계 시스템에 비해 매우 뒤처진 상태였다. 또한 서적상의 가득 차고 어수선한 느낌과 비교해 체인 잡화점의 개방되고 널찍한 공간감을 높게 평가했다. 저자는 서적상이 개개인의 손길이 닿은 듯한 느낌을 포기할 필요는 없으나 더욱 합리적 방식으로 매출을 늘릴 수 있다는 점을 명확하게 했다.[19] 몇십 년 후 실제로 체인서점은 이러한 제안을 수용했고, 이는 체인서점의 성공을 일부 뒷받침했다. 그러나 당시까지만 해도 대부분의 서적상은 이 같은 조언을 받아들이지 않았다.

반면 서적상도 유통 시스템의 부조리함이 상당 부분 출판사에 기인한다고 비판했다. 책을 출판사에서 판매상에게로 어떻게 신속하고 정확하게 전달할 것인가 하는 것은 업계의 주요 관심사항이었다. 철도 및 도로 운송 시스템이 발달했음에도 책 배송에는 과도한 시간이 걸렸다. 도서 소매상이 지역적으로 집중된 창고에 의존해야 하는 것도 하나의 원인이었다. 대부분의 출판사와 창고는 뉴욕을 중심으로 동부에 위치했고 지역을 거점으로 한 창고 설립을 꺼려했기에 오리건 주 서적상은 뉴저지 주 서적상과 같은 곳에서 재고를 확보해야 했다. 더욱이 출판사도 상대적으로 영세했기 때문에 다른 소비재 대량생산업자처럼 전국 유통을 효율적으로 수행할 만한 역량이 부족했다. 주문장 처리에는 수주 또는 수개월이 걸리기도 했고 지방에 위치한 서적상일수록 발송비를 추가로 부담해야 했다.

서적상들은 책 입고가 늦을 뿐만 아니라 출판사가 배송 및 청구에서 매우 무능하다고 주장했다. 이러한 주제는 주문한 모든 책에 대해 책이 도착하면 종류별로 송장과 원주문서를 일일이 대조하는 업무를 수행해야 하고 출판사 측에서 실수라도 하면 작업을 더욱 힘들게 해야 하는 영세 자영업자들로부터 뜨거운 반응을 얻었다.[20] 그런데 조악한 포장으로 인한 책의 파손, 책 배송과 시차가 나는 청구서 발송, 배송 미통합으로 인한 배송료 상승, 환불 내용 미확인 등 실수와 비효율이 난무했다. 게다가 각 출판사는 자체 할인 규정(출판사가 판매자에게 제공하는 할인율) 및 주문,

환불 등에 대한 최소한도 규정을 두었기에 재고를 확보하는 일은 더욱 복잡했다. 그러나 표준화 제고 및 이행 프로세스 준수에 대해 여러 차례 건의를 했음에도 이러한 문제는 크게 바뀌지 않았다.

도매상이 책을 출판사에서 판매자에게로 이동시키는 데 중추적인 역할을 수행하지 않는다는 점이 유통 비효율성의 핵심이었다. 도서 도매상의 부차적인 역할은 미국 산업 전반의 경향을 역행하는 것이었다. 19세기 후반에는 도매상이 다양한 소비재 유통의 중요한 연결고리가 되었다. 20세기 초가 되자 도매상은 대형 소매상이 발달한 산업에서는 대체되었으나 기타 부문에서는 여전히 건재했다. 생산자의 제품 확보, 소매상 운송, 고객 신용 제공 등에 주력한 도매상은 미국 상업의 유통 부문 합리화에 주효했다.[21] 그러나 도서산업만은 예외였다. 20세기 중반까지 도매상(또는 당시 불리던 대로 중개인)은 서점에서 판매하는 도서 부문에서는 상대적으로 미약한 존재였다. 서적상은 특별 주문 또는 매장의 기간 도서목록 재주문 시에는 도매상을 이용했으나 중개인은 가장 돈이 되는 신간을 다루는 데서는 배제되었다.[22] 개혁파는 틈틈이 유통 부문 전체를 도매상에 넘겨야 한다고 주장했으나 이는 제한적인 수준에서만 실현되었다. 서적상과 출판사 쌍방이 모두 직접 거래를 선호한 것은 중간 상인의 개입에 따른 경제적 손실 때문뿐만이 아니라 상호 간 소원해진다는 느낌에 대한 반감 때문이기도 했다. 게다가 도매상이 필요한 책을 언제나 취급하지도 않고 서비스도 느리다고 서적상은 불평했다.[23] 중개인의 역할은 신속한 배송이었으나 거리에서 비롯되는 문제를 해소할 역량이 부족했다. 1949년 지역 창고를 둔 도매상은 한 곳에 지나지 않았다.[24]

개혁파의 간청에도 도매상은 1970년대까지 주변적 존재로 남았다.[25] 특히 중개인은 실질적인 의미보다 더 미미한 존재로 보였다. 주변인인 듯한 중개인의 지위는 출판계 문화와 확실한 거리가 생김으로써 한층 심화되었다.

도매상은 출판사보다 훨씬 더 엄밀한 의미에서 사업가다. 책에 부여한 위신이나 문화 전도사라는 우쭐함 때문에 도서를 취급하는 것이 아니다. 작가들이 만나고자 하는 이도 아니다. 차 한 잔을 놓고 문학을 논할 것으로 기대하는 이도 없다. 미국의 가장 이름 있고 성공한 중개인은 본인을 문학 문외한이라고 선언해 사람들을 놀래주기를 즐기곤 한다. 그는 자신이 하는 일은 잡화나 공구를 취급하는 것과 다를 바 없는, 순수한 사업일 뿐이라고 말한다.[26]

사람들은 중개인이 가치판단 없이 양서와 악서 모두를 다룰 것이라고 생각했다. 작가나 독자와 접촉할 필요가 없는 도매상은 책을 에워싼 감정을 쉽게 벗겨낼 수 있었다. 책을 사고파는 일의 천편일률적이고 무미건조함은 중개인을 통해 그대로 드러났다. 이는 책은 절대 잡화나 공구에 비할 것이 아니라고 믿는 도서업계 사람들을 동요시킬 만한 태도였다.

도매상이 업계 주류와 거리를 두었음을 보여주는 또 하나의 특징은 비도서 유통업체에 납품하는 적극성이었다. 20세기 초 도서 도매상의 주요 고객은 드러그스토어, 문구점, 소형 백화점, 공공 도서관, 대여 전문 도서관, 신문 가판대, 영세 서점이었다.[27] 이는 대개의 도서 전문가가 중개인을 낮추어 보는 배경이 되었을 것이다. 그 당시에는 '일반' 서점과 기타 책을 살 수 있는 매장의 구분이 꽤 중요했다. 식민지 시대부터 그러했듯 동네 인근에서 책을 구하고자 하는 사람은 서점이 아닌 곳을 찾아야 했다.[28] 그러나 도서업계 내에서 기준이 바뀌면서 업계 대표 인사 및 여타 지식인들은 도서 전문점이 아닌 판매 경로에 대해서는 완전한 정통성을 부여할 수 없다는 취지의 글을 썼다. 물론 비도서 전문 판매 경로에 대한 이 같은 입장이 보편적이지는 않았다. 도매업자와 마찬가지로 수요가 있는 곳이면 어디와도 기꺼이 거래하는 출판사도 많았다. 그러나 대부분의 칼럼은 자고로 인쇄물을 전문으로 취급하는 상점에서 책이 판매되어야 한다는 시각에 동조했다(문구 등 전통성 있는 일부 품목은 예외였다). 또한 명망 있는 작가들과 교류가 있고 문화적 양서와 악서에 대한 식견이 있는 자가 책을 팔아야 한다고 주장했다.

업계 대표 관계자들이 신문 가판대, 드러그스토어, 잡화점, 심지어 시스템 효율성을 제고할 수 있는 구독출판과 우편 주문 판매 등의 유통방법까지 업신여겼다는 것은 어떻게 보면 이상할 수 있다.[29] 그러나 이러한 유통 경로는 상류층 문화를 고양시키는 데 기여하지 않는 것으로 인지되었다. 드러그스토어, 문구점 등은 서점에 비해 구비한 도서가 저급하다는 까닭으로 멸시되었다. 이런 곳에 구비된 책은 주로 최신 인기작, 저렴한 재판reprint, 청소년 책 등 문학에서의 위계가 높지 않은 책이었다. 또한 출판계에서 별개의(그리고 열등한) 품목으로 줄곧 간주된 문고판soft-cover book을 구할 수 있는 곳이라는 점도 작용했다.[30] 비도서 소매점을 둘러싼 논쟁의 기저에는 이 같은 소매점의 고객층은 일반 서점에 비해 엘리트가 아니라는 생각이 깔려 있었다. 1930년에 이후 맥밀런 출판사의 사장이 된 조지 브렛George P. Brett Jr.은 다음과 같은 말로 업계를 안심시키고자 했다.

내가 하고자 하는 말은 재판이 정통 서적상의 사업에 미치는 영향이 미미하다는 것이다. 드러그스토어, 담배 가게, 가판대 등이 지식인을 겨냥한 논픽션을 구비한다는 것은 정통 서적상이 당대 출판되는 모든 픽션을 구비하는 것과 마찬가지로 불가능한 일임이 분명하다.[31]

드러그스토어, 할인점, 가판대는 증가하는 서민 독자층을 위한 경로였다. 반면 서점은 고학력 부유층 고객을 주 대상으로 했다. 이러한 이유로 서점 주인은 학문적이지 않은 고객에게는 인내심이 부족한 위압적 존재라는, 자신들에 대한 대중의 이미지를 굳이 상쇄시키고자 하지 않았다.

일반 서점은 일상용품과 책을 분리해 더욱 차별화했다. 노골적인 상업주의를 배제하고 점잖게 진열하고자 노력한 덕에 업계의 진중함과 판매하는 제품의 신성함을 전달할 수 있었다. 이러한 관점에서 책이 진열된 환경은 책에 대한 독자의 인식에 영향을 미친다고 인식되었는데, 어느 기자는 1909년 샌프란시스코에서 있었던 서점 개업식에 대해 다음과 같이 썼다.

그랜트 애비뉴Grant Avenue에 있는 폴엘더앤드코Paul Elder & Co가 새로 오픈한 매장의 인테리어는 상품에 걸맞은 환경을 제공하는 것에 초점을 맞추었다. 그 매장은 고풍스러운 분위기를 자아냈으며, 할인매장에서는 결코 불가능한 예술적 분위기를 책과 결부시키길 좋아하는 차별화된 사람들이 즐겨 찾는 곳이 될 것을 의심치 않았다.[32]

이 같은 평가는 로런스 러바인Lawrence Levine의 표현을 빌리자면 19세기 당시의 '문화의 신성화'와 맥이 닿아 있었다. 즉, 문화 형상물을 적절한 환경에 배치하고 저급함과 섞이지 않도록 함으로써 동경을 자아냈던 것이다.[33] 적어도 이러한 경향을 지향했다. 따라서 업계는 서점과 비도서 소매점 간의 구분이 모호해지는 경우에 대해 상당한 우려를 표했다.[34]

백화점: 힘 있는 자의 상품기획

드러그스토어 및 신문 가판대는 책을 판매하는 상점의 저급한 버전이었기에 서점 입장에서는 환영할 수 없는 경쟁 상대였다. 그러나 제2차 세계대전 이전까지 가장 많은 비판을 받은 비도서 소매상은 백화점이었다. 백화점에서 책을 구매한 기억이 이제는 희미할지 모르지만 얼마 전까지만 해도 백화점은 도서판매 부문에서 상당한 비중을 차지했다. 신뢰할 만한 시장 점유율 수치를 구하기는 어렵지만, 백화점이 19세기 말부터 1970년대까지 일반인을 대상으로 한 도서판매에서 상당한 비중을 차지했음은 분명하다. 1931년의 체니 보고서는 백화점은 소매로 판매되는 도서의 29%를 차지한다고 추산했다.[35] 1938년에 백화점의 주요 협회인 전국잡화소매협회National Retail Dry Goods Association의 회원사는 이를 40%까지 추산하기도 했다.[36] 1951년 기준 백화점은 총소매 도서판매의 40~60%를 담당했다. 백화점 점유율이 상승한 데에는 여러 가지 요인이 있지만 백화점의 (기타 부문과 마찬가지로) 도서판매 합리화가 주효했다.[37] 이는 여타 도서 소매업 분야에서는 찾아보기 힘든 수준이었다.[38]

책은 백화점의 전신인 잡화점에서는 심심찮게 찾아볼 수 있었다. 1862년 개점한 주요 전환기적 소매점 중 하나이자 맨해튼에 소재한 A. T. 스튜어트A. T. Stewart의 뉴욕 지점에도 도서 코너가 있었다.[39] 그러나 책을 본격적으로 판매하기 시작한 현대식 백화점은 메이시스였다. 뉴욕에 위치한 이 백화점은 1869년 12월 도서 몇 권을 구비하기 시작했다. 이듬해 1월이 되자 메이시스는 도서 전문 매장을 갖추고 인기 도서를 비롯해 잡지와 문구를 구비했다. 이후 10년이 되지 않아 메이시스는 방대한 양의 책을 확보하고 재고가 없는 책에 대해서는 특별 주문을 제공하는 미국 최대 도서 매장 중 하나로 성장했다.[40]

백화점은 여러 가지 이유로 책을 취급했는데, 그중 책 매출과 관련된 이유는 작은 부분이었다. 물론 이익을 전혀 고려하지 않은 것은 아니다. 특히 초창기에는 도서 부문이 상당한 매출을 올려주었다. 일례로 필라델피아 주의 워너메이커^{Wanamaker} 백화점은 1877년 문방구 카운터 한편에 책 열 권을 진열하면서 도서판매에 발을 들였다. 이듬해 별도의 도서 카운터가 생겼고 얼마 지나지 않아 이는 도서 코너가 되었다. 1884년에는 백화점 사업의 10%를 도서가 담당했다.[41]

그러나 제2차 세계대전 이전까지만 해도 당장의 현금보다는 도서의 고급스러운 이미지에 끌려오는 멋쟁이 고객이 중요한 요소로 고려되었다. 책은 백화점이 지향하는 이미지를 구축하는 데 도움이 되었다. 도서 판매는 백화점이 왜 고급스러움과 품위의 궁전인지를 보여주었다. 책은 백화점의 이미지에 진중함, 교양, 심지어 시민의식 등도 더해주었다. 또한 독서가야말로 가장 바람직한 고객형이었다. 책 읽는 사람은 흔히 고학력에 세련되고 시간이 많으며 돈도 있었다. 이처럼 최고의 고객을 유치하는 역량은 이익을 내지 못한다는 점을 상쇄할 수 있었던 것이다.[42] 사실 책은 주로 '미끼상품$^{loss\ leader}$', 즉 원가 이하에 판매해 고객을 유인한 후 수익성이 좋은 코너로 유인하는 상품으로 활용되었다.

따라서 도서 부문은 자체적으로는 수익성이 낮더라도 백화점 재정에 간접적으로 도움이 되었다. 또 하나 주로 논의된 측면은 책이 다른 상품의 판매로 이어질 수 있다는 점이었다. 전국잡화소매협회의 1938년 매뉴얼에서 표현되었듯이, 책은 그 주제와 관련된 백화점의 다른 상품의 구매에 대한 '논거'를 제공했다. 예를 들어 인기 도서인 『식탁을 차려요$^{Let's\ Set\ the\ Table}$』라는 책에 나오는 식탁과 똑같이 디자인해서 설치하고, 이 책을 도자기, 리넨, 은제품과 같이 진열하도록 제안받았다.[43] 이렇게 함으로써 책과 도자기, 리넨, 은제품의 판매가 모두 증가했다. 다른 품목을 섞어 구색을 갖추는 것$^{Cross-merchandising}$은 무한한 가능성을 지녔다. 매니저는 백화점의 각 코너와 쇼윈도에 책을 함께 진열하도록 요구받았을 뿐만 아니라, 도서 코너에서도 여행 도서에는 여행가방, 사진 도서에는 카메라 등과 같이 책과 연계된 상품을 진열하도록 권유받았다. 소설도 하나의 역할을 할 수 있었다. "사교 소설을 읽다 보면 옷을 잘 입고 싶어진다."[44] 따라서 책은 소비자의 상상력과 욕망을 백화점이 충족할 수 있는 방향으로 끌어내는 촉매제로 여겨졌다.

이와 같은 이유로 특히 대형 백화점은 제2차 세계대전 당시까지 도서판매에 호의적이었다. 책의 접근성을 제고시키는 데에는 성공했으나 백화점은 도서산업계로부터 신랄한 비판을 받았다. 여타 비도서 상점처럼 백화점도 책에 대한 지식이 낮고 베스트셀러에 집중하는 판매원을 썼다는 비난을 받았다. '백화점 수준의 문학'은 일반 서적상이 다루는 '고상한 작품'과 분명히 구분된다고 느끼는 사람들이 있었다.[45] 사실 경쟁 상대인 일반 서점과 마찬가지로 백화점의 도서 코너가 구비한 책도 상당히 다양했다. 한편으로는 작품 구비 및 서비스 면에서 백화점이 여느 동네 서점보다 월등한 경우도 있었지만 이러한 매장은 책과 도서사업에 대해 잘 아는 사람을 고용했고, 책에 대해 훈련되지 않은 백화점의 다른 부문에 있는 직원은 도서판매에 대한 일을 하도록 허용되지 않았다. 다른 한편으로는 일부 백화점은 책의 선택 폭이 빈약했고 책과 작가에 대해 잘 모르는 판매원을 두고 있었다.

도서산업계는 또 백화점이 책을 다루는 데 경의심이 부족하다고 책망했다. 책을 바느질 도구, 장갑 등 일상용품과 섞어 진열한다는 것은 문학 가치에 대한 배반으로 읽혔다. 선물 매장과 드러그스토어도 책을 분리해서 진열하지 않는 잘못을 범했지만, 백화점은 한 발 더 나아가 책 그 자체를 목적으로 보지 않았다. 미끼상품으로든 그릇 진열용으로든 책은 다른 상품을 팔기 위한 도구로 활용되었다. 이는 글은 신성하다고 믿는 이들에게 경악할 일이었다.

책을 수단으로 간주하는 태도는 도서산업계의 경멸을 사기에 충분했다. 그러나 도서 특가판매는 이보다 더 즉각적인 영향을 미쳤다. 개인이 운영하는 서점은 백화점의 할인 판매로 자신들이 망하게 생겼다고 주장했다. 그들은 백화점의 할인 폭과 경쟁할 수 없었다. 이는 일정 부분 사실이었다. 서적상의 마진이 워낙 낮아 백화점 식으로 값을 깎으면 물건을 팔 때마다 손해를 보는 셈이 되었다. 게다가 백화점은 서적상의 최고 고객인 중산층에다 자신들이 관심을 두지 않았던 서민 독자층까지 유치하고 있었다.

유독 공격적인 가격 인하 시기 동안, 놀란 서점과 출판사는 백화점이 도서판매를 독점하려 한다고 경고하고 나섰다. 물론 독점이 도서산업에 국한된 현상은 아니었다. 19세기 말에서 20세기 초에는 미국 사회를 위협하는 듯한 대기업의 새로운 등장으로 우려가 만연했다. 미국 사회의 반독점 감정이 누그러진 1930년대 이후에도 도서판매업에서는 독점에 대한 우려가 중요한 기류로 남았다. 도서산업과 백화점 간의 가격 인하 충돌 및 도서산업의 대형 기관에 대한 적대감은 다음 장에서 다루도록 하겠다. 여기서는 서적상이 1950년대까지 지속된 백화점에 대한 고군분투를 통해 상류층 문화의 수호자라는 정체성을 확고히 다지게 되었다는 점만 짚고 넘어가겠다.

전후 시대

대여형 도서관을 오래 운영해온 월든북스가 1962년 쇼핑몰에 첫 매장을 차렸을 당시 도서출판계는 이를 큰 관심사로 다루지 않았다. 개업식은 《퍼블리셔스 위클리》에 게재되는 새로운 소식 면에서도 다뤄지지 않았다. 월든북스가 도서판매 부문에서 두각을 나타내고 진정한 도서유통 혁명의 중심으로 인정받기까지는 몇 년이 더 걸렸다. 도서출판계는 그 사이에 다른 문제로 골머리를 앓았다.

전후 베이비붐은 학교와 도서관 설립, 사상 최대 대졸 학력자 양산 등을 통해 미국의 교육 인프라를 대폭 확장시켰다. 지속적인 경제 번영으로 인한 나라 전반의 낙관을 공유한 도서산업계는 신규 기관 및 개인 수요자가 급증하는 것을 목도했다. 결과적으로 대졸 학력자의 증가가 기대했던 독자층 저변 확대로 이어지지는 않았으나 책 구매자의 질적 변화는 나타났다.[46] 교외 거주지역으로 이전한 교외 주민의 쇼핑 양상 및 독서 취향이 과거 도심지 서점의 고객과 다르다는 점을 파악한 이들은 큰 잠재 시장이 있음을 간파했다. 또한 문고판Paperback 등의 염가 판매 도서가 서점의 권위와 어울리지 않는다는 인식은 저소득 고객층뿐만 아니라 학교 강의 등에서 문고판에 익숙해진 고학력 독자층의 시각과 배치되기 시작했다. 또 할인 잡화점의 성공적인 도서판매는 대중적인 상품판매의 기술이나 환경이 현대 도서 구매층의 발길을 돌리게 하지 않았다는 것을 시사했다.

백화점은 제2차 세계대전 이후 여전히 도서유통의 주요 채널로 기능했으나 도서 코너의 규모를 축소하기 시작했다.[47] 1950년대에도 백화점의 가격 인하를 둘러싼 논쟁은 계속되었다. 그러나 점차 자리를 잡아가고 있던 새로운 형태의 잡화점에 초점이 맞추어졌다. 잡화점은 1879년 울워스Woolworth's가 창업한 이래 오랫동안 미국 유통업의 한 축을 담당해왔다. 싸구려 잡화점Five-and-dime으로도 불린 울워스, 크레스앤드컴퍼니S. H. Kress & Company, 크레스지S. S. Kresge 등 기타 체인서점은 가정용품, 공구 등 몇 푼 하지 않는 상품들을 판매했다. 그러다 1950년대에 할인점이 등장한 것이다. 1948년에 창립된 코벳E. J. Korvette 체인이 주도적이었다. 할인점은 단일 상품에 집중하는 것이 일반적이었으나 코벳은 다양한 상품을 구비해 할인전문 백화점으로 불렸다. 전통 백화점만큼 상품이 다양하지는 못했지만 할인 폭 및 할인 기간이 월등했다. 얼마 지나지 않아 기존 체인 잡화점도 가격 인하 전략을 채용하기 시작했다. 이것이 성공하자 할인전문 백화점을 담당하는 조직을 별도로 두기 시작했다. 울워스는 울코Woolco를, 크레스지는 케이마트K-mart를 모두 1962년에 만들었다.[48]

할인 잡화점은 회전이 빠른 아동도서, 사전, 요리책, 성인 베스트셀러 등에 국한해 재고를 두었다. 책은 매출 기여도가 낮았으므로 중요한 상품이 아니었다. 그렇지만 손님을 끌 수 있었기 때문에 책과 잡지 코너는 어느 잡화점에서나 찾아볼 수 있었다. 일부 도시에서는 베스트셀러 매출이 일반 서점에 위협이 될 만큼 상당했다. 도서 할인 판매에 가장 공격적이었던 코벳은 책을 미끼상품으로 이용해 서점의 원성을 사기도 했다.[49]

제2차 세계대전 이후 슈퍼마켓도 책을 들여놓으면서 경쟁에 뛰어들었다. 다루는 책은 주로 회전이 빠른 아동도서, 문고판 등 잡화점과 유사한 부류였다. 또한 슈퍼마켓에서는 백과사전을 구입할 수 있었다. 자녀의 영양과 교육에 대한 수요를 함께 충족하는 상품이었다.[50] 사실 슈퍼마켓과 할인 잡화점의 의의는 뻔한 구비 도서에 있는 것이 아니라, 미국인의 선택이 고상하고 지적인 진열보다 매대에서 셀프서비스로 파는 책이라는 점을 증명했다는 것이다. 할인점의 성공에 따라 일각에서는 서적상이 지푸라기라도 잡는 심정으로 비도서 소매점 모델을 차용할 수 있다고 우려했다. 한 업계 관계자는 1954년 조심스레 다음과 같이 서술했다.

오늘날 평범한 서점은 수입식료품점에서 윤락업소에 이르기까지 모두와 무한경쟁을 벌여야 한다. 그 부작용으로 매장은 점점 서점이라기보다 잡화, 완구, 감사카드, 또는 점차 새로운 가능성에 눈을 뜬 주인장이 좌약, 콘돔까지 파는 잡화점이 될 것이다. 또한 도서판매에 대한 관심이 떨어지면서 점차 도서 매출이 줄어들 것이고 오늘날 통용되는 의미의 서점도 줄어들 것이다.[51]

즉, 뼈대 있는 서적상도 전통적으로 도서판매에 적합하다고 여겨지던 분위기를 꼭 따르는 것은 아니었다.

대기업의 도서출판업 진출

서점의 운명이 도서산업의 주된 관심사이던 당시, 가족 소유 출판사의 합병 및 상장에 대한 소식이 이어지자 업계는 고무되거나 불편한 마음 사이를 오갔다. 제2차 세계대전 이후 월스트리트Wall Street가 출판업을 발견해 진출하자 업계 구조에는 심대한 변화가 일어났다. 출판사의 상장은 제2차 세계대전 이전에도 없던 일은 아니었다. 그러나 대부분의 출판사는 전국적인 교육 열풍으로 교과서 시장이 확장된 1950년대까지는 자율성을 유지했다. 그 이후 수요를 충족하기 위해 많은 출판사가 교육 부문을 확장하거나 신설했다. 노년에 접어드는 출판사 창업주들의 상속세 회피 욕구와 신규 자금의 필요성이 맞물리자 상장은 매력적인 제안이 되었다. 출판업의 성장성이 뚜렷했으므로 투자자도 모여들었다.

상장은 자금을 조달하는 하나의 방법이었다. 합병에 임하거나 큰 회사에 매각하는 것 역시 또 하나의 방도였다. 출판업계에서 합병은 재정 압박을 타개하거나 힘을 합쳐 확장 기회를 모색하기 위해 흔하게 이루어졌다. 그러나 1960년대에는 인수합병이 숨 돌릴 틈 없이 진행되어 몇 년 전에 상장한 출판사가 다시 매물로 나오기도 했다. 전후 출판계의 인수합병 바람은 1960년대(1차), 1970년대 중반(2차), 1980년대 말(3차), 그리고 1990년대 중반에 한 번 더 불었다.

1차 인수합병 붐은 도서와 무관한 사업을 하는 대기업에 출판사가 인수되는 형태였다. 일부 잡지 및 신문사가 출판사를 인수하기도 했으나 대개의 경우 전기회사가 자사 기술 및 관리 역량과 출판사의 콘텐츠 및 위신 사이의 시너지 효과를 기대하며 인수했다. 그러나 초창기 전망과 달리 모회사의 출판업에 대한 낙관은 지속되지 않았다. 1980년대에 들어서면서 컴퓨터 교실에 대한 이상을 품었던 IBM, 제록스 등은 출판 부문을 매각하기 시작했다. 도서 구매 시장이 축소되었을 뿐만 아니라 시너지 효과보다 오히려 출판과 기타 부문 간의 갈등이 두드러졌기 때문이다.

전기회사가 빠지기 시작한 출판 부문에서 기회를 모색한 회사가 있었다. 2차 인수합병 붐이 일었던 1970년대 중반은 출판업 전성기는 아니었다. 그러나 경제적 어려움 속에서 출판사는 손쉬운 인수 대상이 되기도 했고 때로는 경쟁사와 합병해 경쟁을 완화하고자 하기도 했다. 멀티미디어 기업의 출판사 인수는 출판사 간 합병보다 건수는 적을지 몰라도 그 여파는 컸다. 이 시기에 영화, 방송, 음반, 신문, 잡지, 도서 부문 등을 두루 갖춘 워너커뮤니케이션스Warner Communications, 걸프앤드웨스턴Gulf & Western 등이 태동했다. 이 기업들은 앞서 전기 기업과 마찬가지로 다양한 미디어를 통해 콘텐츠 재생산 및 상호 촉진 광고 등의 시너지 효과를 기대했다.

1980년대 말의 3차 인수합병 붐은 출판사 및 미디어 회사가 인수자라는 면에서 과거 10년과 유사했다. 다만 이번에는 외국계 회사의 참여도가 증가했다는 점이 달랐다. 외국계 회사는 미국 자회사에 세계시장 공략 등 글로벌 사고를 주입하는 데 일조했다. 1990년대 초에는 인수합병이 사그라졌다가 중반쯤에 다시 증가했다. 이후부터는 몇 개의 대형 엔터테인먼트 회사의 독립언론 인수 및 출판 자회사 사고팔기의 형태로 인수합병이 나타났다. 여전히 도서판매의 수익성은 실현되지 않았기에 이러한 방식은 주주의 원성을 샀다. 1990년대에는 인터넷 등 디지털 전송 시스템의 활용에 출판 부문이 한몫할 것으로 모기업은 기대했다. 이 같은 새로운 기술의 불확실한 재무성 및 이어지는 실망으로 모기업의 투자전략이 하루가 다르게 바뀌고 긴축기조로 돌아서면서 출판사 합종연횡은 가

속화되었다.[52]

출판사 인수합병은 도서산업계의 일상이 되었다. 그러나 1970년대까지도 도서판매 부문이 인수합병의 수순을 따를 것으로 여겨지지는 않았다. 투자자의 관심을 모을 만한 성장 및 수익 잠재력이 있다는 생각은 과거 경험에 배치되었다. 체인서점은 20세기 내내 계속 존재했으나 늘 여러 서점 중 차지하는 비중이 적었다. 미국 정부 추산으로는 1929년 영업 중인 체인서점이 30개였다. 이들은 전국 2,647개 서점 중 349개를 소유해 매출의 31.6%를 담당했다. 30년 후에도 이 수치는 거의 제자리걸음이었다. 1963년에는 매장이 세 개 이상인 회사 50개 정도가 총 244개의 서점을 운영했다. 추가로 매장이 두 개인 100개 회사가 있었지만 그래도 서점 매출의 67.9%를 쥐고 있는 것은 2,719개의 독립서점이었다.[53]

최대 체인서점도 매장이 몇 개 되지 않았다는 점이 더 중요할 수도 있다. 1960년대 이전 전국 단위를 기준으로 최대 체인서점은 브렌타노스 Brentano's와 더블데이Doubleday였다. 더블데이 출판사는 1910년 서점을 열었는데, 10년 조금 넘는 사이에 매장을 여덟 개로 늘리면서 이후 50여 년간 미국의 대표 서적상이 되었다.[54] 브렌타노스도 비슷하게 1920년대에 확장을 시작해 몇 개 주에서 여러 매장을 운영했다.[55] 전국 체인서점은 시카고 소재 크로치앤드브렌타노스Kroch's & Brentano's와 뉴욕 소재 웜래스 Womrath 등 지역 단위 체인과 함께 도서판매업에서 수십 년 동안 중요한 축을 담당했다.[56] 그럼에도 그 범위는 상대적으로 크지 않았다. 1960년 기준 더블데이는 33개 매장, 브렌타노스는 14개 매장에 지나지 않았다.[57] 결과적으로 봤을 때 그 영향력도 이후 세대의 체인서점에 비해 미약했다.

서점 제국을 짓겠다는 이상을 지닌 이는 적었지만 1960년대 초반을 도서판매에 진출할 적기라고 본 사람은 많았다. 이에 따라 1961년 문을 연 서점과 도서 백화점은 총 121개로 사상 최대였다.[58] 새로운 문고판 판매법 등 혁신적인 사례도 있었으며, 1940년대와 1950년대에는 대학가 서점이 문고판을 별도 코너에 꾸미는 실험도 감행했다. 1960년대에 이르자 많은 일반 서점은 여전히 작은 판형의 대중 도서보다 큰 판형의 '양서' 형태를 선호하긴 했지만 문고판의 비중도 확대되고 있었다. 또한 문고판은 1950년대 중반 등장하기 시작한 문고판 전문서점 덕에 가시성 면에서도 도약했다.

문고판 전문서점은 판매되는 상품의 특성처럼 격식에 얽매이지 않고 엘리트주의에서 벗어났음을 보여주었다. 저렴한 문고판 제본은 쉽게 버릴 수 있다는 것을 의미했다. 문고판은 지위의 상징으로 수집하는 대상이 아니라 편안하게 읽기 위한 책이었다. 일반 도서와 달리 문고판 전문서점은 셀프서비스를 강조해 고객을 주눅 들게 만들 수 있는 직원의 질문을 피할 수 있도록 했다. 고전, 전문도서, 돈벌이용 책과 그 스펙트럼 사이의 다방면에 걸친 문고판은 책의 선택 폭만큼이나 다양한 독자층이 책꽂이를 찬찬히 살펴보도록 유인했다. 한 지지자는 대중적 특징을 강조하는 차원에서 문고판이 지닌 변화의 힘을 설파했다.

일반 도서를 거의 구매하지 않았던 신규 고객층은 문고판에 매력을 느꼈다. 학생, 작은 판형의 편리성을 추구하는 사람, 책에 많은 돈을 쓰고 싶지 않은 사람, 문고판으로만 나오는 책을 찾는 사람 등이다. 필자는 또 하나의 원인으로 심리적인 배경이 있다고 굳건히 믿는다. 필자는 또한 문고판이 소비자의 학술도서에 대한 접근성을 높였고, 같은 가격에 양장판으로 만들어진 것보다 문고판으로 만들어진 학술도서가 더 많이 팔렸다고 느낀다.[59]

문고판 전문서점은 큰 인기를 끌었다. 가장 잘 알려진 페이퍼백북스미스Paperback Booksmith는 1978년 파산하기 전에 75개의 (대부분 프랜차이즈)

체인으로 성장했다.[60] 문고판 전문서점은 전통 서적상의 계급 허세를 경멸하는 독자층에게 반체제 이미지로 다가가면서 당대 문화 기류와 맞아떨어졌다. 문고판 전문서점의 고객은 누구보다 다양한 책을 섭렵한 이들이었기에 이들을 잡화점 단골처럼 괄시할 수는 없었다.

이 시기에 새로운 문화적 감수성을 보인 것은 비단 독자뿐만이 아니었다. 새로 발을 딛는 도서판매업은 과거에는 이 분야와 거리가 있었던 부류였다. 일례로 1955년에 문고판 전문서점을 연 로이 케플러Roy Kepler 같은 신규 서적상은 당대 사회운동가였다.[61] 1961년 창립된 페이퍼백북스미스도 창업주 마셜 스미스Marshall Smith가 반체제 증권 애널리스트였다는 점에서 관련된 경향을 보여준다. 이 시기에 도서산업에는 경영학 전공자나 회사생활을 경험한 뒤 개인적으로나 사회적으로나 더욱 의미 있는 일을 추구하고자 하는 이들이 많았다. 개중에는 도서판매를 지목한 이들이 있었다. 사회운동가 출신과 기업가 출신은 모두 서적상의 정체성을 확립하고 향후 몇 년에 걸쳐 업계 향방을 바꾸는 데 일조했다.

계통 확립기: 현대적 체인서점의 성장

1960년대와 1970년대에 문을 연 많은 서점의 창업주들은 대량판매방법과 할인정책을 처음으로 시작했기 때문에 최근 몇십 년 사이에 도서판매업에서는 많은 변화가 일어났다.[62] 이 글에서 역사를 통해 보여주었듯이, 이 같은 기법은 비도서 유통업체 중심이었는데도 도서판매업에서 오랫동안 활용되어왔다. 그러나 1960년대와 1970년대에 분명히 바뀐 점은 이러한 기법이 일반 서점에서 활용된 정도였다. 도서출판업에서는 두 가지의 상이한 요소가 합치되면서 변화가 일어났다. 한편으로는 한때 폄하되었던 백화점, 할인점, 드러그스토어의 기법을 채용할 의지가 있는 창업주가 여럿 등장했으며, 다른 한편으로는 비도서 유통업체가 일반 도서의 소유 및 운영에 상응하는 관심을 갖게 되었다.

그 결과 향후 몇십 년에 걸쳐 체인 대형서점chain superstore이 도서판매 부문을 지배하게 되었다. 도서판매시장에서 지배적인 점유율을 확보한 체인서점은 과거 누구도 상상하지 못했을 수준까지 서점을 현대화했으며 주주를 염두에 둔 구조 및 전략을 발전시켰다. 이 과정에서 체인서점은 출판사 사무실부터 소비자 행동에 이르기까지 업계에서 상당한 영향력을 행사하게 되었다.[63]

1960년대에 창업한 두 개의 체인서점은 특히 영향력이 컸다. 바로 월든북스와 비돌턴B. Dalton이었다. 비슷한 시기에 등장해 향후 도서판매업에서 중요한 역할을 한 다른 체인서점도 물론 있었다. 그러나 1970년대와 1980년대 초까지 '체인'이라는 표현은 비돌턴 및 월든과 거의 동의어였다. 그 위상은 어마어마한 규모와 영향력의 범위에 기인했다. 이 두 개의 체인은 미국 전역의 쇼핑센터에 수백여 개의 매장을 두고 있었다. 이두 체인에 의해 소수의 체인이 점유하는 시장의 비율이 더 증가하는 경향이 생겨났다. 1963년 기준으로 열한 개 이상의 지점을 둔 다섯 개 체인이 도서 매출에서 담당하는 비중은 7.9%에 불과했다. 하지만 1972년이 되자 각각 50여 개의 지점을 갖춘 네 개 체인이 도서 매출의 11.6%를 차지하게 되었다. 1982년경에는 월든북스와 비돌턴만으로도 도서판매 총매출의 24%를 기록했다.[64]

가장 오래된 체인인 월든북스의 창업주는 도서산업계에서는 누구나 이름만 대면 아는 사람이었다. 월든북스는 1933년 백화점의 임대 대여형 도서관 체인으로 시작한 회사였다. 전후 대여형 도서관의 인기가 시들해지자 월든북스의 창업주인 로런스 호이트Lawrence Hoyt와 그의 아들은 회사의 주력 사업을 도서유통으로 돌렸다. 그들은 인구학적 구조의 변화를 감지해 교외 쇼핑센터가 기존 도심지보다 유망한 입지라고 판단했다. 이에 1962년 첫 월든북스토어Walden Book Store가 피츠버그 교외의 쇼핑몰에 매장을 열었다. 첫 매장은 판매와 대여를 모두 수행했으나 호이트는 매장을 늘려나가면서 점차 판매에 집중했고, 1964년에는 대여를 완전히 중단했다.

1969년, 월든은 미국 19개 주에 59개 매장을 두면서 대량 도서판매의 수익성을 증명했다. 그럼에도 그해 월든북스가 캘리포니아 소재 백화점 체인인 브로드웨이헤일스토어Broadway Hale Stores에 매각되자 주변에서는 놀라워했다. 월든은 유일하게 백화점 또는 의류매장이 아닌 소매 부문만을 대표하고 있었기 때문에 브로드웨이헤일 입장에서는 매우 위험한 인수였다. 그렇지만 브로드웨이헤일은 전국에 우후죽순처럼 생겨나는 쇼핑센터에 서점을 입점시키면 수익성을 개선할 실질적인 기회가 있다고 판단했다. 브로드웨이헤일의 자본을 바탕으로 월든은 공격적으로 확장하기 시작했다. 1980년대 초에는 매년 80~90개 신규 매장을 열었으며, 1981년에는 총 704개 매장으로 미국의 50개 주 모두에 매장을 갖춘 첫 체인서점이 되었다.

1983년 월든북스는 지난 몇 년 동안 재무상태가 좋지 않아 매장이 세 개로 줄어든 브렌타노스를 인수했다. 이듬해 862개의 매장에 연간 이익 2,700만 달러인 월든은 다시 인수대상이 되었다. 리미티드 사Limited Inc. 의 적대적 인수를 회피할 전략의 일환으로 카터홀리헤일Carter Hawley Hale 이 체인서점을 매각하기로 했던 것이다.[65] 월든의 새로운 오너는 할인 잡화점의 현대판인 케이마트였다. 케이마트가 월든을 인수한 데에는 몇 가지 동기가 있었다. 첫째, 월든이 임대권을 보유한 좋은 쇼핑몰 입지를 확보해 케이마트의 여러 자회사를 전략적으로 배치할 계획이었다. 둘째, 월든북스를 통해 케이마트의 도서판매 부문을 강화할 계획이었다. 마지막으로, 성장 잠재력이 충분한 문제없는 수입원의 인수라는 케이마트의 다각화 전략에 부합한다는 인식이었다. 그 결과 케이마트는 월든의 확장 전략을 계승했다. 1987년에는 대형 캐나다 체인인 콜스Coles의 미국 소재 50개 매장을 인수하기도 했다. 월든은 미국 최대 도서판매자라는 입지를 확고히 하기 위한 노력을 경주했던 것이다.[66]

이 경쟁에서 월든북스의 첫 번째 경쟁자는 비돌턴이었다. 1966년 비돌턴이 서적상으로 데뷔한 사건은 월든의 1호 매장 개업보다 많은 주목을 끌었다. 어쩌면 이렇게 주목을 끌게 된 것은 비돌턴이 비도서 유통업체에 의해 (브로드웨이헤일이 월든을 인수하기 3년 전) 설립되었고 대형 체인서점을 당장 추구했기 때문일지도 모른다. 비돌턴의 모회사는 백화점 사업을 하는 미니애폴리스 소재 데이턴컴퍼니Dayton Company였다.[67] 해당 업종의 회사로서는 매우 이례적인 일이었지만 데이턴이 즉흥적으로 비돌턴을 시작한 것은 아니었다. 데이턴은 도서시장에서 블루오션에 해당하는 사업에 대해 연구를 진행했다. 원래의 구상은 교외 쇼핑센터와 도심에 모두 고급 서점 체인을 오픈하는 것이었다. 당초 발표에 따르면, 데이턴은 특별 주문, 모노그램, 무료배송 등 서비스를 강조하는 고급 서점을 만들고자 계획했다. 비돌턴이라는 명칭도 영국식에다 '품질, 신뢰, 권위'라는 뜻을 함축하고 있기 때문에 선택되었다. 1호 매장은 데이턴 본사가 위치한 교외지역인 미네소타 주 에디나에서 1966년 8월 팡파르와 함께 영업을 시작했다. 2호점은 그 이듬해 2월 세인트루이스 교외에 문을 열었고, 사업 2년 차 말에 접어들자 비돌턴 매장은 열두 개에 이르렀다. 도심지에도 매장을 갖추고자 했던 원래 계획과 달리 대부분의 초창기 매장은 교외 쇼핑센터에 위치했는데, 비돌턴은 바로 여기서 성공의 요소를 발견했다.

1968년 데이턴은 캘리포니아 남부에 매장이 일곱 개인 픽윅북숍Pickwick Book Shops이라는 향토 체인을 인수했다. 이후 데이턴은 비돌턴 매장 증대를 가속화하는 데 주력했다. 1981년 기준 비돌턴은 526개 매장을 갖추었는데, 월든에 비해 매장 수에서는 뒤처졌지만 매출은 비견할 만했다.[68] 그럼에도 1986년 경쟁사의 할인으로 비돌턴의 이익이 감소하는 어려움을 겪자 이듬해에 데이턴허드슨Dayton Hudson은 비돌턴 체인을 매각하기로 결정했다. 비돌턴의 새로운 주인은 규모가 큰 지방 체인서점인 반스앤드노블이었으며, 대주주는 레너드 리지오Leonard Riggio와 네덜란드 회사 벤덱스인터내셔널Vendex International의 미국 자회사인 벤더메리카 Vendamerica였다.

반스앤드노블이 대형 체인 입지를 구축한 지는 10여 년밖에 되지 않았지만 도서산업 부문에서는 오랜 역사를 지니고 있었다. 그 뿌리는 찰스 몽고메리 반스Charles Montgomery Barnes가 일리노이 주 휘튼 시에서 중고도서를 팔기 시작한 1874년으로 거슬러 올라간다. 1917년 반스의 아들 윌리엄William은 뉴욕으로 거처를 옮기면서 하인즈앤드노블Hinds & Noble과 노블앤드노블Noble & Noble 등에서 출판 및 판매에 몸을 담았던 조지 클리퍼드 노블George Clifford Noble과 파트너십을 구축했다. 학교와 도서관에 교육용 도서를 납품하는 중개인 역할로 시작한 반스앤드노블은 판매 기능을 더해 점차 출판도 어느 정도 겸하면서 교과서 판매에 주력했다.

반스 가문은 회사를 오래 소유했다. 그러나 1969년 존 반스John Barnes 가 세상을 떠나자 반스앤드노블은 로드아일랜드 주 프라빈스에 소재한 제조 및 유통전문회사 에이엠텔Amtel에 매각되었다. 그러나 1971년 에이엠텔은 반스앤드노블을 대학서점을 운영하는 서적상인 리지오에게 매각했다.[69] 리지오는 기존에도 대형 서점이던 뉴욕 반스앤드노블을 미국 최대의 서점으로 키웠다. 또한 1975년 논쟁의 소재가 된 할인정책을 선택적으로 시도하기 시작했다. 1970년대 말경, 리지오는 본격적으로 사업을 확장하기 시작했다. 증가 추세인 대학서점의 관리, 북동부 지방에 전문서점 구축, 맨해튼에 소재한 주력 매장인 반스앤드노블 매장 운영 외에도 여타 도서 관련 사업으로 진출했다. 신규 사업은 출판, 교과서 도매, 슈퍼마켓 도서유통, 말보로Marboro 인수(1979년), 우편 주문 등을 포괄했다.

비돌턴을 인수할 당시 반스앤드노블은 37개 전문서점과 142개 대학서점을 운영하고 있었다. 그러나 비돌턴의 합세로 미국 최대 체인서점 자리에 쉽게 올랐다. BDB그룹BDB Corporation이라는 새로운 회사명으로 비돌턴과 반스앤드노블 매장을 꾸준히 확장하면서 새로운 회사를 인수해 갔다. 이 인수 과정에서 미국 도서판매 부문의 두 메이저급도 인수했는데, 바로 스크라이브너스북스토어Scriber's Bookstore 상호와 1개 서점(1989년) 및 더블데이북숍Doubleday Book Shop(1990년)이었다. BDB그룹 산하의 각 매장은 정체성을 유지하면서 각기 사회지리적으로 상이한 고객층과 쇼핑센터 건물주에 맞출 수 있었다. 반스앤드노블은 이를 다음과 같이 설명한다.

> 1989년과 1990년에 각각 반스앤드노블은 스크라이브너스북스토어라는 상호와 더블데이북숍 42개를 인수하고, 쇼핑몰 개발자에게 전통 비돌턴 포맷에 대한 고급형 대안을 제공함으로써 쇼핑몰의 비돌턴 소매 전략을 보완했다.[70]

그러나 1990년대 들어서도 가장 두드러지고 돈을 잘 버는 체인서점은 여전히 어디에서든 찾아볼 수 있는 비돌턴이었다.[71]

뒤이은 장에서 설명하겠지만, 비돌턴의 디자인·상품기획전략·관리는 기존 독립서점과 차별화되었다. 그 차이는 백화점 및 할인점이 주력 사업인 모회사의 조직문화 및 경영관리의 영향에 일부 기인했다. 1970년대와 1980년대의 또 다른 대표 체인서점 두 곳은 서점의 비도서 경쟁자인 드

러그스토어 형태와 비슷했다. 1984년 할인 드러그스토어 체인인 라이트
에이드 그룹Rite Aid Corporation은 지역 체인서점인 앙코르북스Encore Books
를 인수했다. 라이트에이드그룹은 10년간 앙코르북스를 소유하다가 로
리앳Lauriat 체인에 이를 매각했다. 로열디스카운트Royal Discount와 북코너
Book Corner를 소유했던 로리앳은 1999년 파산했다.

　드러그스토어와 연관 있는 또 하나의 체인인 크라운북스도 오래가지
는 못했으나 도서판매업에 많은 영향을 미쳤다. 체인서점에서 할인을 일
상화시킨 것이다. 크라운북스의 창업주인 로버트 하프트Robert Haft는 워싱
턴 D.C.의 부동산 재벌이면서 드러그스토어 재벌인 허버트 하프트Herbert
Haft의 아들이었다. 허버트 하프트는 할인 드러그스토어라는 개념을 개척
해 큰 부를 이룬 인물이었다. 1954년 처음 문을 연 다트드러그Dart Drug는
당대 서적상과 마찬가지로 가격 인하를 불공정 경쟁이라고 여겼던 약사
들의 원성을 샀다. 허버트 하프트는 아내와 두 아들딸의 도움으로 다트그
룹Dart Group을 여러 유통 부문 및 상업용 부동산으로 확장했다.[72]

　하버드 대학교 경영대학 재학 당시 로버트 하프트는 할인서점 체인을
다룬 논문을 썼다. 그리고 아버지의 사업에 다시 합류하면서 이를 현실에
적용하기 시작했다. 허버트 하프트의 자본을 바탕으로 로버트 하프트는
1977년 9월 첫 크라운북스 매장을 열었다. 그리고 1년 남짓한 기간 내에
열 개 매장을 더 열면서 동일한 할인 원칙을 적용했다. 1982년 중반, 크
라운북스의 매장은 81개로, 매장 수로는 3위, 매출 기준으로는 4위로 껑
충 뛰어올랐다. 이후 1983년 크라운북스는 대형 체인서점으로는 처음으
로 상장했다. 서점 사업의 이익 창출력 및 경영관리법으로는 월스트리트
의 관심을 끌 수 없다고 생각하던 사람들에게 이는 시사하는 바가 컸다.

　향후 10년에 걸쳐 크라운북스는 꾸준히 성장했다. 그러나 두 선두업
체를 추격하는 상황은 1993년 하프트가의 불화가 여러 사업을 망가뜨리

면서 급정지했다. 불화가 표면화된 지 2년 반 후 하프트가는 크라운북스의 경영 및 의결권을 상실했다. 경영진의 회사 정상화 노력에도 크라운북스는 회복되지 못한 채 이익과 주가가 추락했다. 1998년 다트는 식료품 도매업체 리치푸드홀딩스Richfood Holdings에 인수되었다. 리치푸드는 크라운북스를 처분하고자 했으나 인수자가 나타나지 않자 문제가 많은 도서 체인 회사는 결국 파산할 수밖에 없었다. 크라운북스는 구조조정 후 1999년 재등장했으나 더는 효율적으로 경쟁할 수 없는 상태였다. 로리앳처럼 크라운북스는 대형 매장 구축에서 너무 뒤처져 있었다. 2001년 크라운북스는 재차 파산 신청을 했고 정리되었다. 자산은 매각되었고 상당수 매장은 동남부 지방의 체인서점이자 당시 미국 3위인 북스어밀리언Books-A-Million이 인수했다. 크라운북스의 끝은 초라했으나 할인정책이라는 유산은 계승되었다.[73]

쇼핑몰에서 대형 매장으로, 다시 인터넷으로

1980년대 말이 되자 체인서점의 비즈니스 공식은 엇비슷해졌다. 즉, 베스트셀러 위주로 도서를 취급하고, 최소한의 서비스를 제공하며, 광고를 통한 할인을 자주 하는 쇼핑센터나 쇼핑몰에 위치한 작은 매장의 형태였던 것이다. 그러나 면밀하게 관찰해보면 과거 쇼핑몰 방식에 문제가 드러나면서 체인서점이 지난 10여 년 동안 발달한 새로운 도서판매 방식에 관심을 두기 시작했음을 알 수 있었다. 1980년대 초부터 둔화되기 시작한 쇼핑몰 건설은 점차 더 줄어들었다. 새로 쇼핑몰을 지을 공간이 부족했을 뿐만 아니라 허름하고 작은 쇼핑몰의 고객은 줄어드는 반면 좋은 입지의 가격은 천정부지로 오르고 있었기 때문이다. 한편 대형 체인의 등장으로 비중이 대폭 줄어든 독립서점 및 지역 단위 체인서점은 서비스 및 구비 도서 강화를 바탕으로 재기하고 있었다. 동네 서적상은 대형 체인이 관심을 두지 않는 분야에서 틈새시장을 찾은 듯했다.

그러나 1990년 대형 체인서점이 나타났다. 대형 체인서점은 기존 체인 매장의 몇 배에 이르는 도서와 면적을 갖춘, 체인서점의 새로운 형태였다. 대대적인 관심 속에 개장한 대형 체인서점은 처음부터 규모가 있었지만 점차 더 커졌다. 업계는 6,000~8,000제곱피트(557~743m²)에 이르는 규모와 3만~4만 종의 도서를 진열한 첫 슈퍼크라운 매장에 놀라워했다. 1만 5,000제곱피트(1,394m²)에 10만여 종의 도서를 구비하면서 슈퍼크라운 매장을 거뜬히 능가한 첫 반스앤드노블 매장에는 더욱 놀라워했다. 그러나 몇 년 안 가 반스앤드노블 1호점은 규모 면에서 작은 축에 속하게 되었다. 1995년 대형 체인서점의 평균 매장 넓이는 1만 5,500제곱피트(1,440m²)였고 12만 5,000여 종의 도서에 기타 매체 상품도 갖추게 되었다. 쇼핑몰에 매장을 두기도 했으나 그 규모 때문에 스트립몰이나 독립된 형태로 존재하는 경우가 많았다. 분명 평범한 체인서점으로는 보기 어려웠다.[74]

마른하늘에서 뚝 떨어진 것처럼 보일지 모르지만 대형 체인서점의 전신은 여럿 있었으며, 주요 체인점은 지난 몇 년 동안 다양한 형태를 실험해오고 있었다. 대형 체인서점은 1980년대에 체인서점과 경쟁하는 과정에서 발달한 대형 독립서점과 완구점 토이저러스^{Toys R Us} 사의 원형인 카테고리킬러(대형 단일 소비재 품목을 취급하는 할인 판매점)의 혼합체였다. 그러나 1980년대에 대형 매장 체제를 중간 규모의 체인으로 탈바꿈시킨 서적상이 몇몇 있었다. 그중 하나가 1982년 게리 후버^{Gary Hoover}가 창업한 텍사스 주 소재의 체인인 북스톱^{Bookstop}이었다. 토이저러스를 본뜬 북스톱은 할인점을 다양한 도서, 꼼꼼한 진열, 부유한 고학력 독자층을 겨냥하기 위한 정보 시스템 등과 결합시켰다. 1989년 북스톱은 텍사스 주,

캘리포니아 주, 플로리다 주, 루이지애나 주에 스물한 개 매장을 갖추게 되었고, 업계의 주목을 끌어 그해 크라운북스와 BDB 사가 많은 지분을 사갔다. 이후 1년 반 동안 법률적 논쟁과 이사회 토의 끝에 크라운북스가 지분을 매각하면서 반스앤드노블은 마침내 북스톱에 대한 완전한 경영권을 확보했다. 이후 북스톱과 북스타Bookstar(일부 주에서 상표권 분쟁 때문에 사용했던 상호)는 반스앤드노블의 초창기 대형 체인서점 전략의 중요한 요소가 되었다.[75]

대형 체인서점의 또 다른 모델은 미시간 주에 소재한 보더스Borders가 제공했다. 루이스 보더스Louis Borders와 토머스 보더스Thomas Borders 형제는 앤아버에서 고서 판매 서점으로 시작해 1973년 일반 서점으로 전환했다. 대학생을 상대로 시작한 이 서점은 다양한 도서와 책에 대한 깊은 애정을 지닌 상점으로 많은 인정을 받았다. 1985년 2호점을 열었고, 의사결정은 상대적으로 분권화되어 있었으나 점차 성장하기 시작했다. 1989년 로버트 디로무알도Robert DiRomualdo가 현대화 및 확장을 목표로 삼으면서 마케팅 및 중앙집중화에 새로운 탄력이 붙었다. 그러다 1992년 열네 개 주에 열아홉 개 매장이 있던 보더스는 대형 체인서점 부문 강화를 기대한 케이마트에 인수되었다. 월든북스는 1986년 이래 일반 월든의 약 세 배 규모인 월든북스앤드모어Waldenbooks & More를 시작하면서 대형 매장 형태를 실험하고 있었다. 1992년 초 월든북스앤드모어는 사업을 중단하는 대신 바셋북숍Basset Book Shops이라는 새로운 형태의 대형 체인서점을 출범시켰다. 결국 바셋Basset은 보더스에 합병되었고 디로무알도가 새로운 보더스-월든그룹Borders-Walden Group의 수장을 맡았다.[76]

1990년부터 여러 차례의 인수합병으로 강화된 체인 회사는 이중 전략을 구사했다. 이들 기업은 쇼핑몰 매장 운영을 지속하면서 별도로 대형 체인서점도 강조했다. 그러나 아주 짧은 기간 사이에 대형 체인서점은 한

때 불멸로 여겨졌던 쇼핑몰 매장을 압도하기 시작했다. 공간이 있는 곳이라면 신규 대형 체인서점을 건설하기 위해 막대한 자원을 투자하는 반면, 적자 신세의 쇼핑몰 매장은 곳곳에서 문을 닫았다. 대형 체인서점의 떠오르는 지배력을 반영하듯 BDB 사는 1991년 반스앤드노블 사Barnes & Noble Inc. 로, 보더스-월든그룹은 1994년 보더스그룹Borders Group으로 회사명을 변경했다. 신규 대형 매장의 경쟁적인 건축은 매우 많은 자금을 요했기에 확장 자금을 조달하기 위해 반스앤드노블은 1993년 상장했다. 한편 케이마트도 보더스 상장을 고려하고 있었다. 그 배경은 좀 더 복잡했다. 케이마트 자체도 재무적 어려움을 겪고 있었는데, 주력 할인점의 문제가 심화되자 주주들의 불만이 터져 나왔다. 1995년 마침내 케이마트는 세 개 자회사의 매각을 통한 자금 조달을 꾀했고, 연말이 되자 보더스의 분사分社는 완결되었다.[77] 보더스도 경쟁사와 마찬가지로 상장사가 된 것이다.

대형 체인서점 전략의 효과는 도서판매 시장에서 결정적인 지배력을 확보한 것이었다. 쇼핑몰 매장이 성공했지만 여전히 독립서점의 책 매출이 더 큰 비중을 차지하고 있었다. 그러나 이 양상은 1990년대 초 뒤집혔다. 1991년 기준 성인 도서 매출의 22%는 체인서점이, 32.5%는 독립서점이 담당했으나, 1997년에는 체인서점의 비중이 25%로 증가한 반면, 독립서점의 비중은 17%로 급락했다.[78] 이 시점에 이 양대 회사는 도서판매 시장의 거의 절반을 차지했는데, 1997년에는 반스앤드노블과 보더스그룹이 서점 매출의 43.3%를 가져갔다.[79] 이로 인해 미국에서 가장 잘 알려진 서점을 포함해 많은 독립서점이 문을 닫았다. 그 쇠락은 1990년대에 급증한 서점 실패율로도 알 수 있다.[80]

이 시기에는 도서판매에 또 하나의 유통점이 등장해 체인서점과 독립서점의 향방을 모두 바꾸어놓았다. 아마존닷컴Amazon.com은 초창기 전자

상거래 분야에서 가장 두드러지고 소문난 존재일 것이다. 1995년 월스트
리트 금융권 출신인 제프 베조스Jeff Bezos는 다니던 헤지펀드를 나와 인
터넷 사업을 시작했다. 전자상거래를 실험할 대상으로 책은 논리적인 선
택이었다. 수십 년의 우편 주문 매출을 통해 독자는 실물을 보지 않고도
책을 살 용의가 있음이 입증되었으며, 책은 작고 규격화되어 배송료가 저
렴했다. 게다가 아마존은 다양한 선택 폭을 선호하는 독자의 성향을 '북
스인프린트Books in Print'라고 이름 붙인 카탈로그를 이용해 간단하게 충
족시켰다. 즉, 아마존은 우편 주문을 이용한 편의성과 소비자 본인이 집
에서 '북스인프린트' 디지털 버전을 이용할 수 있는 편의성을 동시에 제
공한 것이다.

1997년 상장한 아마존은 이익을 낼 기미가 보이지 않았음에도 주식시
장의 뜨거운 관심을 받았다. 전자상거래 붐을 타고 대형 체인서점, 독립
서점, 도서판매 경험이 전무한 전자 소매업체까지도 발 빠르게 온라인 서
점을 개설했다. 몇 년 사이에 새 책, 중고 책 할 것 없이 관련 온라인 사이
트가 우후죽순처럼 생겨났다. 특정 카테고리를 전문으로 하는 사이트도
있었고 출판된 모든 도서를 취급하는 사이트도 있었다. 그러나 인터넷서
점은 오프라인 상점과 마찬가지로 공급·유통·마케팅 문제에 직면해 이
익을 제대로 내지 못했다. 초창기 아마존은 도매상과 출판사 측에서 주문
을 처리하도록 했다. 그러나 매출이 증가하자 이러한 배송방식은 더디고
복잡하다는 문제가 발생했다. 이에 아마존은 주요 경쟁사가 이미 구축한
유통 인프라를 확보하는 데 투자하기 시작했다. 물리적인 매장은 존재하
지 않더라도 창고는 필요했던 것이다.

온라인 도서판매 부문이 계속 이익을 내지 못하자 일부는 폐업했고 일
부는 통폐합했다. 대표적인 출판사와 서점이 힘을 합친 경우로 랜덤하우
스Random House의 모회사인 베르텔스만Bertelsmann이 반스앤드노블 온라인

부문의 지분을 50% 인수했다.[81] 또한 인터넷 부문에서 막대한 손실을 본 보더스는 아마존에 웹페이지 운영을 맡기면서 결과적으로 전자상거래에서 손을 뗐다.[82]

보더스와 아마존의 동맹은 닷컴 버블이 붕괴하던 2001년에 태동했다. 책을 팔아서 온라인에서 돈을 벌 가능성이 낮다는 인식이 퍼지면서 이후 몇 년 동안 인터넷서점은 다각적으로 사업을 축소했다. 반스앤드노블은 베르텔스만의 지분뿐만 아니라 반스앤드노블닷컴Barnesandnoble.com까지 재인수함으로써 온라인 부문의 독립된 상장 회사로서의 짧은 역사에 마침표를 찍었다. 아마존은 일부 유통센터를 폐쇄했고, 반스앤드노블닷컴은 비도서 상품군을 제거했다. 두 기업 모두 마케팅 비용을 대폭 삭감했다. 아마존은 아마존이라는 이름을 인터넷쇼핑과 동의어가 되도록 만들기 위해 매출의 최대 10%를 투자하는 등 매우 높은 마케팅 비용을 지출했다.[83] 아마존이 도서판매를 넘어 인터넷 장터로 변신하는 동안 체인서점 및 독립서점은 온라인과 오프라인 모두에서 마케팅과 유통을 할 수 있는 전략의 일환으로 인터넷을 포괄했다. 2001년 도서판매의 5.8%를 담당한 인터넷은 전통 서점을 대체하지 않은 것으로 판명이 났다.[84] 인터넷으로 인해 도서판매의 분권화가 이루어진 것이 아니라 오히려 온라인 서점 간의 통폐합으로 인해 도서판매 유통시장이 더욱 집중화되는 현상이 나타났다.

상류층 산업의 종말

21세기 초 미국의 도서판매업은 한때 현대 자본의 변두리에 존재했던 산업과는 현저하게 다른 모습으로 변했다. 전국적으로 흩어져 있던 개인 상점, 백화점, 드러그스토어 대신 이제는 몇몇 대기업 이름을 똑같이 내

건 서점이 전국 어딜 가나 존재하게 되었다. 오늘날은 출판 도서의 세계나 독자층 취향에 대한 지식이 거의 전무했던 서적상의 시대와 극명한 대비를 이루면서 책과 소비자에 대한 데이터 수집, 면밀한 마케팅 기획의 집행 등 합리적인 방식으로 예측 가능성을 제고함으로써 궁극적으로 도서판매의 증진을 꾀하고 있다. 이 과정에는 신기술 및 격식 파괴, 편의성, 가격 인하, 마케팅 홍수에 소비자를 길들이는 소매문화의 변화 등과 같은 지원이 있었다. 책 구매에 큰 노력이나 비용을 들일 필요가 없으며 책 구매가 특별한 이벤트일 필요가 없다는 메시지를 전달한 체인서점은 점차 확산되던 소비재 소유 문화에 기여했다. 이는 공공 도서관의 쇠락과 맥을 같이했다. 미국인은 점차 읽을거리를 공공기관을 통해 구하지 않았다.[85]

체인서점의 성공은 전통적인 도서판매 방식의 불편한 단면을 조명했다. 대중적 이미지의 체인서점은 특정 장르 및 독자층을 오래 괄시해온 도서출판업의 엘리트주의를 더욱 부각시켰다. 체인서점의 효율성과 대중성은 도서판매업의 문제가 기존 인물의 사업 역량 부재에 기인한 것이 아닌가 하는 의구심을 불러일으켰다. 이와 같은 체인서점의 주도로 도서산업계의 유통 문제가 드디어 해소되는 듯했다.

그러나 꾸준히 증가하는 체인서점의 시장 점유율, 출판사의 관심, 도서 소비문화에 대한 영향력을 업계 모두가 침착하게 받아들인 것은 아니었다. 신세대 체인서점은 이전의 그 어떤 서점보다 효율적이었으며 책을 더 많이 팔았을지도 모른다. 그러나 축배를 들기는커녕 신세대 체인서점은 도서산업의 진실성을 위협한다며 꾸준히 비판을 받았다. 소수의 기업이 행사하는 과도한 영향력에 대한 우려가 제기되었던 것이다. 주력 사업이 도서산업이 아닌 회사가 초기에 소유했다가 나중에 상장기업이 된 체인서점에 대해서는 도서문화의 전통을 추구하는지 또는 투자자의 이익을 우선시하는지에 대한 의문이 제기되었다. 대중적 마케팅 및 규격화된 매장은 합리화의 품질저하 효과에 대한 논쟁을 낳기도 했다. 또한 독립서점을 폐업으로 내몬 경쟁 전략은 냉정한 시장의 무심함에 대한 반발을 야기했다.

체인서점은 도서산업에 심대한 변화를 끼치고 이를 제도화했을 뿐만 아니라 서점과 도서 구매에 대한 미국인의 인식을 바꾸어놓았다. 이후 장에서는 체인서점의 폭발적인 성장에 기여한 다양한 요인, 관련 담론, 독립서점의 대응에 대해 구체적으로 살펴보겠다. 이 같은 분석을 통해 서적상의 수사와 관행에 다양한 소비문화에 대한 이해가 녹아 있는지를 알 수 있을 것이다.

03_
주권이 있는 소비자에 대한 도서 제공
도서 선정과 추천

독자는 구매할 책을 어떻게 결정할까? 이 질문에 접근하는 방식은 다양하다. 개인의 취향을 결정하는 데 도움이 되는 심리적 요소와 함께 교양수준, 수입, 준거 집단과 그들이 신뢰하는 조언자의 영향 등 사회적 요소를 고려할 수 있다. 또한 사람들이 어떤 책을 인지하고 접근하게 되는지를 결정하는 제도적 요소를 고려할 수도 있다. 물론 이 다양한 요소가 모두 어느 정도 영향을 미친다는 데에는 대다수가 동의할 것이다. 그러나만약 질문을 바꾸어, 독자는 구매할 책을 어떻게 결정해야만 하는가를 묻는다면 이에 대한 대답은 훨씬 더 신중해질 것이며 또한 각 시대의 지배적인 가치에 따라 대답이 달라질 것이다.

이 규범적인 질문이 어떻게 언급되느냐에 따라 서점에는 중요한 시사점이 제공되는데, 예를 들면 서점의 진열대를 무엇으로 채울지 결정하는것은 단순히 공간을 고려하는 것 이상의 일이며, 고객의 문의에 대한 응대는 단지 직원의 지식에 의해서만 좌우되는 문제가 아니다. 이러한 활동은 서점이 고객과의 적절한 관계를 어떻게 인식하느냐에 따라 좌우되기도 한다. 구체적으로는 어떤 책을 보유하고 판매할지에 대한 서점의 판단은 서점이 고객의 독서를 이끌어주기에 적합한 적극적인 안내자로서의 역할을 얼마나 중요하게 인식하느냐에 좌우된다. 서점과 고객의 적절한 관계에 관한 인식은 지난 세기 동안 변화해왔다. 과거에는 독자가 출판업계에서 도서판매자와 같이 정보를 가진 조언자의 안내를 통해 도움을 받는다고 여겼으나 이러한 생각은 (성인인) 각 개인이 타인의 개입 없이 읽을거리를 자유롭게 선택하는 활동의 중요성을 옹호하는 일련의 생각으로 상당 부분 대체되었다. 그러나 이러한 문화적 변화가 일어남과 동시에, 서점에서 모두 취급하기 어려울 정도로, 혹은 한 개인이 선택할 수 있는 모든 책을 다 파악하지 못할 정도로 출간되는 책이 많아졌다.

이 장에서는 사람들의 도서 구매 결정에 영향을 미치는, 산업과 관련된 요소에 대해 고찰하려고 한다. 이를 위해 1960년대부터 크게 바뀌어온 서점의 주요 업무인 도서 선정과 추천을 먼저 살펴본다. 이 같은 변화는 교통과 정보 기술의 다양한 발전뿐 아니라 유통의 모든 부분 및 마케팅의 의식적인 접목과도 관계가 있다. 그러나 도서 선정과 추천의 변천 방식은 서점의 교육적 임무의 축소, 그리고 이에 수반된 소비자의 주권을 환영하는 이념의 부상과도 관련이 있다.[1] 과거에는 서점이 자신의 문화적 권위를 기꺼이 주장한 반면, 오늘날에는 다른 입장을 취하는 경향이 강하다. 마찬가지로 서점이 대중을 양질의 읽을거리로 유도해야 한다는 과거의 생각은 문화적 엘리트의 간섭 없이 소비자가 자유롭게 문화적 상품을 선택할 권리가 있다는 믿음에 의해 가려졌다.

이와 같은 문화적 변화는 체인서점이 나타나기 훨씬 전부터 이미 진행되어왔다. 사실 2장에서 기술한 문고판 전문서점의 사례는 출판계의 권위주의에 대한 반대 움직임을 보여준 것이다. 그렇지만 1960년대에 발전한 쇼핑몰을 기반으로 한 체인서점은 이러한 반엘리트주의의 흐름을 잘 활용하고 확대시킨 정도를 볼 때 가장 독보적이다. 체인서점은 가장 인기 있는 도서를 중점적으로 판매하고, 문고판과 같이 저렴한 형태의 도서를 보유하며, 셀프서비스에 의해 강화된 고객의 자율성을 강조함으로써 더 폭넓은 대중을 독자로 상대할 수 있다는 점을 인식했다. 이에 따른 체인 서점의 성공을 지켜본 독립서점은 자신들의 도서판매 스타일을 재고하게 되었다. 이에 대한 대응으로 일부 독립서점은 여전히 상류층 독자 대상의 성향을 유지하기는 했지만 체인서점보다 더 다양한 도서를 구비한 매장을 열어 독자의 선택이라는 이상에 대한 새로운 의지를 보이기도 했다. 그 후 대형 체인서점의 출현과 함께 체인서점은 판단이 배제된 판매라는 명성에 대형 매장의 형태를 결합해 비교할 수 없는 최고의 선택이라는 이미지를 구축했다.

그러나 소비자의 선택이라는 개념은 이미지가 시사하는 것만큼 명확하지가 않다. 도서를 매장에 분별 있게 구비할 필요성은 사라지지 않았기 때문에 체인서점이든 독립서점이든 비도서 매장이든 간에 서점은 여전히 독자가 둘러보는 도서를 엄선한다. 오히려 지난 수십 년간 매년 출판되는 신간 도서의 수가 급증했기 때문에 서점은 더욱 신경 써서 도서를 선정해야 했다. 1941년, 미국에서는 9,337종의 신간과 1,775종의 신판이 출판되었다. 2001년에는 약 16만 7,000종의 신간과 신판이 출판되었다. 여전히 판매되고 있는 기존의 도서까지 합치면 미국에는 약 170만 종의 다양한 도서가 있었다.[8] 따라서 가장 규모가 큰 대형 체인서점이라 해도 판매되는 도서의 일부만 보유할 수 있었다.

고객은 서점에 구비된 도서의 일부만을 보기 때문에 독자의 선택은 간접 마케팅뿐만 아니라 서점의 추천에 영향을 받는다. 서점은 특정 도서에 대한 순수한 애정을 바탕으로 추천하기도 하지만 독자에게 도서를 소개함으로써 발생하는 금전적 인센티브에 따라 도서를 추천하기도 한다. 또한 소비자 주권이라는 이념에도 고객은 종종 자신에게 흥미 있는 책을 찾거나 선물을 고르기 위해 조언을 구하기도 한다.

따라서 필요성과 진열에 따라 서점은 특정한 일부 도서를 다른 도서에 비해 독자가 쉽게 접할 수 있도록 만들 가능성이 높다. 독립서점이 체인서점의 기법을 점점 더 많이 도입하고 있기는 하지만, 이러한 현상이 발생하는 과정에는 독립서점과 체인서점 간에 어느 정도 차이가 존재한다. 도서 선정 및 추천의 필요성과 소비자 주권 간의 균형을 어떻게 맞출 것이냐에 대한 기술 관료적인 대답은 여전히 대형 체인서점이 가장 잘 보여주고 있다. 독자의 개인적 선호가 서점의 취향보다 우선해야 한다는 믿음은 도서 선정과 추천에 대한 합리적인 결정 시스템에 깊게 자리하고 있다. 이러한 합리화의 과정은 전산화된 재고관리 시스템, 데이터베이스 마케팅, 온라인 추적 및 추천 기능 등 기술의 적용을 통해 주로 이루어졌다. 그러나 앞으로 설명할 내용과 같이 이러한 시스템은 과거 서점의 특권이었으며 잘 드러나지 않았을 뿐, 훨씬 개인 맞춤형이던 판단과 조언의 형태를 단순히 대체한 것이다.

마음의 의사에서 소비자 만족의 전달자로

상류층 문화 확산의 열망에 따라 20세기 초의 서점은 사람들을 좋은 책의 세계로 안내함으로써 그들의 삶을 개선한다는 데 자부심을 갖고 있었다. 실제 상황과 태도는 다양했지만 수요가 많은 인기 소설 외에 다양한 도서를 구비하고 있거나 고객의 독서습관을 지도하는 역할을 하는 서점은 다른 서점의 존경을 받았다. 교육적인 서점이라는 이상에 더해 출판업 종사자들은 독자가 책을 고를 때 도움을 필요로 하며 이러한 도움을 좋아한다고 믿었다. 1914년 출판유통 간행물은 다음과 같이 밝혔다.

소도시든 대도시든 간에 서점이 있는 곳이라면 어디에서든 서적상은 지역의 이득을 위해 일하는 지적 중심이다. 서적상은 사람들의 독서, 학습 및 향상에 일반적으로 안내와 상담의 역할을 한다. 그의 긍정적 가치는 계산할 수 없다. 서점이 없는 동네는 교회나 학교가 없는 동네만큼이나 열악한 것이다.[3]

도서업계는 어쩌면 서적상의 실제 영향력에 대해 지나치게 낙관적이었을 수도 있지만, 여기서 주목할 점은 서점을 판단하는 기준으로 사용된 이상적인 서점의 모습이다. 서점은 주민을 교육하고 분위기를 앙양하는 역할을 해야 하는 기관이었고, 따라서 서적상은 미국 사회에서 명시적인 도덕적 역할을 수행했던 것이다. 이러한 시각은 규모 있는 도서 코너를 만들고자 했던 백화점에도 도입되었다. 1938년, 피츠버그에 소재한 조지 프혼Joseph Horne 백화점의 도서 코너 관리자는 다음과 같이 조언했다.

도서판매원은 지역에서는 마음의 의사라는, 누구나 부러워하는 지위에 있습니다. 우리는 정신적인 위안이 필요할 때는 종교지도자와 대화를 나누고, 의학적 조언이 필요할 때는 의사를 찾아가며, 법에 관한 도움이 필요할 때는 변호사를 찾습니다. 그렇다면 도서 코너의 영업자를 교육하고 개발해 상담과 조언이라는 동일한 역할을 하게 만들고, 자기 발전과 즐거움을 위한 책에 대해 건전하고 지적인 정보를 줄 수 있도록 가르치는 것은 어떨까요?[4]

지적 조언자로서의 서적상의 책임에는 사람들이 외설적인 도서를 읽지 못하도록 하는 것도 포함되었다. 그러나 서적상의 가장 중요한 역할은 고객과의 개인적 친분과 그들에게 미치는 영향력을 활용해 독서를 장려하는 한편, 가장 가치 있고 도움이 되는 책을 선호하도록 취향을 개발하는 것이었다. 따라서 서적상은 사회적으로나 개인적으로 이득이 되는 방향으로 고객의 취향을 형성하고자 자신의 지식과 권위를 활용했다.

대부분의 이념과 마찬가지로 교훈적 서적상의 이상형은 완전하게 적용되지도, 그 논리가 완벽하게 일관적이지도 않았다. 예를 들어, 래드웨이가 증명했듯이 1920년대와 1930년대에 인기를 끌었던 이달의 책 클럽은 독자가 읽을 책을 결정해준다는 바로 그 이유로 많은 출판업계를 포함한 문단으로부터 비난을 받았다. 그러나 이달의 책 클럽은 보통의 서점과는 여러 가지 면에서 달랐다. 이달의 책 클럽은 전국의 모든 독자에게 개인의 차이를 무시한 마케팅 방식을 사용했다. 보통의 서적상처럼 고객과의 개인적 친분을 이용해 양서를 추천하는 대신, 이달의 책 클럽은 불특정 다수의 회원에게 동일한 종류의 책을 권함으로써 미국 문예물의 획일화를 부추긴다는 비판을 받았다.[5] 이런 방식의 도서판매는 지역사회 목사의 활동이라기보다는 멀리 떨어진 유명한 예언자의 조언과 같은 것이었다.

이달의 책 클럽이 창립된 초기에는 북클럽의 바람직하지 않은 권위와 서적상의 선의에 의한 안내 간의 차이가 명확했던 반면, 20세기 중반쯤에 와서는 평범한 서적상의 문화 권위자로서의 지위에 대한 회의가 커졌다. 예를 들어 1946년 한 토론에서 있었던 더블데이 출판사의 전 영업 관리자와 메이시스 백화점의 전 도서 코너 관리자 간의 대화가 이를 잘 보여준다.

크로웰Crowell 씨는 대중의 취향을 고양시키는 것이 서적상이나 출판사의 기능인지를 묻고, 만약 그렇다면 누가 그 취향을 결정하는가, 신인가, 바이어인가, 또는 다른 누구인가라고 질문했다. 번스Byrnes 씨는 양서를 제공하고 고객에게 베스트셀러 이외의 책을 보여주는 것이 서적상의 기능이라고 답했다.[6]

20세기 중후반으로 가면서 메이시스의 관리자인 번스와 같은 생각의 서적상들은 자신의 의견을 변호하는 것이 더욱 어려워졌다. 따라서 1960년에 나온 한 도서판매 지침은 이 문제를 더는 논쟁거리로 삼지 않았다.

각 독자가 어떤 책을 읽어야 한다고 정해주는 것은 서적상의 임무가 아니다. 만약 그렇게 한다면 이는 이미 오늘날 만연한 표준화와 획일화의 추세를 강화하는 것이다. 하지만 적절한 책이 적합한 사람에게 팔리도록 하는 것은 서적상의 임무다. 서적상의 첫 번째 임무는 그가 만나는 독자가 자신들이 찾거나 필요로 하는 책을 찾을 수 있도록 해주는 것이다.[7]

1980년대에 이르러서는 이와 같은 인식이 당연하게 여겨졌다.

서적상의 역할에 대한 이해는 여러 가지 이유로 변해왔는데, 일부는 도서산업의 특성과 관련된 이유 때문이고, 일부는 일반적인 문화적·정치적 이유 때문이었다. 과거의 태도가 바뀐 데에는 문화적 엘리트의 정당성이 전반적으로 약화된 이유도 작용했다. 마이클 캐먼Michael Kammen의 주장대로, 제2차 세계대전 이후 문화적 권위는 특히 기업형 언론이 행사하는 간접적·문화적 권력에 자리를 내주었다. 기업형 언론은 미적·오락적 상품을 선정해 배포했지만 대중의 존경을 기대하지는 않았다.[8] 문화적 권위의 추락과 함께 새로운 세대의 서적상들이 등장했다. 이들은 전후 시대의 반엘리트주의에서 영향을 받았으며, 상당수는 대중문화에 순수한 애정을 갖고 있었다. 그들은 고객에게 어떤 책이 좋고 나쁜지를 알려주는 일에는 과거의 서적상만큼 관심을 두지 않았다.

그렇지만 서점을 방문하는 고객의 취향에 대한 존중이 커진 것은 자발적으로 이루어진 변화가 아니었다. 이는 대중적 입장을 취함으로써 성공을 거머쥔 체인서점과의 경쟁을 독립서점이 받아들인 결과이기도 했다. 체인서점은 매장을 그 나름대로 디자인함으로써, 그리고 쇼핑센터와 쇼핑몰에 매장을 둠으로써 문화 엘리트주의에 대한 반대의사를 표현했다(4장 참조). 쇼핑몰의 체인서점은 또한 대부분 대중적인 신간으로 채워진 매장의 구색을 통해, 그리고 고객이 서점의 의견이나 판단을 우회할 수 있도록 한 셀프서비스 방식의 강조를 통해 고객의 취향을 고양시키거나 바꾸는 데 관심이 없음을 드러냈다. 일례로 월든북스에는 독립서점에서는 아예 구비하지 않거나 하는 수 없이 판매하는 로맨스 소설이 눈에 잘 띄는 곳에 진열되어 있었다. 베스트셀러 또한 체인서점 매장의 좋은 자리에 진열되었는데, 이는 매장이 다른 서점이 인정하는 책을 고객에게 기꺼이 제공할 의사가 있음을 보여주는 것이었다.

인기 도서에 주력하는 것은 체인서점의 초창기에는 그다지 두드러진 특징이 아니었다. 특히 비돌턴은 원래 양질의 도서를 구비한, 지식인을 위한 서점이라는 명성을 얻고자 했다. 돌턴 서점은 자신의 임무에 관해서는 독립서점과 같은 관점이었는데, 이는 한 직원이 제안한 다음의 업무 개요 설명에서도 알 수 있다. "백스터Baxter는 과거의 사고방식을 가진 돌턴의 바이어로, 대중에게 문학을 선사하는 것을 자신의 책무라고 여겼다. 그는 부상하는 체인서점이 더 많은 독자에게 중요한 책을 읽게 만드는 도구가 될 것이라고 믿었다."[9] 그러나 시간이 지나면서 본사는 더 많은 도서 선정 권한을 각 지역 관리자에게서 가져왔고, 잘 팔리지 않는 도서를 제외하기 시작했다. 그리고 쇼핑몰 임대료가 지속적으로 상승하면서 체인서점 매장의 평균 크기가 줄어들었다.[10] 다양한 구색에 비해 진열할 수 있는 공간이 줄어들면서 체인서점은 신간 목록에 더 주력하게 되었고, 각 책의 진열 기간은 짧아졌다. 서점은 몇 달 동안 잘 팔리지 않은 책은 출판사로 반품하고 그 자리를 신간으로 채웠다.

요란한 홍보와 함께 시장에 들어와 다량으로 팔리는 회전율이 높은 책을 선호하는 것은 체인서점의 대중 영합적인 이미지에 한몫하는 요소였다. 체인서점은 문학 비평가나 엘리트가 선호하는 책을 파는 데 힘쓰는 서점이 아니라 과거 서점의 전형적인 고객이 아닌, 가끔씩 책을 읽는 독자나 교육 또는 소득 수준이 낮은 독자를 포함해 다양한 독자층에 호소할 수 있는 책을 구비한 서점이었다. 물론 이 점은 체인서점마다 차이가 있었다. 크라운북스는 대중 판촉전략을 가장 공격적으로 추구하는 서점으로 알려져 있었고, 돌턴이 이러한 면에서는 가장 덜했다.[11] 그러나 모든 체인서점이 대단히 많은 수의 독자에게 한정된 종류의 책을 유통시키는 전략에 수익성을 의존하는 것은 분명했다.

엘리트가 아닌 독자를 끌어들이기 위해 중요한 또 다른 요소는 서점이 전혀 부담스럽지 않은 분위기를 풍기는 것이었다. 직원의 박식함보다 친근함을 강조함으로써 체인서점은 상류층 문화의 거만한 수호자라는 도서판매상의 일반적인 이미지를 탈피했다. 1982년 버클리의 한 크라운북스 매장 관리자가 기자에게 설명했다시피, 이 서점의 직원들은 독립서점에서 흔히 찾아볼 수 있는 비판적인 태도를 지양했다.

(코디스Cody's 서점의 주인인) 로스Ross 씨는 체인서점 직원들은 단순히 판매원에 불과하다고 말합니다. 하지만 우리도 학위가 있는 사람들이고, 바보는 아닙니다. 물론 코디스에는 굉장히 박식한 직원들이 있죠. 그러나 그 사람들은 고객이 『바람과 함께 사라지다』를 달라고 하면 고객을 비웃을 사람들이지요.[12]

적절한 독서 습관과 취향에 대한 자신의 신념을 바꾸지 못한 독립서점은 친근한 이미지의 체인서점과의 경쟁에서 점점 밀리게 되었다. 그리고 그중 많은 서점이 1970년대와 1980년대에 폐업의 길을 걸었다.

오늘날에는 자신의 취향에 맞는 책을 읽을 소비자의 정당한 권한에 서점이 개입해서는 안 된다는 개념이 일반적이다. 하지만 그렇다고 해서 상류층 문화의 안내자로서의 이상적인 서점에 대한 과거의 인식이 완전히 사라진 것은 아니다. 도서산업 종사자(서적상뿐 아니라 출판사와 유통업자)들은 여전히 스스로를 관념과 말에 특별한 애정을 가진 이들로, 그리고 뛰어난 작가를 발굴하고 알리는 욕구를 가진 이들로 간주한다. 인간의 정신세계에 대한 심오한 이해에 기여하고자 하는 의지, 책은 인간에게 이롭다는 생각(또한 다른 책들에 비해 독자에게 더 이로운 책이 있다는 여전한 믿음), 따라서 독서가 인간을 고양시킨다는 신념은 아직도 상당히 많은 도서산업 종사자들이 자신의 직업에 대해 갖고 있는 근본적인 열정이다. 독서와 여타 고급문화의 추구 간에 깊은 관계가 남아 있는 것과 마찬가지로, 책을 읽거나 책과 관련된 일을 하는 것이 인간의 훌륭한 특징을 함양하는 방법이라는 인식도 남아 있다. 내가 취재한 한 도매상은 바로 그 점때문에 자신의 직업이 보람 있다고 말했다.

우리는 사람들과 그들이 자기 자신을 어떤 방식으로든 개선하기 위해 필요로 하는 정보를 엮어주는 고유한 능력을 갖고 있습니다. 저는 그러한 일을 하는 것이 매우 흡족합니다. 이는 제가 이 업종에 종사하는 여러 이유 중 하나입니다. 저는 인간이, 즉 남자와 여자가 완벽해질 수 있다는 가능성을 믿기 때문입니다. 그리고 완벽해질 수 있는 방법 중 하나가 바로 독서입니다.

그는 자신의 시각이 구식이라며 미안해하듯 이야기했지만 내가 취재한 많은 사람의 시각이 이와 비슷했다.

하지만 이러한 시각도 과거의 인식과는 중요한 차이가 있다. 여기서 그가 추천하는 것은 독서를 일반적으로 권장하는 행위이지, 독자가 양서를 좋아하도록 취향을 바꾸는 능력은 아니기 때문이다. 또한 이 도매상이 말하듯, 이들에게는 독자의 취향에 맞는 책을 찾도록 도와주는 것은 명예로운 행위라는 믿음이 있다. 이뿐만 아니라 업계 종사자가 자신이 적극적인 문화적 역할을 한다고 표현할 때 그들은 문화적 리더십을 문단 내에 존재하는 기존의 다양성을 더 확대하는 것으로 정의한다. 따라서 이는 교육적 임무를 완수하거나 독자에게 좋고 나쁜 책의 절대적 기준을 구별하는 법을 가르치는 문제라기보다는 소비자에게 주어진 선택을 더 폭넓게 하는 문제에 가까운 것이다.

독자에게 좋은 책을 구분하는 방법을 가르쳐야 한다는 믿음이 약화되었다는 것은 '출판업계의 임무가 독자에게 그들이 원하는 책을 제공하는 것이냐 아니면 양서를 소개하는 것이냐'라는 추상적인 질문에 대한 그들의 답변에서도 잘 나타난다. 이에 답변한 대다수의 업계 종사자는 두 가지 모두 맞다고 대답했다. 많은 사람들은 그 두 가지 역할이 완전히 다르지 않다고 대답했다.

독립서점 주인: 둘 다 할 수 있습니다. 여기에는 특별한 제한이 없다고 생각합니다. 상업적 가능성 또는 그 어떤 측면에서든 그렇습니다. 사람들은 자기 개발이나 즐거움에 대한 끝없는 욕구를 느낍니다. 그리고 그 두 가지 욕구를 다 채울 수 있습니다. 책은 그러한 기회의 창을 제공합니다. 그래서 그 둘이 서로 다르다고 보지 않습니다.

체인서점 관리자: 둘 다죠. 양서를 소개하는 것은 매우 중요한 일입니다. 사람들이 알지 못하는 좋은 책이 굉장히 많기 때문입니다. 삶의 어느 측면이든 그 이상의 무언가가 있고 문학계는 매우 풍요롭기 때문에 문학은 관심을 갖고 참여하기에 좋은 분야입니다. 우리는 매우 다양한 도서를 구비하고 있으며, 매장 리모델링을 하고 나면 30만 권의 책을 구비하게 됩니다. 보통 사람들은

그 많은 책을 모두 고려하지 않기 때문에 이 모든 책을 다 염두에 두기는 쉽지 않죠. 그래서 이 업계에서는 추천이 중요한 것입니다.

두 번째 서적상이 말한 바와 같이, 서적상이 발휘할 수 있는 좋은 영향력은 사람들을 새로운 사상에 노출시킬 수 있는 능력에서 비롯된다. 그렇지만 그는 이 사상 중 무엇이 더 우월한지 정해주는 행위를 지양한다.

마찬가지로 서점의 고객이 서적상에게 문화적 작품을 평가하는 방법에 대한 가르침을 기대하는 일은 별로 없다. 과거의 고객이 서적상이 좋아했을 만한 제자가 아니긴 했지만, 이는 독자가 문예물에 대한 서적상의 지식 수준을 불신했기 때문은 아니었다. 그러나 내가 서점 고객들을 취재하고 관찰한 바에 따르면, 오늘날의 독자가 서점 직원의 책 또는 일반적인 사상계思想界에 대한 지식에 관해 기대하는 수준은 대단히 낮았다. 서점 직원의 자질에 대한 질문에서 대부분의 응답자는 친절함 또는 고객에게 정확한 진열대의 위치를 알려주는 단순한 능력을 꼽았다.

직원은 서점 내의 모든 책이 어디 있는지 알아야 합니다. 직원에게 책의 위치를 물었는데 모른다고 할 때만큼 화나는 일이 또 있을까요? 그러니 그것이 첫 번째 자질입니다. 친절하고, 또 손님이 원할 때만 도움을 주어야죠. 구매를 재촉하기보다는 손님이 도움을 청할 때만 도와줘야 합니다.

성격이 첫째죠. 말하자면 손님을 책 대하듯 하면 안 되고 사람처럼 대해야 한다는 것이죠. 또한 박식하고 도움이 되어야 합니다. 제게는 그게 중요합니다.

상냥하고, 책이 어디 있는지 잘 알고, 빨리 도와주는 사람이 좋죠. 친절한 사람이요.

좋은 판매원을 묘사할 때 책 자체에 대한 지식을 첫 번째로 꼽는 경우는 드물었다. 사람들이 가장 흔히 꼽은 자질은 '잘 알아야 한다'는 것이었지만, 고객이 의미하는 바는 매장 내의 책을 잘 아는 사람 또는 고객이 찾는 특정 책 또는 작가를 찾아줄 수 있는 사람이었다.

아마 가장 중요한 것은 지식이 아닐까요? 잘 알아야 하고, "들어본 적이 없는데요", "잘 모릅니다"라고 말하는 대신 나를 도와줄 수 있는 사람이 필요하죠. 제가 다녀본 서점의 점원들은 매우 친절하고 도움을 줄 수 있는 사람들이었어요. 만약 책을 못 찾는다 하더라도 찾으려고 애를 쓰는 사람들이죠. 즉 그냥 포기하고 "여기 없으면 없는 겁니다, 손님"이라고 말하는 사람들은 아니었어요.

매장의 책들을 잘 아는 사람이요.

친절하고, 또 매장 내에서 책을 찾을 때 저를 도와줄 수 있는 사람이요. 그런 도움을 기꺼이 주고자 하는 사람 또는 제가 어떤 주제에 관한 책을 찾고 있다고 말하면 컴퓨터로 찾아보거나 해당 진열대가 어딘지 알려주는 사람이 좋습니다.

내가 인터뷰한 고객 중 6분의 1 정도는 좋은 판매사원의 자질 중 하나로 추천 역량을 꼽았다. 그러나 대부분의 경우 고객이 현명하고 경험이 많은 판매원과 신뢰를 바탕으로 조언을 구하는 관계를 형성할 수 있으리라고 기대하지는 않았다. 다음의 의견들을 보면 알 수 있듯이, 서적상의 추천이 갖는 가치는 고객의 취향 및 고객과 문화적 취향이 같은 사람들을 알아차리고 기억하는 능력에서부터 나온다.

내가 찾는 것에 대해 추천할 수 있어야죠. 책에 대한 추천이 필요한 경우에 말이죠.

책에 대해 정말 잘 알아야죠. 제가 만난 완벽한 서적상은 애리조나 주 근처의 서점 주인이었습니다. 그 사람은 손님을 귀찮게 하지 않으면서 말을 거는 사람이었죠. 하지만 손님이 그에게 말을 걸기 시작하면 그는 항상 추천을 해줄 수 있었습니다. 책을 많이 읽은 그는 손님의 취향을 잘 알았습니다. 또 그는 손님을 기억해놓았다가 다음에 오면 "손님이 좋아하실 만한 새 책이 들어왔어요"라고 말하곤 했죠. 그런 종류의 도움이었죠. 저는 동네 독립서점에서는 정말 좋은 사람을 별로 보지 못했습니다. 그러니까 그런 서점의 가장 큰 단점은 점원이 진짜 책을 아는 사람이라는 느낌을 주지 못한다는 겁니다. 하지만 추천 도서를 표시하는 작은 카드들이 있으니 분명 책을 아는 사람이 있긴 있겠죠. 그러나 그런 사람과 책에 관한 대화를 해본 적은 없습니다.

특히 대학생들이 자신이 좋아하는 일을 추구하는 듯합니다. 그리고 보통 그런 이들은 책을 많이 읽었고, 책에 대해서나 내가 놓쳤을 법한 재미있는 것에 대해 추천을 해줄 수 있죠.

점원들이 내가 찾고 있는 것에 대해 어느 정도 관심을 보인다면 컴퓨터에서 찾아내거나 어디 있는지 알려줄 수 있는 정도로 족합니다. 가끔씩은 어떤 책이 잘 팔리는지, 그 책에 대한 다른 사람의 의견은 어떤지에 대해 알려줄 수도 있겠지요.

그러나 단순한 점원을 원하는 손님이 더 많았다.

혼자 둘러볼 수 있게 했으면 좋겠어요. 점원이 계속 "무엇을 도와드릴까요?" 하면서 따라다니면 저는 서점을 나와버리는 경우가 많았거든요. 뭘 사고 싶은지 둘러볼 시간을 주지 않으니까요. 도움이 필요하면 그들이 제게 오는 게 아니라 제가 그들에게 갈 수 있어야죠. 노스트롬Nordstrom 백화점처럼요. 거기 점원은 손님을 내버려두고 손님이 도움을 필요로 하면 도움을 주지요. 무슨 뜻인지 아시겠죠?

계산해주는 사람…… 계산대 뒤에서 일하는 사람이죠. 그게 다예요.

질문하지 않는 사람, 나를 방해하지 않는 사람이요.

저는 서점에는 판매원이 필요치 않다고 생각해요. 판매원이 날더러 무엇을 읽으라고 정해주는 건 아니니까요(웃음). 필요가 없다고 생각합니다. 계산대 직원은 필요하죠. 그리고 책을 다시 선반에 진열하고 선반을 정리하는 사람은 필요하죠. 그러나 판매원은 필요 없습니다.

수십 년 전에 밀스가 언급했다시피, 관료적 기업과 불특정 다수 간의 상업적 거래가 지배하는 사회에서는 좋은 영업자의 첫째 조건으로 기술이나 경험 대신 성격이 꼽힌다.[18] 셀프서비스를 강조하고 직원의 이직률이 높은 체인서점은 지난 수십 년에 걸쳐 서점 고객의 이 같은 기대를 확고히 하는 데 한몫했다. 노련한 직원을 채용한다는 평판은 얻지 못했지만 체인서점은 점원의 성격이라는 측면에서는 확실한 강점을 지닌 것으로 알려져 있다. 초기부터 모든 계층의 고객에게 친절한 서비스를 제공한 체인서점의 노력이 유리하게 작용했고, 또한 이는 서점에서의 만족스러운 경험에 대한 고객의 인식에 기여했다. 대부분의 고객은 조언을 확실히 청하기 전에는 서적상이 조언하는 것을 원치 않는다. 또한 서적상들도 고객 스스로가 자신이 읽을 책을 결정해야 한다고 믿게 되었다.

1980년대에 이달의 책 클럽의 도서 선정 절차를 연구한 래드웨이가 발견한 바와 마찬가지로, 서적상과 고객의 관계에 대한 현대의 이해는 가르치려 드는 관계에서 서비스 관계로의 변화를 보여준다.[14] 물론 서비스에 대한 강조는 지난 20여 년 동안 두드러지기는 했지만 유통업에서 전혀 새로운 것은 아니다. 윌리엄 리치William Leach는 20세기 초반에 등장하기 시작한 소비라는 개념과 서비스가 얼마나 밀접한 관련이 있는지를 묘사했다. 그가 설명하다시피, 특히 백화점이나 호텔업계의 큰손 등과 같은 20세기 초반의 기업인은 편안함과 즐거움을 함께 제공하는 서비스에 대한 인식을 만들어냈다.[15] 이러한 이상이 같은 시기 백화점 내 서점의 활동에 영향을 주었을 수는 있지만, 고객에게 대접받는다는 느낌을 주고자 하는 것은 일반 서점이 체인서점과의 경쟁에 위협을 느끼기 시작한 20세기 마지막 30여 년 이전까지만 해도 시도하지 않았던 일이다.

서적상들이 교육에서 서비스 제공으로 자신의 임무에 대한 인식을 전환한 것은 또한 도서산업 내에서 사상과 표현에 대한 더욱 민주적이고 다원적인 접근법을 받아들이게 되었다는 사실을 반영한다. 다양한 취향과 책의 사용이 평화적으로 공존할 수 있으며 또 그래야 한다는 믿음은 내가 인터뷰한 사람들이 공통적으로 지닌 신념이었다. 업계 종사자 중 다수는 취향의 다양성을 존중하고 그 안에서 즐거움을 찾음과 동시에, 이제는 문화적 엘리트를 자처하는 행위를 비판하며, 개인의 만족과 도서의 세계 모두 문화적 민주화에 의해 발전할 수 있다는 주장에 동의한다.[16] 따라서 오늘날의 도서산업 종사자들은 '저런 형편없는 책을 읽지 못하게 하려면 어떻게 해야 할까'라는 질문 대신, '내가 어떻게 감히 사람들이 어디에서 즐거움을 찾아야 하는지를 판단해주겠는가'라고 반문한다.

업계 종사자는 보통 자신의 취향이 명확하지만 이를 다른 이에게 강요하려고 하지는 않는다.

도매상: 저는 다양한 책을 주문하는데, 그중에는 제 개인적인 의견으로는 불쾌한 책들도 있습니다. 그렇지만 "전 이런 책을 싫어합니다"라고 말해서 남의 취향에 대한 내 판단을 주장해서는 안 되겠지요. 그건 제 역할이 아닙니다.

체인서점 관리자: 저는 제가 할 일이 사람들에게 책을 공급하는 것, 그것뿐이라고 생각합니다. 제게는 취향을 결정할 권한이 없습니다. 그것은 제가 선택한 일이 아닙니다. 사람들이 책에 대한 제 의견을 물어보는 것은 좋아합니다. 그리고 제가 책을 주문하므로 이 매장에 저의 독서 취향이 일부 반영되어 있는 것은 사실입니다. 그렇지만 제가 가질 수 있는 영향력은 딱 거기까지입니다. 저는 책을 공급해야 하고, 또 무엇이 잘 팔리는지 결정하는 변수를 연구해야 합니다. 예를 들어, 제가 이탈로 칼비노[Italo Calvino] 코너만 두고 싶어 할 수도 있지만 잘 팔리지 않는다면 본사에서 좋아할 리가 없겠지요. 따라서 저는 이 변수를 관리해야 합니다.

회사의 정책과 개인의 성향에 따라 도서산업 종사자는 고객에게 만족을 주는 것을 자신의 첫 번째 역할로 삼는다. 이러한 관점에서 소비자 주권이라는 이념은 이상으로서, 그리고 독자의 책 선택 방식에 대한 설명으로서 존재한다. 소비자는 자신의 판단을 자기에게 책을 파는 사람 또는 완곡한 표현으로 자신에게 서비스를 제공하는 사람의 판단으로부터 독립적이거나 또는 그보다 우월하다고 여긴다는 점에서 주권이 있는 것으로 간주된다. 이에 따라 개인 자신만이 어떤 책이 자신의 필요에 가장 적합한지를 진정으로 알 수 있다. 다른 의견을 제시하는 업계 전문가는 권위적으로 느껴지며, 자신의 일방적인 가치를 남에게 강요하는 것으로 여겨진다. 사랑과 종교의 영역에서 표현되는 선호도와 마찬가지로, 읽을거리의 선택은 이제 개인의 문제이자 공동체의 판단이 아닌 개인의 개성의 결과로 여겨진다. 요약하자면, 취향이 외부의 통제 또는 간섭에서 자유로운 개인의 것이라고 한다면, 이러한 취향을 만족시키기 위한 자유로운 선택권의 행사는 소비자의 권한을 강화하는 소비 행위가 된다.[17]

그 의도가 민주적이라도 소비자 주권이라는 이념은 충분히 비판을 받을 수 있다. 이러한 이념은 소비자의 선택이 첫째, 독립적인 것과는 거리가 멀며, 둘째, 힘의 기반이 매우 미약하다는 점을 간과한다. 소비자 주권 이념은 소비자의 선택이 외부의 영향에서 자유로운 자율적인 개인에 의해 만들어진 것이라고 가정함으로써 개인의 선호도가 사회적 환경에 의해 형성되며 따라서 피에르 부르디외Pierre Bourdieu의 주장대로 삶의 조건이 비슷한 사람은 문화적 취향도 비슷하다는 점을 무시한다.[18] 또한 소비자가 설득에 영향을 받지 않는, 그리고 모든 가능한 선택권이 그들 앞에 놓여 있는 이론적 시장 안에 존재한다는 상황을 상정한다. 소비자 주권 이념은 독자가 마케팅 진공 상태에서 책을 선택하는 것이 아니라는 점을 잊은 채, 상당히 많은 종류의 책을 아예 제공하지 않아 애초에 소비자가 책을 선택할 수 없게 만드는 업계의 실제 구조를 간과한다. 또한 소비자 주권 이념은 소비자의 욕구가 자유의지의 문제일 뿐만 아니라 유통업자에게 투명하게 알려진다고 가정한다. 그러나 다음에서 명확해지듯, 고객을 섬기고자 하는 서적상의 진심 어린 노력은 정기적 독자와 잠재적 독자로 이루어진 확실치 않은 대상에 대한 불완전한 데이터의 해석을 기반으로 할 수밖에 없다.

소비자가 구매할 상품에 대한 선택을 통해 힘을 행사할 수 있다는 것은, 보이콧을 경험해본 모든 유통업자가 증명할 수 있듯이, 진부한 이야기는 아니다. 그러나 개별 소비자가 각자의 구매 행위의 합을 통해 문학계를 제어한다는 인식은 독자가 선택하는 최종 제품뿐 아니라 그 책의 생산 및 수용의 조건까지 만들어내는 거대한 제도적 구조를 무시하는 것이다. 특정한 책을 돈을 주고 사는 행위를 통해 소비자는 자신 앞에 놓인 선택지에 대한 호불호를 표현할 수는 있다. 그러나 소비자는 출판사, 유통업체, 서점의 소유구조, 업계의 근로조건, 도서판매에 종사하는 인력, 또는 도서산업의 거대한 매체 시스템으로의 통합과 같은 업계의 다른 측면에 대해서는 영향을 미치지 못한다. 이러한 과정에 독자의 역할이 있어야 한다는 제안 자체를 대부분의 사람은 이상한 것으로, 이러한 결정을 내릴 권한을 전문가의 손에 맡기는 분업구조에 대항하는 것으로 여길 것이다. 그러나 대부분의 미국인의 눈에는 거의 보이지 않는 이러한 조직적 구조는 어떤 책이 출판, 홍보되고 구매로 이어져 읽히는지에 상당한 영향을 미친다.

도서유통의 단계에서 소비자의 선택은 여전히 관리되고 있다. 그러나 선택을 통제하는 방식이 과거와는 다르게 보인다. 오늘날은 선택의 통제가 권위적인 엘리트와의 개인적인 교류를 통해 일어나기보다는 소비자 주권을 옹호하는 것처럼 보이는 합리적이고 비개인적인 기법을 통해 이루어진다.

독자의 선택을 위한 책 선정

소비자의 선택권을 정언적인 선(善)으로 여긴다면 다양한 종류의 도서를 소비자에게 제공하는 일이 더욱 중요해진다. 그리고 이러한 종류의 확대는 1990년부터 체인서점과 독립서점의 뚜렷한 추세였다. 그러나 다시 한 번 반복하지만 어떠한 서점도 출판된 모든 도서를 구비할 수는 없으며,

따라서 서적상은 선택 과정에 매우 많은 노력을 기울인다. 도서산업 종사자는 구간 목록, 즉 과거에 출판되어 오랜 시간 동안 꾸준히 팔리는 책의 목록과 신간 목록, 즉 올해(또는 해당 시즌) 새로 출간된 책의 목록을 구분한다. 한 서점의 특징을 보여주는 것은 구간 목록인 경우가 많지만 서점의 바이어는 신간 목록을 구성하는 데 많은 시간을 들인다. 구간을 계속 구비할지 여부에 대한 결정에서는 해당 도서에 대한 서적상의 개인적인 열정도 중요하기는 하지만 이러한 결정은 주로 이전 매출에 대한 평가를 통해 내려진다. 그러나 신간은 검증되지 않은 것이다. 신간의 매력을 가늠할 수는 있지만 신중히 고려해야만 그 매력을 알아차릴 수 있다. 신간 목록은 또한 새로운 발견의 관점에서 오는 기대를 창출하는 경향이 있다. 이뿐 아니라 홍보 노력은 거의 신간에 집중되기 때문에 베스트셀러가 될 수 있는 잠재력은 신간에 있다. 한 서점의 주 소득원은 구간 목록이지만 신간 목록은 서점에 매우 반가운 횡재를 안겨줄 수 있다.

신간 선택의 과정은 표면적으로는 명확해 보인다. 출판사는 책이 출간되기 한참 전에 서적상에 카탈로그를 보낸다. 그 후 보통 출판사의 영업자가 방문이나 전화로 바이어에게 추가 정보를 제공한다. 도서나 작가에 대한 다른 소식은 업계 출판물, 도매상의 정보, 회의 또는 단순히 소문을 통해서도 얻을 수 있다. 이렇게 얻은 모든 정보를 바탕으로 서적상은 출간일 전에 최초 주문을 내고 필요에 따라 추가로 주문한다.

도서 선정의 기제는 겉으로 보면 단순하지만 실제로는 대단히 복잡한 과정이다. 구매자는 매우 짧은 시간 내에 서로 다른 여러 가지 요인을 평가해야 하는데, 이 요인들 중 단지 일부만 책의 내용과 관련이 있다. 신간마다 서적상은 작가의 이전 작품의 매출, 해당 책이 속한 장르의 현재 인기, 출판사의 홍보 예산 및 계획, 작가의 홍보 투어 또는 언론 노출 예정 여부, 영업자와 편집자의 선호도와 추천, 도서 공급자에게서 책을 쉽게 주문하고 받을 수 있는지 여부, 도서판매 조건(할인, 배송비용, 결제 및 반품 정책), 책의 정가, 생산 품질 및 표지디자인, 책의 시사성, 지역의 취향 및 습관에 대한 매장 바이어의 이해, 바이어의 개인적 취향, 책의 품질에 관한 다양한 지표 등을 고려한다. 이러한 모든 요소의 조합 및 가중치는 특정 책이 진열될 가능성과 특정 출판사의 도서가 선정될 가능성에 영향을 미친다.

이러한 매장 내 도서 선정의 틀은 지난 세기 대부분에 걸쳐 활용되었다. 그러나 최근 몇십 년간 비효율성을 제거하고 도서에 대한 고객의 반응을 더 잘 예측하려는 시도의 일환으로 새로운 기술과 조직 구조가 등장함에 따라 이 과정이 합리화되었다. 항상 그런 것은 아니지만 이러한 합리화 움직임은 체인서점에 유리하게 작용했다.

도서산업은 매년 수만 가지의 신상품(신간)이 시장에 나온다는 점에서 독특하다. 유통업자는 이러한 신상품이 존재한다는 사실 자체를 인식해 자신의 매장에 적절할지 여부를 결정해야 할 뿐만 아니라 신간을 얼마나 쉽게 공급업체에서 제공받을 수 있는지도 확인해야 한다. 이 때문에 서적상은 도매상에게 자주 의존한다. 그리고 실제로 20세기 후반 도매업종의 변화는 합리화 과정에 기여했다. 1960년대 초, 도서 도매상은 유통 과정에서 더 중요한 역할을 차지하기 시작했다. 이는 일반 서적상이 문고판 등 비전통적인 형식의 책과 이 시기에 세워진 수많은 소규모 출판사를 비롯한 비전통적인 출판사의 책을 구비하는 데 관심을 보임에 따라 나타난 현상이었다. 또한 도매상이 과거에 비해 더 빠르고 안전하게 주문을 처리할 수 있게 해주는 신기술을 도입함에 따라, 또 교통과 배송의 발달로 창고에서 유통업자 매장으로의 책 이동이 빨라짐에 따라 서적상에게도 도매상이 더 매력적으로 여겨지기 시작했다. 이에 따라 상당수의 지역에서 전문 배본업체가 등장해 도서유통업자에게 책을 공급했다. 그중에서도 전국 도매상인 잉그램북컴퍼니Ingram Book Company와 베이커앤드테일러 Baker & Taylor 두 개가 도서유통업을 지배하는 강자로 성장했다.[19]

이제 도매상은 거의 예외 없이 출판사보다 빠르고 효율적으로 도서를 유통시킬 수 있다. 도매상에게는 이것이 원래 목적인 반면, 출판사로서는 도서 주문의 처리가 출판 과정의 부차적인 측면에 지나지 않기 때문이다. 도매상의 속도와 신뢰도는 서적상으로 하여금 적시구매 전략just-in-time strategy을 사용할 수 있도록 함으로써 도서유통의 합리화에 기여했다. 즉, 서적상은 출판사에 적은 수량의 최초 주문을 내고 이후에 필요에 따라 도매상을 통해 추가 주문을 했다. 한 종류의 책을 많이 구비해서 귀한 공간을 써버리는 대신 서적상은 다양한 종류의 도서를 구비하게 되었으며, 이는 한 책이 품절되더라도 빨리 추가로 사들일 수 있기에 가능했다. 적어도 이론적으로는 이러한 방식을 쓰면 유통업자가 과다 주문을 할 필요가 없기 때문에 차후 반품도 줄어들게 된다.

비슷한 이유로 도매상은 인터넷 도서판매의 성공에도 중요한 역할을 했다. 오프라인 서점 계열사를 가지고 있는 온라인 서점은 보통 실제 서점이 구비할 수 있는 것보다도 다양한 선택의 폭을 소비자에게 제공한다. 가장 포괄적인 도서목록을 제공하고자 하는 온라인 유통업체는 '북스인프린트' 데이터베이스만 사용하면 된다. 그렇지만 도매상이 제공하는 추가적인 서비스 때문에 많은 업체가 잉그램의 데이터베이스를 사용한다. 판매할 수 있는 책에 대한 정보의 출처와 관계없이 온라인 서점은 유통업체의 매장 또는 창고에 구비되지 않은 책을 소비자에게 빠르게 제공하기 위해 도매상에 의존하는데, 이는 다른 서점들과 마찬가지로 인터넷서점으로서도 출판사에서 책을 직접 공급받는 것이 더디기 때문이다. 어떤 경우 온라인 서점은 잉그램 같은 도매상만을 통해 모든 주문을 처리하기도 한다.

서적상에게 도매상의 가치는 대리 창고 역할뿐만이 아니다. 도매상은 유통업체가 지나치게 많은 공급업체를 상대해야 할 필요를 줄여준다. 독립이든 체인이든, 온라인이든 오프라인이든 간에 모든 서점은 책의 출처가 잠재적으로 수만 가지라는 사실과 씨름해야 한다. 인정받는 출판사도 수없이 많은 반면 이따금씩 책을 내는 출판사도 있고, 비정기적으로 책을 펴내는 조직도 있으며, 자기 집의 거실이나 차고에서 사업을 하는 1인 기업도 있다. '북스인프린트'의 2001~2002년판에 따르면, 미국에는 6만 9,210개의 출판사가 있는데 이 중 대부분은 영세업자다. 이는 출판물이 그만큼 풍부하다는 의미이기도 하지만, 서적상은 진열대를 채우기 위해 무수한 공급업체를 일일이 상대하려고 하지 않는다. 한 독립서점 주인은 그 어려움을 다음과 같이 표현했다.

저는 영세 출판사의 책을 팔려는 사람과 이야기할 때마다, 특히 그 책을 제가 원하는 경우에는 먼저 그 책을 배본업체에 공급하라고 권유합니다. 그 책이 배본업체에 공급되면 저는 바로 구매할 수가 있거든요. 배본업체와 거래관계가 있기 때문이죠. 그러나 영세 출판사와 계정을 만들어서 위험을 감수하고 싶지는 않습니다. 만약 그 책이 잘 팔리지 않으면 저는 그 출판사의 채권을 갖게 되겠지만 그 출판사에서 더는 책을 공급받고 싶지 않을 테니까요. 그리고 막 창업한 영세 출판사는 솔직히 말해 배본업체조차 모르고 있습니다. 업계의 방식을 모른 채 모든 서점에 일일이 전화를 해서 본인들과 계정을 만들어 달라고 하죠. 많은 경우 이러한 출판사를 배본업체와 연결시켜주면 그들은 바로 그 과정에 속하게 되고, 우리는 바로 책을 구매하게 되어 모두에게 좋은 결과가 되죠(영세 출판사들이 정말로 제게 전화합니다). 사실 이 복잡하고 바보 같은 전화 시스템은 다 그 모든 사람에게서 저를 보호하기 위해 쓰는 것입니다(웃음). 왜냐하면 저는 매일 작가와 출판사로부터 계속 전화를 받거든요.

제가 책을 팔고 싶지 않은 건 아닙니다. 그저 한 번에 한 가지 책을 사는 건 도저히 불가능하기 때문입니다. 그리고 어떤 책에 대해 20분 동안이나 이야기를 나누고 있을 수는 없습니다. 그럴 시간은 정말 없습니다.

서점의 입장에서는 상대하는 업체의 수가 적을수록 문서 작업이 적어지고, 신간을 받아 진열하고 재고를 포장해 반품하는 데 드는 시간이 줄어들며, 대량 구매에 따라 도서 가격도 유리하게 책정할 수 있다. 그 결과 대부분의 서점은 거래하는 공급업체의 수를 제한한다. 어떤 서점은 출간된 어떤 책이든 특별 주문을 통해 구비한다고 광고하기도 한다. 그러나 많은 독립서점뿐만 아니라 주요 체인서점조차도 특정한 기존의 출판사, 도매상 및 배본업체에서 구할 수 있는 도서만을 주문한다.

도매상의 존재감 강화는 업계 내의 힘의 역학관계에 엇갈린 효과를 야기했다. 이는 한편으로는 소규모 출판사의 개혁에 중요한 요인으로 작용했다. 여러 건의 인수합병에도 출판사의 수는 줄어들지 않았다. 오히려 지난 40여 년간 소규모 출판사의 수는 크게 증가했다. 1958년 2,350개였던 미국의 출판사 수는 1972년 6,113개로 늘어났으며, 1978년에는 1만 803개, 1987년에는 2만 2,500여 개, 1994년에는 4만 9,500여 개, 2001년에는 6만 9,210여 개로 늘어났다.[80] 도서산업계에 종사하는 많은 사람들은 소규모 출판사가 출판업계의 혁신과 흥미의 주요 원천이라고 여겼다.[81] 한 컨설턴트는 출판업계의 역동성이 바로 거기에 있다고 말했고, 한 영업자는 다음과 같은 말로 이에 동의했다.

저는 개인적으로 오늘날의 작은 출판사가 흥미로운 출판사라고 생각합니다. 왜냐하면 이들 출판사는 데뷔 작가의 책을 출판하는데, 이는 예전에 크노프 Knopf나 스크라이브너Scribner 같은 회사들이 했을 법한 일이죠. 그렇지만 이제는 업계 전체가 대형화되다 보니 신인 작가나 덜 알려진 작가는 대형 출판사에서 책을 출간하지 못하고 있습니다. 일부 소규모 출판사가 이러한 모험을 감행하지요.

대부분의 소규모 출판사는 실제로 논픽션 틈새시장을 공략해 경영서·종교도서·지침서 또는 그 외의 제한적인 분야에 치중했다. 그러나 이런 출판사가 독자의 요구를 충족(또는 창조)한다는 칭찬은 들을 수 있을지 몰라도 그토록 많은 소규모 출판사 옹호론자에게 영감을 제공한 것은 문학적 픽션, 시, 그리고 진지한 정치 및 사회평론에 대한 책을 출판하는 회사들이다. 소규모 출판사는 신념 때문에 또는 단지 판매량 예측에 서투르기 때문에 위험을 기꺼이 감수한다.

한편 여러 다양한 배본업체가 번성하던 시기는 비교적 짧았다. 1990년대 초에는 많은 도매상과 배본업체가 도산하거나 다른 회사에 인수되었다.[22] 경쟁으로 인한 피해가 발생했으며, 새로 넓힌 진열대를 채우기 위해 대량으로 주문을 넣었다가 나중에 재고를 대량으로 반품하곤 한 대형 체인서점이 야기한 불안정성도 이에 한몫했다. 한 도매상은 주문 관리의 새로운 방식이 업계를 어떻게 변화시켰는지를 다음과 같이 설명했다.

저는 유통에서 시장의 전체 구조가 다 바뀌었다고 생각합니다. 이는 대형 체인서점과의 경쟁 심화, 그리고 효율성에 대한 요구의 증가 때문이지요. 대형 체인서점과 상대하면서 수많은 작은 업체와도 상대할 수는 없으니까요. 그래서 합병이 많이 일어납니다. 그리고 합병과 더불어 온라인으로도 연결할 수 있는 회사들과 일하거나 파트너십을 맺고자 합니다. 그래서 이제는 도매업에 진출하는 게 누구에게든 어려워졌어요. 제가 이 일을 시작했을 때만 해도 일하는 방식이 매우 원시적이었습니다. 그 시절에는 전산화가 되어 있지 않았고 작은 업체를 상대했기 때문에 저도 업계에 뛰어들 수 있었습니다. 그래서 자본 없이도 이 분야에 진출할 수 있었지요. 그런데 지금은 7만 5,000달러에서 10만 달러에 이르는 전산 시스템을 갖춰야만 경쟁에 끼기라도 할 수 있기 때문에 더욱 어려워졌습니다. 진출할 수는 있지만 그러기 위해서는 자본이 필요한 거죠.

이 글을 쓰는 시점에도 많은 지역에는 전문 도매상이 존재한다. 그럼에도 도매상의 합병으로 인해 영세 출판사와 유통업체 모두 비교적 적은 수의 배본업체, 그중에서도 특히 잉그램에 대한 의존도가 더 높아졌다.

앞의 도매상이 말한 것처럼, 온라인으로 주문을 처리하는 능력은 오늘날 도서유통의 중요한 요소다. 그리고 분명 자동화는 합리화 과정의 핵심이었다. 1966년 비돌턴이 처음 문을 열었을 때 미국 최초로 완전히 전산화된 서점이었다. 돌턴은 신기술의 최전방에 있다는 명성을 계속 유지했지만 다른 주요 체인서점도 이에 뒤처지지 않았다. 주인이 운영하는 서점과 달리 체인서점은 첨단 시스템에 투자할 자본이 있었다. 예를 들어, 1979년 월든북스는 POSpoint-of-sales 계산대가 서점에서 사용되기 여러 해 전에 이 방식을 실험했다. 이 전자 계산대는 판매가 이루어질 때마다 재고 기록을 즉시 현행화했다. 이를 통해 정보의 빠른 집중화도 가능했다. 매일 밤 체인서점의 중앙 컴퓨터는 개별 매장의 컴퓨터를 조사해 그날의 매출과 현 재고 수치에 관한 데이터를 입수했다.[83]

컴퓨터 기술의 비용이 하락함에 따라 1980년대와 1990년대에는 독립서점도 점차 자동화되었다. 업계 리더들은 이런 방식의 현대화를 통해 시의적절하고 정확한 정보를 매장 운영에 더욱 체계적으로 활용하라고 서점에 촉구했다. 서점의 컴퓨터는 주로 재고관리, 즉 재고가 있는 도서와 팔린 도서를 추적하는 데 사용되었다. 컴퓨터는 재고가 없어질 때쯤 서적상에게 이를 알려 미래의 판매 손실을 예방할 수 있다. 또한 컴퓨터는 과거 매출을 기반으로 한 보고서를 만들어 언제 반품을 할지, 신간을 몇 권 주문할지에 대한 결정을 내리는 데 지침을 제공할 수 있다. 어떤 책, 작가, 장르가 얼마나 팔렸는지, 어느 시기에 팔렸는지, 그리고 많은 경우 누구한테 팔렸는지를 인지함으로써 서점은 유사한 책, 작가, 장르가 얼마나 팔릴 것인지를 예측할 수 있다.

대부분의 업계 종사자는 자동화 재고관리가 가져온 변화를 보고 놀라워했지만 일부는 컴퓨터의 노예가 된다는 위험을 지적했다. 한 독립서점 주인은 이를 다음과 같이 표현했다.

사람의 마음은 무언가를 잊어버리는 능력, 어떤 것을 지루해하고 어떤 책에 질려버리는 능력을 갖고 있습니다. 바이어의 마음도 손님의 마음과 똑같이 움직입니다. 똑같은 책이 탁자 위에 계속 있는 것을 보면 시간이 지나면서 여기에 질려버립니다. 손님도 마찬가지죠. 그러나 컴퓨터에 의존하면 컴퓨터 시스템상의 모든 책은 매장에 있는 책과 정확히 동등한 가치나 중요성을 갖게 됩니다. 그런데 사람의 마음에서는 그렇지가 않죠. 따라서 컴퓨터는 팔리고 있는 똑같은 책을 또다시 주문하게끔 합니다. 따라서 팔리고는 있지만 아주 빨리 팔리지는 않거나 독자가 이미 지루해하는 책들도 계속 진열하게 됩니다. 그러나 서점은 새로운 인상, 새로운 느낌을 주어야 합니다. 저는 컴퓨터 때문에 재고가 정체되고 실험의 빈도가 줄어들게 될 것이라고 생각합니다.

다시 말해 도서 선정 과정의 합리화는 흥미로운 서점을 만드는 요소인 예측 불가능성과 주관적인 가치 판단의 여지를 제거한다. 합리화는 또 과거 판매 분석에 따라 판매실적이 좋지 않을 것으로 예상되는 책에 대해서는 위험을 감수하지 않는 서점의 성향을 만들어낸다. 따라서 컴퓨터를 기반으로 한 도서 선정 결정은 내일의 서점이 어제의 서점과 다르지 않거나 더욱 비슷해지도록 만든다.

전산화는 예측 가능한 매출을 기록할 것으로 보이는 책을 계속 유지하는 동시에 특정 기간 동안 팔리지 않은 책은 바로 출판사에 반품함으로써 반품 과정도 합리화했다. 정기적으로 나오는 보고서는 서점에 어떤 책의 진열 기간이 종료되었으니 이를 진열대에서 빼서 다른 책을 꽂을 자리를 마련하라고 알려준다. 이는 전혀 안 팔리는 책을 빼는 단순한 문제 이상을 의미한다. 오히려 매장에 따라 더디게 팔리는 책이나 생각보다 판매량이 적은 책이 사라지는 결과를 낳을 수 있다. 책이 어차피 독자를 만날 것이라면 빨리 만나야 한다는 요구에 따라 홍보의 수혜를 입지 못한 책이나 신간에 집중하지 않는 독자에게 매력적인 책, 또는 꾸준하기는 하나 더디게 팔릴 가능성이 있는 책은 일찌감치 실패로 간주되어 사라져버린다.

정확하게 매출을 추적하는 능력 때문에 전산화는 많은 서점에서 도서의 평균 진열 기간을 단축시키는 데 기여한 것으로 보인다. 짧은 진열 기간 정책을 가장 심하게 적용하는 유형의 서점은 창고형 매장 내 서점이다. 예를 들어, 2002년 코스트코Costco의 평균 진열 기간은 6주였다. 또한 2001년 샘스클럽Sam's Club이 구비한 300여 종 도서의 4분의 1 정도는 매주 바뀌었다.[84] 쇼핑몰 기반의 체인서점도 도서를 빨리 교체한다. 1990년대 월든북스, 비돌턴 또는 크라운북스의 전형적인 진열 기간은 3개월에서 6개월이었다. 이 기간 동안 대형 체인서점의 경우는, 간혹 더 길게 진열된 도서도 있었지만, 6개월에서 12개월 동안 도서를 진열했다. 독립서점은 서점마다 차이가 큰데, 빠른 회전율을 목표로 하는 곳도 있고 거의 팔리지 않지만 주인이 선호하는 책은 몇 년간 진열하는 곳도 있다.

서점은 규모와 상관없이 상품 구비를 결정하는 데 컴퓨터의 분석을 활용함으로써 인간의 재량으로 책을 선정하는 방식을 대체할 수 있다. 그러나 조직이 클수록 도서 선정을 자동화했을 때의 효율성은 더 커진다. 수백 개의 매장에 적용될 도서 선정을 결정할 때는 중앙집권화된 컴퓨터 시스템이 각 매장에 여러 명의 숙련된 바이어를 두는 것보다 비용 면에서 훨씬 효과적이다.

체인서점이 그토록 많은 비판의 대상이 된 이유는 바로 이러한 형태의 중앙집권화된 선정 과정 때문이다. 이런 관행이나 비판 모두 새로운 것은 아니다. 예를 들어 가장 오래된 체인서점 중 하나인 더블데이는 쇼핑몰 체인서점이 등장하기 오래전부터 중앙집권적으로 도서를 구매해 각 매장에 배치했다.[25] 그리고 1963년, 브렌타노스와 더블데이 모두 빨리 팔리는 도서에만 집중하고 여러 매장에 다양한 도서를 구비하지 않는다는 이유로 비판을 받았다.

> 사실상 체인서점의 가장 큰 단점 중의 하나는 각 매장의 물리적 규모 때문에 피할 수 없는 차이 말고는 매장 간의 차이가 거의 없다는 점이다. 체인서점의 입장에서는 이것이 통제, 효율적 운영, 직원 교육, 중앙집권적인 구매, 그리고 매장의 이미지라는 이유에서 좋은 점이다. 그러나 그 결과로 이런 서점은 모두 차갑고 몰인격적인 분위기를 띤다.[26]

그러나 신기술을 도입함에 따라 운영 규모가 커질 수 있었고, 이에 따라 본사가 다양한 독자에게 책을 제공하는 수백 개의 매장을 위해 구매를 총괄할 수 있게 되었다. 시스템은 재고가 필요하다고 결정된 책이 매장에서 품절되면 그 책에 대한 재주문을 자동으로 생성한다. 그리고 중앙집권화된 시스템은 매장 간의 차이를 분석할 수 있어 매장 직원에게서 정보를 얻지 않더라도 각 매장의 상품 구비를 맞춤화할 수 있다.

보더스는 기술과 경영 혁신을 중앙집권화된 도서 선정 과정에 특히 적극적으로 적용했다. 1990년대, 보더스는 과거 매출과 재고 정보에 인공지능을 접목시켜 전사 단위, 그리고 개별 매장 단위로 미래 매출을 예측했다. 그리고 2002년, 보더스는 식품업계에서 사용하던 기법을 바탕으로 만든 카테고리 관리 프로그램을 실행했다. 이 프로그램에서 보더스는 (프로그램에 가입하기 위해 수수료를 지불한) 출판사와 파트너십을 맺고 시장조사를 실시했다. 이러한 소비자 조사를 통해 얻은 정보를 바탕으로 도서 카테고리(예를 들면 로맨스 또는 요리)를 정의하고 도서 선정과 진열에 관한 결정을 내렸다. 이러한 활동 동기 또한 과거의 매출과 고객의 선호도에 관한 데이터를 활용함으로써, 또 보더스를 경쟁자로부터 구분해줄 수 있는 책의 종류를 고려함으로써 도서 구매를 합리화해 예측 가능한 미래 매출을 달성하려는 것이었다.[27] 카테고리 관리는 프로그램에 참여할 수 있는 자본을 보유한 대형 출판사의 책에 유리하다는 비판에 대해, 보더스는 그 시스템은 사실 고객을 바탕으로 한 것이며 고객이 원하는 것을 좀 더 정확하게 제공하는 방법이라고 주장했다.

도서 선정의 정확한 방법은 체인서점마다 다르며 체인서점은 정적인 조직이 아니기 때문에 그 방식이 해마다 바뀔 수 있다는 점을 염두에 둘 필요가 있다. 그렇다 하더라도 어느 정도의 추세는 파악이 가능하다. 체인서점의 도서 선정이 대부분 중앙 본사에서 결정되는 것은 분명한 사실이며, 이러한 중앙의 통제는 점점 더 강화되어왔다. 1990년대에는 매장 재고의 70~75%가 중앙에서 결정한 결과였다고 대형 체인서점 직원들이 나에게 밝혔다. 나머지는 현지 매장 관리자가 결정했다. 쇼핑몰 서점의 경우는 매장 도서의 무려 95%가 본사 의사결정의 산물이었다. 컴퓨터 시스템이 더욱 정교해지면서 대형 서점 각 매장의 재량은 더욱 줄어들었다. 2002년 반스앤드노블에 따르면 중앙집권적으로 선정된 도서가 매장 도서의 80%를 차지했다.[28]

중앙집권적인 결정은 독립서점 바이어와 마찬가지로 영업자를 만나고 책에 대한 모든 중요한 정보를 수집하는 바이어에 의해 내려졌다. 체인서점 바이어는 출판사의 영업자 및 편집자와 많이 교류하긴 했지만 주로 정기적으로 받아 보는 판매 보고서를 통해 자신의 매장에 대한 정보를 습득했다. 한 대형 매장 관리자는 구매 과정의 단점에 대해 다음과 같이 어느 정도 얕잡아 말했다.

이 회사에는 미국 내 다양한 출판사와 배본업체로부터 책을 구매하는 바이어가 있습니다. 저는 이 사람들(바이어들)을 관리자로서 접촉하는 일이 거의 없습니다. 그들은 내 매장이나 어떤 분야에 어떤 책이 좋은지를 본인이 안다고 생각하지요.

이 관리자가 싫어한 조직적인 결과가 바로 체인서점이 달성하고자 하는 바다. 개별 매장의 자율성이 약화되면서 중앙집권화된 구매 시스템은 본사가 도서 선정 작업에 대한 통제를 철저히 유지하게끔 하고 규모의 경제를 실현해 체인서점의 수익성을 강화한다. 이뿐 아니라 도서 선정이 소비자의 선호도에 대한 객관적인 반응이라는 시각에도 일조한다.

또한 중앙집권화된 주문 과정은 물론 출판사에도 효율적인데, 더는 체인서점의 모든 개별 매장을 방문할 필요가 없어지기 때문이다. 그러나 이는 체인서점의 영향력을 더욱 가시화하기도 했다. 체인서점이 출판사 영업의 아주 많은 부분을 차지하기 때문에 출판사는 한 도서에 대한 체인서점의 의도를 살필 수밖에 없다. 1973년에 이미 비돌턴은 출판사에 대한 '서비스'로 '출판을 결정하기 전에 한 책의 판매 잠재력에 대한 전문적인 조언'을 제공했다. 돌턴의 사장은 다음과 같은 말로 그 의도를 명확히 했다. "우리는 출판사가 출판 결정을 더 신중하게 하도록 돕고, 확신이 서지 않는 도서에 대해서는 우리와 미리 확인을 하도록 독려하고자 합니다."[29] 그 결과, 월터 포웰Walter Powell이 10년 후에 말한 바와 같이, 이러한 기회를 활용하는 출판사는 체인서점이 매장에서 판매 잠재력이 낮다고 예측하는 책에 대해서는 출판을 꺼리게 될 가능성이 높아졌다.[30] 출판사가 인수 초기에 체인서점 바이어에게 도서를 확인 받는 관행은 지금까지도 이어져오고 있다. 체인서점 바이어가 어떤 책을 매장에 구비하지 않겠다고 출판사에 말해 그 책의 출판이 취소된 적이 있다는 소문도 떠돌았다. 출판사의 입장에서는 체인서점 외에서 발생하는 매출로는 책을 출판하는 데 드는 수고·비용·위험을 감당할 수 없다.

특정 도서의 매출 잠재력에 대한 체인서점의 평가가 가끔은 그 책의 출판 결정 취소로 귀결될 수도 있지만, 이러한 정보는 다른 방법으로 더널리 사용된다. 한 출판사가 말한 바와 같이, 그 출판사는 종종 '주요 고객과의 대화를 통해 그들이 주문할 책에 대한 느낌'을 알아내 몇 부를 인쇄할지를 결정한다. 이는 출판을 준비할 때 논리적으로 당연한 활동이다. 하지만 특정 도서에 대한 출판사의 이해와 여기에 들이는 노력은 인쇄 부수에 의해 결정되고 이에 따라 그 책에 대해 판매 및 마케팅 노력을 얼마나 기울일 것인지가 결정되기 때문에 이러한 주요 고객과의 대화는 한 책의 미래를 좌지우지한다. 이러한 영향력을 업계 전문가 다수가 우려한다. 한 도매상은 이에 대해 다음과 같이 말했다.

미국에서는 다섯 명 또는 열 명 정도의 바이어가 어떤 책의 인쇄 부수, 심지어는 출판 여부까지도 결정하고 있습니다. 이는 제가 몇 년 동안 봐온 사람들, 우리보다 더 많은 것을 아는 것도 아닌 이 사람들에게는 너무나 많은 권력이라고 생각합니다. 어떤 면에서는 책에 대해 더 많이 알고 있겠지만 이들도 평범한 인간이거든요.

또 다른 업계 종사자는 이러한 권력이 체인서점이 수많은 책을 널리 노출시켜주는 것에 대한 합리적인 보상이라고 생각한다. 이러한 사실은 대형 서점의 거대한 규모와 이들이 구비한 도서의 엄청난 수로도 충분히 알 수 있다고 그들은 말한다. 2002년, 보더스 매장은 각각 6만 2,000종에서 20만 9,000종에 이르는 도서를 구비했으며, 평균 보유량은 11만 종이었다. 같은 해 반스앤드노블 매장들은 6만 종에서 20만 종을 보유했다.[31] 오늘날의 대형 체인서점은 규모 면에서 대부분의 독립서점뿐 아니라 쇼핑몰 내 체인서점 매장을 훨씬 압도한다. 이에 더해 체인서점의 다양한 매장이 완전히 동일하다고 생각하면 오산이다. 예컨대, 반스앤드노블은 모든 매장이 동일하게 보유한 책은 약 5만 종이며 "각 매장 고객의 생활방식과 관심사를 고려해 균형을 추구한다"라고 말한다. 마찬가지로 보더스에서도 도서의 50% 정도만 모든 매장에 공통적으로 구비한다.[32] 따라서 보유하는 도서 종류의 수만 놓고 본다면 대형 체인서점은 독자에게 더 많은 선택권을 제공했다. 그러나 모든 책이 똑같이 팔리는 것은 결코 아니다. 2000년에 실시된 한 연구에 따르면, 반스앤드노블의 신간 목록 매출의 20%는 100종에서 나오는 반면, 구간 목록 매출의 20%는 500종에서 나온다. 대형 서점이 보유한 도서의 대다수는 한 해에 2부 미만으로 팔린다.[33]

도서산업 종사자는 대형 체인서점이 소규모 출판사의 도서나 소수 독자만 즐기는 도서를 선정하는 것에 대해 '벽지', 즉 매장의 좋은 분위기에 기여할 뿐 매장 측에서 적극적인 홍보를 하거나 팔릴 것이라는 기대는 하지 않는 책으로 묘사하게 되었다. 한 소규모 출판사 사장은 다음과 같은 말로 현실을 직시했다.

반스앤드노블의 바이어는 제가 만난 그 어떤 사람보다도 높은 식견으로 우리

책을 산다는 느낌을 받았습니다. 체인서점의 존재로 인해 결과적으로 더 많은 책을 팔고 있는지도 모릅니다. 그리고 우리는 체인서점으로 인해 우리가 내놓지 못했을 시장에 책을 내놓고 있는 것도 사실입니다. 단순히 숫자로 본다면 체인서점과 대형 체인서점이 등장한 것은 어떤 면에서는 좋은 일이었습니다. 그러나 장기적으로 보면 이는 무서운 일입니다. 왜냐하면 궁극적으로 체인서점은 저에게는 아무런 관심이 없기 때문입니다. 그리고 독립서점이 모두 사라지면 우리는 사실상 (체인서점의) 인테리어 장식이니까요. 그들은 우리가 출판한 책을 가져가 매장에 깊이와 폭을 부여하면서 독립서점과 경쟁하고 매장에 완전성을 부여하려고 합니다. 그렇지만 우리 책으로 그들이 돈을 버는 것은 아닙니다.

대형 체인서점은 또한 소규모 출판사에는 너무 부담스러운 존재가 될 수도 있다. 체인서점이 최초 주문을 대량으로 내면 대박을 예상한 출판사는 필요한 수량을 인쇄하기 위해 많은 자본을 투자한다. 그러나 책이 인기를 얻지 못하면 체인서점은 판매 중단을 결정하고 이를 전혀 예상치 못했던 출판사에 출간 1년이 지나서 이 책을 대량으로 반품한다. 그러면 출판사는 반품에 대해 체인서점에 채권을 발행해주어야 하고, 팔리지 않은, 심지어는 파손된 책을 무더기로 떠안게 된다. 그 결과 일부 출판사는 파산하기도 했다.

소비자 주권 이념은 자율적이고 결단력 있는 소비자가 자신 앞에 놓인 책 중에서 자신이 읽을 책을 자유롭게 고른다고 주장할 것이다. 그렇지만 업계 종사자가 익히 알고 있듯이, 선반에 책을 진열한다고 그 책의 판매 가능성이 보장되지는 않는다. 대부분의 경우 책은 추가적인 지원을 받아야 독자의 손에 들어갈 수 있다.

좋은 책 추천

문화적 권위자의 행세를 삼가는 것과 같은 맥락에서 오늘날의 서적상은 독자에게 조언하는 것을 조심한다. 그러나 특히 독립서점은 책을 '핸드셀handsell'할 수 있는 자신들의 능력, 즉 서적상이 개인적으로 좋아하는 책을 독자에게 권유할 수 있는 능력을 자랑스러워한다. 한 업계 기자가 말한 것처럼, '핸드셀링handselling'이라는 용어의 인기는 체인서점의 부상과 시기적으로 일치했다.[54] 새로운 경쟁 전략을 찾던 독립서점은 독자 개인에게 맞춘, 덜 알려진 책을 열정을 담아 추천함으로써, 그리고 고객을 잘 알아 그들의 취향에 맞는 책을 추천함으로써 자신들을 차별화할 수 있다는 것을 알게 되었다.

내가 인터뷰한 한 컨설턴트가 설명한 바대로, 훌륭한 책을 순수하게 옹호할 수 있는 기회는 도서산업 종사자의 업무에 큰 의미를 부여하는 일 중 하나다.

제 생각에 출판업과 도서판매업의 좋은 점들 중 하나는 실제로 종종 일어나는 것처럼 편집자나 서적상이 어떤 책과 사랑에 빠지는 것이 가능하다는 것입니다. 그렇게 되면 감정과 애정의 힘으로 그 책은 원래보다 더 좋은 성적을 거둘 수 있게 됩니다. 어떤 것에 대한 열정 하나가 힘이 되고 효과를 발휘할 수 있는 업계에서 일한다는 것이 참 좋습니다.

그러나 소비자 주권에 대한 의지가 강화되면서 서적상이 책을 추천하는 성향 또한 변화했다. 현대의 핸드셀링과 과거의 추천 간의 차이는, 오늘날의 서적상은 어떠한 책이 도덕적 향상을 가져오거나 독자를 더 나은 사람으로 만들 것이라는 이유로 독자에게 일독을 권하지는 않는다는 것이다. 오히려 서적상은 고객에게 이 책을 읽으면 즐거움을 얻을 수 있다고, 적어도 일시적으로는 이 책을 읽음으로써 독자가 더 행복해질 수 있다고 말하면서 책을 추천한다. 이에 더해 취향의 차이가 존중되어야 한다는 인식에 따라 핸드셀링은 각 개인에 맞추어지고 있다. 따라서 어떤 고객에게 적합한 책을 찾아주는 서적상의 능력은 매우 높이 인정받는다. 그러나 서적상이 하는 일의 다른 면과 마찬가지로, 이 행위 또한 독자의 선호도를 분석하고 체계화하려는 노력에 기술이 더해짐에 따라 합리화의 과정을 거쳐왔다.

오늘날 자동화된 재고관리 시스템은 대부분 고객 정보 수집 및 분석 기능을 포함하고 있어 서적상이 이른바 데이터베이스 마케팅 또는 관계 마케팅을 할 수 있도록 해준다. 서적상은 인구통계적 정보, 구매 내역, 선호도 등이 포함된 고객 정보의 데이터베이스를 취합한다. 또한 POS 시스템과 많은 서점이 고객에게 발행해주는 멤버십 카드 덕에 거래가 일어날 때마다 판매된 항목에 대한 상세 정보가 기록된다. 이 정보는 프로모션 정보를 맞춤 제공하는 데 사용되는데, 어떤 작가를 만날 수 있는 행사에 대한 정보 또는 우수 고객용 할인쿠폰을 보내는 것이 그러한 예다. 관계 마케팅 옹호론자는 이것이 소비자에게 권력을 넘겨주는 방법이라고 설명한다. 고객이 서적상에게 자신이 원하는 것이 무엇인지 말해주는 대화가 마케팅이라고 인식하게 만들 정도로 서적상은 자신들의 고객과 '개인적인' 관계를 맺도록 권유받는다. 한 전문가는 데이터베이스 마케팅이 친근감의 형태로 매출과 연결되는 방식을 보여주면서 설문지를 활용하라고 조언한다.

똑똑한 서점들은 설문지를 만들어 고객에 대한 주요 정보를 습득함으로써 미래에 적은 노력을 들이면서도 자신들의 고객 프로파일과 일치하는 사람을 찾고 그들과 따뜻하고 정다운 인간적인 유대를 형성할 수 있도록 합니다. 흔히 차갑고 몰인격적이라고 생각하는 기술을 이용해서 고객과 편안하고 정다운 관계를 형성할 수 있다는 것은 아이러니지요.[35]

이러한 관점에서 서적상은 반대자들이 말하듯 책을 어떻게든 팔려고 드는 상인이 아닌, 의미 있는 소비에 관심이 깊은 조력자가 된다.[36]

인터넷 도서유통의 발달과 오프라인 서점의 온라인 서비스와의 통합은 '개인화된' 추천의 자동화를 추가적으로 혁신할 수 있는 가능성을 열어주었다. 인터넷서점의 최대 강점으로 소비자의 선택을 확장할 수 있는 능력을 꼽지만, 도서판매에 대한 인터넷서점의 영향은 사실 도서 선정뿐만 아니라 마케팅의 영역에서도 지대하다. 밝혀진 것과 같이 온라인 서점은 끈기와 설득력이 있는 추천자의 역할을 한다.

물론 아마존이나 여타 온라인 서점은 도서 정보에 독자 서평을 더하도록 만들고 있다. 온라인 서점 애호가들은 인터넷이 추천을 민주화했다는 증거로 이 기능을 꼽는다. 그러나 이러한 서평은 고객들이 생각하는 것처럼 미국의 모든 독자를 대변하지는 못한다. 몇 안 되는 사람이 인기를 누리며 아마존에서 수백 또는 수천 건의 서평을 작성하기 때문에 그들에게 호평을 받고자 하는 작가나 출판사는 마치 전문 서평가에게 보내는 것처럼 이들에게 책을 미리 무료로 보내주기도 한다. 이뿐 아니라 익명으로 서평을 쓸 수 있기 때문에 작가나 작가의 친구, 친척이 객관적인 독자가 쓰는 것처럼 꾸며서 자신의 책에 호평을 할 수도 있게 되었다.[37]

독자 서평이 실제로 매출에 영향을 주는 것처럼 보이기도 하지만, 더 중요한 것은 온라인 서점이 자체적으로 하는 추천이다. 주요 온라인 서점은 모두 추천 도서 및 비도서 상품의 목록을 눈에 잘 띄게 배치한다. 이러한 추천은 출판사가 홍보하고자 노력하는 책으로 구성되는 경향이 있으며, 따라서 오프라인 서점에서 잘 팔릴 것 같은 책을 진열하는 것과 동일한 효과를 지닌다. 이보다 대상이 더 분명한 추천도 있다. 예를 들어, 아마존에서는 고객이 두 번 이상으로 방문하면 "안녕하세요, ㅇㅇㅇ 씨, 추천 도서를 준비했습니다"라는 메시지로 환영인사를 한다. 이러한 추천 중 일부는 해당 사용자의 이전 구매 목록 분석을 기반으로 맞춤화한 것이다. 이 목록은 이전 구매 도서와 유사한 종류 또는 동일 작가의 작품으로 이루어져 있다. 또 다른 추천 방법은, 역시 고객의 이전 구매 내역에 기반을 두고 있기는 하지만, 협업 필터링이라는 기술을 사용해 유사한 구매 내역을 가진 다른 고객이 구매한 도서를 추천하는 것이다. 이들이 추천 시 기반으로 삼는 도서는 다양하기는 하지만, 이러한 추천 기능은 여전히 선별적이며 완전히 중립적이지 않다. 이러한 기능은 고객에게 많이 팔린 도서를 구매하도록 유도하는 경향이 있다. 고객은 표면적으로 자신의 취향과 욕구에 관심을 갖고 이를 존중하는 것처럼 보이는 추천에 만족스러워하지만, 자동화된 추천 결과로 인해 개성 있는 서점의 열정은 자신과 비슷한 고객에 대한 감정이 배제된 구매 내역 조사로 대체되며, 이로 인해 이미 대중의 눈에 든 도서의 판매량이 더욱 증가한다.

다양성과 획일화

독자가 서로 비슷한 책을 읽는 것이 왜 문제가 되느냐고 반문할 수도 있을 것이다. 당대의 책이 많은 사람에게 널리 알려지는 것이 사회적 선이라고 생각하는 사람도 있다. 실제로 한 영국인 서점 고객은 못마땅한 태도로 영국인들은 베스트셀러를 읽지 않기 때문에 훌륭한 지식인이 아니며, 그 대신 "영국인들은 아무것이나 읽는다"라고 나에게 말했다. 그는 반대로 미국인은 모두가 베스트셀러를 읽기 때문에 더 훌륭한 독서가라고 했다. 그러나 다양성은 도서산업 종사자들이 당연시 여기는 선이다. 다양성은 한편으로는 그 자체가 소비자의 선택권이 더 많아짐을 뜻하기 때문에 그 가치를 인정받는다. 그러나 이 맥락에서 다양성은 또 다른 의미를 지니는데, 이것은 논의의 대상이 다른 상품이 아닌 책이기 때문이다. 책이라는 특정 상품에서 다양성은 도덕적인 성격을 띤다.

업계 종사자들은 다양한 책을 읽음으로써 독자가 생각을 확장하고 새로운 통찰력을 얻는다고 믿는다. 그리고 다양한 책이 존재하면 사상과 사회 정책을 논의할 수 있는 식견 있는 시민층이 형성된다고 여긴다. 독립적 사고와 개인의 행동을 중시하는 문화를 고려할 때 다양한 사상의 제약 없는 소통은 압제를 타파하고 사회문제에 대한 새로운 해결책의 가능성을 키우는 것으로 여겨진다. 한 도매상이 말하듯, 이러한 관점에서 책은 민주화에 필수적이다.

서점이 다루는 것은 사상입니다. 그리고 우리 사회에서 사상과 정보의 자유로운 흐름을 제한하는 것은 옳지 못하다고 생각합니다. 우리는 사회 내에서 국민이 얻을 수 있는 정보에 대해 엄격한 입장을 취하려고 시도해온 국가를 여럿 알고 있으며, 많은 경우 이러한 정책의 부정적인 결과를 지적할 수 있습니다. 또한 많은 미국 국민이 소중히 여기는 수정헌법 제1조의 권리를 생각해보더라도 우리가 만약 자유롭게 말하고 사상을 교환하지 못한다면 미국은 지금보다 훨씬 못한 상황에 처해 있을 거라고 생각합니다.

도서산업에 종사하는 사람들에게 다양성의 확장은 사회적 책임의 한 형태다. 그리고 한 소규모 출판사 종사자가 나에게 말한 것처럼, 다양성을 훌륭한 목표로 보게 되면 업계 전문가는 자신의 일에 의미를 부여하는 개인의 자기표현에 공을 들일 수 있게 된다.

아마도 저는 만약 내가 무언가를 하게 된다면 그 일은 어떤 방식이든 독창성을 지녀야 한다고 생각하는 것 같습니다. 이전에 있던 것을 단순 반복하는 것이 아닌 일이어야 합니다. 그러면 사람들은 아직 알지 못하는 것을 어떻게 원하게 될까요? 사람들은 똑같은 것을 원합니다. 벤앤드제리스Ben & Jerry's 아이스크림의 퍼지청크초콜릿을 먹어봤는데 맛있었다면 다음에도 그 맛을 주문하겠죠. 그렇지만 이 매장에 새로운 아이스크림이 나오면 '들어보지 못한 맛인데 한번 먹어볼까?'라고 생각할 수도 있습니다. 이렇게 해서는 출판업에서 돈을 많이 벌지 못할 수도 있지만, 이것이 바로 만족, 개인적인 만족을 얻는 방법입니다. 어차피 여기서 많은 돈을 벌지는 못하니 행복이라도 추구해야지요. 그리고 새로운 것 또는 제가 말했던 대화를 좀 더 확장시킬 수 있게 하는 것이 바로 대부분의 사람들이 이 업계에 남아 있는 이유일 것입니다.

그러나 지난 수십 년 동안 체인서점이 다양성을 억압해왔느냐에 대한 논란은 계속 존재했다. 독립서점은 도서 선정의 중앙집권화가 사람들의 읽을거리를 획일화하기 때문에 이를 경계해야 한다고 주장한다. 독립서점은 자신들은 서점이 속한 지역사회의 일원이기 때문에 멀리 떨어진 본사에 의해 운영되는 어떤 체인서점보다도 지역사회의 요구를 더 잘 안다고 말한다. 그들은 지역 서점은 지역의 취향에 더 익숙하며 지역사회의 변화에 더 융통성 있게 대응할 수 있다고 말한다. 한 독립서점 주인은 다음과 같이 말했다.

서점은 지역사회의 일부가 되어야 합니다. 미국 내 다른 어떤 지역에서는 최고가 될 수 있는 서점을 이곳에 떨어뜨려놓고는 그 서점이 '좋은' 서점이 되기를 기대할 수는 없습니다. 그 서점이 동네 유일한 서점이거나 다른 모든 서점보다 싸게 팔 수 있을 만큼 많은 할인을 해준다면 시장의 일부를 점유할 수는 있겠지요. 시장에서 어느 정도 비율을 차지할 수는 있을 겁니다. 그러나 지역사회의 요구를 진정으로 충족시켜야 한다는 점에서 저라면 그 서점을 좋은 서점이라고 부르지는 않을 겁니다.

서점이 자신의 지역사회에 대해 어떻게 알게 되느냐는 질문에 그는 "우리는 여기 사니까요. 지역사회 모임과 대화를 나누고 그들을 초대하기 때문에 속한 지역을 알 수밖에 없습니다"라고 대답했다. 지역사회와 가까운 곳에 자리해 현지의 실정에 밝은 독립서점과 달리, 체인서점은 지역사회 간에 존재하는 미묘한 차이를 결코 이해할 수 없다고들 말한다. 체인서점이 각 지역의 개성을 파괴하는 획일화된 대중문화를 대표한다는 생각은 독립서점 비판의 핵심이다. 이러한 관점에서 중앙집권화된 바이어는 지역의 취향에 대한 진정한 이해를 돕는 대면 교류를 하지 않는 데 대해 비판받아야 마땅하다.

이러한 주장은 지역의 독자에게 책을 제대로 제공하는 문제에 그치지 않는다. 수익성 향상에 치우친 중앙집권적인 구매 시스템이 국가 문화의 전반적인 획일화를 불러올 것이라는 우려도 있다.

모든 사람이 매우 우울해합니다. 그리고 우리가 문화적으로 울적해하는 이유는 만약 이제 단순히 돈에 집중하는 새로운 태도가 만연한다면, 그리고 이제부터 돈이 모든 것을 평가하는 가장 중요한 잣대가 된다면 다양성이 줄어들 것이라는 염려 때문입니다. 괜한 염려를 조장하고 싶지는 않습니다. 왜냐하면 우리는 비주류에 대해 이야기하는 것뿐이니까요. 어차피 수요가 크지 않았던 분야니까요. 주류는 원래 체인서점의 지지를 받지 못했고, 만약 독립서점이 사라진다면 아무도 체인서점을 지지하지 않을 것입니다. 그렇지만 저는 문화는 비주류에서 형성된다고 굳게 믿습니다.

독립서점 주인이 묘사한 이 시나리오상에서 독립서점의 쇠퇴는 새로운 사상을 추구하는 개인 독자뿐 아니라 문화 전반에 해를 입힌다. 그는 도서산업계의 사장들이 독자층이 제한적이지만 읽을 가치가 있는 책을 위한 공간을 만드는 대신, 예측 가능한 매출을 달성할 수 있는 방식만 고집할 것이라는 점을 경계한다.

서적상은 사업가로서 자신의 선정 결정이 매출 가능성과 연관이 있어야 한다는 데 선뜻 동의한다. 그렇지만 그들이 파는 상품이 사상의 매개이자 문화의 상징인 책이기 때문에 돈 외에도 중요한 요소들이 걸려 있다. 아마도 그 어느 소비재보다도 책들 간의 차이는 도덕적·정치적·미학적 성격을 지닌 것으로 여겨진다. 따라서 도서의 선정은 경제적 의미와 도덕적 의미를 함께 지닌다. 소비자의 선택권을 존중하고자 하는 의지에도 서적상은 책을 대체 가능한 상품으로 보거나 자신의 일을 단순한 판매업으로 보는 것을 어려워한다.

책이 특별한 상품이라는 관념은 한 세기 이상 존재해왔으나 다양성 보존에 대한 강조는 최근 몇십 년간 그 중요성이 훨씬 커졌다. 체인서점이 반엘리트적 이미지로 대단한 성공을 거두자 독립서점은 자신들이 취한 문화적 권위자로서의 지위가 자산이 아니라 오히려 골칫거리라는 것을 점점 더 인식하게 되었다. 그러자 독립서점은 도서산업계에 언제나 드리워져 있던 주제로 눈을 돌려 그 존재감을 다시금 부각시켰다. 다양성은 독립서점이 자신들이 체인서점과 차별화된다고 주장하는 가장 중요한 특징이 되었다. 읽을거리의 다양성 보존이라는 독립서점의 주장은 소비자에게 광범위한 선택권을 부여한다는 약속과 사상의 자유라는 시민권을 지지한다는 약속을 결합한 민주적 메시지였다. 이러한 관점에서 소비자 시민의 자율성과 특권은 교회, 정부 또는 다른 제도에 의한 표현의 규제가 없는, 사람들이 자신의 선택에 따라 자유롭게 상품을 사거나 사지 않을 수 있는 사상의 시장에서 가장 잘 실현될 수 있다.

물론 독립서점의 이러한 주장은 체인서점의 도서 구매 과정이 독립서점의 도서 구매 과정과 실제로 얼마나 다르냐는 질문을 야기할 수 있다. 이 같은 질문에 대해 나는 결정적인 대답을 제공할 수 없다. 이 질문에 대답하기 위해서는 주제, 작가, 출판사, 출판일 등의 변수별로 도서의 목록을 비교해야 할 것이다. 이러한 작업을 위해서는 주요 체인서점뿐 아니라 많은 독립서점의 협조가 필요할 것이다. 이러한 종류의 협조는 업계 자체에 대해 신뢰할 수 있는 통계 정보조차 많지 않은 것으로 유명한 도서산업에서는 기대하기 어렵다. 그러나 확실하다고 할 수는 없지만 느낌을 바탕으로 분석해보자면 도서 선택의 폭에서 대형 체인서점의 도서 선정은 (쇼핑몰 체인서점과는 대조적으로) 그 성향이 획일화되지 않는다. 이들 서점이 보유한 목록이 출판된 모든 도서를 대표한다고 생각하면 오산이겠지만, 또한 대형 체인서점에 결코 들어가지 못하는 출판사가 많지만, 이들 대형 체인서점은 실제로 수많은 종류의 다양한 도서를 구비하고 있다. 그러나 선정 자체만으로 다양한 책이 읽힌다는 것을 보장할 수는 없다. 또한 특히 체인서점을 비롯한 서점들이 책을 마케팅하는 방식 때문에 사람들이 구매하는 책이 서로 비슷해질 가능성이 높다. 추천은 서점이 특정 책을 다른 책들 가운데서 눈에 잘 띄게 하기 위해 사용하는 중요한 방법 중 하나이지만, 내가 이후 다른 장에서 설명할 내용처럼, 마케팅도 또 다른 형태의 도구로 사용된다.

체인서점이 독립서점에 찬동해 서점 내 다양성의 중요성을 중시하자고 말하는 것과 마찬가지로 독립서점도 소비자의 주권을 높이 산다는 점에서 체인서점과 비슷한 목소리를 내게 되었다. 그러나 소비자의 선택에 대한 존중이 무조건적인 선이라는 주장에는 이의를 제기해볼 필요가 있다. 크리스토퍼 래시Christopher Lasch 등 이 견해를 비판하는 사람은 선택이라는 다원적인 개념은 선택에 따른 진정한 결과란 없으며 소비자의 선호에 도덕적 판단을 적용하려는 모든 시도는 용인할 수 없는 자유에 대한 간섭이라는 가정을 기반으로 하고 있다고 지적한다.[38] 도서 선정은 개인의 성격과 문화의 개량에 미치는 도덕적 결과를 염두에 둔 채 진행해야 한다는 과거의 철학과 달리, 오늘날의 서적상은 책의 선택은 주로 개인의 스타일 또는 취향의 문제이며 서점의 책임은 선택권을 다양화하는 것이라고 주장하는 경향이 있다. 이러한 인식의 전환을 비판의 대상으로 삼기는 어렵다. 도덕주의자를 자처하는 서적상의 쇠락 또는 과거 엘리트주의의 쇠락을 안타까워하지 않을 만한 데에는 충분한 이유가 있다. 그러나 소비자 만족에 대한 숭배, 즉 소비자가 책에 대해 가장 잘 알며 소비자를 행복하게 만들어주어야 한다는 생각은 도덕주의자적 엘리트주의가 쇠퇴하는 이상의 결과를 야기할 수 있다. 그러한 생각은 개인적 선호도와 판단을 다른 요소의 우위에 두며, 정치는 소비의 영역에 속하지 않는다는 믿음을 만들어낸다. 그러나 내가 주장하고자 하는 바는 소비란 매우 정치적이며 개인의 만족의 문제를 훨씬 넘어서는 효과를 지닌 것으로 이해되어야 한다는 점이다.

물론 도서산업도 업계가 속한 사회 전체와 마찬가지로 신념 체계가 완전히 일관적이지는 않다. 업계 종사자들이 습관적으로 베스트셀러의 유명세를 싫어하면서도 계속해서 순식간에 부를 거머쥐게 해줄 다음 히트작을 좇는 것과 마찬가지로, 그들은 모험심 있는 독자의 가치를 중시하면서도 사람들이 예측 가능하고 마케팅이 쉬운 다수 대중처럼 행동하기를 바란다. 동시에 소비자 주권에 경의를 표하면서도 소비자를 획일화에 길들여 점점 더 다루기 쉬운 대상으로 만들고 있다.

04_
표준화된 소비자를 위한 서점 디자인

미국 유통업의 역사를 보면 표준화가 대량판매 전략에 필수적임을 알 수 있다. 조직의 규모가 클수록 방법과 재료의 표준화를 통해 얻을 수 있는 이득이 증가하는데, 이는 의사결정과 상품 및 자재 구입에 드는 비용을 더 많은 수의 제품에 배분할 수 있기 때문이다. 상점 인테리어 설계, 직원 교육자료 개발을 한 번에 처리해서 모든 매장에 적용할 수 있다면 비용을 중복 지출할 필요가 없다는 것이 대량판매업자들의 주장이다. 표준화는 수요의 합리화에도 도움이 된다. 금세기 초 전국적 브랜드를 일궈낸 제조업체들을 경험한 소비자가 특정 브랜드의 이름을 들으면 예상 가능한 (그리고 현저히 높은) 품질 수준을 떠올릴 수 있게 된 것처럼,[1] 대량유통업자를 통해 미국인은 특정 회사의 이름을 단 매장이라면 어디서나 예상 가능한 수준의 서비스, 실내장식, 상품을 기대할 수 있다는 것을 알게 되었고, 이를 환영했다. 다른 종류의 판매업자도 같은 방식을 택했지만 오랜 기간 표준화를 선도하고 앞서 실행에 옮긴 것은 체인서점이며, 이는 1922년 발간된 다음의 체인서점 관리 가이드를 보아도 알 수 있다.

독립소매상은 개인적인 서비스 및 감독을 성공의 비결로 삼는다. 하지만 체인서점은 좀 더 비인간적이다. 체인서점의 판매정책은 그 외관과 마찬가지로 표준화되어야 한다. 그리고 이러한 원칙은 체인서점 전체에 배어 있다. 외관, 상품진열, 가격, 임금을 비롯한 모든 것이 표준화되며, 개인적인 서비스 대신 표준화된 서비스가 제공된다. 인간의 본성은 표준화될 수 없지만 다른 거의 모든 것은 표준화가 가능하다.[2]

이 글이 쓰인 당시에는 표준화 기법이 신선상품, 약품, 담배를 비롯한 다양한 상품의 판매를 위해 활용되고 있었다. 하지만 도서판매도 이런 식으로 이루어질 수 있을 거라고 생각한 사람은 거의 없었다. 월든북스, 비돌턴 또는 유사한 기업이 도서판매에도 표준화 원칙을 적용할 수 있음을 입증한 것은 반세기 가까운 세월이 흐른 뒤였다.

이 장에서 나는 표준화가 체인서점의 도서판매 합리화 노력의 중요한 측면이었으며 동시에 체인서점 성공의 주요 요소였음을 밝히고자 한다. 이전의 도서판매업 모델과는 대조적으로 이와 같은 유통전략은 소비자를 거대시장의 후원자로 간주하며, 그들이 전국 어디서나, 나아가 세계 어디서나 유사한 방식으로 행동하고 유사한 욕구를 지니고 있다고 보고 있다. 이러한 주제를 살펴보기 위해 나는 서점 도서 진열의 탄생뿐 아니라 서점 디자인의 경제적·문화적 의미를 논의해보고자 한다. 교외의 상점가, 쇼핑몰, 대형 유통점 밀집센터에 위치한 동일한 매장을 개설함으로써 체인서점은 규모의 경제를 누리고 대중적 이미지를 구축할 수 있었다. 체인서점은 의도적으로 자신들의 매장이 쇼핑몰 내의 다른 상점과 비교해 덜 친숙해 보이거나 위협적으로 보이지 않도록 했다. 이를 통해 체인서점은 완전히 새로운 종류의 독자가 서점을 둘러보는 것을 자연스러운 행위로 받아들이게 되었다. 쇼핑몰 내 다른 상점보다 웅장한 느낌을 주고자 하는 대형 매장조차도 친숙하고 표준화된 외관을 통해 배타적인 느낌을 완화시켰다.

체인서점은 거대시장에서 쓰이는 기법을 차용한 진열을 도입함으로써 비용 절감, 판매 촉진, 더욱 대중적인 고객층 확보의 효과를 얻었는데, 이러한 기법의 사용은 기존 도서판매업계에서는 흔치 않은(그리고 비난을 사는) 일이었다. 슈퍼마켓이나 다른 연관 없는 유통업에서 쓰이던 마케팅 기법, 예를 들어 같은 책을 여러 권 쌓아 다량 판매를 노리는 진열이나 출판사가 돈을 내고 가장 눈에 띄는 진열 장소를 사 모든 매장에서 특정 책을 홍보하도록 하는 방식 등이 도입되었다. 이러한 표준화된 프로모션을 통해 지역에 거주하는 독자를 더욱 획일화된 전국 도서시장으로 끌어들일 수 있었다.

광범위하고 다양한 지역에까지 표준화된 매장을 연 것이 체인서점 성공의 열쇠였지만 이것은 비난을 사게 된 핵심적인 이유이기도 했다. 특히 독립서점은 체인서점의 표준화된 외관이 (독립서점이 보기에는) 비슷비슷한 책만 파는 그들의 속성과 잘 맞아떨어진다고 주장한다. 또한 체인서점에서 쇼핑을 하는 비인간적이고 무미건조한 경험이 소비자를 소외시키고 책을 모독한다는 주장도 편다.

도서판매업의 표준화에 대한 비난은 1960년대까지 그리 거세지 않았으나, 그 뿌리는 미국 사회 내 일반적인 반체인점 정서의 오랜 역사에서 찾을 수 있다. 한 세기 이상 반체인점 운동은 지나치게 많은 힘을 가진 거대 기업에 반발하는 포퓰리스트(대중 영합주의) 전통에 기대어왔다. 보다 최근에 체인서점 반대자들은 체인서점이 비인간적인 사회관계를 조장하고 지역사회의 특징을 말살한다고 비난해왔다. 체인서점을 반대하는 이들은 거대한 전국적 규모를 지닌 기업 유통업체와 소규모 독립기업의 이미지를 나란히 놓고 비교하는데, 상대적으로 소규모인 독립기업은 소규모 자영업을 지키고, 글로벌보다는 지역 공동체를 지향하며, 획일화된 대중문화보다는 지역 특색을 반영하고, 외관이나 방법에서 전통을 구현하는 것으로 칭송받는다. 자영업자의 도덕적 우월성을 주장하면서 소상공인이나 그 지지자는 미국 문화의 오래된 주제들을 언급하는데, 거기에는 개성의 가치나 소규모 자산을 소유한 개인이 공동체적 조화를 이루며 살던 신화적 과거에 대한 향수 등이 포함된다. 이처럼 독립기업에 대한 인정과 지지를 요구하는 입장은 많은 미국인이 공감하는 특정 상징에 대한 호소에 기반을 두고 있다.[8]

그러므로 도서판매업에 영향을 미친 변화들과, 이러한 변화가 반드시 좋은 것만은 아니라는 인식은 유통업계 전반에 영향을 미치는 트렌드와 일맥상통하는 것이다. 다른 유통 분야의 체인점 반대세력과 마찬가지로 체인서점에 반대하는 이들은 대량판매업자로 대변되는 삶의 방식과 사업방식에 반대하고 있는 것이다. 하지만 이러한 변화가 도서판매업에는 상대적으로 늦게 영향을 미쳤으며, 서점이 계속해서 개인주의, 소규모, 독특함의 성채가 되어줄 거라고 믿었던 이들은 놀랄 수밖에 없었다. 이와 같은 예상치 못한 변화로 촉발된 강한 당혹감은 왜 이러한 변화가 중요한가에 대한 다양한 질문뿐 아니라 체인서점화의 논리가 극명하게 드러나는 계기를 마련해주었다.

도서판매업의 쇼핑몰 진출

제2차 세계대전 이후 일어난 교외 이주 붐과 함께 발생한 중요한 변화 중 하나는 쇼핑 패턴의 변화였다. 20세기 중반 이전에는 도시가 상업 중심지로서 압도적인 우위를 점하고 있었다. 소규모 마을에서는 쇼핑 기회가 제한적이었지만 지역 상점에 없는 물품을 통신판매를 통해 보충할 수 있었다. 한편 20세기 초 성장한 교외지역은 주민들이 도시에서 주로 쇼핑을 할 것이라는 가정하에 건설되었다. 교외지역에 거주하는 여성은 주기적으로 도시로 쇼핑 여행을 갔고, 도시로 출퇴근하는 남성은 퇴근길에 물건을 사들고 오곤 했다. 하지만 일부 교외지역 주민은 이러한 불편을 꺼렸는데, 특히 도시를 죄악과 위험의 장소로 보는 사람이 그러했다. 교외에도 제2차 세계대전 이전에 지어진 쇼핑센터가 있긴 했지만, 1950년대가 되어서야 교외 개발업자들이 쇼핑 지역을 일상적으로 건설계획에 포함시키기 시작했고 이로써 도시로 쇼핑을 갈 필요가 없어졌다.

이러한 쇼핑 지역은 도심 업무지구나 작은 도시 및 마을의 중심가와는 상당히 달랐다. 새로운 교외지역 주민들의 자가용 선호를 반영해 매장은 주요 도로에서 쉽게 접근할 수 있도록 설계되었다. 그런 이유로 마을 외곽 간선도로를 따라 매장이 듬성듬성 위치한 상점가가 발달하게 되었는데, 상점 건물에는 주차장이 붙어 있었으며 쌩쌩 지나가는 운전자의 눈길을 잡기 위해 요란한 간판을 다는 경우도 종종 있었다.[4] 전후에는 스트립몰이라고도 불리는, 몇 개의 매장이 주차장을 공유하는 형태의 쇼핑센터가 급격히 성장했다. 교외에 사는 삶의 상징이 되어버린 쇼핑몰도 물론 이 시기에 등장했다. 쇼핑몰이 번창한 이유로는 첫째, 교외지역 주민의 자가용 의존성을 수용(또는 독려)했다는 점, 둘째, 악천후와 사회 비주류 계층을 피할 수 있는 통제된 환경을 제공했다는 점을 들 수 있다.[5] 쇼핑센터와 쇼핑몰은 교외지역 주민의 열광적인 환영을 받았으며, 이와 같은 공간은 체인서점 매장이 증식할 수 있는 토대가 되었다. 쇼핑몰 소유주는 자기 부지에 어떤 상점이 들어서는지 관심을 기울였는데, 그때나 지금이나 체인서점 매장은 이들이 특별히 선호하는 임차인이었다. 독립상점에 비해 체인서점은 높은 월세를 지불할 수 있었고, 특정 지역에서 고객층이 확보될 때까지 손해를 감수하며 영업할 수 있었으며, 쇼핑몰 방문자 수가 적더라도 망할 염려가 거의 없었다. 독립상점은 지금도 여전히 쇼핑몰 임

대권을 획득하는 데 어려움을 겪으며, 일단 쇼핑몰에 입점하더라도 사업을 유지하는 데 애로가 많다.[6]

인구 변화와 교외지역으로의 쇼핑 중심지 이동은 당시에도 상당히 가시적인 현상이었다. 이미 1950년에 《퍼블리셔스 위클리》에서는 서적상에게 교외로 이주할 것을 고려하라고 조언하고 있었다.[7] 하지만 서적상은 서두르지 않았다. 사실 1950~1960년대에는 교외지역 백화점에 도서 부문이 신설되기도 했고, 일부 야심 찬 서점은 백화점이라는 새로운 최첨단 상업시설에 매장을 개설하기도 했다. 예를 들어, 이후 미국 내 5대 체인서점으로 성장한 로리앳은 월든북스보다 훨씬 먼저인 1950년에 보스턴 교외의 쇼핑센터에 매장을 처음 개설했다.[8] 하지만 대체적으로 서점의 교외 진출은 상대적으로 늦은 시기에 이루어졌다. 서적상은 도심과 다운타운 지역에 익숙했는데, 이러한 지역에서는 서점에 단골로 출입할 만한 교양 있는 사람들과 사업을 유지하는 데 필요한 만큼의 유동 인구를 동시에 끌어들일 수 있기 때문이다.

반면 월든북스와 비돌턴은 도시 및 사회 환경의 변화를 고려해볼 때 도시 중심지보다 주차할 수 있는 지역에 매장이 위치하는 것이 더 중요할 수 있다는 사실을 깨달았다. 많은 수의 미국인이 교외에 위치한 자기 집이나 집에서 가까운 곳에서 여가시간을 보내기를 원하게 되면서 주거지와 가까운 곳에 서점을 열어 여가 활동으로서의 독서를 촉진할 수 있게 되었다. 특히 이전보다 교육 수준이 훨씬 높아진, 그리고 미래 독자층을 형성할 엄청난 수의 신세대를 키워내고 있는 여성 독자층을 고려할 때 교외 입지의 장점은 컸다. 이런 이유로 체인서점은 전통을 거부하고 교외를 주요 활동거점으로 삼았다. 월든북스와 비돌턴도 도심 상업지구에 서점을 여는 실험을 하기도 했지만, 매장의 대다수는 교외지역에 있었다.

1970년대에는 폐쇄형enclosed 쇼핑몰이 급격하게 증가했는데, 월든북스와 비돌턴은 이들 대부분에 입점했다. 거대한 규모, 전국적 인지도와 건전한 재정 상태를 지닌 체인서점은 지역 서점보다 훨씬 쉽게 신규 쇼핑몰 임대권을 획득했으며, 독립서점보다 임대료 협상에 유리했다. 체인서점이 서점이 부족한 지역에 진출한 것인지 아니면 이미 서점이 있는 지역을 표적으로 삼았는지에 대해서는 논란의 여지가 있다. 하지만 사실 두 경우 모두에 해당된다. 체인서점은 새로운 쇼핑몰이 건설되면 이미 그 지역에 하나 이상의 독립서점이 존재할 경우에도 망설이지 않고 진출했지만, 한편으로는 몇 마일 안에 서점이 존재하지 않는 지역에 매장을 열기도 했는데 이는 특히 체인서점 초기에 그러했다. 많은 사람에게는 주변에 월든북스나 돌턴이 생긴 것이 많은 책을 편리하게 구매할 수 있는 인생 최초의 계기가 되었다. 미국에서 서점이 일상적인 유통업으로 변모하게 된 데에 체인서점이 기여한 바가 크다는 사실에는 이견의 여지가 없다.

이런 지역에 서점을 연 데에는 또 다른 중요한 목적도 있었다. 서점이 주차장 건너 슈퍼마켓이나 바로 이웃의 십대용 청바지 매장처럼 인식되면서 이전에 서점 하면 떠올리던 엘리트적 분위기가 약화된 것이다. 소비자가 서점을 쇼핑센터의 다른 친숙한 매장과 연관해 생각하게 되면서 체인서점도 평범한 쇼핑장소로 인식되기 시작했는데, 여기에는 주변 실내장식과 어울리도록 한 서점의 건축설계도 한몫했다. 크라운북스의 시장조사보고서에 따르면, 이는 서점에 대해 겁을 먹고 있는 비전통적인 구매자를 끌어들이기 위한 의도적 전략의 일환이었다.[9]

체인서점은 교외라는 입지뿐 아니라 실내장식, 매장 내 분위기도 기존 서점과 큰 차이를 보였다. 옛날식의 서점은 귀족적이고 배타적이며 어둡고 퀴퀴하다는 소리를 들었으며, 종종 좁은 통로, 서점 주인만 아는 방식으로 진열된 책이 여기저기 쌓여 있는 모습으로 희화화되곤 했다. 그리하여 서점은 심각하거나 부유한 사람들을 위한 엄숙한 장소로 여겨졌던 것이다. 현대 체인서점이라고 해서 이와 같은 상류계급, 지성의 이미지를 완전히 버리고자 했던 것은 아니다. 예를 들어 앞에서 살펴보았듯 비돌턴이 영국(당시에는 영국이 여전히 의심할 여지없이 상류문화를 암시하는 요소였다) 식으로 들리는 이름을 고른 것은 모기업인 데이턴 측이 서점이 본래 지니고 있던 상류문화와 엘리트 이미지를 버리길 원치 않았음을 보여준다. 격조 높은 이미지를 중시하는 경향은 매장의 원래 디자인에도 영향을 미쳤다. 원래 비돌턴은 품위 있으면서도 접근하기 쉬운 분위기를 만들고자 했다. 비돌턴의 원형을 설계한 건축가는 여유와 흥분, 격식 없는 따듯함과 부드러운 우아함, 상류문화와 몸에 익은 편안함, 진지한 탐구와 단순한 즐거움과 같은 상반된 요소가 공존할 수 있는 서점을 설계하고자 노력한다고 말했다.[10] 모든 초기 매장은 서로를 복제한 듯 네 개의 방으로 나눠진 공간 구성, 나무판으로 시공한 바닥, 금색 천장, 연베이지색 벽, 윌리엄스버그Williamsburg 책상 같은 공통된 특징을 띠었다. 이와 같은 구상은 교양 있는 엘리트나 즐거움을 찾는 평범한 미국인 모두 책을 즐길 수 있다는 메시지를 전달하고자 한 것이었다. 하지만 2년 후 비돌턴의 한 임원이 지나치게 우아한 분위기로 간 것 같다며 콘셉트를 다시 생각해봐야겠다는 말을 했고, 몇 년 뒤부터 새로 여는 매장은 훨씬 캐주얼한 분위기로 바뀌었다.[11]

얼마 지나지 않아 모든 주요 체인서점은 우아함이나 상류문화를 암시하는 요소를 버리고 명확히 근대적이고 캐주얼한 외양을 강조하는 공식을 채택하게 되었다. 그 특징으로는 선명한 색상, 선반이나 계산대에 현대적인 자재 사용, 대담한 간판디자인, 특히 밝은 조명의 사용을 들 수 있다. 또한 통로를 넓히고 선반을 낮춰 개방되고 탁 트인 느낌을 주고자 했다. 이러한 디자인 원칙은 다른 유통업계에서는 이미 널리 쓰이고 있었지만, 1960년대 서점에서는 혁신적인 것으로 간주되었다. 몇몇 더블데이 매장을 설계한 한 건축가는 서점 설계에서 자신이 생각하는 전형적인 과거의 방식과 자신의 접근법을 다음과 같이 비교했다.

이전에 선반과 탁자만 설치하면 되던 시절에는 어떻게 하면 통로를 말 그대로 막아버리지 않으면서 되도록 많은 장애물을 욱여넣을 수 있을까에 서점 지배인의 창의력이 모두 쓰이는 것처럼 보였다. 벽은 어차피 선반으로 가득차 있어 특별히 뭘 하지 않아도 충분히 복잡했고, 유일한 옵션은 벽을 얼마나 높이 지을까 하는 것뿐이었다. 그 결과물은 서점을 방문한 고객이 보기에 놀라운 형태였는데, 이런 서점에서는 원하는 책을 찾을 수만 있어도 작은 승리를 거둔 것이나 마찬가지였다. 원하는 책을 찾으려면 책 무더기를 헤칠 수밖에 없으니 책은 낡게 되었고 매장을 깨끗하게 유지하는 것도 어려웠다.[18]

반면 체인서점의 책은 진열이 잘되어 있고 섹션 표시가 명확해서, 자신의 취향이나 무지함을 드러내는 위험을 무릅쓰며 서점 주인에게 도움을 요청하지 않고도 원하는 책을 찾을 수 있었다. 한 전직 비돌턴 임원이 말했듯이, 셀프서비스를 강조한 것이 서점의 상류층 이미지를 깬 주요 성공요인이었다.[18] 셀프서비스는 인건비 절약뿐 아니라 체인서점이 노리는 격식 없는 분위기 창출의 중요한 요소였다.

또한 체인서점은 매장 실내장식을 표준화함으로써 누구에게나 열린 격식 없는 장소라는 메시지를 전달했다. 1970년대 초 월든북스는 전국적으로 외관이 유사한 매장을 짓기 위해 계열 건설사를 운영했다.[14] 또한 1980년대 초 이전에 이미 신규 매장에 들어갈 선반, 간판, 가구를 개발하는 시각디자인부서를 설치했다. 예를 들어, 벽을 같은 색깔의 페인트로 칠하고 간판에 동일한 활자체를 적용함으로써 고객이 월든 매장을 즉각적으로 알아볼 수 있게 했다.[18] 자기 집에서 멀리 떨어진 곳에서도 고객은 월든북스를 친숙한 공간으로 인지했다. 하지만 크라운북스야말로 표준화를 극한으로 추구했다는 평을 들었다. 표준화는 크라운북스의 비용 절감 노력에 부합했을 뿐 아니라 일부 책 구매자의 마음이 편안해지게 하는 요소이기도 했다. 어디에서건 크라운북스 매장을 둘러보는 것은 쉽고 부담 없는 행위여서 교양 있는 지식인인 척할 필요가 없었다.

책을 교육과 그 결과로서의 사회 계층화와 연관시켜왔기 때문에 어떤 서점이든 엘리트만을 위한 장소로 인식되는 위험에서 자유로울 수는 없다. 하지만 체인서점의 표준화 노력으로 인해 이러한 계급적 인식이 어느 정도 완화되었다. 표준화는 구분 짓거나 배타적인 것과는 거리가 멀며, 오히려 차이를 초월하는 속성이 있기 때문이다. 표준화된 체인서점은 스타일이나 매장 내부 구성에 대해 궁금증의 여지를 없앰으로써 소비와 관련된 지위 상징status marker을 일부 상쇄해버린다. 이러한 맥락에서 계급에 따른 시장 세분화는 외부인에게는 이해 불가능한 관습이나 취향보다는 라이프스타일의 미묘한 차이를 반영하는 것에 지나지 않게 된다.

이처럼 체인서점은 독립서점보다 접근하기 쉬운 곳으로 인식되었는데, 이는 일정 부분 표준화에 힘입은 것이었다. 물론 체인서점에서 책을 산다고 해서 사회적·경제적 지위가 낮다는 말은 결코 아니다. 책 구매자는 교육이나 수입 면에서 평균을 웃돌았으며, 새로운 매장을 개설하기 전에는 원하는 인구층이 일정 규모 이상 거주하는지를 확인하기 위한 시장 조사가 행해졌다. 저소득층이나 비교육층은 거의 체인서점을 찾지 않았지만 중산층의 상당 부분은 체인서점 고객이 되었다. 이들 중 일부는 드러그스토어나 잡화점에서 책을 구매하던 고객으로, 이전에는 일반적인 서점 고객으로 분류되지 않던 이들이었다.

대형 체인서점: 친숙해 보이는 대량생산 거점

쇼핑몰에 입점한 체인서점의 여유롭고 현대적인 외양은 체인서점 정체성의 큰 부분을 차지했기 때문에, 대형 체인서점이 처음 등장했을 때에는 규모뿐 아니라 실내장식 때문에도 관심을 끌었다. 가끔 책을 읽는 사람뿐 아니라 도서 애호가도 고객층으로 삼고자 했던 대형 체인서점은 여러 가지 측면에서 비돌턴의 원래 콘셉트로 복귀하는 모습을 보였다. 쇼핑몰의 체인서점을 쉽게 둘러볼 수 있게 해준 환한 조명, 넓은 통로, 명확한 섹션 표시 같은 특징적인 요소는 그대로 유지했지만 대형 서점은 좀 더 계급적인(다시 말해 상류층의) 이미지를 표방하고자 했으며, (쇼핑몰 내 체인서점과 크게 다르게) 고객이 서점에 머무는 시간을 늘리고자 했다. 이를 위해 일례로 반스앤드노블은 목재가구, 앤티크 스타일의 의자와 탁자, 고객이 앉아서 책을 읽을 수 있는 넓은 공간을 제공해 도서관 같은 분위기를 느낄 수 있다고 광고했다.[16] 대형 체인서점은 유명한 독립서점을 본떠 집과 같은 편안한 분위기를 조성해 고객이 서점에 오래 머물도록 했다. 반스앤드노블은 느긋하지만 신나는 환경에서 고객을 집에 초대하는 손님처럼 맞을 수 있는 매장 분위기를 조성코자 했다.[17]

쇼핑몰 내 매장과 마찬가지로 대형 체인서점도 외양이 동일했다. 반스앤드노블 매장을 몇 곳만 방문해보면 매장별로 공간 배치는 조금씩 다를지 몰라도 표지판이나 사용된 색상은 의심의 여지 없이 유사함을 확인할 수 있다. 한편으로는 상류 문화를 암시하는 클래식 음악과 어두운 책장 색상에 놀라게 되고, 다른 한편으로는 슈퍼마켓에서 사용되는 것 같은 환한 조명, 할인 표지판, 강렬한 진열에 놀라게 된다. 매장에는 대개 의자와 탁자가 설치되어 있는데, 매장 내 커피 전문점처럼 이런 의자나 탁자에도 대체로 사람이 꽉 차 있다. 보더스도 비슷한 분위기다. 이런 체인서점은 상류 문화와 대중문화의 상징을 신중하게 조합함으로써 큰 성공을 거두었다. 한 건축가가 평한 것처럼, 반스앤드노블은 공공장소의 웅장함과 최신 유행하는 캐주얼한 느낌을 동시에 나타내는 데 성공했다.[18]

하지만 모든 대형 체인서점이 같은 방식의 디자인을 추구한 것은 아니었다. 크라운북스가 파산하기 이전, 크라운북스의 슈퍼크라운은 비록 1호 매장이 높은 천장, 품격 있는 카펫 같은 특징으로 찬사를 얻긴 했으나 크라운북스 체인 내 소규모 매장과 스타일 측면에서 큰 차이는 없었다.[19] 전통적인 독립서점의 고객층을 빼앗아오고자 하는 욕심이 덜했던 체인서점은 '구식'이나 '도서관 같은' 느낌을 거부하는 경향이 컸다. 예를 들어 미디어플레이Media Play는 밝은 색상과 시끄러운 음악을 사용하는 활기찬 디자인을 개발했다.[20] 반스앤드노블의 대형 서점 브랜드인 북스톱/북스타Bookstop/Bookstar는 잠시 금속 선반, 형광 조명을 사용한 하이테크 스타일을 선보이기도 했다.[21] 하지만 가장 큰 성공을 거둔 것은 '약간의' 상류 문화 느낌을 가미한 대형 체인서점이었다. 이를 인식하고 북스어밀리언은 2002년 앨라배마 주 버밍햄에 어두운 색상의 목재가구와 부드러운 조명을 사용해 전형적인 북스어밀리언 매장보다는 반스앤드노블이나 보더스 매장을 닮은 북스앤드컴퍼니Books & Company 매장을 개설했다.[22]

이와 같은 디자인 경향과 발맞추어 대형 체인서점이 등장한 이후 체인서점 고객층의 인구구조도 변화했다. 저소득층의 비율은 줄고 고소득층의 비율이 증가한 것인데,[23] 사실 포괄적인 전국 통계자료는 없지만 한 연례 설문조사에 따르면 책을 많이 구매하는 가구 중 저소득층의 독립서점 이용률이 높은 것으로 드러났다. 물론 독립서점 대 체인서점의 비교치는 서점 대비 다른 상점의 비교치에 비해 편차가 훨씬 작지만 말이다. 대량판매업자, 슈퍼마켓, 드러그스토어, 통신판매 북클럽을 이용하는, 저소득에 교육 수준이 낮은 독자층의 비중은 체인서점이나 독립서점을 이용하는 비율보다 높다(중고서점은 예외).²⁴ 물론 체인서점도 자체 대형 매장이 풍기는 부르주아적 느낌이 일부 고객에게 반감을 살 수 있다는 점을 잘 인식하고 있다. 하지만 반스앤드노블, 보더스그룹의 경우는 쇼핑몰 매장을 유지함으로써 이런 문제를 해결하고 있다. 체인서점은 다양한 자회사를 운영함으로써 시장을 세분화하고 다양한 도서 구매층에게 호소하는데, 이는 다음과 같은 쇼핑몰 내 상점에 대한 반스앤드노블의 분석보고서를 보면 명확히 알 수 있다.

> 비돌턴은 다양한 베스트셀러와 일반 관심사 관련 도서를 판매함으로써 미국 중산층 내 독서층을 겨냥하는 상품화 전략을 이용하고 있다. 더블데이나 스크라이브너 서점은 더욱 고급스러운 쇼핑몰에서 물건을 구매하는 '상류층'을 겨냥하는 고급화 전략을 이용하면서 양장본이나 선물용 책에 더 집중한다.²⁵

독립서점 또한 나름대로 체인서점의 성공을 지켜보면서 배운 바가 있어 지난 몇 년간 엘리트적 분위기를 쇄신하고자 의식적으로 노력해왔다. 이를 위해 좀 더 친숙한 이미지를 풍기는 실내장식을 추구해왔다. 서점 디자인에 관한 기사, 세미나, 지침서, 추천 글을 보면 따뜻함, 위압감 없음, 사용자 친화적과 같은 주제가 끊임없이 강조되고 있다. 1997년 개최된 미국도서박람회BookExpo America(미국 도서산업계의 주요 박람회)에서는 심지어 두 세션에 걸쳐 매장에 균형과 조화를 가져다주는 풍수風水 사용에 관한 강연이 있었다. 업계 선도자의 계속된 촉구의 결과로 독립서점도 결국은 더 밝고 깨끗하고 정돈된 서점이 현대의 독자에게 더욱 친숙한 환경을 제공한다는 사실을 받아들이게 되었다. 이제 대체로 모든 도서판매상이 직원뿐 아니라 서점 자체도 매력적이어야 한다는 데 동의하고 있다.

성공을 위한 책의 포지셔닝

표준화는 확실히 엄청난 수의 서점을 건설·운영하기에 비용 대비 효율적인 전략이다. 광고와 마케팅에도 같은 원칙이 적용된다. 대형 서점이 등장하기 이전의 체인서점은 전국 광고 및 지역 광고에 많은 돈을 투자했는데, 이런 광고에서는 대중을 겨냥한 책에 초점을 맞추는 경향이 있었다. 특히 (물론 하프트가 분열되기 이전의 이야기지만) 로버트 하프트의 사진과 함께 크라운북스의 할인철학을 담은 '제 가격을 다 내셨다면 크라운에서 사신 게 아니군요'라는 슬로건을 사용한 크라운북스의 광고가 소비자 사이에서 인지도가 높았다. 체인서점은 체인 매장의 외관과 쇼핑 경험이 어디나 유사할 것이라는 고객 기대를 형성시킴으로써 서점 이용자가 스스로를 전국적 시장의 일부분으로 여기게 만들었고, 따라서 광범위한 지역을 대상으로 한 광고 캠페인의 '당연한' 타깃으로 생각하도록 만들었다. 책 구매자가 거주지역에 상관없이 마케팅에 동일한 반응을 보일 거라는 발상은 분명 마케팅 자료의 생산과 배치에 큰 효율성을 가져다주었다. 시각자료, 슬로건, 유머문구 등을 지역별로 다 손봐야 하는 경우에 비해 적은 노력과 비용으로도 더 넓은 지역을 소화할 수 있게 된 것이다.

체인서점이 도입한 대량판매 기법은 이뿐만이 아니었다. 매장 내 마케팅 역시 판매되는 도서 가운데 상대적으로 적은 수의 도서에 대한 적극적인 홍보 활동과(이는 홍보 도서의 많은 판매로 이어졌다) 모든 매장 내 홍보 활동의 표준화에 집중되었다. 매장 내 마케팅의 가장 중요한 수단 중 하나는 진열이었다. 리치가 보여주었듯, 20세기 초 생겨난 소매점 진열에 대한 새로운 접근법의 특징은 상품과 판매 장소를 극적으로 보이게 과장하고 상품에 대한 소비자의 욕망을 자극하는 것이었다.[26]

진열은 오늘날에도 유통업계에서 같은 기능을 하고 있다. 서점에서 책의 진열 방식은 매장의 분위기를 결정지을 뿐 아니라 특정 도서의 매출에도 영향을 미친다. 가장 기본적으로 서점의 각 섹션을 어떻게 이름 짓고 배치하느냐는 고객의 눈길을 끄는 데 아주 중요한 요소다. 고객이 서점을 훑어보는 행위는 그들이 사전에 관심을 두던 일부 카테고리에 이끌림으로써 나타나는 결과이기 때문이다. 이와 유사하게 어떤 도서를 어느 선반에 놓을 것인가 하는 결정은 고객의 책 선택에 영향을 미친다. 특정 책이 보기에 따라 자기계발서나 종교도서 중 어느 쪽으로든 분류될 수 있는 반면, 각 섹션을 둘러보는 고객은 서로 다른 성격의 그룹일 것이며(물론 두 그룹 모두에 속하는 사람도 있겠지만), 따라서 책을 분류하는 단순한 행위만으로 그 책의 독자층이 사전에 결정되기도 한다.

이와는 별도로 책의 물리적 배열도 구매 가능성에 큰 영향을 미친다. 서가에 꽂히지 않고 전면을 바라보도록 진열된 책은 눈길을 끌 확률이 더 높으며, 같은 책을 여러 권 진열한 경우에도 더 쉽게 눈에 띈다. 쇼핑몰에 입점한 체인서점은 이러한 규칙을 부지런히 이행했고, 결과적으로 책을 마치 수프 캔처럼 무더기로 쌓아올려 판다며 많은 비난을 받았다. 자신들의 마케팅 스타일을 변호하고자, 체인서점은 도서산업의 생사는 책을 다른 상품과 마찬가지로 취급하는 것에 대한 감상적인 거부감을 떨쳐버리는 데 달려 있다고 주장했다. 반스앤드노블과 비돌턴의 수장인 리지오는 "나는 책을 치약을 팔 듯 팔아서는 안 된다고 말하는 엘리트주의자에게 동의할 수 없다. 내 생각에 우리가 할 일은 치약보다 책을 많이 파는 것이다"라고 했다.[87] 이러한 관점에서 현대의 판매 기법 도입은 책을 더 많이 팔고 나아가 수익을 증가시키고 대중에게 책 읽는 습관을 전파하기 위한 수단이 된다. 이와 같은 시나리오하에서는 모두가 득을 보게 된다.

하지만 치약의 비유는 도서산업계 종사자 상당수에게 대단히 불편한 이야기다. 책을 치약처럼 판매하는 것은 책이 상징하는 것, 즉 정신의 삶을 치약처럼 평범하고 순전히 실용적인 것으로 격하하는 것으로 보인다. 물론 상당 부분 마케팅 탓에 이제 치약조차도 순전히 실용적인 물품은 아니다. 하지만 특정 치약 브랜드를 쓰는 데서 느끼는 성적 암시나 여타 상징적인 특성은 더욱 일상적인 목적을 달성하는 데 수반되는 부산물로 간주된다. 반면 책을 다른 상품과는 차별화된 것으로 보는 사람에게 독서는 절대 눈에 보이지 않으면서 예측 불가능하고 영묘한 마음의 변화를 가져다주는 행위로, 바로 여기에 독서의 위대함이 있다. 한 독립서점의 주인은 "우리는 일부 체인서점처럼 책을 25권, 50권씩 쌓아놓지 않는다. 내가 보기에 그런 행위는 책을 보기 좋게 만들기보다 그 가치를 훼손시키는 것이다"라고 말했는데, 아마도 그는 (또 다른 독립서점 주인 말에 따르면) 높게 쌓아서 날개 돋친 듯 팔려나가게 하는 방식이 책의 가치를 모독하고 나아가 책에 나타난 인류의 존엄성을 공격하는 것이라고 믿었던 게 아닐까. 반면 책을 평범한 물건이 아닌 갤러리 전시물처럼 진열하는 서점은 서점을 둘러보는 이들로 하여금 깊은 사색의 태도에 빠지게 만든다. 여기서 드러나는 매스마케팅에 대한 혐오는 표준화된 대중문화에 지배되는 대중사회에 대한 독립서점의 입장을 다시 한 번 여실히 보여준다. 도서 전문가는 개별 책의 독특함을 인정함으로써 앞에 인용된 서점의 이야기처럼 획일화되지 않고 개성이 유지되는 세상을 지키고자 한다.

원칙적으로 좀 더 논란의 여지가 적은 부분은 특별한 주제를 표현하는 진열의 활용이다. 일례로 한쪽 벽에 ≪뉴욕타임스New York Times≫에서 선정한 베스트셀러를 진열해놓는 것을 들 수 있다. 이 외에 신간, 추천 도서, 어떤 행사나 주제에 관련된 책, 할인 도서를 눈에 띄는 장소의 탁자나 선반에 모아놓는 것도 흔히 쓰이는 방법이다. 이처럼 눈에 띄게 진열된 책들은 서가에 그냥 꽂혀 있을 때보다 팔려나갈 확률이 훨씬 높다. 하지만 이런 종류의 진열은 소중한 공간을 잡아먹기 때문에 선택된 소수의 책

에만 적용된다.[28]

매장의 공간 배치와 더불어 진열의 위치 또한 매출에 영향을 미친다. 일반적으로 서점 앞쪽에 위치한 섹션에 사람들이 더 많이 몰린다. 일부 서점은 사람들이 많이 찾는 베스트셀러 섹션을 뒤쪽에 놓음으로써 고객이 서점을 다 둘러보도록 유도하기도 한다. 하지만 매출이 높을 것 같은 섹션을 서점 앞쪽에 배치하는 것이 더욱 일반적이다. 월든북스의 마케팅 부사장은 1980년대 초반 월든북스가 어떻게 이런 진열 원칙을 조합해 활용했는지를 다음과 같이 설명했다.

우리가 처음 취한 조치들 중 하나는 800여 개의 우리 매장을 시각적으로 흥미롭게 만드는 것이었습니다. 서점 앞부분의 20피트(6.1m)에서 25피트(7.6m)의 공간을 베스트셀러, 잡지, 컴퓨터 소프트웨어, A/V 카세트, 클래식 도서에 할애했습니다. 이러한 전략적 포지셔닝은 2주마다 바뀌는 매장 앞 주제광고(예를 들면, 어머니의 날, 여름 스포츠, 육아와 관련된 간판 및 도서)와 함께 정기적으로 매장 외관을 신선하게 바꿔주는 역할을 했습니다. 이런 프로모션 기간에는 해당 주제와 관련된 스물네댓 종류의 책들이 할인가격에 제공되었습니다.[29]

앞쪽 공간과 더불어 매출에 가장 유리한 공간은 주요 통로가 교차하는 곳이다.[30] 특히 좋은 지점은 엔드캡endcap이라 불리는, 선반이 있는 벽 끝에 위치해 통로를 마주보는 진열 공간이다. 엔드캡에 진열된 상품은 평시 매출의 세 배 또는 네 배를 기록한다고 한 도서판매업자가 말했다. 매출에 유리한 또 다른 곳은 계산대 근처인데, 이곳에 진열하는 것을 구매시점point-of-purchase(POP) 진열이라고 한다. 여기서는 카드, 책꽂이 등 책이 아닌 상품도 잘 팔리지만, 충동구매를 일으킬 만한 책들도 이곳에 자주 진열된다.

　고객의 관점에서 이러한 다양한 종류의 진열은 시각적인 자극을 준다. 책이 들어찬 벽이 늘어선 단조로운 공간의 위압감을 깨주고, 흥미를 불러일으키며, 쇼핑의 경험을 풍요롭게 해주는 것이다. 하지만 동시에 특별한 진열은 노골적으로는 아니라도 어떤 책이 다른 책보다 가치가 있다는 메시지를 전달하게 된다. 누군가는 이렇게 특별하게 진열된 책의 면면이 진정 서적상이 주장하는 것처럼 다양성 촉진의 의지를 담고 있는가에 대한 의구심을 품기도 할 것이다. 일부 독립서점은 독특한 진열에 자부심을 보이기도 하지만, 신간과 베스트셀러를 강조하는 것이 보통의 패턴이다. 이것은 논리적인 결정일 수밖에 없는데, 결국 독자는 새롭고 인기 있는 것을 원하고 서적상은 출판사에서 만들어내는 화젯거리를 이용해 매출을 극대화할 수 있기 때문이다. 하지만 이렇게 되면 현재 인기 있는 소수의 책과 나머지 대다수 책 사이의 간격이 벌어질 수밖에 없다. 현행 방식하에서는 유행이 지난 책이나 출판사의 홍보가 이뤄지지 않는 신간은 눈에 띄게 진열되는 경우가 거의 없고, 따라서 매출이 낮을 수밖에 없다.

　어느 책이 좋은 장소에 진열될지를 결정하는 데 고려되는 또 다른 요소가 있다. 출판사에서는 사실 돈을 내고 이러한 장소를 사기도 하는데, 이는 체인서점은 물론이고 정도는 덜하지만 독립서점에서도 일어나는 일이다. 한 체인서점에서는 이를 다음과 같이 설명했다.

　대개 우리 프로모션은 엔드캡 또는 서점 전면 진열 같은 종류의 프로모션을 중심으로 이루어집니다. 엔드캡의 경우는 출판사에 파는데, 지출은 협동광고비에서 이루어집니다. 서점 전면 진열도 마찬가지입니다. 이 모든 것이 출판사와 합동으로 이루어집니다. 또 베스트셀러 진열용 벽면도 있습니다. 보통 고객이 처음 매장에 들어왔을 때 보이는 왼쪽 벽 또는 오른쪽 벽에 상위 50위도서를 진열해놓습니다. 그러니 이것들도 프로모션 도구로 사용되는 것입니다. 그리고 크리스마스에는 이 또한 출판사들로부터 협동광고비를 얻어내는 수단이 됩니다. 첫째 줄, 둘째 줄, 바닥 줄에 있는 모든 책이 돈을 내고 진열되는 것입니다.

협동광고비는 특정 책의 광고 및 홍보 비용 분담을 위해 출판사가 유통업체 측에 제공하는 자금을 지칭한다. 협동광고비는 서점의 광고 및 홍보 예산에 상당한 기여를 할 수 있으며, 마케팅이 도서산업에서 차지하는 비중이 커짐에 따라 협동광고비 확보는 큰 관심사가 되었다. 출판사마다 협동광고비를 배분하는 방식은 다르지만, 그 총액은 보통 정해진 기간의 총매출의 일정 비율(출판사 목록에 올라와 있는 책 모두를 홍보하는 데 쓰임) 또는 특정 도서 매출의 일정 비율(그 책의 홍보에만 쓰임)로 결정된다. 협동광고비는 다양한 홍보 활동에 쓰이는데, 출판사의 합의하에 서점에서 기획하고 이행한다. 홍보 활동의 종류는 신문광고에서 서점 뉴스레터, 무료 티셔츠와 책꽂이, 서점 내 특별 이벤트에 이르기까지 다양하다. 물론 협동광고비는 쇼윈도 진열이나 서점 내 좋은 위치 진열에도 쓰이는데, 혹자는 이를 냉소적으로 부동산 매매라고 부르기도 한다.

이러한 종류의 지출은 대형 체인서점 이전에도 있었다. 예를 들어, 1980년대 중반 월든북스는 '월든북스의 추천 도서'라는 홍보도구를 개발하기도 했는데, 이 프로그램은 매주 한 권의 책을 선정해 각 매장 계산대 앞 선반의 눈에 띄는 위치에 그 책을 놔두는 것이었다. 월든북스가 책을 선정하기는 했지만 조건부로 출판사에서 많을 경우 3,000달러를 지불해야 했다.[31]

하지만 1990년대에는 이러한 활동이 활발해지고 이와 관련된 금액 수준이 상당히 높아졌다. (대형 체인서점이 처음 등장한) 1990년 반스앤드노블은 '우수 신인작가 발굴Discover Great New Writers' 프로그램을 시작했는데, 이 프로그램에 선정된 신인작가의 책을 홍보하기 위해 특별한 진열과 서평이 실린 특별 안내책자가 제작되었고, 여기에 대해 출판사가 비용을 지불해야 했다. 1996년에는 이 프로그램에 참가하는 데 출판사가 지불하는 비용이 1,500달러였다. 체인서점이 제공하는 다른 선택사항은 가격이 더 높았다. 1996년 반스앤드노블은 책을 엔드캡에 진열하는 대가로 출판사에 매달 3,000달러를 요구했으며, 전체 엔드캡을 사용하는 비용은 매달 1만 달러였다. 덤프dump라고 불리는 서점 전면에 위치한 카드보드 진열 선반을 사용하는 비용도 매달 1만 달러였다. 경쟁자인 보더스는 아동도서 엔드캡 사용에 매달 7,760~7,900달러를 청구했으며, (반스앤드노블의 우수 신인작가 발굴 프로그램과 유사한) '오리지널 보이스Original Voice' 프로그램에는 책별로 매달 1,500~2,500달러를 청구했다.[32] 북스어밀리언은 아마도 이러한 분야에서 가장 사업가적인 면모를 보인 서점이었을 것이다. 다른 체인서점처럼 북스어밀리언도 엔드캡 사용권과 '주목할 만한 신간New and Notable' 섹션 사용권을 판매하고 있다. 하지만 1990년대 중반 북스어밀리언은 추가적으로 직원을 위한 경영 세미나를 주기적으로 개최했는데, 출판사 또한 수천 달러를 지불하고 여기에 참석해 부스, 식사 자리, 회의(이 모두가 개별적으로 비용이 책정되었다)에서 자신의 책을 홍보했다. 아마도 가장 독창적인 아이디어는 출판사에서 돈을 받고 북스어밀리언의 트럭, 쇼핑백, 커피숍의 컵, 도어매트에 광고를 할 수 있게 한 방안이었을 것이다.[33]

하지만 가격이 너무 높아 보통 주요 출판사만 이러한 프로그램에 정기적으로 참여하며 소규모 영세 출판사는 거의 소외되고 있다. 한 영세 출판사의 관계자는 "대가로 얻는 것을 고려하면 엄청나게 비싼 것은 아닙니다. 하지만 분명히 소규모 출판사가 감당할 수 있는 수준은 아닙니다.

그런 금액은 책 하나의 프로모션에 들어가는 총액 수준인 걸요"라고 지적했다. 하지만 비용을 감당할 능력이 되는 출판사조차도 체인서점의 프로모션에 항상 만족하는 것은 아니다.

이론적으로는 특별한 탁자나 뭐 그런 게 설치가 되는 거죠. 하지만 사실 조사해보면 종종 아무것도 안 하고 있는 경우가 있습니다. 아니면 개별 서점에서 이행을 안 하는 경우가 있죠. 에드 회장님에게서 '어머니의 날 프로모션, 다음 책들이 인기 있음' 이런 목록이 전달되긴 하지만 개별 서점에서 예정대로 5월 1일이나 프로모션 기간 중 단지 얼마간이라도 그 책들을 모두 모아서 진열할지는 사실 모를 일이죠. 저희가 서점을 방문해 실제 조사도 했습니다. 하지만 사실 뇌물이죠. 명백한 뇌물입니다. 진열 공간을 산다는 명목으로 돈을 지불하긴 하지만 책을 더 많이 사달라고 돈을 내는 거나 다름없죠. 어쨌거나 사업을 계속하기 위해 이런 돈을 지불해온 겁니다.

주요 출판사는 이런 프로모션에 참여하기를 거부했을 때 따를 위험을 감수할 의향은 없어 보인다. 눈에 띄는 진열을 원하기도 하지만 프로모션 참여를 거부했을 때 체인서점에서 자기네 책들 중 다수를 갑자기 거부할까 두려워하는 것이다. 그리고 체인서점이 시장의 아주 큰 부분을 차지하고 있기 때문에 이러한 일이 발생할 경우 높은 비용을 상쇄하기 위해 높은 매출을 올려야 하는 주요 출판사 입장에서는 아주 곤란한 상황에 처할 수 있다.

체인서점이 개별 프로모션에서 얻을 수 있는 이득이 많지는 않다 해도 책 하나하나가 매달매달 쌓이면 이러한 소득은 무시할 수 없는 수준이 된다. 그리고 외부에서 협찬 받는 금액이 많으면 체인서점 자체의 프로모션 지출은 크게 줄어들게 된다. 반스앤드노블은 보통 쇼핑몰 내 매장의 프로모션 예산을 협동광고비로 받는 금액 내로 제한하고 있다고 말한 바 있다.[34] 즉, 대형 체인서점 건설에 자원이 투입되는 시점에서 프로모션에 자금을 전용할 필요가 없다는 뜻이다. 나아가 체인서점은 협동광고로 수익을 창출하기도 한다. 돈을 받고 진열 공간을 내주는 것이 한 예다. 또 다른 예는 하나의 광고에 서로 다른 여러 출판사의 책을 함께 내보내는 것이다. 이러한 방식은 각각의 출판사에 일정 금액을 청구함으로써 실제 광고비용보다 더 많은 돈을 거둬들일 수 있다.[35]

비용 분담 측면에서 출판사에 돈을 요구하는 것은 대형 온라인 서점도 마찬가지다. 아마존은 1998년 자사 웹사이트의 눈에 잘 띄는 위치에 홍보 배너를 올리는 대신 협동광고비 명목으로 출판사에 비용을 청구하기 시작했다. 비용은 아마존 홈페이지 내 특정 위치에 광고를 넣느냐, '주목할 만한 신간'이나 '명작이 될 책Destined for Greatness' 또는 '지금 읽는 책What We're Reading' 같은 제목하에 넣느냐, 고객에게 발송하는 이메일 알림 서비스에 넣느냐, 작가소개를 띄우느냐에 따라 5,000달러에서 1만 달러까지 차이가 있었다. ≪뉴욕타임스≫ 기자인 도린 카르바할Doreen Carvajal이 이러한 관행을 보도한 후 책 선정이 순전히 편집진의 결정에 따라 이뤄진다고 믿어왔던(그리고 대규모 도서판매업의 경제학에 대해 무지했던) 고객들은 배신감을 토로했다. 이에 대해 아마존은 홈페이지에 협동광고 관련 안내문을 띄웠다.[36] 아마존은 '후원광고' 또는 '지원광고'라는 말을 설명하면서 "우리는 비용을 낮추고 고객할인율은 높이기 위해 협동광고비를 받습니다. 하지만 돈을 받고 서평을 쓰지는 않으며, 출판사에서 후원하는 책이라는 이유만으로 좋은 책이라고 소개하지는 않습니다"라고 주장했다.[37] 아마존은 출판사나 작가에게 돈을 받고 그들의 책을 다른 인기있는 책과 함께 홍보함으로써 그 유명세의 덕을 볼 수 있도록 해주는 프로그램(예를 들어 '스폰서 링크Sponsored Links,' 'X를 사면 Y를 드립니다Buy X, Get

Y') 또한 운영했다.[38]

반면 독립서점은 출판사로부터 똑같은 프로모션 혜택을 얻을 수가 없다. 독립서점의 문제는 협동광고비를 얻는 데 수반되는 조건이 복잡하고 번거롭다는 것이다. 서류 작업이 번거롭고 돈을 사용하려면 출판사의 허가를 받아야 한다. 매장에서 도매상을 통해 책을 주문할 경우 출판사에서 협동광고비를 얻기가 더욱 힘들어진다. 출판사 직원과 정기적으로 꾸준히 접촉하는 체인서점(과 아마존)은 이런 면에서 분명 유리하다. 하지만 더욱 중요한 점은 체인서점의 도서 구매량이 독립서점보다 훨씬 높기 때문에 체인서점에 제공되는 협동광고비가 독립서점이 얻어낼 수 있는 비용보다 훨씬 크다는 것이다. 그리고 체인서점은 이런 방대한 액수의 돈을 들여 독립서점은 엄두도 못 낼 프로모션을 할 수 있다. 예를 들어, 1980년대 중반 비돌턴과 월든북스는 출판사의 막대한 후원을 업고 수백만 달러짜리 TV광고를 했는데,[39] 이는 독립서점으로서는 꿈도 못 꿀 일이다.

7장에서 더 상세히 언급하겠지만, 협동광고와 관련해 체인서점이 유리한 대우를 받고 있다는 주장은 ABA가 1994년과 1996년 여섯 개의 출판사를 상대로 제기한 반독점 소송에서도 엿볼 수 있다. 최종 합의문에서 각 출판사는 협동광고비가 모든 소매업체에 비례적으로 공평하게 배분되어야 하며, 소매업체가 전국 광고와 같이 큰 비용이 드는 프로모션을 감당할 만큼 충분한 협동광고비를 모으지 못했을 경우 대안을 허용해야 한다는 데 동의했다. 하지만 진열의 대가로 돈을 받는 것은 (모든 소매업체에 기회가 제공된다는 전제하에) 여전히 합법적인 것으로 간주되고 있으며, 경우에 따라 소매업체는 아직도 합법적으로 실제 프로모션 비용 이상의 돈을 출판사로부터 거둬들일 수 있다.[40] 이제는 독립서점도 합당한 몫의 협동광고비를 더욱 쉽게 협찬 받게 되었지만, 체인서점의 구매력이 워낙 높아 출판사들은 협동광고비를 높게 책정할 뿐 아니라 협동광고비의 대부분을 체인서점에 줄 수밖에 없다.

독립서점은 협동광고비 사례에서 드러나는 출판사의 차별 행위에 여전히 분노하고 있다. 그래서 조직을 결성해 자신들의 몫을 더 챙기고자 했다. 이러한 노력의 일환으로 ABA는 협회의 전자상거래 프로그램인 북센스닷컴Booksense.com에 참여하는 서점이 자체 웹사이트에 홍보 중인 책과 관련된 내용을 올리거나 서점에 진열할 경우 협동광고비를 얻을 수 있도록 돕는 사업을 개발했다.[41]

반면 일부 독립서점과 그 지지자들은 협동광고가 책에 대한 진정한 헌신보다는 수익을 중시하는 체인서점의 속성을 여실히 보여주는 또 다른 증거라고 본다. 1990년대 중반 ABA의 한 국장은 다음과 같이 경고했다.

> 어떤 책을 특정 방식으로 또는 특정 장소에 단순히 진열하고 그 대가로 돈을 받는다는 것은 많은 서점 주인이 혐오스럽게 여기는 일입니다. 돈을 받고 공간을 제공한다는 것은 '매수당하는 것'이나 다름없다고 여겨질 수 있습니다. 독립서점의 이상을 일부 잃게 될지도 모릅니다. 즉, 생각이나 판단의 자율성을 돈에 팔아넘기는 것으로 여겨질 수 있다는 것입니다. 고객을 오도한다거나 더 나쁠 경우 대가를 받고 열등한 책을 선전한다는 비난을 받을 수도 있습니다.[42]

독립서점 다수의 시각에서는 진열의 대가로 돈을 받는다는 것은 각각의 책이 지니고 있는 내재적 장점이나 독특한 성격 같은 것은 중요하지 않다고 말하는 것과 마찬가지다. 돈을 받는 행위에는 이 책이나 저 책이나 다를 바 없다는 의미가 내재된 것이다. 이렇게 되면 (독자뿐 아니라) 서점 주인 또한 어떤 책에 대해 개인적 판단을 내릴 권리를 박탈당하게 된다. 한 독립서점 주인은 책의 개성을 무시하면 이것이 어떻게 서점의 개성을 말살하는 결과로 이어지는지에 대해 다음과 같이 설명했다.

아시다시피 마케팅을 신봉하는 사람들에게는 그것이 목표입니다. 드러그스
토어 체인점에서는 다른 드러그스토어와 똑같은 자리에 치약이 놓여 있어야
하죠. 이것이 크게 도움이 됩니다. 그리고 제 생각에는 체인서점도 똑같은 원
칙에 따라 운영됩니다. 하지만 고객의 지성을 존중한다는 측면에서는 좀 모
욕적이라 볼 수 있죠. 전혀 특색 없는 인위적인 세상을 만들고 있기 때문입니
다. 그리고 특정 책이 상업적으로 성공을 거둘 확률이 얼마나 되는가 하는 상
업적 전망이 프로모션의 목표가 됩니다. 체인서점의 쇼윈도에 진열된 책은
출판사가 돈을 지불했기 때문에 거기 놓여 있는 겁니다. 서점 전면의 계산대
에 있는 책도 마찬가지입니다. 그 서점을 찾은 특정 고객, 지역사회 등을 고려
한 책 선정 따위 전혀 없고 단지 돈의 문제인 겁니다. 독립서점은 그런 측면에
서는 시대에 뒤떨어졌는데, 우리는 출판사에서 어떤 책을 베스트셀러로 키우
고 싶어 하는지 따위에는 관심이 없기 때문이죠. 크로스오버crossover 도서라
불리는 책이 아니면 말입니다. 여기에는 다행히 몇 가지 장점도 있습니다. 하
지만 프로모션 되는 책의 대부분은 누군가의, 뭐랄까 그냥 정교한 사기인 것
처럼만 보입니다.

이러한 관점에서 볼 때 매스마케팅과 표준화는 순전히 수익 창출을 위
한 중앙집중식 통제체계의 일종이다. 그리고 이러한 방식을 채택한 서점
은 금전적 이익을 위해 자신의 자율성과 지역사회의 개성을 팔아넘긴 격
이 된다. 물론 홍보 공간을 제공하고 돈을 받는 것이 서점뿐만은 아니다.
이들은 단순히 슈퍼마켓, 레코드 매장 같은 다른 유통 분야에서 평범하게
쓰이는 방식을 모방한 것에 지나지 않는다. 하지만 표준화를 비판하는 이
들은 이것이야말로 문제의 일부라고 말한다. 이런 종류의 관행은 도서판

매업을 점점 대량판매업화하고, 책을 파는 것은 다른 유통업과는 다르다는 관념을 좀먹기 때문이다.

표준화에 대한 비판

도서판매업의 표준화에 대한 우려는 몇 가지 서로 다른 쟁점을 포함하는데 이들은 종종 서로 관련해 논의되곤 한다. 표준화를 비판하는 이들은 산업 내에서 일이 수행되는 방식, 판매되는 상품의 면면, 소매매장의 외양과 쇼핑 경험에 초점을 맞춘다. 또한 표준화와 관련된 것으로 여겨지는 여러 가지 사회병리가 있는데, 여기에는 개인의 개성 말살, 권력의 불균형적 배분 등이 포함된다. 비록 이러한 우려가 도서산업에서는 특별한 양상을 띠지만 사실 이는 미국인의 경제적·문화적 삶의 표준화에 대한 오랜 저항의 역사에 뿌리를 두고 있다.

표준화가 왜 합리화의 주요 요소인지 알기 위해서는 산업 자본주의 초기의 이론가들을 찾아보면 된다. 소스타인 베블런Thorstein Veblen은 어째서 산업 공정에 재료, 방법, 측정 방법의 표준화가 필요한지, 그리고 산업 공정을 통해 어떻게 표준화된 제품이 생산되는지를 설명했다. 이 모든 것은 점점 큰 산업자본의 성장을 촉진하는 것이다.[43] 심지어 베블런은 표준화가 업계에서 일하는 사람들의 사고방식에 '규율효과disciplinary effect'를 가져다준다고 주장했다. 즉, 규칙적이고 정확한 것을 추구하며, 관습이나 권위가 아닌 비개인적인 인과관계를 기반으로 지식을 추구하는 성향을 낳는다는 것이다.[44] 그 결과로 근대사회의 표준화는 대규모, 비개인성, 획일화된 리듬 및 기계생산 제품과 연관지어졌다.

하지만 미국 사회는 오랫동안 비개인적인 거대 기업에 대해 모순된 태도를 보여왔다. 규제환경은 대기업의 성장에 유리했지만 미국인은 습관적으로 대기업, 큰 정부, 여타 거대 기관에 대해 불안감을 드러내왔다. 대기업에 대한 반감은 20세기 초, 특히 1930년대에 뚜렷하게 나타났는데 이 기간 동안에는 제조, 운송, 금융 신탁회사나 독점기업에 대한 우려가 당시 점차 경제생활의 일부분이 되어가던 백화점이나 체인서점에도 확산되기 시작했다. 소비자는 분명히 이런 매장을 선택하고 있었지만 동시에 공공 담론은 거대 유통업체를 비난하는 말들로 채워져 갔다. 특히 체인서점은 독점적 성향을 보이는 것으로 간주되었다. 체인서점의 문제가 무엇이냐는 질문에 대해 1931년 한 비평가는 평등과 자유의 관점에서 다음과 같이 답했다.

돈의 힘을 얻기 위해 단지 돈만을 노리는 비인간적인 기업의 관리와 통제하에 엄청난 부가 모이기 때문이다. 이런 돈이 나타내는 경제적 힘은 독점적 힘이며 독점의 본성을 따라 독재적으로 변할 힘이기 때문이다.[45]

일각에서는 독점적 유통기업이 철도신탁회사나 스탠더드오일Standard Oil이 했던 것처럼 부와 권력을 동시에 쥐고 상업 부문에 불공정을 초래할 것이라 주장하기도 했다.

나아가 체인서점은 개인의 자율성과 지역사회의 독립성을 위협하는 것으로 인식되었다. 수많은 평론가는 대형 체인 유통업체의 기계와 같은 효율성을 강조하면서, 이것은 산업시대의 기계와 잘 어울리며 이를 막지 않을 경우 미국인은 단순한 기계인형으로 변할 것이라고 경고했다. 이들 비평가는 체인서점 경제학의 핵심인 표준화로 인해 결국 체인서점에서 일하고 쇼핑하는 사람들이 표준화되고 말 것이라 믿었던 것이다.

체인점 유통망을 통해 대량 보급하기 위해서는 제품의 표준화가 필수적이다.

그 결과로 생활과 관련된 거의 모든 것이 표준화되고 있다. 여기에는 집, 옷, 식품, 놀이, 독서, 신념, 심지어 생각조차 예외가 아니다. 그리고 이에 따라 우리의 행동도 표준화된다. 우리는 정말 별개의 인간처럼 행동하고 있는가? 아니면 우리는 체인을 족쇄처럼 스스로 목에 걸고 있는가?[46]

표준화된 인구집단과 인간기계라는 개념에 내재된 것은 개성 없는 동일한 모습의 소비재와 소비관행이 인간의 자유의지와 기본적 인성을 파괴하고 있다는 두려움이었다. 부어스틴이 말했듯이 반체인점 운동은 지역사회의 쇠퇴에도 반대했는데, 지역사회는 개인적 관계가 살아 있는 곳인데 점차 유사한 소비재의 사용을 통해 연계가 형성되는 더욱 크고 전국적인 소비공동체로 대체되고 있었던 것이다.[47]

당시만 해도 체인서점의 비중이 작았기 때문에 도서유통업 내에서는 표준화에 대한 우려가 그다지 제기되지 않았다. 하지만 래드웨이가 기록한 것처럼 하나의 중요한 예외가 1920년대 만들어진 '이달의 책 클럽'이었는데, 이로 인해 체인서점과 관련해 제기된 것과 유사한 주장이 도서판매업에 대해서도 제기되는 계기가 마련되었다. 이 클럽은 판매기계를 만들어냄으로써 미국인으로 하여금 똑같은 책을 읽도록 하고 문학적 소양의 표준화를 조장하며 개인성을 떨어뜨리는 것으로 여겨졌다.[48]

하지만 이 시기에 표준화가 무조건 나쁜 것이라는 견해만 있었던 것은 아니다. 일부에서는 제품의 생산과 판매를 더욱 합리화했다는 이유로 표준화를 칭송해야 할 대상으로 보았다. 체인서점을 옹호하는 이들은 대중이 표준화를 두려워하고 있다는 사실을 인식하고, 체인서점에서 일어나고 있는 표준화의 성격을 애써 설명하고자 했다. 이들은 제품이나 방법의 표준화가 인간을 표준화하는 것은 아니라고 주장했다.[49]

중요한 점은 20세기 전반에 일어난 체인서점 표준화에 대한 비평은 미학적 논란이 아니었다는 것이다. 즉, 표준화된 제품과 방법이 인간의 표준화로 이어질 수 있다는 우려가 제기되었지만, 미국 전역의 가계가 표준화된 모습을 보이고 있다는 사실에 대한 혼란은 별로 없었던 것이다. 오히려 체인서점 옹호자는 이러한 매장의 현대적이고 깨끗한 외양을 지역사회의 자산으로 강조했다. 예를 들어, 1940년 발간된 한 체인서점에 관한 도서에서는 경쟁자들이 체인서점의 스타일을 모방하고 있는데 이것이 모두에게 이익이 되는 일이라고 주장했다. "이로 인해 이제 모든 지역의 상점이 더 밝고 깨끗하며 체계적으로 정리되고, 편리하고 위생적이며, 더욱 신선하고 나은 상품을 구비하게 되었다."[50] 사실 대니얼 블루스톤Daniel Bluestone이 입증했듯, 1920~1930년대의 일부 개혁가는 체인서점을 통해 풍경을 망치는 종전의 혼란스러운 건축물을 정리하고자 했다(최소한 도로 주변 개발에서는 그러했다). 표준화는 지역 유통업체의 상업성에 대한 해결책으로 여겨졌으며, 체인서점의 건축양식은 자동차 여행객을 상대하는 도로변 독립상점의 통제되지 않고 노골적인 스타일과 대조되는 고상한 질서를 부여하는 것으로, 그리고 덜 도시적이고 평화로운 시골의(하지만 곧 교외식으로 변모할) 삶을 연상시키는 외양을 창조한 것으로 여겨졌다.[51]

대공황의 끝과 함께 반독점 열풍 또한 미국 전역에서 점차 줄어들었고, 체인유통업체에 대한 반감도 많이 누그러졌다. 꽤 여러 해가 지나고 나서야 독점적 체인서점에 대한 반대운동이 다시 일어나긴 했지만 그렇다고 해서 표준화에 대한 우려가 완전히 사라진 것은 아니었다. 그 대신 20세기 중반쯤 유통업 내의 표준화에 대한 반대운동은 그 초점이 표준화된 개인에서 표준화된 지역사회로 이동하면서 더욱 복잡한 양상으로 치달았다. 여기에는 미국 전역에 걸쳐 지역사회의 외양과 삶의 경험이 획일화되는 데 체인서점이 일부 기여하고 있다는 비판도 포함되었다.

반대운동의 초점이 체인유통업체와 표준화된 지역사회 사이의 연관성으로 이동하게 된 데에는 몇 가지 이유가 있었는데, 이 중 몇몇은 체인서점과는 간접적인 관계밖에 없었다. 먼저, 제2차 세계대전 이후 교외지역에서는 엄청난 건설 붐이 일었다. 한때 노지였던 곳에 새로운 집합주거단지가 들어섰는데, 미국 건국 초기에 일어났던 현상과는 반대로 상당한 지역적 특색이 있던 곳에 전국 어디서나 비슷한 모습을 보이는 집들이 건축되었다.[52] 레빗타운Levittown이 새로운 종류의 공동체의 상징이 되었는데, 이는 흔히 일컫는 순응주의자가 사는 똑같은 모양의 집으로 가득 찬 곳을 가리키는 말이었다. 이런 곳에 사는 사람의 성향이 얼마나 순응주의적인지에 대해서는 논란의 여지가 있지만 레빗타운은 실제로 대량생산된 주택의 상업적 가능성을 입증해주었다. 많은 미국인이 저렴한 가격에 이러한 주택을 소유할 수 있다는 사실을 반겼지만, 대량생산된 교외지역의 획일적 모습은 인공적 환경에서의 표준화에 대한 사람들의 민감한 부분을 자극했다. 그러한 사실은 한 건축계획 컨설턴트가 1961년 언급한 다음과 같은 내용에도 분명히 드러나 있다.

제조업이건 기업운영이건 또는 주택개발이건 상관없이 사업이 거대한 규모로 이뤄지기 때문에 단조로움은 현대인의 삶을 해치는 일부분이 되고 말았다. 공장에서는 일하는 시간 내내 똑같은 단순작업을 반복해야 하고, 도시에서는 몇 마일을 가도 똑같은 거리밖에 보이지 않는다. 하지만 인간은 보통 복잡한 존재이므로 끝없는 반복이라는 구속을 견디지 못한다. 이것은 활동에서나 시각적 환경에서나 마찬가지다.[53]

교외지역 주민은 각자의 집에 자부심을 느꼈을지 모르지만 주택개발단지의 특징이라 할 수 있는 획일성을 사람들이 좋아했다는 증거는 별로 없다.

　교외에 주택단지가 우후죽순처럼 생겨나던 것과 같은 때에 도시에서
도 변화가 일어나고 있었다. 정부 지원을 받은 도시정비사업으로 오래된
거주지역과 상업지역이 허물어지고 복층 공영주택이 들어서거나 사무빌
딩 또는 고속도로가 들어섰다. 1960년대 중반 즈음에는 도시정비사업에
대해 상당한 반대가 일기 시작했는데 이러한 사업으로 인해 근린지역이
파괴되고, 이주민이 발생하며, 보기 싫고 거부감을 일으키는 거대한 건물
들이 들어섰기 때문이다. 제인 제이콥스Jane Jacobs는 아마도 도시정비사
업과 관련해 가장 잘 알려진 비평가일 터인데, 그는 다음과 같이 도시계
획자들을 맹비난했다.

　　저소득층을 위한 공영주택은 본래 이것이 들어서면 사라질 것으로 여겨졌던
　　빈민가보다 더한 비행, 공공기물 파손, 포괄적인 사회적 무기력의 장소가 되
　　고 있다. 중산층을 위한 공영주택은 진정 우둔함과 규격화의 표상이라 할 수
　　있으며, 괜찮은 서점 하나 살아남을 수 없는 문화 중심지이자 표준화된 교외
　　체인서점 쇼핑몰을 맥없이 모방한 것에 지나지 않는 상업 중심지라고 할 수
　　있다.[54]

　이렇게 도시정비사업은 오랜 도시 형태를 부수고 대신 대규모의 획일
화된 구조물을 건설하는 것과 관련된 문제점에 대한 인식을 높였다. 교외
주택건설사업과 마찬가지로 도시정비사업은 표준화된 형태와 무감각한
경험 사이의 연관관계를 명확히 하는 데 일조했으며, 이를 통해 독특한
사업체의 소멸에 대해 사람들이 어떤 감정을 느끼는지를 명백히 밝혀주
었다.

　왜냐하면 영리회사도 이 기간에 점점 표준화되어갔기 때문이다. 그들

의 표준화는 쇼핑센터와 쇼핑몰의 건설을 통한 외관의 표준화뿐 아니라 체인서점 구조의 확장을 통한 지배구조의 표준화 양 측면에서 진행되었다. 전후 발생한 중요한 변화 중 하나는 매우 눈길을 끄는 한 체인의 성장인데, 바로 프랜차이즈 식당이었다. 이런 레스토랑은 처음에는 마을 외곽에 자리 잡은 스트립 쇼핑센터를 장악했으며, 그다음 1960년대에는 도심 지역으로 진출했다. 프랜차이즈 식당의 성공 비결 중 하나는 엄격한 (방법, 제품, 외관의) 표준화였다.[55] 지나가는 자가용 운전자의 눈길을 끌기 위해 확연히 구분되는 간판을 달고 있는 이러한 식당들은 미 전역 지역공동체에 공통적인 상업적 요소가 되었다.

1970년대에는 종종 쇼핑센터의 획일성에 대한 비판과 함께 쇼핑센터를 가득 채운 체인서점에 대한 비난이 제기되기도 했다. 소상공인에 대한 미국인의 존경심이 다시 살아나고 있었지만, 이번에는 공동체 경험의 특정 요소를 보존하기 위한 유통업자의 역할에 방점이 찍혀 있었다. 소기업, 건축학적 미학, 가치 있는 삶의 방식 사이의 연관관계를 한층 발전시킨 것은 사적 보존 운동가였다. 사적 보존 운동은 20세기 초 미국에서 역사적 중요성을 지닌 장소뿐 아니라 특별한 건축학적 의미를 지닌 건물들을 보존하기 위한 노력의 일환으로 일어났다.[56] 하지만 사적보존내셔널 트러스트National Trust for Historic Preservation(NTHP)의 주도로 이루어진 이 운동은 1970년대까지 상업적 건축물에는 관심을 두지 않았다. 이 운동은 1977년 중심가 사업Main Street Project을 시작으로 유통업에 대해 새로이 관심을 가지게 되었는데, 이 사업의 목표는 쇼핑몰과의 경쟁에서 도태해 사라지고 있는 중심가를 보존하고 재활성화하자는 것이었다.[57] NTHP는 정치적·금전적·커뮤니케이션적 자원을 동원해 오래된 상업적 건축물의 보존을 촉구하고자 노력했고, 시간이 흐름에 따라 이런 캠페인은 더욱 명백히 반체인점 성격을 띠게 되었다. 이와 거의 동시에 1976년 상업고고

학연구협회Society for Commercial Archeology라는 더 작은 조직이 결성되어 인공적으로 조성한 상업 환경 내의 중요한 건축물과 상징물을 기록하고 보존하고자 했다.[58] 이러한 노력은 대부분 역사를 보존하거나 또는 최소한 국가적 유산의 특정 부분만이라도 지키기 위함이었다. 하지만 사회적 삶의 표준화에 대한 거부도 여기에 포함되었다. 1973년에 발간된 NTHP 보고서에서 언급했듯, 사적 보존은 뿌리를 잃고 이리저리 떠도는 표준화된 사회에 장소와 시간에 대한 인식을 불어넣기 위한 하나의 질적 요인이다.[59] 1990년대 이후 표준화된 상업적 풍경에 반대하는 NTHP의 캠페인은 더욱 거세졌는데, 그 이유의 큰 부분을 차지한 것은 대형 체인서점의 빠른 성장과 대형 건축물의 선풍적인 인기였다.

그러므로 영리기업의 표준화에 대한 반응은 미국의 풍경이 크게 변하는 시기에 나타났다고 할 수 있다. 그렇다고 해서 왜 그렇게 많은 사람이 표준화를 반대하는가에 대한 설명이 다 되는 것은 아니다. 일부 학자들은 이러한 반대가 단순히 계급편견을 반영하는 것이라고 주장할지도 모른다. 허버트 갠스Herbert Gans 같은 분석가는 문화 표준화를 문화적 삶에 존재하는 진정한 다양성을 이해하지 못하는 것일 뿐 아니라, 상대적으로 교육 수준이 낮은 대중이 문화적 취향에 대해 갖는 편협함이라고 비난한다. 갠스는 대량판매되는 문화를 즐기는 이들을 이해력이 부족하거나 남의 손에 놀아나는 것으로 부당하게 폄훼하고 있기 때문이다.[60] 하지만 상업미학의 정치학은 계급갈등으로 쉽게 단순화될 수 없다. 사실 독립서점이라고 해서 항상 부르주아적 미학과 연관되는 것이 아니며, 표준화된 체인서점이라고 해서 항상 노동자층이나 중하류계층이 이용하는 것도 아니다. 도시재활성화와 관련된 여러 가지 분쟁 사례를 보면 그 증거를 찾을 수 있다. 예를 들어, 사우스캐롤라이나 주의 머틀비치 공무원은 지역 상인이 노동자층 고객의 취향을 고려해 설치한 이상하고 조잡한 비주얼을 규제하기 위한 캠페인을 벌였는데, 이는 더욱 점잖고 표준화된 고급스러운 외관을 조성하기 위해서였다. 1920년대 노변을 개혁하고자 했던 이들과 비슷하게, 공무원과 관광업계 관련자는 독립소매업체의 외관은 점점 심하게 규제하는 반면 친숙한 체인서점이 많이 들어선 쇼핑단지는 개발과 후원에 신경을 썼다.[61] 상업적 미학이라는 문제를 더욱 복잡하게 만든 것은 독특한 주변 환경이 사라진 것에 유감을 표하는 사람이 바로 종종 체인서점을 이용하는 사람이었다는 점이다. 그렇다면 익숙한 체인서점을 이용코자 하는 마음과 상업적 획일화에 대한 반감 사이의 균형을 어떻게 찾을 수 있을까? 이에 대한 해답을 얻으려면 우리는 현대사회에 대한 다른 불만이 표준화된 외양과 지역사회 경험에 대한 비난으로 표출되는 건 아닌지를 질문해보아야 한다.

그 해답의 일부는 이러한 비난이 생겨나기 시작한 당시 팽배했던 사회 분위기에서 찾을 수 있을 것이다. 1970년대 상업적 표준화에 대한 관심 집중은 사회 다양성과 개인의 표현을 중시했던 시기 이후에 일어난 일이었다. 그러므로 표준화에 대한 반응은 지나친 질서와 규제에 대한 반감이라는 문화적 흐름을 따를 수밖에 없었다.[62] 사실 영향력 있는 건축학적 선언을 담은 1972년 발간 도서인 『라스베이거스의 교훈Learning from Las Vegas』은 라스베이거스 스트립이 일견 혼란스러워 보이지만 풍부한 메시지를 담고 있는 환경으로 칭찬받아야 한다고 주장한다. 작가의 견해에 따르면, 라스베이거스 스트립의 활력은 고상한 취향과 총체적 설계에 대한 지나친 집착에서 유래되는 무미건조함과는 대조되게 여러 용도와 이미지를 포용하는 데서 나온 것이다.[63]

하지만 표준화, 정체성, 소외 사이의 더욱 일반적인 관계에 대해서도 고찰해볼 가치가 있다. 에드워드 렐프Edward Relph는 공동체와 장소 사이의 관계, 즉 집단의 정체성이 특정 풍경에 강하게 연결되는 방식을 묘사한 바 있다. 이뿐 아니라 렐프에 따르면 개인의 정체성과 그가 세계와 관계를 맺고 있다는 감각 또한 장소와 연관되어 있다. 장소는 '*구체적*'이다. 장소는 외관이 구체적이며 특정인이 위치한 곳, 특정한 경험이 일어나는 곳이다. 반면 무장소성placelessness의 특징은 그곳에서 거주하거나 일하지 않는 사람(예를 들면 관광객)을 위해 인위적으로 합성한 풍경, 거대한 규모의 개발사업, 표준화다. 렐프는 타인 지향적이며 상업화된 교외지역 또는 '서브토피아subtopia'의 무장소성을 다음과 같이 묘사한다.

> 어디서나 거의 비슷한 결과가 나타난다. 모든 지역이 똑같아 보이고 똑같이 느껴지기 때문에 한 지역을 다른 지역과 구분하는 것이 불가능해진다. 서브토피아는 직접 경험을 염두에 두고 개발된 것이 아니라 지도나 토지계획 같은 멀고 추상적인 관점에서 임시변통식으로 개발된 것이기 때문에 (차에서 본다면 모를까) 직접적으로 경험할 수 있는 공간적 정렬이 거의 이뤄지지 않는다.[64]

표준화된 지역사회는 소외감을 느끼게 한다는 뜻인데, 이는 스스로의 장소를 안다는 것, 다시 말해 특정 장소와의 동일시를 통해 평정과 정체성을 유지한다는 것이 애당초 고려되지 않기 때문이다. 그리고 자신이 속한 지역사회가 표준화되는 것을 지켜보는 것은, 물론 그 정도는 훨씬 덜하겠지만, 고국을 떠날 수밖에 없는 난민이 경험하는 것과 유사한 내적 허탈함을 낳을 수 있다.

물론 근처의 체인서점에서 집에 온 것 같은 편안함을 느낄 수 있다는 것을 부인하고자 하는 것은 아니다. 이러한 체인서점은 우리 일상의 일부분이 됨으로써 의미가 생긴다. 그럼에도 체인서점은 단순한 개인적 역사 저장소 이상의 의미를 지니는 특정 장소에 우리를 뿌리내리게 해주는 역할은 할 수 없다. 독특한 매장이 중요한 이유는 이러한 매장이 특정 장소에 대한 사회적 서사(의미 있는 역사적 이야기)를 담고 있기 때문이다. 단순히 매장을 쳐다본다고 해서 그 역사를 꿰뚫을 순 없겠지만 역사가 존재한다는 것은 알 수 있다.

표준화된 체인서점에 관한 비판은 대규모 체인화의 결과를 대하는 정서에 기대고 있다. 거대함, 비개인성, 대량판매의 획일성은 독특한 공동체의 몰락과 연관되며, 또 하나 중요한 사실은 독특한 책의 몰락과도 관련 있다는 것이다. 체인서점의 표준화된 매장에서는 몬태나에서 쇼핑을 하나 맨해튼에서 쇼핑을 하나 매한가지인데, 독립서점과 그 고객들은 이점을 경멸한다. 한 서점 주인은 이를 반스앤드맥노블Barnes & McNoble이라고 조롱하기도 했다.[65] 또 다른 독립서점 주인은 체인서점에 대해 다음과 같이 말했다.

그게 체인서점의 장점 일부란 건 압니다. 파리에 관광을 가서 맥도날드에서 식사하는 거나 마찬가지죠. 왜냐하면 맥도날드는 아는 곳이고 편하니까요. 저도 사람들이 왜 반스앤드노블에 가는지는 안다는 겁니다. 익숙한 곳이니까요. 하지만 그걸 좋아하지 않는 사람도 있습니다. 바로 그런 이유로 반스앤드노블에 가지 않는 사람들 말입니다. 잘 모르지만 좀 더 개인주의적인 사람들이겠죠. 취향이 더 폭넓은 사람, 악한 거대 기업을 증오하는 사람 말입니다. 하지만 제가 알 순 없죠.

이러한 견해에 따르면 짜증 나게 똑같은 체인서점에 비해 독립서점은 독특하고, 따라서 더 흥미롭고 자극적인 쇼핑 경험을 제공한다. 체인서점의 도서 선정 기준을 비난했던 것처럼 독립서점은 체인서점의 표준화된 외관이 미국 문화의 동일화를 앞당기는 또 하나의 요인이라 여기고 있다.

체인서점은 이러한 비난에 분명 신경을 쓰고 있으며 지루한 획일성의 이미지와 거리를 두기 위해 노력하고 있다. 보더스는 1996년 주주들에게 "어떤 사람은 116개나 매장이 있으면 '체인'이 아니냐고 하겠지만 직원들의 공으로 우리는 '체인서점 같지 않게' 매장을 유지해왔습니다. 각 매장은 디자인적 가치가 훌륭하며 각각의 개성을 갖추고 있습니다"라고 말했다.[66] 6년 후에도 "비록 신규 매장 개설의 속도를 높이고 비용은 낮추기 위해 표준화된 규격을 일부 사용하고 있지만 각 매장은 외관이나 건축이 독특하며 주변 경관과 어울리도록 설계되었습니다"라고 유사한 메시지를 전달했다.[67] 이를 통해 알 수 있듯 표준화된 서점은 대중에게 확실히 먹히는 처방은 아니었다.

거대 체인에 반대하는 추가적인 경제논리가 있다는 사실을 언급하는 것이 중요할 듯싶다. 체인서점은 상가 임대료를 상승시킴으로써 지역사회에 피해를 준다고 흔히들 말한다. 체인서점은 자본이 풍부하고 장기 임대 계약도 꺼리지 않아(이런 이유로 개발업자나 상가 주인은 체인서점을 선호한다) 남아 있는 지역 사업체가 사업을 유지하기가 어려워진다. 지점 매장에서 나오는 판매세가 지역에 도움이 될지는 모르지만 거기서 창출된 수익은 지역사회에 머물지 않는다. 주주에게 배분되거나 사업을 키우기 위해 사용되는 것이다. 한 독립서점 주인은 "지역 업체와 전국적 기업이 대결하는 상황이라는 것이 사회적 문제입니다. 이런 기업은 특정 지역사회에 별로 신경을 쓰지 않고 기여하는 바도 별로 없습니다. 그 돈은 그냥 다른 지역에 사는 누군가의 주머니로 들어가는 거죠"라고 말했다. 더욱이 지역에 분산된 매장이 없는 소규모 기업은 가까운 곳의 기업과 거래를 한다. 자기 지역 내에서 돈을 쓰고 가까운 은행에 예치를 함으로써 이런 기업은 멀리 떨어진 곳에 있는 공급업체가 아닌 지역경제에 도움을 준다.[68]

그러므로 체인서점 표준화에 대한 다양한 비판은 지역 특색이 사라짐으로 인해 느끼는 괴로움과 권력(멀리 떨어진 곳에서 지역사회의 외양, 삶의 경험, 경제적 안녕을 좌지우지하고 영향력을 증가시키는 수단으로 표준화를 사용할 수 있는 힘)의 축적 및 사용에 대한 우려가 합쳐진 결과다. 체인서점이 지역을 장악할 경우 그 지역에 살거나 일하는 사람에게는 주변 지역을 통제하거나 미학적 결정을 내릴 힘이 없어진다는 점은 명백하다. 하지만 독립업체가 멀리 떨어진 곳의 공급업체나 특수 서비스 공급업체, 수익성 높은 유통전략에 관한 정보원에 더 쉽게 접근할 수 있게 됨에 따라 주민은 표준화가 독립업체에도 영향을 미칠 수 있음을 느낄 수 있을 것이다.

입지의 중요성 퇴색

체인서점은 대규모 유통을 실현하는 데 표준화를 성공적으로 활용했다. 하지만 1990년대 후반, 전국적 확장이 한계에 다다르자 '대규모'라는 말은 새로운 의미를 지니게 되었다. 일례로 보더스는 전 세계 여러 국가에 매장을 개설하면서 국경에 구애받지 않는borderless 기업이 되고자 했다. 1997년 싱가포르 매장을 시작으로 보더스는 곧 호주, 뉴질랜드, 영국, 푸에르토리코에 진출했다. 2004년에는 기존과는 다른 매장 복제 방식이 처음 시도되었는데, 당시 보더스는 한 말레이시아 기업과 계약을 맺고 첫 보더스 프랜차이즈를 열기로 했다.[69] 이 계약 내용을 보면 알 수 있듯이, 체인서점의 영향은 반드시 체인서점 소유의 매장에 국한된 것은 아니었다. 사실 이를 훨씬 넘어 현지 개발업자들이 대형 매장을 본떠 자국 내에 유사한 버전을 도입하는 데 필요한 모델을 제공함으로써 체인서점은 글로벌화된 유통 스타일을 창조하는 데 일조했다. 이러한 스타일의 특징으로는 거대한 규모, 비격식성, 쇼핑과 오락의 결합 등이 있다. 또한 이는 표준화되고 예측 가능한 쇼핑 경험을 제공하는 것을 전제로 한다.

아마도 캐나다가 가장 좋은 예일 터인데, 캐나다의 서점 체인(그중 일부는 미국의 쇼핑몰을 기점으로 하는 체인서점을 닮기도 했다)은 자국 내에서 오랫동안 확고한 위치를 누려왔다. 하지만 1990년대 중반 도서판매업은 극적인 변화를 맞았다. 1995년 보더스가 캐나다 시장으로의 진출을 시도한 것이다. 하지만 정부기관인 캐나다 투자청Investment Canada의 승인을 받지 못했는데, 이는 캐나다에 보더스가 생기면 독립서점이 문을 닫게 될 것이고 미국에서 구매한 상품을 판매하면 미국 도서를 유통하는 캐나다 출판사의 매출이 줄어들 것이라는 주장에 캐나다 투자청이 손을 들어주었기 때문이다.[70] 보더스의 캐나다 진출을 불허하기로 한 정부의 결정은 자국민이 소유한 기업일수록 캐나다 출신 작가나 캐나다에 관한 책을 선보일 가능성이 크다는 가정뿐 아니라 캐나다 내 문화산업에 대한 특별한 고려를 바탕으로 내려진 것이었다. 하지만 캐나다 정부가 보더스가 상징하는 유통의 기본 모델(대형 체인서점)이 캐나다에 적합한가 아닌가에 대한 평가를 내린 것은 아니다. 반대로 규제당국은 도서판매뿐 아니라 여타 많은 분야에서 대형 매장의 개발을 독려했다.[71] 사실 미국식 대형 서점을 본뜬 캐나다 서점 체인 두 개가 보더스의 캐나다 진출 실패와 비슷한 시기에 생겨났다.

캐나다 서점 체인 중 첫 번째로 설립된 챕터스Chapters의 경우 미국과 여러 가지 측면에서 연관이 있었다. 우선 반스앤드노블이 잠시 챕터스에 소규모 투자를 하기도 했다는 사실을 들 수 있다. 이러한 금전적 관계에 더해 초기 챕터스 고위급 임원 중 일부는 전직 반스앤드노블의 직원이기도 했다. 그리고 1999년 챕터스의 대학서점 사업부에서는 반스앤드노블 칼리지 스토어의 지배지분을 인수했고, 이로 인해 미국과 캐나다 두 체인 서점 사이의 관계는 더욱 깊어졌다.[72]

비록 챕터스 측에서는 반스앤드노블이 자사 운영에 개입한 적이 없다고 했지만 두 체인서점 간의 유사성은 명백했다. 다른 대형 체인서점과 마찬가지로 챕터스도 매장에 클래식 음악을 틀어놓았고, 편안한 의자와 탁자를 매장 여기저기에 배치했으며, 방대한 종류의 책과 정기간행물을 구비했다. 이에 더해 어두운 색의 원목 사용, 선반 배치, 심지어는 간판도 반스앤드노블과 흡사했다. 반스앤드노블과 챕터스는 모두 스타벅스 Starbucks와 계약을 맺어 서점 내 카페에서 스타벅스 커피를 팔았다. 모든 점을 고려할 때 챕터스의 외관, 서비스, 판매·생산전략은 반스앤드노블과 매우 유사했다. 캐나다 대중도 이를 모를 리 없었다. 1999년 챕터스에서 실시한 한 설문조사에 따르면, 고객의 40~50%가 챕터스가 캐나다 기업인지 모르고 있거나 챕터스가 미국에서 설립된 기업이라고 생각하고 있었다. 이러한 오해를 바로잡기란 매우 어려웠다. 한 고객은 기자에게 "미국에서 온 거죠. 미국에 흔한 큰 기업처럼 보이는걸요"라고 말하기도 했다.[73] 1990년대에 설립된 또 다른 캐나다 서점 체인인 인디고북스 Indigo Books 또한 미국식 대형 서점을 그대로 본뜬 것이었지만 챕터스처럼 특정 미국 체인과 유사해 보이지는 않았다. 이 두 체인서점은 빠르게 성장했고, 2000년 챕터스의 캐나다 도서판매 시장 내 단독 점유율은 50%에 달하게 되었다.[74] 하지만 챕터스의 야망이 지나쳤던 모양이다. 챕터스가 재정적 어려움에 처하자 인디고북스가 적대적 인수를 시도해 두 기업은 2001년 합병되었다.

전 세계적으로 대형 서점 스타일의 도서판매가 이뤄짐에 따라 쇼핑 경험을 결정하는 데 지리적 위치의 중요성은 줄어들었다. 인터넷 도서판매를 보면 지리적 경계의 의미가 쇠퇴했음을 더욱 잘 알 수 있다. 일례로 아마존은 이제 전 세계적인 기업이 되었다. 2004년 아마존은 영국, 독일, 프랑스, 일본, 캐나다에서 사업을 하고 있었으며 조요닷컴Joyo.com이라는 중국 온라인 유통업체를 인수하기도 했다.[75] 이보다 더 중요한 점은 이제 소비자가 전 세계에 위치한 서로 다른 온라인 서점에서 쉽게 책을 구매할 수 있다는 것이다. 지정된 영토 외의 지역에서 도서판매를 제한하는 저작권법이 존재함에도 많은 유통업체가 이러한 규제를 잘 알지 못하는 외국인 온라인 쇼핑객에게 책을 팔려 하고 있다. 하지만 온라인에서 책을 구매할 때 지리적 위치가 중요하지 않음을 깨닫게 되는 또 다른 경우가 있다. 전자상거래가 발전해온 방식으로 인해 어떤 온라인 서점을 들어가든 경험상 별 차이가 없게 된 것이다.

원래 인터넷서점은 여타 초기 온라인 상점과 마찬가지로 매우 제각각이었다. 하지만 비교적 짧은 기간 사이에 인터넷서점은 서로를 점차 닮아가기 시작했다. 기술이 부족하거나 모험을 원치 않은 사용자를 끌어들이기 위해 표준화된 기능을 도입하는 것이 이득이 된다는 것을 온라인 서적상이 깨닫게 된 것이다. 웹사이트 설계와 운영의 경제학 또한 표준화의 가속화를 부추기는 원인이었다. 패키지화된 인터넷사이트를 제공하는 소수의 기업이 나타나기 시작했고, 이는 웹사이트를 처음부터 설계할 만한 자본이 없는 소규모 유통업체에는 굉장히 반가운 일이었다. ABA의 북센스닷컴과 유사한 북사이트BookSite나 식북스SeekBooks 같은 기업은 템플릿, 검색 가능한 데이터베이스, 특히 중요한 주문처리 기능 등을 제공했다.[76] 이러한 대부분의 시스템은 일부 맞춤화된 콘텐츠를 소화할 수도 있었지만 북센스닷컴을 포함한 몇몇 사이트는 사전에 준비된 콘텐츠를 요구하기도 했다.

주목할 만한 점은 미국 대형 서점들의 온라인 서점 ─ 독립서점의 네트워크를 제공하는 북센스닷컴뿐 아니라 아마존, 보더스(보더스의 사이트는 아마존이 관리한다), 반스앤드노블 ─ 은 거의 똑같아 보인다는 것이다. 보통 홈페이지는 세 단으로 나눠져 있으며, 윗부분에는 흔히 보이는 버튼, 탭, 검색창, 장바구니가 있는 수평 바가 있다. 홍보 중인 책 소개, 표지 사진과 함께 베스트셀러 목록이 뜰 거라고 예상하면 거의 틀림이 없다. 반스앤드노블닷컴이나 아마존닷컴을 둘러보는 고객은 할인도서나 TV에서 후원하는 북클럽으로 이어지는 링크를 발견할 수 있다. 책에 대해 좀 더 상세한 정보를 원하는 고객은 출판사의 책 소개나 ≪퍼블리셔스 위클리≫ 서평, 또는 고객평을 찾아볼 수도 있다. 3장에서 언급한 바와 같이 이 두 개의 거대 온라인 서점은 개개인의 취향을 고려한 추천 서비스도 제공하고 있다. 참으로 역설적이게도 정교한 기술의 발달, 그리고 이러한 기술 도입에 뒤처지지 않기 위한 치열한 경쟁으로 인해 인터넷서점 간에는 별 차이가 없어지게 된 것이다.

인터넷서점의 예를 통해 소비자가 단 몇 년 사이에도 새로운 절차나 방법을 익히고 새로운 기대를 형성할 수 있다는 사실을 알 수 있게 되었다. 이는 분명 향후 사업 확장 계획에 따라 미국 전체, 심지어는 전 세계에 흩어져 있는 다양한 고객층을 확보해가야 하는 이들 서점에는 기쁜 소식일 것이다. 아마도 온라인에서 책을 구매하는 사람들은 얼굴 없는, 대체 가능한 소비자의 가장 극단적인 예일 것이다(사실 '환영합니다'라는 인사를 받는 건 패스워드를 넣고 로그인했을 때이지, 웹사이트에서 고객의 얼굴을 인식해서 그런 것은 아니지 않은가). 하지만 현실세계의 서점에서 이뤄지는 합리화된 대규모 도서판매 또한 그 지역을 알고 규칙적이고 예측 가능한 방식으로 행동하는 소비자를 발견(하고 생산)하는 것을 전제로 하는 것은 마찬가지다.

소비자가 점점 대중시장을 찾게 되면서 책 구매자를 차별화할 수 있는 요소가 사라지는 것 같다. 심지어 이들이 서로 수천 마일 떨어진 곳에 살고 있는데도 말이다. 하지만 이러한 책 소비의 형태에 많은 독립서점은 강하게 반대한다. 독립서점은 스스로를 개인적 관계, 소규모, 독특함과 같은 가치의 수호자라고 주장해왔다. 그로 인해 독립서점은 체인서점(그리고 아마존)과 차별화된 대중의 진정한 대변자로 자처할 수 있는 것이다. 체인서점과 독립서점 중 어느 쪽이 진정 대중 영합적인가 하는 문제는 서점에 중요하다. 왜냐하면 둘 중 어느 한쪽을 지지하자는 도덕적·시장경쟁관점적 주장은 모두 엘리트가 아니라는 각자의 주장에 근거를 두고 있기 때문이다. 대중의 호주머니뿐 아니라 대중의 지지까지 얻기 위해 노력하는 과정에서 서점은 엘리트주의적 과거와 거리를 둬야 할 필요가 있음을 깨닫게 되었다. 이러한 경쟁 초반에는 스타일적 혁신에 힘입어 체인서점이 유리한 위치를 점했지만, 1970년대에는 독립서점이 자신들의 매장에는 다른 측면이 있다는 점을 강조하면서 반격에 나섰다. 독립서점은 서점이 단순히 책을 구매하는 장소가 아니라 의미 있는 서비스와 즐거운 기분전환거리를 제공하는 지역사회의 중심지라고 주장하면서 자신들과 지역사회와의 관계, 자신들이 공동의 선에 기여하는 부분을 강조했다. 독립서점은 스스로를 재탄생시켰고, 그러한 과정에서 미국인이 생각하는 서점에 대한 관념을 바꾸어놓았다.

vs

05_

즐거움을 찾는 고객 모시기
서점의 다양성

1995년, 반스앤드노블은 다음과 같은 방법으로 대형 체인서점의 콘셉트를 묘사했다.

> 반스앤드노블은 친절하고 스트레스로부터 해방된 엔터테인먼트 장소를 만들기 위해 선두적인 역할을 해왔다. '마음의 놀이공원'이라는 결과는 상당히 익숙하게 느껴지면서도 편안한 환경의 새로운 콘셉트다. 반스앤드노블은 가족이 즐겁게 저녁을 보낼 수 있는 장소, 친구들을 만날 수 있는 장소, 지적 추구와 즐거운 현실 도피가 교차할 수 있는 공간이 되었다.[1]

대형 체인서점에 대한 이와 비슷한 이미지는 보더스 회장의 발언에서도 찾아볼 수 있다. 2001년 9·11 테러가 발생한 지 몇 달 후, 보더스의 회장은 사회에서 보더스의 역할에 대한 자신의 견해를 저널리스트에게 다음과 같이 설명했다.

> 지금 당장 가장 중요한 것은 사람들이 서두르지 말고 쉬어야 한다는 것입니다. 우리의 역할은 우리의 고객을 환영하고 고객이 즐길 수 있는 분위기를 제

공하는 것입니다. 지금은 정보에 굶주린 시기입니다. 그리고 고객들은 기분 전환도 필요로 하고 있습니다. 서점은 이를 위해 필요한 대단한 자원을 가지고 있습니다. 그리고 세상으로부터 도피할 수 있는 좋은 환경도 제공합니다. 따라서 우리는 지금과 같은 어려운 시대에 사람들에게 밝은 순간을 제공할 수 있으리라 생각합니다.[2]

이러한 주장은 일반 회사가 자신들의 중요성을 강조할 때 펼치는 전형적이면서 과장된 홍보라고도 할 수 있다. 하지만 요즘 대부분의 미국인은 대형 체인서점을 즐거움과 사교의 장소로 인식하고 있다. 사실 이러한 특성은 반스앤드노블이나 보더스라는 두 개의 주요 서점에만 한정된 것이 아니고 일반 서점에서도 볼 수 있는 현상이다. 20세기 말 후반부터 서점은 미국 중산층이 기분을 전환하고 즐거움을 만끽할 수 있는 중요한 명소가 되어왔다. 이러한 이미지는 서점이 진지한 사람만을 위한 지루한 공간이라는 예전의 평판과 비교해볼 때 다소 놀랄 만하다. 그리고 사람들이 즐거운 시간을 갖도록 분위기를 만들고 고객을 유인하는 현대 서점의 자부심은 한 세기 이전의 서점의 노력과도 현저한 대조를 보인다. 내가 말해왔듯이, 도서산업의 대표자와 지성인은 가치 있는 문화와 형편없는 엔터테인먼트 사이에 확실한 선을 그으려 했고, 변화된 일반 서점을 후자로 평가했다. 그렇다면 우리가 고민해봐야 할 중요한 문제는 어떻게 서점이 지루하고 재미없는 콘셉트에서 오히려 재미있고 유행을 선호하는 콘셉트로 변화되었을까 하는 것이다.

이 장에서 나는 도서유통과 미국 사회에서 일어나는 일들이 어떻게 이러한 변화에 영향을 주었는지를 조명해보고자 한다. 그리고 서점에서의 쇼핑을 여가, 재미, 기분전환과 동등하다고 생각하는 소비자의 생각을 서점이 어떻게 반영하고 강화했는지를 살펴보고자 한다. 4장에서 다루었던 획일적이면서도 비인간적인 체인서점에 대한 대응으로 1970년대의 독립서점은 자신들만이 제공할 수 있는 특징적이면서도 개인적인 서비스를 강조하기 시작했다. 1980년대의 독립서점은 자신들의 독특한 분위기와 개성이 지역사회를 결속시키는 데 도움을 주었다고 주장했다. 그리고 1990년대까지는 지금과 같은 대형 체인서점뿐만 아니라 독립서점과 체인서점도 서점을 단지 책만 쌓아두는 장소가 아니라 음식과 음료, 교육행사를 제공하는 다용도 커뮤니티 센터이자 매우 중요한 공공장소로 만들려고 노력했다.

사실 이러한 콘셉트는 독립서점에서 시작되었지만 대형 체인서점은 이것을 대규모로 실행하면서 카페, 작가 이벤트와 같이 대중이 원하는 것을 반영했고, 이를 통해 대형 체인서점은 편안하게 책을 읽을 수 있는 공간과 모임의 장소로 빠르게 변화해갔다. 체인서점은 서점을 지역사회 결속을 위한 시설로 발전시킬 수 있는 방식을 지속적으로 개발해나가면서 이를 합리화시키려고 노력했다. 그리고 일반 소매상과 매스미디어의 일반적인 추세와 일관되게 서점이 제공할 수 있는 많은 엔터테인먼트 기능에도 중점을 두었다.

많은 서점이 판매와 엔터테인먼트 공간을 결합하고자 한 노력은 편안한 가구를 배치하고 서점을 교제를 위한 장소로 만들기 위해 인테리어를 새롭게 디자인한 것에서도 엿볼 수 있다. 작가가 직접 들려주는 이야기와 테마가 있는 이벤트는 책을 사는 경험뿐만 아니라 축제와 같은 분위기도 만들어준다. 또한 카페에서는 카페라테를 마시면서 다양한 사람을 구경할 수 있는 환경을 제공한다. 실제로 20세기 말까지 도서 구매는 여가 활동으로서 전형적인 소비 형태 가운데 하나였다. 이러한 개념은 서점이 책과 즐거움 사이의 새로운 방정식을 만들어내는 데 도움을 주었다.

지역사회를 위한 쇼핑

여러 가지 방법으로 많은 미국인을 유혹하려고 노력했지만 쇼핑몰에 있는 작고 획일화된 체인 형태의 서점은 고객이 어슬렁거리는 것을 반기는 곳은 아니었다. 평론가들은 자주 비돌턴, 월든북스, 크라운북스를 패스트푸드에 빗대어 말하곤 했다. 그 이유는 체인서점은 고객이 원하는 책을 직원과의 최소한의 상호작용을 통해 빠르게 찾고 서점에 머무르는 시간을 최소화할 수 있도록 디자인되어 있기 때문이다. 이런 편리함은 체인서점의 장점 중 하나였다. 하지만 독립서점은 이러한 체인서점의 특성으로부터 자신들을 차별화시키면서 경쟁 우위를 창출할 수 있는 기회를 만들었다. 독립서점이 자신들만의 독특한 특징과 선택의 깊이, 개인 고객을 위한 서비스를 제공하려는 의지를 강조하기 시작한 것은 아마도 놀라운 일이 아닐 것이다. 그리고 독립서점은 예상 밖으로 이러한 비즈니스 전략을 지역사회라는 언어로 합리화시켰다.

1970년대 초 체인서점과의 경쟁이 심해지면서 독립서점은 문을 닫는 상황으로까지 발전했다. 그러자 모험심 많은 몇몇 독립서점은 고객에게 제공할 수 있는 차별화된 서비스의 필요성을 주장하기 시작했다. 선물 포장, 외상 계정, 개인고객에 대한 개인 맞춤서비스, 작가 사인회 등이 셀프서비스 위주인 체인서점과 구분하기 위한 차별화된 특징이었다. 1980년대까지 이러한 서비스는 단순한 판매 서비스보다 더욱 중요시되었고, 이러한 서비스는 독립서점이 지역사회를 위해 봉사하고 있다는 증거로도 제시되었다. 1990년대까지 지역사회에 대한 호소는 독립서점의 중요성을 강조하고 체인서점의 부족함을 표면화하는 데 핵심적인 요소가 되었다.

물론 '지역사회'라는 말은 광범위하고 다양한 정의를 내포한 애매모호한 용어다. 조지프 거스필드^{Joseph Gusfield}가 말했듯이, 지역사회라는 말은 때때로 지리학적 장소를 언급하기 위한 토지의 개념으로도 사용되지만 일반적으로 인간관계에서의 특성을 나타내는 데 사용된다.[3] 이러한 지역사회의 두 가지 의미는 대부분의 미국인이 현재 살고 있는 장소와 미국인의 이상을 묘사하기 위해 복합적으로 사용된다. 또한 지역사회라는 말에는 도시지역에 반대되는 시골지역, 작은 마을, 이웃 등 특징이 없는 작은 사회적 영역이라는 의미도 함축되어 있다. 지역사회는 시장경제에서 생존하기 위한 수단으로서의 사회관계가 아니라 감정적인 결속력과 상호 의존을 기반으로 하는 사회적 유대관계를 나타낸다. 그리고 지역사회는 현재에 안주하기보다는 깊이 있는 전통을 중요시하고 일깨운다는 뜻도 있다.[4]

미국에서 서점이 지역사회 생활의 중심이 될 수 있다는 것은 전혀 새로운 생각이 아니다. 초기 미국의 서점은 종종 지역의 인쇄업자나 출판인으로 활동했으며 때로는 우체국장의 역할을 맡기도 했다. 따라서 서점은 주로 소식의 중심지이자 지역의 모임 장소였다. 서점의 기능이 더욱 전문화되면서 서점은 일반적인 지역사회 삶의 미미한 부분으로 전락하긴 했지만, 지역사회와 강한 유대감을 형성하는 것에 대한 중요성은 잊지 않았다. 하지만 20세기 들어 서점이 지역사회에 개입하는 양상을 보면 사회의 유대감을 촉진하는 고유한 기관으로서의 기능보다는 비즈니스맨으로서의 책임감이 더 큰 것 같았다.[5] 이러한 경향은 체인서점의 우세로 인해 변하기 시작했다. 독립서점이 지역사회와의 유대감을 더욱 강조하게 된 것이다. 이제 독립서점이 자신들의 지역사회를 위해 봉사한다고 말하는 것은 상당히 구체적인 존재 ― 이웃이든 마을이든 간에 결속된 지역 ― 를 대상으로 하고 있다. 지역사회 또한 독립서점을 통해 체인서점과는 다른 이상적인 가치를 추구했다. 독립서점과 같이 그리 크지 않은 기업은 지역의 요구를 수용하고 전통을 유지할 수 있는 유연성이 있기 때문에 지역사회의 삶이 완전히 파괴되는 것을 막을 수 있는 마지막 보루라는 것을 인식하게 된 것이다.

독립서점은 이러한 기능이 남을 배려할 줄 아는 지역에서 성장한 직원과 고객 사이에서 형성되는 개인적인 관계에서 발전된다고 주장한다. 능력 있는 서점은 낯선 고객과 직원 간의 형식적인 거래보다는 단골고객을 단순한 고객이 아닌 개인으로 대우하면서 서로 정이 들 수 있는 관계를 형성하는 데 노력한다. 서점에서의 거래는 단순히 돈을 주고받는 것보다 더욱 중요한 다음과 같은 의미를 내포하는 것이다.

이곳은 작은 상점이다. 그렇기에 나는 우리 서점을 방문한 모든 사람을 볼 수 있다. 그리고 우리 서점은 동네에 이웃해 있기 때문에 같은 이웃 사람이 반복해서 방문하는 것을 보곤 한다. 그래서 고객과 쉽게 이야기를 나눌 수 있다. 그리고 종종 고객에게 "너의 여동생은 어떻게 지내?" 등과 같은 개인적인 이야기도 물어본다. 나는 이것이 매우 중요하다고 생각한다. 사람들은 월요일 밤 서점에 와서 나의 아들을 보고는 며칠 후에 다시 와서 "아, 당신의 아들이 이제 여기서 일하고 있군요"라고 말한다. 모든 고객은 아니지만 내 생각엔 많은 고객이 자신의 돈을 받고 있는 사람에 대해 알고 싶어 하는 것 같다. 예를 들어, 고객은 "저기 서점에서 일하는 멋진 여자 직원 있잖아요. 그 사람은 당신이 책을 주문하면 당신을 위해 책을 포장해주고 보내주기도 할 거예요. 그리고 그녀는 친절해요"와 같이 말하기를 즐긴다. 나도 그렇다.

몇몇 독립서점은 개인을 위한 서비스를 제공하기 위해서는 매장의 크기가 너무 크다는 것이 문제가 될 수 있다고 말한다. 많은 소규모 서점은 슈퍼마켓과 같은 거대한 매장이나 체인서점의 관료적인 조직이나 비인간적인 면은 같다고 여긴다. 한 독립서점 주인은 "나는 세이프웨이

SafeWay(미국의 할인점 — 옮긴이)에 있는 것같이 느껴지는 서점에 가는 것보다 지역사회 의식을 느낄 수 있는 작은 지역 서점에 가는 걸 더 좋아합니다"라고 말했다. 또 다른 독립서점 주인은 "우리는 단골고객이 지속적으로 찾아오지만 이웃에 있는 대형 체인서점에서 영향을 받고 있다는 사실을 잘 알고 있습니다. 하지만 우리의 오랜 고객이 다시 우리를 찾는 이유는 이곳이 누군가가 그들을 알아보고 그들이 무엇을 원하는지 이해해주는 매우 편안한 장소이기 때문입니다"라고 말했다. 이러한 독립서점에는 매장의 작은 규모가 경쟁 우위의 중요한 원천이다.

하지만 매장 규모만이 공동체 환경을 만들어 체인서점과 독립서점을 차별화시키는 필수적인 요소는 아니다. 큰 매장을 가지고 있는 독립서점도 지역 발전을 위한 자신들의 헌신적인 노력을 역설하면서 지역사회와의 연계를 강조한다. 그리고 또 다른 차별화된 요소로, 이익만을 극대화하려는 체인서점의 성향은 서점과 고객 간의 진심에서 우러나는 공감대 형성을 방해할 것이라고 독립서점은 주장하곤 한다. 서점과 지역사회의 감정적 유대관계는 독립서점이 위치한 지역에서 시작되었다는 것을 강조하면서, ABA의 회장은 체인서점에는 필수적인 요소가 결여되었다고 꼬집고 있다.

'모두가 당신의 이름을 알고' 있는 곳에 가고자 하는 욕구는 사람들을 특정한 매장으로 이끌 것입니다. 그리고 미래의 서점은 이러한 정신적인 배려에 관심을 갖게 될 것입니다. 사람들은 책을 사기 위해서만이 아니라 거기에 갔을 때의 느낌 때문에 서점에 가게 될 것입니다. 그리고 여기에 독립서점의 자구책이 있습니다. …… 서점은 각 고객과 아이들의 이름까지도 기억해야 할 것입니다. 서점은 단골손님을 편안함이라는 담요로 싸서 감정적 욕구와 구매 욕구를 동시에 충족시켜주어야 합니다. 이러한 서점은 지역사회의 한 부분이 될 것이고 이는 지역 서점에서만 가능할 것입니다. 지역사회의 한 구성원으로서 서점은 지역사회에 속해 있는 기관을 지원하는 역할을 할 것입니다.[6]

이러한 관점에서 볼 때 소매업은 이윤도 창출해야 하지만 기쁜 마음으로 좋아서 기꺼이 하는 일이어야 한다. ABA 회장의 연설에 (감정적 요소와 함께) 다분히 과장된 부분이 있다는 것은 사실이다. 그럼에도 이러한 감정은 특히 고객-판매자 관계에서 나타나는 예전의 문화적 모델을 잘 반영하고 있다. 1950년대에 스톤이 주장했듯이, 고객과 상점 직원의 관계는 감정적 관계로 발전하고, 이러한 돈독한 유대관계는 주민이 자신의 지역사회에 더 쉽게 결속될 수 있는 계기를 마련하는 중요한 요소가 된다.[7] 수십 년 전에 비해 오늘날에는 이러한 관계가 만들어지기 어려울지도 모른다. 하지만 독립서점에는 이러한 것이 매우 중요한 부분이다. 독립서점은 미국인이 그리워하는 이러한 판매 방식을 유지할 것을 약속하고 있다.

올바른 사업은 개인적인 관계와 함께 지역과의 관계를 통해 성장해야 하고 이익의 관점보다 고객과 지역사회에 서비스를 제공하는 것에 더 관심을 두어야 한다고 독립서점은 주장한다. 몇몇 서점은 지역 단체가 회의를 열 수 있는 공간을 개방해줄 뿐만 아니라 공동단체, 학교, 자선단체에 수익의 일부를 기부하기도 한다. 이러한 활동에 비추어 한 소규모 출판사의 대표는 지역의 독립서점에 대해 다음과 같이 언급했다.

이러한 측면에서 본다면 가장 흥미로운 서점 중 하나는 가이아Gaia다. 가이아 서점은 "우리 서점을 방문하는 고객은 같은 분야에 관심이 있는 사람들로 이루어진 하나의 지역사회라고 볼 수 있습니다. 당신이 만약 여신이나 자연에 관한 것에 관심이 없었다면 우리 서점을 방문하지 않았을 것입니다. 그래서 우리는 더욱더 하나가 될 수 있는 방법을 찾아볼 뿐만 아니라, 어떻게 하면 책 안의 여러 아이디어를 꺼내어 세상에 펼쳐볼 수 있을까 하는 고민을 합니다"라고 말했다. 서점은 이러한 것을 위한 중심지로 이용되어야 한다. 그래서 그들은 공휴일에 음식을 제공하고, 노숙자에게는 포럼을 열어주기도 한다. 나는 이것이 매우 멋있는 발상이라고 생각한다. 나는 서점이 이러한 활동을 더 많이 하도록 권장한다. 서점을 방문하는 사람들의 자연스러운 관심을 받아들여 우리 모두를 위한 하나의 지역사회를 만들도록 말이다.[8]

이러한 행동은 소매업자와 지역사회 주민들의 공동체 의식을 고취시키며 책을 파는 보람을 느끼게 해준다. 또한 이렇게 함으로써 독립서점은 주민과 좋은 유대관계를 만들 수 있고, 이는 결국 비즈니스에도 좋은 영향을 미치게 된다.

지역 서점은 주민에게 공공장소를 제공함으로써 지역사회 생활에 도움을 준다고 주장한다. 고객에게 서점은 친구와 만나고 낯선 사람과도 교제할 수 있는 장소로 권장되고 있다. 이러한 기능은 사실 카페의 개념에서 시작되었다. 1970년대에 워싱턴 D.C의 크래머북스앤드애프터워드 Kramerbooks & Afterwards와 샌프란시스코의 업스타트크로Upstart Crow 같은 서점은 서점-카페라는 개념을 대중화시켰다. 독립서점은 이러한 카페 형태의 서점이 고객의 왕래를 증가시킬 뿐만 아니라 독립서점이 만들고자 했던 분위기 – 출판세계에 대한 유쾌함, 편안함, 수용성 – 를 형성시켰다고 말한다.[9]

독립서점의 이러한 홍보전략은 일반 공공장소가 점점 사유화되고 사라져가는 현상과 관계가 있다. 즉, 처음 본 사람들이 서로 어울릴 수 있고 개인이 쉬어 갈 수 있는 장소, 그리고 주민에게 개방된 공공장소가 점점 줄어들고 있다는 것이다.[10] 서점은 원래 사유재산으로 만들어졌기 때문에 공공을 위한 장소는 아니지만 적어도 마을광장, 공원, 공공 도서관 등과 마찬가지로 지역사회를 위해 이와 같은 기능을 일부 제공해야 한다고 독립서점은 주장한다. 서점에 대한 경영관리가 질서 있게 유지된다면, 단골고객은 몇 시간 동안 방해 받지 않으면서 자신을 둘러싼 책과 잡지에서 논하는 주제에 열중할 수 있을 것이다. 업계에 종사하는 한 컨설턴트는 "왜냐하면 방해 받지 않고 돌아다니는 것이 바로 브라우징이니까요"라고 말했다. 독립서점은 배타적인 명성을 버리고 일반 대중을 위한 장소로서뿐만 아니라 사회화 기회가 적은 중산층을 위한 장소로 거듭나기 위해 노력해왔다.

아래에 인용하는 글은 독립서점과 지역사회 간의 밀접한 관계를 보여준다. 서점이 지역사회를 위해 일하고 존재한다는 주장은 독립서점 간의 대화에서도 언급될 뿐만 아니라 마케팅을 위한 아이디어와 자료에도 의도적으로 포함되어 있다. 한 서점의 운영 컨설턴트는 다음과 같이 간곡히 권하고 있다.

독립서점인 당신은 다른 기업과의 경쟁에서 이길 수 있는 장점이 확실하지만, 이러한 장점은 독립서점이 지역사회의 중요성을 인식하고 지역사회에 참여할 때 발휘될 수 있다. 전국적으로 대부분의 많은 이야기는 지역사회를 찾고 만드는 것과 관련되어 있다. 아마 당신은 고객이 지역사회에 참여하고 싶어 하는 욕구가 최신 유행하는 커피에 대한 갈증과 연결되어 있다는 사실을 깨닫기 시작할 것이다. 하지만 지역사회와의 관계를 대내외적으로 강조하기 위해 당신의 서점에 카푸치노 바를 만들 필요는 없다. 만약 당신이 고객에게 지역사회와의 연계를 강조하고, 고객으로부터 좋은 평판을 얻고, 지역사회를 위해 노력하면서 고객을 동참시킬 수 있다면 당신은 매우 가치 있는 것을 얻을 수 있을 것이다.[11]

도서산업 협회뿐만 아니라 산업에 관한 연구문헌은 서점이 어떻게 자신의 사업과 지역사회의 개념을 연계시킬 수 있는지에 대해 많은 방안을 제안하고 있다. ABA는 지역사회에서의 서점의 중추적인 역할을 강조하면서 2년(1995년, 1996년) 연속 홍보 이벤트로서 '지역사회 기반 조성'을 미국 독립서점 주간의 테마로 잡고 독립서점의 중요성과 독특한 가치를 강조했다. ABA는 홍보회사들의 도움을 받아 포스터·샘플광고·보도자료를 만들었고, 서점과 지역사회의 연대가 중요하다는 것을 강조하기 위해 상세한 사례연구도 진행했다.

이러한 홍보와 협회의 색다른 노력으로 지역사회라는 말은 대중을 설득하는 홍보 슬로건이 되었고, 이는 독립서점의 의미가 무엇인가를 진심으로 보여주는 계기가 되었다. 하지만 마케팅 측면에서 볼 때 지역사회를 이용한 일반적인 콘셉트는 누구든지 쉽게 경쟁도구로 사용할 수 있었다. 1990년대의 전국적인 기업형 서점은 지역사회라는 미사여구를 자연스럽게 사용하면서 지역사회를 설득하기 위해 다양한 활동을 펼쳤다. 일례로 1995년 보더스 주주들을 위한 연차보고서를 들 수 있다.

> (우리 직원들은) 1995년 각각의 지역사회에 적합한 41개의 새로운 보더스 서점을 추가로 열었고, 이에 대한 책임감을 갖고 있습니다. …… 각 지역의 보더스는 지역사회를 위한 공공의 장소, 엔터테인먼트와 사회적 모임의 장소가 되기 위해 최선을 다하고 있습니다.[18]

반스앤드노블의 연차보고서에서도 이와 비슷한 주장을 볼 수 있다.

> 미국의 계관 시인이던 로버트 하스Robert Hass는 전국의 사업자 대표 및 시민 대표를 만났습니다. 이 자리에서 그는 "자본주의는 네트워크를 만든다", "상

상력은 지역사회를 만든다"라는 말을 참가자들에게 상기시켰습니다. 반스앤드노블은 이 두 가지의 역할을 다 하고 있습니다. 기업가로서 투자된 자본에 대해 적당한 투자수익을 창출해야 하는 것은 당연하며, 이와 더불어 서점으로서 지역사회의 지적인 삶을 위해서도 헌신하고 있습니다. …… 마을의 선술집, 마을 광장, 모퉁이의 카페와 마찬가지로 반스앤드노블은 사람들이 만나는 장소입니다.[18]

서점을 지역사회를 위한 장소로 운영한다는 새로운 아이디어는 독립서점이 쇼핑몰에 입주한 체인 형태의 대형 체인서점과 차별화하려는 노력의 결과였다고도 볼 수 있다. 하지만 체인서점도 이 콘셉트로 운영해온 것을 볼 수 있다. 많은 자원을 가지고 있는 체인서점은 상대적으로 독립서점보다 더 넓은 시설을 짓고 정성 들인 이벤트를 열었으며 더 주목 받는 자선활동을 지원해왔다. 이들의 활동은 분명한 효과가 있었다. 1990년대 중반까지 온 나라는 대중이 쉽게 접근할 수 있는 사적인 장소에 대해 관심이 많았다. 이제 고객은 체인서점을 카푸치노를 마시면서 쉬거나 북클럽을 위한 만남의 장소로 여기는 경향이 있다. 하지만 이러한 열광 속에 고객은 누구에게나 열려 있고 서로 협조해야 하는 지역사회의 본질을 잊어버린 채 서점이라는 장소를 사적인 기관에 의해 만들어지고 판매를 목적으로 하는 새로운 판매 방식의 하나로 재개념화하려는 경향을 보인다.

지역사회를 위한 장소에서 엔터테인먼트 위주의 장소까지

물론 지역사회를 위한 아이디어 중 몇 가지는 체인서점이 다른 일반 서점보다 쉽게 실현할 수 있는 것이었다. 하지만 체인서점과 같은 대형 서점은 규모가 크고 직원의 이직이 잦아 고객과의 개인적인 관계를 지속시키기가 어려웠다. 게다가 지역사회를 위한 다양한 노력의 결과는 기대만큼 일정한 성과를 거두지 못했다. 예를 들어, 지역사회와의 유대관계를 돈독하게 해서 판매량을 증가시키려 했으나 이 방법은 정기적인 흥밋거리와 특별한 홍보를 개발해 고객들을 끌어들이는 것보다 간접적이고 결과를 측정하기 어려웠다. 이런 이유로 인해 아마 보더스나 반스앤드노블은 지역사회 관계에 헌신해온 초창기 때의 직원을 해고하거나 부서를 재조직했을 것이다. 2001년까지 보더스는 서점의 이벤트와 지역사회와의 유대관계를 추구하는 지역사회 담당 코디네이터를 두었지만, 이후 이러한 코디네이터들은 지역사회 이벤트만을 담당하는 지역 마케팅 매니저로 대체되었다. 반스앤드노블 역시 2003년 서점 이벤트 담당부서를 조직하고 지역사회와의 중간역할을 담당하던 매니저의 4분의 1을 해고하는 과정을 밟았다.[14]

체인서점이 매장에서 즐거움과 기분전환을 제공하는 것에 중점을 둔다는 사실은, 대형 체인서점이 대중을 위한다는 이미지보다 이벤트 중심의 마케팅을 더 강조하고 있다는 것을 의미한다. 1990년대에 체인서점은 대형 매장을 색다른 쇼핑 경험을 제공하는 장소로 홍보했다. 여기서 중요한 점은 대형 체인서점 자체를 엔터테인먼트를 찾는 사람을 위한 특별한 장소로 정의했다는 것이다. 쇼핑몰에 있는 체인서점은 캐주얼한 분위기를 조성하고 독자 개인의 취향을 존중하면서 오늘날의 엔터테인먼트 서점의 길을 열었다. 대형 체인서점은 더 나아가서 음식과 음료를 준비하고, 사교를 북돋는 넓은 통로를 만들고, 책상과 의자를 비치하고, 작가를 초청해 서점을 공연장으로 만드는 등 서점에 재미라는 옷을 입혔다.

지역사회에 대한 독립서점의 관심과 노력이 체인서점에 영향을 주었다면, 엔터테인먼트에 중점을 둔 대형 체인서점은 독립서점이 엔터테인먼트에 관심을 갖게 하는 데 영향을 주었다. 1990년대에 많은 독립서점이 파산했을 때 살아남은 서점들은 매장을 책을 모아놓은 공간 이상의 곳으로 만들기 위해 최선의 노력을 했다. 독립서점과 체인서점 모두 치열한 경쟁에서 살아남기 위해 고객이 서점에서 즐거움을 만끽할 수 있도록 하는 데 많은 자원을 투자했다.

내가 앞에서 말했듯이 서점의 인테리어 디자인은 고객이 마음 편하게 잠시 머무를 수 있는 분위기를 조성하는 데 중요한 역할을 한다. 많은 서점에서 책상과 의자가 매장 안에 흩어져 배치되어 있는 것을 흔히 볼 수 있다. 이러한 배치는 책을 읽거나 친구들과 대화를 원하는 고객을 끌어들일 수 있다. 하지만 서점은 이러한 가구의 사용을 더 세밀하게 관찰해야만 한다. 대형 체인서점은 고객에게 거실과 같은 느낌을 주는 공간을 만들려고 노력하지만, 집과 같은 느낌을 주는 이러한 환경은 또 다른 문제를 야기한다. 예를 들어, 뉴욕 시의 반스앤드노블이 단단한 나무의자를 편안하고 푹신한 의자로 교체하자 사람들은 이곳에서 더 많은 시간을 보냈다. 하지만 이러한 환경이 방문객을 상품을 구매하는 고객으로 변화시키지는 못했다.[15]

반대로 카페에서는 손님이 앉으면 최소한 커피 한 잔은 팔 수 있다는 점이 보장된다. 카페라는 개념은 서점을 엔터테인먼트를 위한 장소로 만드는 데 가장 중요한 요소 중 하나였고, 카페형 서점은 대중 사이에서 엄청난 인기를 끌었다. 오늘날에는 모든 대형 체인서점뿐만 아니라 독립서점 가까이에도 카페가 있다. 반스앤드노블은 1992년 브린 모어에 첫 서점 카페를 열었는데,[16] 이듬해 반스앤드노블이 "대형 서점을 만남의 장소로"[17]라는 캐치프레이즈를 건 데서도 알 수 있듯이 카페는 대형 체인서점의 일반적인 특색이 되었다. 또 반스앤드노블은 또 다른 논란이 되고 있는 시애틀 스타벅스 체인과 제휴해 스타벅스가 커피를 독점적으로 제공할 수 있도록 하는 협정을 체결했다. 반면 2002년 이전까지 보더스는 다양한 커피 전문점의 여러 가지 커피를 사용했는데, 2002년에 영국에 있는 보더스가 스타벅스에 카페 운영을 맡기면서 스타벅스는 보더스 체인서점의 커피 비즈니스를 거의 독점하다시피 하게 되었다. 2년 후, 보더스는 스타벅스 소유인 시애틀의 베스트커피Best Coffee점과 협정을 체결했고, 미국 대부분의 보더스 카페는 스타벅스가 운영을 맡게 되었다.

몇 개의 서점은 카페인과 스낵만을 제공하는 카페의 개념에서 벗어나려는 시도를 해왔다. 예를 들면, 시카고의 북셀러Book Cellar는 2004년 문을 열었을 때 와인과 함께 일반 카페에서 맛볼 수 있는 음식을 제공했다.[18] 또한 미시건 주에 위치한 보더스 지점은 2002년 코시카페Cosi Cafe와 파트너십을 체결하고, 저녁에는 알코올이 든 음료를 제공하기 시작했다. 이뿐 아니라 보더스와 반스앤드노블은 카페에서 무선인터넷 서비스Wi-Fi를 실시하는 등 엔터테인먼트 옵션을 늘려나갔다.[19] 서점-카페라는 새로운 개념은 서점이 도서 구입과 기분 전환이라는 두 가지 만족을 동시에 제공할 수 있는 계기를 마련해주었다.

서점에 있는 카페와 가구는 서점이 지역사회를 위한 공공의 장소로 이용되는 데 큰 역할을 했다. 관찰에 따르면 사람들 간의 만남은 저녁과 주말에 특히 집중된다. 아이들과 함께 온 가족이나 커플, 친구들은 서점에서 만나 서로 이야기하거나 함께 앉아서 책을 읽는다. 또한 새로운 서점들의 특징인 넓은 통로는 친구들과 같이 책장 사이를 돌아다닐 수 있게 해주고 때로는 못다 한 이야기까지 앉아서 할 수 있는 충분한 공간을 제공한다.[20] 서점은 토요일 밤 데이트를 위한 적당한 장소일 뿐만 아니라 어떤 지역사회에서는 독신자가 데이트 상대를 만날 수 있는 장소로도 알려져 있다. 서점은 지역사회 전체를 위한 장소여야 한다는 주장에도 불구하고, 단골고객은 서점에 오는 고객이 교육·인종·계급 면에서 어느 정도 자신과 비슷한 수준에 있는 사람들이라고 생각한다. 그리고 위험이 항상 도사리고 있는 술집과 같은 일반 소매점과는 다르게 서점은 안전한 환경을 제공하기 때문에 고객들에게 매력적일 수도 있다. 게다가 책이라는 상품은 다른 일용상품에 비해 이러한 환경을 제공하는 데 도움을 준다. 고객들은 일단 서점에 오면 서점이라는 곳이 일반 소매점과 같이 형식적인 거래만 이루어지는 장소라는 것을 잊어버리고 서점의 부드러운 분위기에 취해 구매를 하게 된다. 다시 말하면 일반 소매점과는 다르게 서점은 또 다른 마케팅의 방법으로 고객들 간의 인간적인 만남도 무료로 제공한다는 것이다.

분위기, 카페, 사교를 위한 장소, 이러한 모든 것이 서점에서는 즐겁게 시간을 보낼 수 있다는 좋은 이미지를 만드는 데 많은 도움이 된다. 마케팅과 엔터테인먼트의 완전한 결합을 보여주는 서점의 이벤트는 지속적으로 진행되고 있다. 음악 공연, 작가 이벤트, 워크숍, 시 낭송, 문학을 테마로 한 파티, 책 읽어주는 시간 등은 서점을 엔터테인먼트와 결합시키는 데 도움을 주었다. 그리고 음악을 제외한 모든 이벤트는 판매 중인 특정한 책과 관계가 있다고 볼 수 있다. 경우에 따라서는 이벤트에 참가하기 위해 입장료나 책 구매가 필요하기도 하지만, 대부분의 경우 서점은 방문한 고객이 돈을 쓰는 데 인색하지 않을 것이라고 자신하기 때문에 무료 이벤트를 제공하고 있다.

대형 체인서점은 이벤트를 통해 경쟁력을 강화할 수 있었다. 예를 들어, 1998년 전국에 있는 반스앤드노블의 사무소는 약 6,000개의 이벤트를 예약했으며, 반스앤드노블의 500개 지역 체인서점은 약 1만 8,000개의 이벤트를 예약했다.[21] 많은 서점이 문학계의 인물들과 정기적인 독서/사인 행사를 열려고 노력하자 작가와의 만남은 가장 많이 유행하는 형태의 이벤트가 되었다. 몇몇 서점은 지역 출신 작가를 초대해 지역과의 관계를 강조하려 했지만, 이런 관점에서 초대된 작가는 고객이나 미디어로부터 많은 관심을 끌지 못했다. 그 대신 베스트셀러 목록에 있는 작가를 초대하는 것이야말로 하룻밤 만에 많은 책을 팔 수 있게 해주고 서점이 흥미 있는 장소라는 것을 고객들에게 보여주는 중요한 이벤트였다. 결과적으로 이런 현상은 서점들끼리 거물급 인사를 모시기 위한 치열한 경쟁으로 발전했다. 체인서점은 작가와의 만남 스케줄을 전담 관리하는 새로운 부서를 만들어서 출판사와 접촉했고, 몇몇 큰 규모의 독립서점도 작가와의 이벤트를 전담하는 정규직원이나 파트타임 직원을 고용했다. 이러한 직원은 자신의 지역을 홍보하면서 출판사를 설득해 작가들의 서점 방문 투어 스케줄에 자신들의 서점을 포함시키려고 노력하는 역할을 했다. 유명한 작가는 1년 전에 미리 예약해야 했으며, 예약하려는 서점은 성공적인 이벤트를 할 수 있는지에 대한 자격을 심사 받기 위해 실적을 제출해야만 했다. 거물급 작가에 대한 경쟁이 심해지면서 크고 작은 출판사가 유명 작가의 방문 스케줄을 체인서점에 더 많이 할애하고 있다는 이유로 고소당하는 상황이 벌어지기도 했다. 문제는 독립서점이 유명 작가의 스케줄에서 제외되는 경우가 많다는 것이었는데, 스케줄에 포함되더라도 자신들 지역의 유명한 작가를 데뷔시킬 기회가 줄어든다는 또 다른 문제가 발생했다.

작가 이벤트는 사실 새로운 현상이 아니었다. 작가 사인회 행사를 처음 시작한 곳은 1920년경 시카고에 위치한 마셜필드Marshall Field's라는 백화점이었다.[22] 초창기에는 그러한 행사가 혁신적이고 멋있어 보였지만 20세기 중반쯤에는 빛을 잃게 되었다. 1970년대 독립서점이 활성화되기 전 ≪퍼블리셔스 위클리≫에는 책과 작가모임을 연계해서 장사하는 것이 구식이라고 폄훼하는 글이 게재되기도 했다.[23]

하지만 서점 이벤트는 다양한 방법으로 되돌아왔다. 전성기에 마셜필드는 화려한 이벤트를 하는 것으로 잘 알려져 있었다. 마셜필드는 개에 관한 책을 광고하기 위해 공연하는 개를 데리고 왔고, 인디언 책을 홍보하기 위해 인디언 모형을 전시했으며, 서커스 책을 홍보하기 위해 광대를 데리고 왔고, 심지어는 아동도서를 팔기 위해 살아 있는 코끼리를 데려오기도 했다.[24] 책에는 고상한 가치와 품위가 있다고 믿는 사람들은 이런 축제와 같은 홍보를 보고 놀람을 금치 못했다.

오늘날 축제와 같은 이벤트가 책 구매 경험에 재미를 더하면서 많은 서점은 이러한 이벤트에 더욱 열정을 기울이게 되었다. 예를 들어, 많은 서점은 해리포터Harry Potter가 발매되기 전이면 의상을 준비하고 파자마 파티를 주최했다. 다른 예로, 캔자스의 레이니데이북스Rainy Day Books는 앤 라이스Anne Rice를 등장시키고 마법사, 타로 점을 보는 사람, 의상대회, 그리고 가짜 무덤을 만들어서 이벤트에 걸맞은 분위기를 연출했는데, 이 이벤트에는 거의 2,000명이 몰렸다.[25] 그리고 마셜필드 백화점의 사례와 유사하게, 알버퀴크 북웍스Book Works of Albuquerque 서점은 개에 관한 책을 홍보하기 위해 캐닌 크리스마스Canine Christmas 이벤트를 열었는데, 이 이벤트에서는 열 곳의 동물구조협회에서 보내온 강아지 중 한 마리를 입양할 수 있는 기회를 고객에게 주었을 뿐만 아니라 그들의 애완견이 베스트 드레스 애견 퍼레이드에 참가할 수 있는 기회도 제공했다.[26] 서점은 어떠한 종류의 책이라도 이벤트의 근거가 될 수 있다는 사실을 증명했다. 소설이든 비소설이든, 지적이든 상업적이든, 새로운 책이든 옛날 책이든 간에 모두 효과적으로 이벤트를 위해 활용될 수 있다는 것이다. 제임스 조이스James Joyce의 『율리시스Ulysses』를 기념하는 연간 블룸스데이Bloomsday 이벤트와 같이 읽기 어려운 고전도 축제 같은 이벤트를 개최하는 데 활용되었다.

엔터테인먼트 산업과 같은 소매업

이벤트의 목적은 더 많은 책을 판매하는 것이다. 따라서 서점은 이벤트를 하나의 홍보 수단이라고 말한다. 하지만 홍보 차원을 떠나 이벤트는 고객의 관심이 무엇인지 알 수 있는 좋은 계기가 되었고 많은 경험을 하게 되었다고도 말한다. 이러한 엔터테인먼트를 이용하는 과정은 지난 한 세기 동안 유행했던 사업의 한 방법으로, 기업가는 엔터테인먼트를 통해 얻은 경험을 판매 증가로 연결시킬 뿐만 아니라 고객의 새로운 구매 행태도 발견하게 된다. 따라서 엔터테인먼트 장소로의 서점의 변화는 단순히 서점에서만 볼 수 있는 현상이 아니라 다른 종류의 소매업에서도 볼 수 있는 하나의 유사 트렌드라고 할 수 있다.

세기 전환기에서 백화점과 놀이공원은 자신들의 축적된 경험과 기술을 대중화하고 이를 혁신적인 일반 상품으로 만드는 중요한 역할을 하는 기관이었다고 할 수 있다. 주요 백화점은 소매점이 완전한 엔터테인먼트 장소가 될 수 있다고 생각했으며, 이를 위해 선구자적인 역할을 해왔다. 이러한 생각을 따랐던 소매점으로는 찻집과 레스토랑, 신문과 필기도구가 있는 독서실, 미술관과 전시관, 라이브 음악·강연·요리·장식·자녀교육을 위한 수업, 여성단체를 위한 회의실, 그리고 때로는 사우나까지 할 수 있는 장소들을 들 수 있다. 여러 역사가가 증명했듯이 백화점은 쇼핑을 레크리에이션이라고 정의하는 데 중요한 역할을 했다. 백화점에는 상품을 판매하는 활동뿐만 아니라 눈길을 끌고 시간을 보낼 수 있는 활동이 많았다.[27]

카페뿐만 아니라 미술관·영화관·비영리 공연극장을 갖춘 앵커리지의 시라노스Cyrano's 서점, 강의·워크숍·컨퍼런스를 제공하는 마린 카운티의 북패시지Book Passage 서점 등 최근의 몇몇 서점은 초기 백화점에서 활용했던 소매업 판매 모델을 따르고 있다.[28] 또한 놀이공원에서 볼 수 있던 오래된 판매 방식도 책을 팔려고 노력하는 과정에서 나타나고 있다. 이것은 이벤트라기보다는 예전에 볼 수 있었던 축제라고 할 수 있다. 20세기 초 코니아일랜드Coney Island가 인기를 끌었던 것은 관객으로 하여금 단순한 구경꾼이 아닌 놀이에 참가하게 하고 그 일원이 되게끔 했기 때문이라고 존 카슨John F. Kasson은 주장했다.[29] 따라서 엔터테인먼트를 위주로 한 서점은 사람들이 보고 참여할 수 있는 기회를 제공하는 전략을 채택한다. 이러한 전략의 단적인 예로, 어떤 서점에서는 쇼를 개최하고 과도할 정도로 고객이 이 쇼의 일부가 되도록 한다. 매디슨의 캔터버리Canterbury 서점은 1999년 휴가철에 고객들을 살아 있는 쇼윈도 전시모델로 활용했다. 자원봉사자 고객을 모집한 후 이 고객이 좋아하는 소품과 함께 책을 읽으면서 두 시간 동안 서점 쇼윈도에 앉게끔 한 것이었다. 이 홍보는 창문 안팎의 고객으로부터 대단한 호응을 얻었는데,[30] 이것은 마케팅과 엔터테인먼트의 완벽한 접목을 보여주는 것이었다.

제2차 세계대전 이후 백화점은 쇼핑센터와 쇼핑몰로 바뀌어갔고, 침체에 빠진 놀이공원은 테마파크에 의해 외면되었다. 얼마 지나지 않아 이러한 새로운 소매업태와 엔터테인먼트는 서로에게 관심을 갖기 시작했다. 쇼핑몰이 테마파크의 기술을 조심스럽게 채택하면서 엔터테인먼트 시설은 1960년대 이후 쇼핑몰에 없어서는 안 될 중요한 요소가 되었다.[31] 이러한 형태는 롤러코스터, 호수, 다양한 레스토랑과 영화관이 있는 곳으로 유명한 미네소타의 아메리카몰Mall of America과 앨버타의 웨스트에드먼턴몰West Edmonton Mall에서 가장 쉽게 찾아볼 수 있다. 많은 독립 소매상은 다양한 엔터테인먼트 활동을 제공한다. 아웃도어 전문 의류매장에서는 암석 등반을 할 수 있는 여건을 제공하고, 창고형 식품 매장에서는 시식코너를 제공한다. 심지어는 코스트코에 가는 것만으로도 재미있는 경험을 할 수 있기 때문에 기분 좋은 외출이 될 수 있다고 주장한다. 이러한 관점에서 볼 때 반스앤드노블과 같은 서점은 테마파크와 변화된 쇼핑몰 형태인 다운타운 디즈니Downtown Disney의 개발 책임자였던 전 디즈니랜드의 임원을 서점의 사장으로 영입하는 것이 좋을지도 모른다.[32]

미국에서는 쇼핑이 이제 하나의 여가 활동으로 자리 잡고 있다는 것을 고려한다면 엔터테인먼트 서점도 이해할 수 있을 것이다. 쇼핑몰, 골동품 상점, 그리고 벼룩시장에서 보내는 주말은 기분을 전환시키는 동시에 삶을 재충전시키고 새로움에 대한 기대를 맛볼 수 있게 한다. 마찬가지로 서점에는 항상 꾸준한 양의 책이 새로 들어오기 때문에 고객은 서점에서 새로운 책을 만날 수 있다는 기대를 하게 된다. 즉, 고객은 서점에 갈 때마다 기대하지 못했던 전혀 다른 새로운 책을 만나게 되는 것이다. 이것이 일반 개인 상점과 서점의 다른 점일 것이다. 또한 서점은 다른 특화된 상점보다 더욱 사교적이며 통제받지 않고 쇼핑을 즐길 수 있는 환경을 제공한다. 일반적으로 미국 여성은 소매점에서 주로 사람을 만나고 데이트를 즐긴다. 만남의 장소를 제공한다는 관점에서만 본다면 서점도 단순히 지역의 일반적인 상점이나 도시의 백화점과 다를 바 없다고 볼 수 있다. 하지만 현대의 서점은 예전에 여성만 즐겨 찾던 소매점과는 다르다. 요즈음의 서점은 성별이나 나이에 상관없이 모든 사람이 자신만의 새로운 경험을 할 수 있도록 변화하는 데 성공했다. 서점은 남녀 모두에게 쇼핑을 하면서 교제도 할 수 있는 장소를 제공해주었으며, 가족과 미혼자에게는 즐거움을 느끼게 하는 장소로 변화했다.

이러한 소매점의 다양한 변화는 성공적인 쇼핑 경험을 평가하는 데 재미가 가장 중요한 판단 기준이 되었다는 것을 의미한다. 실제로 요즘 일반적인 미국 문화는 즐거움에 많은 가치를 둔다.[33] 즐거움에 많은 가치를 둔다는 것은 가족에서부터(부모와 아이가 소중한 시간을 같이 보내야 한다는 것은 당연히 일을 한다는 개념이 아니다) 교육(학생들은 지루하고 진부한 교수법에 종속되어서는 안 된다), 그리고 정치에 이르기까지(데모가 축제와 같은 분위기 속에서 자신의 생각을 알리는 행사가 되어야 한다고 생각하게 되었다) 모든 종류의 사회생활에서 찾아볼 수 있다. 한편으로는 우울하고 지루한 생활에 지친 사람도 이제는 행복과 엔터테인먼트에 집착하는 모습을 보인다. 상업에 종사하는 기업가는 고객의 욕구인 즐거움을 충족시켜줄 수 있는 방법을 찾는 데 앞장서 왔다. 그래서 요즘은 즐겁지 않은 소비는 곧 실망으로 연결된다는 것이 전혀 놀랄 만한 일이 아니다.

독립서점과 체인서점 간에 생긴 경쟁의 결과는 누가 더 지역사회에 중요한 이익을 가져다주는지에 대한 주민의 인식에 의해 결정되었다. 지역사회의 일부가 아닌 기업이 지역사회를 위한다는 것은 말이 안 된다고 독립서점은 주장하지만 — 체인서점은 주민과 소매상 사이에서 어떠한 개인적인 고객 충성심 또는 공감대를 형성할 수 없다 — 대형 체인서점은 엔터테인먼트를 제공함으로써 열성적인 단골고객을 더 많이 유치할 수 있었다. 이것이 시사하는 점은, 미국인은 지역사회에서의 삶에 대한 개념을 주민 간의 감정적인 유대관계보다는 즐거움을 추구하는 것으로(적어도 소매업에서 증명되었듯이) 이해한다는 것이다.

요약하자면, 서점은 소비자 문화의 한 부분인 엔터테인먼트에 깊이 관여하고 있다는 것이다. 하지만 서점의 성공적인 엔터테인먼트 도입을 소매업 관점에서 이해하려면 책이 어떻게 엔터테인먼트와 결합될 수 있었는지에 대한 설명이 필요하다. 책이 엔터테인먼트의 한 구성요소로 유행하는 것을 보면 예전에 놀이공원을 처음 만들어 인기가 최고조였던 때가 연상된다. 카슨이 주장했듯이, 코니아일랜드는 여가 활동이란 도덕적 발전과 연결되어야만 한다는 상류층의 기대에 반기를 들고, 그 대신 놀이공원에는 자유스러움을 만끽하고 손에 땀을 쥐게 할 정도의 즐거움과 새로운 경험이 연결되어야 한다는 것을 보여주었다.[34] 내가 말했듯이, 도서 전문가들도 책이란 사람의 마음을 도덕적으로 고양시킨다는 입장과 책이란 단순한 즐거움의 원천이라는 입장을 놓고 논쟁해왔다. 카슨이 보여준 문화적인 변화는 도서계에 많은 영향을 주었으며, 결과적으로 엔터테인먼트 서점이 이러한 변화의 증거라고 할 수 있다.

매스커뮤니케이션과 책의 관계는 이러한 변화를 만들어낸 중요한 한 부분이라고 볼 수 있다. 엔터테인먼트 서점의 발달은 책과 다양한 엔터테인먼트 산업 간의 완전한 통합을 의미한다. 1970년대를 시작으로 출판업은 영화, 방송, 음악, 신문, 잡지의 채권을 가진 대기업들의 소유가 되었다. 오늘날 미국의 주요 출판사는 베르텔스만, 타임워너Time Warner, 비아컴Viacom과 같은 다양한 사업을 하는 미디어 대기업이 소유하고 있다.[35] 한 기업이 주요 서점을 모두 소유하지 못하도록 하는 독점금지법이 있지만 베르텔스만이 반스앤드노블닷컴(2003년에 분리)을 부분적으로 소유한 것과 같이 공식적이거나 비공식적인 제휴가 이루어지고 있다.

출판산업과 엔터테인먼트 조직 간의 유대관계는 책을 포함한 각종 미디어 간의 통합을 나타내는 하나의 트렌드다. 1990년대의 전문용어로 말하자면, 미디어 회사들은 시너지 효과 ─ 매스커뮤니케이션의 다른 영역을 합쳐서 새로운 제품이나 마케팅 전략을 만드는 것 ─ 를 창출하려고 시도했다. 시너지 효과라는 말에는 콘텐츠가 일정한 형식에 구애받지 않고 여러 가지 미디어 기술을 통해 다양하게 표현될 수 있다는 의미가 숨어 있다. 사실 이러한 개념은 새로운 것이 아니라 엔터테인먼트에 대한 대기업의 관심이 높아지고 원래 하나의 콘텐츠만을 위해 개발되었던 미디어 기술이 다양한 콘텐츠를 수용할 수 있게 발전함으로써 시작되었다. 시너지 효과는 다양하게 나타나고 있다. 책의 내용이 영화 스크립트의 기초가 되기도 하고 영화나 텔레비전 쇼가 소설로 출간되기도 한다. 시너지 효과는 라이선스 계약을 어떻게 하는가에 따라 수입이 결정되는 아동 도서에서 가장 잘 실현되고 있다. <세서미 스트리트Sesame Street>나 『마법의 스쿨 버스The Magic School Bus』에서 볼 수 있듯이 책은 텔레비전·영화·스포츠· 인형·만화, 또는 광고 캐릭터를 바탕으로도 만들어진다. 이렇게 만들어 진 각각의 상품은 끼워 팔기 아이템을 같이 홍보하고 또 다른 미디어와 함께 다양한 마케팅 캠페인을 할 수 있도록 도와준다.

시너지 효과에 대한 열광적인 기대와 함께 많은 서점은 멀티미디어를 이용한 상품으로 부수입을 올릴 수 있고 고객을 유혹할 수 있다는 희망을 얻게 되었다. 이로 인해 서점은 책 이외의 상품을 진열할 수 있는 공간이 필요해졌고, 따라서 자연히 책을 위한 진열 공간을 줄여야 한다고 걱정하 기에 이르렀다. 하지만 서점의 열악한 재정 여건과 타 미디어와의 통합이 라는 혁신적인 개방은 새로운 상품을 진열하도록 서점을 부추겼다. 전통 적인 서점의 부업은 문방구류 판매였지만, 편지를 쓰는 사람이 줄어들고 사무용품 전문점이 성장함에 따라 서점에서 한때 가장 유행했던 필기도 구의 판매가 사라졌다. 이 자리는 카페의 음식과 음료, 선물, 잡지, 음악, 비디오, DVD 같은 다른 매체의 상품으로 대체되었다. 1990년대에 체인 서점이 멀티미디어 서점으로 전환하려고 했던 노력은 1994년 보더스가 인수한 소규모의 음악 전문 체인점인 CD슈퍼스토어CD Superstore, 반스앤 드노블이 인수한 배비지스이티시Babbage's Etc.(나중에 게임스톱GameStop으로 이름을 바꿈) 계열사, 그리고 반스앤드노블 사장인 리지오의 소유였던 비 디오게임과 엔터테인먼트 소프트웨어를 판매하는 체인서점 등에서 볼 수 있다.[36]

그러나 서점은 엔터테인먼트 상품의 다양화를 통해 수익을 올리기 쉽 지 않다는 것을 깨닫게 되었다. 이러한 어려움은 다른 일반 상점에서도 찾아볼 수 있었다. 2000년대 초에는 미디어 상품 믹스라는 개념을 토대로 다양한 미디어와 관련된 상품을 판매하려고 했던 많은 벤처 소매점이 실패했다. 예를 들면, 제니브레이니^{Zany Brainy}와 비아컴엔터테인먼트스토어^{Viacom Entertainment Store}는 파산했으며, 미디어플레이나 헤이스팅스엔터테인먼트^{Hastings Entertainment}는 살아남았지만 많은 문제점을 안고 있다. 서점은 책이라는 것이 공급망, 마케팅 방법, 직원의 전문성이라는 차원에서 다른 미디어 상품과는 매우 다르다는 것을 알게 되었고, 이 두 가지 분야를 양립해나가는 데에는 예상보다 어려움이 많음을 경험했다. 즉, 다른 미디어 상품과 책을 같이 판매하는 것이 어렵다는 사실을 알게 된 것이다. 결과적으로 주요 대형 체인서점들은 음악 분야의 판매를 줄이기 시작했다. 보더스, 반스앤드노블, 북스어밀리언은 모두 CD 판매를 줄였고, 2004년에 반스앤드노블이 급기야 게임스톱을 포기하기에 이르렀다.[37] 2003년까지 체인서점에서는 책 이외의 상품이 전체 매출액의 20~30%라는 적지 않은 매출을 올렸다. 하지만 그러한 제품은 이제 매대 중앙에 진열된 책 옆에 있다.[38] 독립서점에서는 책 이외의 다른 상품의 평균 판매량이 체인서점에 비해 상대적으로 다소 낮은데, 그 이유는 독립서점은 다양한 상품 구색을 갖추고 새로운 마케팅 방법을 시도하는 데 투자할 자원이 없기 때문이다. 따라서 서점은 아마도 계속해서 책을 파는 비즈니스에 집중할 것으로 보인다.

사실 서점이 멀티미디어 상품을 책과 함께 판매한다는 것은 쉽지 않았다. 따라서 서점이 완전한 엔터테인먼트 장소가 되려고 노력하는 데에는 한계가 있었지만, 서점은 책과 엔터테인먼트를 통합함으로써 또 다른 성공적인 수익을 창출할 수 있었다. 예를 들어, 엔터테인먼트와 통합하면서 나타난 한 가지 중요한 현상은 텔레비전과 라디오 프로그램에 책과 저자의 출연이 증가한 것이었다. 독자에게 직접 광고를 하는 것은 책 판매량을 높이는 데 그다지 큰 역할을 하지 못했지만 연예인을 포함한 미디어

선전은 영향력이 컸다. 따라서 출판사는 특정한 책에 미디어가 집중할 수 있도록 부지런히 서평, 보도자료, 다양한 홍보자료를 방송국에 보냈고, 저널리스트, 서평자, 라디오와 텔레비전 프로듀서에게 팩스를 보내거나 전화를 걸었다. 미국 공영 라디오National Public Radio가 책과 관련해 대대적으로 방송하면서 1970년대 이후 저자가 토크쇼에 등장하는 경우도 많아졌다. 특히 1990년대에 이르자 다양한 방송매체는 사람들이 책과 저자에 대해 많은 것을 알고 싶어 한다는 사실을 알게 되었다. 1990년대 중반, 몇 개의 텔레비전 방송국이 부분적으로 책과 관련된 프로그램을 방송했으며, C-스팬C-Span의 <북노트Booknotes>와 <어바웃북스About Books>와 같은 텔레비전 프로그램은 전적으로 책과 출판에 대해서만 방송을 했다. 많은 책 홍보 프로그램 가운데 가장 많이 알려진 것은 <오프라 윈프리 북클럽Oprah Winfrey's Book Club>이다. 출판사들은 '윈프리 북클럽'에 홍보된 책은 여분으로 75만 부를 더 인쇄하곤 했다. 이것은 윈프리가 시청자에게 미치는 대단한 영향력을 보여줄 뿐만 아니라 책에 관한 이야기도 일종의 엔터테인먼트가 될 수 있다는 것을 보여주는 증거였다. 실제로 윈프리가 2002년에 북클럽 코너를 그만둔 후(잘 알려졌듯이 임시적이었지만) NBC의 <투데이쇼Today Show>, <라이브위드레지스앤드켈리Live with Regis and Kelly>, 그리고 ABC의 <굿모닝아메리카Good Morning America>와 같은 방송에서는 다양한 출판사에서 지원받는 북클럽이 번성하기 시작했다.

이와 유사하게 인터넷은 엔터테인먼트라는 틀 안에서 책을 홍보할 수 있는 새로운 기회를 제시했다. 보더스, 반스앤드노블, 북스어밀리언은 각각 책의 주요 부분을 발췌해서 보여주거나 작가 인터뷰, 강의와 같은 인터넷 기반의 프로그램을 제공하기 위해 외부 업체와 계약했다.[39] 이것은 실질적으로 오프라인 상점의 인기 있는 이벤트를 온라인의 가상 상점을 통해 산재한 고객에게 제공하는 방법이었다. 동시에 아마존을 포함한 온라인 서점은 다양한 특징의 사이트를 제작함으로써 사이트 방문객이 즐겁고 오래 머무를 수 있도록 노력했다. 베스트셀러 차트와의 연결, 책 관련 소식, 북클럽 선정 등 인터넷의 다양한 옵션은 온라인 상점이 빠르고 효율적인 거래만을 위한 곳이라는 인터넷 초기의 이미지를 바꾸는 데 도움이 되었다.

다양하고도 많은 미디어가 복잡한 방법을 통해 서로 앞다투어 홍보했고, 이러한 광고는 소비자가 도서 구매에 관심을 갖도록 유도했다. 수전 데이비스Susan Davis는 이러한 현상을 테마파크와 연관 지어, 엔터테인먼트와 책 홍보는 너무 밀접하게 관련되어 있어 두 분야가 서로 다른 점이 없을 정도라고 주장했다.[40] 즉, 서점의 책 홍보는 상품광고를 통한 강매의 목적도 있지만 엔터테인먼트에 끼워주는 선물처럼 보이게 하려는 목적이 더 크다는 것이다. 반대로 특정한 책을 팔려고 기획된 이벤트나 소식지는 사실 서점이 무료로 제공하는 선물과 같은 서비스로 받아들여지고 있다.

엔터테인먼트의 특성과 필요성을 강조하면서 독립서점과 체인서점은 책을 즐거움과 연관시키려고 노력했다. 한편 닐 포스트먼Neil Postman은 텔레비전이라는 미디어는 본질적으로 엔터테인먼트에만 집중하는 반면 책은 진지하고 지각 있는 대중의 대화를 지향한다고 주장했다. 그는 텔레비전이 대중끼리 토론할 수 있는 기회를 없애버리기 때문에 사람들이 이제는 아이디어를 교환하지 않고 즐거움만을 추구하려고 노력한다면서 텔레비전과 같은 엔터테인먼트를 비난했다.[41] 하지만 이와 같은 기술에 대한 포스트먼의 평가는 엔터테인먼트에 대한 정확한 정의를 내리는 기반이 되고 다양한 미디어를 사용하게 만드는 사회문화적 배경의 중요성을 간과하고 있다. 책의 의미는 변하기 쉬울 뿐만 아니라 부분적으로 책이 어떻게 생산되고 유통되는가에 따라 달라진다. 서점의 발전은 책이 여가 선용, 즐거움, 기분전환과 함께 대중의 마음과도 틀림없이 관련되어 있다는 것을 증명한다.

이런 관점에서 보면 서점은 대중이 사회적 교제를 편안하게 할 수 있는 매혹적인 분위기를 만듦으로써 사회화를 통해 사람들이 책을 구경하고 읽도록 권유하고 있는 것인지도 모른다. 이것은 20세기 동안 매우 개인적인 경험이기만 했던 독서의 방법에 도전하는 것이다. 예를 들어, 로베르 에스카르피Robert Escarpit는 독자가 어떠한 사회적 모임과 경쟁적인 활동에 관여해서는 안 된다고 하면서, 독서를 "혼자 하는 최상의 일the supreme solitary occupation"이라고 정의했다.[42] 또한 데이비드 리스먼David Riesman은 독서는 어느 정도의 사생활을 보장해주는 몇 안 되는 활동 중 하나이기 때문에 대중사회에 순응해야만 한다는 압력에서 벗어날 수 있게 해준다고 했다.[43] 하지만 많은 사람이 서점과 같이 소비를 위주로 한 공공의 장소에서 책을 읽으면서 시간을 보낸다는 사실은, 미국인이 독서라는 것을 개인적이지만 한편으로는 사회적인 활동으로 여기고 있으며 독서가 다른 활동으로부터 벗어나기 위한 또 하나의 방편이 될 수 있음을 암시한다.

그러므로 더 많은 책을 팔기 위해 서점에서의 경험을 선전하는 것은 책에 대한 사람들의 관점을 바꾸는 데 효과가 있을지도 모른다. 근본적으로 이러한 노력에는 책이라는 것이 즐거움의 원천이자 배경이기도 하다는 뜻이 내포되어 있다. 다른 산업에서 즐겨 쓰는 용어로 말하자면, 책은 다른 엔터테인먼트 활성화의 배경이 될 수 있는 '밑거름' 역할을 한다는 것이다. 사람들이 사교를 하든지, 커피를 마시든지, 또는 공연을 보든지 간에 책은 기분 좋은 분위기를 제공하며 서점은 여가시간을 채워야 할 사람을 위해 준비된 공간을 제공한다. 책의 내용과는 무관하게 책이 존재한다는 것만으로도 사람들은 원하는 것을 체험하기에 충분하다는 것이다.

책을 엔터테인먼트의 매개체로, 그리고 서점을 엔터테인먼트를 제공하는 장소로 인식한다는 것은 기존의 책과 서점에 대한 생각으로부터 많이 변화된 것이다. 나는 이러한 변화가 책이나 문학의 가치를 격하시킨다고 주장하는 것은 아니다. 물론 책이 지적 엘리트뿐만 아니라 더 많은 대중에게 접근할 수 있도록 하는 것은 좋은 일이다. 그리고 매년 출판되는 엄청난 양과 다양한 종류의 책은 더 이상 지식이 책만으로는 창출되지 않는다는 주장에 반대되는 근거를 제공한다. 그럼에도 대형 체인서점의 도서판매 모델이 도서산업을 구제해줄 것이라는 일부 도서 전문가들의 예상과는 반대로, 책과 엔터테인먼트 간의 결합은 독서량 증가로 이어지지 않았다. 독서 시간 실태 연구와 도서 구입 통계를 측정한 결과, 한 사람당 독서량은 20세기 후반 이후 수십 년간 꽤 안정적이었다. 오히려 21세기로 들어서면서 독서량은 감소했다. 대형 체인서점이 성장한 1990년대 10년 동안 미국인의 도서 구매량(성인과 아동 책을 포함해)은 약간 증가했다. 하지만 미국의 인구 성장과 비교해서 본다면 그 수는 사실 감소했다.[44] 미디어 투자기업인 베로니스슐러스티븐슨Veronis Suhler Stevenson이 발표한 독서시간 사용 실태 연구에 따르면, 1997년과 2002년 사이 성인의 평균 독서시간은 1년에 116시간에서 109시간으로 7% 감소했다.[45] 도서판매의 변화가 책에 대한 미국인들의 생각에 어떤 영향을 끼쳤는지는 몰라도, 다른 나라들과 비교할 때 미국은 아직 책벌레라 불릴 정도로 책을 아주 많이 읽는 나라는 아니라는 것이다.

더군다나 엔터테인먼트를 강조한 판매 방식을 통해 책과 서점은 엔터테인먼트를 제외한 또 다른 측면에서 개념화되었다고 볼 수 있다. 모든 서점이 엔터테인먼트를 기반으로 한 서점 모델을 수용한 것은 아니다. 책을 단지 내용을 담는 용기로만 여기는 미디어 대기업의 노력에도 불구하고 미국인은 책을 다른 문화상품과 교체할 수 있다고 여기지 않고 있다. 내가 인터뷰한 모든 사람은 ― 도서 전문가, 서점 직원, 정기적으로 책을 읽는 사람 또는 가끔 책을 읽는 사람 ― 책이 다른 어느 종류의 문화보다 더욱 가치 있는 매개체이며, 독서는 다른 문화적 활동에서는 경험할 수 없는 질적으로 다른 경험을 제공한다고 말했다.

대부분의 사람은 자신들이 생각하는 책의 독특한 가치를 텔레비전과 비교해 정확히 표명한다. 응답자들은 텔레비전이 상상력을 필요로 하지도 않고 시청자를 통제한다고 여기는 반면, 책은 독자가 의사소통 과정에서 자유로우면서도 완전한 참가자가 될 수 있다고 주장했다.[46] 내가 인터뷰한 몇몇 서점 단골고객은 이러한 면에서 독서는 매우 활동적이며 자유롭게 참여할 수 있는 개인적인 습관이라고 말했다.

읽는 사람이 원하는 대로 해석할 수 있기 때문에 나는 책 읽는 것을 좋아한다. 책은 서술적으로 쓰여 있기 때문에 당신이 어떻게 해석할지는 당신의 상상력에 달려 있다. 영화, 텔레비전, 뮤직비디오는 제작자가 당신에게 믿길 바라는 그들의 생각을 주입시키려고 노력한다. 그리고 몇몇의 경우겠지만, 만약 당신이 제작자의 의도를 알아낼 수 있다면 그건 대단히 훌륭하다고 할 수 있다. 내 생각에 저자의 의도를 알아야 한다는 관점에서 책도 마찬가지라고 본다. 하지만 책의 경우는 적은 부분이더라도 독자의 상상력에 맡겨둔다. 책에서는 보이는 않는 주인공이나 장소를 그냥 받아들이기보다는 당신의 머릿속에서 그것을 그려볼 수 있다.

음, 이것은 나에게 매우 다른데, 왜냐하면 책을 읽을 땐 내 속도를 지킬 수 있지만 텔레비전은 화면의 순서와 속도를 따라가기를 강요한다. 그리고 책은 읽으면서 휴식을 취할 수 있고, 읽은 것에 대해 생각할 수 있고, 또 다른 것을 읽을 수도 있고, 다시 돌아올 수 있는 여유도 있다. 그래서인지 책은 나에게 많은 선택의 자유를 준다.

만약 당신이 일반적인 가벼운 독서를 원한다면 상상력 외에 다른 것은 필요 없다. 텔레비전은 자주성이 없는 상상력과 같다. 그리고 이것은 사실 다른 사람의 상상력을 당신에게 동의하라고 강요하는 것과도 같다. 영화도 이와 마찬가지다. 책에서도 텔레비전이나 영화와 같이 이야기의 흐름을 따라갈 수 있다. 하지만 내가 확신하는 것은 책은 다른 사람의 특별한 노력이나 도움 없이도 당신의 머릿속에서 꽤 좋은 영화를 만들 수 있도록 해준다는 것이다. 텔레비전은 자주성이 없는 반면, 독서는 당신의 머릿속에서 당신이 원하는 만큼 상상의 날개를 펴게 해준다.

어떤 사람은 상상의 자유가 책 창작자의 속박에서 벗어나려는 자유로움이라고 이해하기보다는 다른 독자와 다르게 생각할 수 있는 능력이라고 생각한다. 한 도매상은 이러한 독특한 관점이 독서를 하는 데 필수적이라고 말했다.

나는 독서를 하는 데 고독함과 책의 설명적인 요소는 독자의 개인적인 해석에 따라 달라진다고 본다. 당신과 내가 같은 책을 읽더라도 우리는 무엇이 일어났는지에 대해 두 가지 다른 생각을 할 수 있다. 나는 나의 개인적 경험으로 인해 당신과 다른 것을 머릿속에 그릴 수 있다는 것이다. 내 생각엔 텔레비전과 같은 미디어는 주로 청각적으로 당신을 조작한다. 반면 책은 개인적으로 상상할 수 있는 여지를 더 많은 남긴다.

또한 독서와 비교하면 다른 엔터테인먼트는 헛되고 부질없다고 주장하는 사람도 있었다. 한 도매상은 엔터테인먼트와 비교해서 독서는 매우 질 높은 활동이라고 말했다.

내 생각에 독서는 본질적으로 텔레비전을 보는 것보다 지속적이고 기억에 오래 남는 효과를 주는 활동의 한 종류다. 텔레비전을 보거나 라디오를 들을 때보다 책을 읽을 때는 명백한 노력과 집중력이 요구된다. 설령 교육적인 프로그램이라 하더라도 나는 독서가 더 영양가가 있다고 본다. 특히 당신이 무엇을 원하는가에 따라서 영양가는 더 높아질 수 있다.

서점을 방문한 한 여성도 비슷한 말을 했다. "텔레비전을 본다는 것은 당신의 영혼에 아무 영양분도 주지 않는 무의미한 것에 많은 시간을 소비하는 것과 같다." 이러한 응답자들에 따르면 책을 읽는 데 더 많은 노력이 요구되는 것은 텔레비전에서보다 책에서 더욱 실질적인 것을 찾을 수 있는 가능성이 많기 때문이다. 실제로 책을 다른 문화상품과 비교할 경우 책이 교육과 밀접한 관계에 있다는 평가가 공식적 또는 비공식적으로 많았다. 또 다른 서점의 단골고객은 다음과 같이 말했다.

매우 다릅니다. 책과 텔레비전에서는 어떠한 닮은 점도 찾을 수 없어요. 텔레비전은 당신을 재미있게 해주는 무언가일 뿐입니다. 책은 당신이 앉아서 읽는 것입니다. 책은 당신을 재미있게 하지요. 그리고 동시에 다른 것에 대해 배울 수 있는 교육적인 것입니다. 그러므로 그것에는 엄청난 차이가 있지요.

책이 엔터테인먼트의 원천이라고 이해할 수도 있지만, 사람들은 책을 학습과 삶의 질(도덕적·지적 모두)을 향상시키는 데 더 연관되어 있다고 여기고 있다. 그리고 책은 사람과 세상에 통찰력을 제공해줄 뿐만 아니라 자기인식을 위한 기회를 제공해주기 때문에 사람들은 책이 사회를 더 풍요롭게 만드는 독특한 잠재력이 있다고 여긴다.

앞에서 인용한 말 중 마지막 고객이 책에 부가한 새로운 의미는 이전에 책이 지니던 의미와 공존한다. 즉, 책은 대중의 의사소통을 위해 만들어진 어떠한 매개체보다도 교육적이고 재미있는 것으로 여겨진다는 것이다. 그리고 서점은 공동체를 위해 흥미로운 것을 제공하고 개인이 책을 감상하거나 생각할 수 있는 장소를 제공한다는 의미를 가지고 있다. 서점을 방문하는 고객은 일반적으로 교육적 의미와 재미 사이의 모순을 발견하지 못한다. 사실, 고객들이 왜 모순을 발견해야 하는가? 사람들이 즐거움과 깨우침을 둘 다 원하므로 서점은 이 두 가지를 동시에 제공하는 제품이나 장소를 만들 수 있어야 한다. 하지만 도서 전문가가 이 두 가지 의미를 동등하게 지지할 수 있을지에 대해선 의문이다. 그리고 서점들은 엔터테인먼트를 이용하는 것이 학문이나 개인적인 관계를 만들어서 책을 파는 것보다 더 쉽다는 사실을 알고 있다.

더 많은 상품을 팔기 위해 마케팅이 중요하다는 것은 명백한 사실이다. 그리고 서점의 마케팅은 항상 그렇지는 않지만 종종 그 목적을 달성하곤 한다. 마케팅은 사회적 관계, 물질 위주의 문화, 일상생활에서 일어나는 활동에 대해 우리의 생각을 변화시키는 데 중요한 역할을 한다. 서점의 경우가 대표적인 예다. 서점은 자신들의 역할을 재정의하고 서점의 이미지를 재정립하기 위해 정교한 마케팅 기술을 사용했다. 이러한 과정에서 그들은 책과 쇼핑에 대한 사람들의 생각을 바꾸는 데 도움을 주었을지도 모른다.

엔터테인먼트를 제공하는 서점은 쇼핑을 여가 선용, 재미, 오락과 동등하게 만들었다. 이러한 엔터테인먼트로서의 쇼핑은 요즈음 독립서점과 체인서점이 추구하는 모델이라고 볼 수 있다. 하지만 엔터테인먼트를 제공하는 것은 단지 마케팅 도구 가운데 하나일 뿐이라는 해석에도, 이로 인해 발생된 서점 간의 경쟁에서 소비라는 개념은 다양하게 해석되고 있다. 체인서점은 소비란 개인적인 차원에서 경제적 이익을 추구하는 것이기 때문에 개인은 항상 저렴한 물건을 찾는다는 관점에서 소비의 의미를 파악한 반면, 독립서점은 소비의 의미를 개인관계 형성 및 시민으로서의 책임과 관련된 것으로 보았다. 이러한 소비에 대한 관점의 충돌은 도서판매에서만 볼 수 있는 현상은 아니다. 하지만 많은 사람이 예전부터 지녔던 책에 대한 강한 고정관념으로 인해 다른 상품과 다르게 책이라는 상품과 연관된 소비라는 개념은 쉽게 논쟁의 대상이 될 것이다. 즉, 우리가 소비에 대해 어떻게 생각하는가는 상품에 따라 다르다는 것이다.

06_

합리적인 소비자와의 거래
저가 도서 판매

사람들은 싼 것을 좋아한다. 실증적인 관찰에 따르면 이러한 대중의 지혜가 항상 옳다고는 할 수 없지만 이 사실은 많은 미국인이 자신을 포함한 다른 사람을 이해하는 데 중요한 작용을 한다. 독립서점을 방문한 한 고객에게 책 구매를 결정할 때 할인이 얼마나 큰 비중을 차지하는지 묻자 "항상 중요하지요. 할인된 가격으로 책을 살 수 있다면 선택의 여지가 없지요. 그리고 나는 할인가격을 제일 먼저 확인해요. 그것이 나의 투자, 나의 삶의 방식이에요. 할인이 인기를 끌기 전부터 그랬지요. 그게 나예요. 나는 할인되어서 태어났나 봐요"라고 말했다. 그는 할인의 유혹을 묘사하는 데 불가피하다는 단어를 사용했다. 그는 책을 살 때 할인을 우선순위로 생각하는 것이 이 세상을 살아가는 사람들의 자연스럽고 일반적인 행동의 연장이라고 믿었다. 그의 발언을 통해 가장 적은 비용으로 가장 많이 소유하고 싶어 하는 것이 인간의 본성이며 전형적인 미국인의 생각이라는 것을 알 수 있다. 이러한 생각은 일상생활의 많은 영역에도 적용될 수 있지만, 가격이 마케팅과 상품의 배치, 그리고 점원과 고객의 거래에서 눈에 띄게 중요한 역할을 한다는 사실은 특히 쇼핑에서 분명히 깨닫게 된다.

하지만 소비라는 개념이 문화에 따라 여러 가지 모델이 있는 것처럼, 고객은 항상 이기적이며 싼 물건만을 찾는다는 인식 외에 고객에 대한 다른 관점도 존재한다. 고객은 싼 물건만 찾는다는 관점이 대세였지만 지금은 소비에 대한 이러한 개념이 절대적이지는 않다는 것이다. 실제로 앞에서 언급한 고객에게 다음 질문으로 "서점에서 좋은 판매원이 되기 위해서는 어떻게 해야 하는가?"라고 묻자, 그는 자신이 방문한 서점에 찾는 책이 없더라도 자발적으로 친절하게 책을 보유한 다른 서점을 소개해주는 판매원에게 어느 정도의 점수를 주겠다고 답했다. 즉, 고객이 찾는 상품을 보유하지 않은 서점이 상품을 가지고 있는 경쟁상대를 추천함으로써 자본주의 시장 법칙에서 벗어날 때 고객 또한 항상 싼 물건을 찾으려는 강박관념에서 벗어날 수 있는 것이다. 이러한 대답은 결국 돈으로 가장 많은 것을 소유하려는 충동이 뿌리 깊지만은 않다는 것을 의미한다.

경제학자는 서점의 이러한 공평무사한 행동을 단지 상인이 고객에게 부가가치를 제공함으로써 고객을 유혹하는 것이라고 본다. 이러한 경우 고객은 구매한 상품과 함께 부가적인 서비스를 받기 때문에 그들은 여전히 싼 가격을 지불했다고 인식하게 된다는 것이다. 하지만 경제학자의 설명은 판매자-고객의 관계가 단지 이익만 추구하는 것이 아니라 충성, 호의, 또는 관용이라는 개인적인 관계로도 설명될 수 있다는 점을 간과하고 있다. 이처럼 개인적으로 맺어진 관계는 사리사욕만을 채우려는 개인의 행동을 포기할 수 있게 만든다.

개인적인 관계가 경제적 거래에 미치는 영향은 현존하는 시장구조와 문화적 규범에 따라 다르다.[1] 따라서 할인을 위주로 하는 시장에서는 할인이 개인적 관계에 영향을 미칠지도 모른다. 이러한 시장에서는 판매자가 마음에 드는 고객에게 충동적으로 가격을 할인해줄 수 있다. 그리고 사교성이 좋은 구매자는 다른 사람보다 더 좋은 가격에 상품을 구매할 수도 있다. 반면 가격정찰제가 되면 할인을 합리적으로 운영할 수 있으며 이를 판매정책으로도 시행할 수 있다. 따라서 모든 고객은 개인적인 관계와 상관없이 정당하게 할인을 받을 수 있다. 개인적인 관계에 상관없이 판매액을 객관적인 표로 만들어 관리하는 시스템을 사용하면 구매를 많이 한 고객은 수시로 더 많은 금액을 할인받을 수 있으며, 이 시스템에 참여한 고객이라면 누구든지 할인을 받을 수 있는 기회를 부여받는다. 하지만 이처럼 가격을 위주로 한 시장에서 발생되는 판매자와 구매자 간의 특이한 관계는 진정한 거래라고 할 수 없다.

팔리는 상품의 가격은 소매 거래에서 발생되는 단지 하나의 현상일 뿐이다. 하지만 가격은 이기적인 생각이 소비에 영향을 미치는 요소인지 아닌지를 가리는 중요한 관점이 된다. 가격을 중시하는 쇼핑은 구매자와 판매자 간의 경쟁을 부추기며, 고객으로 하여금 다량의 상품을 구매하도록 한다. 반면 가격을 강조하지 않는 쇼핑은 고객의 구매력을 높이기보다는 판매자와 구매자 간의 동등한 의미에서의 개인적인 관계에 집중한다. 개인적인 관계를 통한 거래는 아직도 미국에서 찾아볼 수는 있지만 시대착오적인 거래로 인식되어 사라져가고 있는 것이 현실이다. 이러한 현실은 체계적인 할인 시스템이 어떻게 고객이 가격이라는 한 가지 요소에만 집중하게 만들었는지, 그리고 가능하면 싼 가격으로만 상품을 구매하려는 이기적인 행동을 하게 만들었는지를 문화적인 측면에서 이해할 수 있도록 만든다. 이런 측면에서 가격에 대한 고객의 생각이 눈에 띄게 잘 드러나는 분야가 도서 비즈니스라고 볼 수 있다.

이 장에서 나는 도서 전문가가 싼 물건을 찾으려는 고객에게 어떻게 대응했는지를 기반으로 할인의 개념과 실행에 대한 설명을 역사적인 측면에서 조명해보고자 한다. 도서판매에서 할인만큼 논쟁을 불러일으키는 주제는 아마 없을 것이다. 19세기에 미국에서 기업이 나서서 도서판매를 시작했을 때부터 가격 할인은 도서 전문가의 비난과 함께 실행되어왔다. 20세기 전반에는 백화점, 약국, 잡화점에서도 책이 할인되어 판매되었기 때문에 도서 할인에 대한 비난은 책이 아닌 다른 물건을 파는 소매상에 대한 비난과 뒤얽혀 있었다. 반면 일반적인 서점에서 할인은 1970~1980년대에 쇼핑몰을 기반으로 한 체인서점이 생기기 전에는 만연하지 않았다. 이후로 할인은 체인서점과 다른 상인의 성장에 기여하는 한편 독립서점의 파산에도 많은 영향을 미쳤다. 이러한 현상은 대형 체인서점이 규모의 경제를 통해 할인을 하고 이익을 창출했기 때문이다. 따라서 할인을 할 수 없는 사람은 자연히 경쟁에서 이길 수 없는 상황이 되었다.

할인을 둘러싼 많은 논쟁은 경제적 효과와 관련되어 있다. 할인을 지지하는 사람은 할인을 통해 얻을 수 있는 효율성을 찬양하는 반면, 비판자는 할인으로 인해 궁극적으로 출판사와 서점 모두의 이익이 감소하고 결국에는 재정 곤란으로 이어질 것이라고 경고한다. 하지만 이러한 관점에는 할인의 사회적·문화적 여파에 대한 우려가 깔려 있다. 여기서 특히 중요한 점은 사람은 근본적으로 자본주의자라는 견해를 바탕으로 할인을 구체화하고 장려하면서 소비를 고도의 수단으로 이해한다는 것이다.

소비에 대한 견해는 경제행위라는 측면에서 보면 매우 상식적인 것으로 인식되지만, 이는 분명 미국 문화에서 발생한 것은 아니다. 1930년대에 유통업체 간의 격렬한 경쟁을 거쳐 대형업체는 무소불위의 힘을 갖게 되었고, 이로 인해 많은 산업에 종사하는 소매상은 할인이라는 것은 자본주의가 미친 듯이 설치며 행패를 부리는 것과 같다고 맹비난했다. 할인에 반대하는 철학적인 입장은 상품을 공급하는 공급자가 유통업체(주로 소매상)에 최저, 최고, 또는 정찰제를 강요하자 재판매가격 유지에 대한 정책 투쟁을 벌임으로써 분명해졌다. 일반 서점의 압박이 있었는데도 20세기 전반 출판사는 책의 최저 가격을 유지하도록 하는 협정에 서점이 서명하도록 요구하면서 할인을 줄이고자 노력했다. 하지만 서점은 약국이나 술을 판매하는 다른 유통업체보다 강제적으로 가격 유지를 합법화해야 한다는 데 열성적이지 않았다. 왜냐하면 당시에 도서유통을 이끄는 사람은 전문적이며 고상한 이미지를 만드는 데 관심이 더 많았기 때문에 다른 종류의 유통업체와 같이 조직적으로 현실에 대응하는 것에는 관심이 없었다. 게다가 대형 체인서점이 시장을 지배한다는 것에 대한 관심도 없었고 공공연히 이를 비난하지도 않았다. 이러한 무관심은 재판매가격 유지를 확산시키고 할인 반대를 지지하는 데 걸림돌이 되었다. 비록 다른 소매업에 비하면 매우 온건한 대응이긴 했지만, 체인서점이 정기적인 할인을 시작한 뒤에야 서점의 행동이 비로소 투쟁적으로 변하기 시작했다.

일반 소매업과 할인이라는 악마

할인은 현대 미국 도서산업의 초창기 시절부터 심각한 문제로 여겨져 왔다. 19세기 중반에는 일반 소매상이 대중에게 할인된 책을 직접 판매하는 방식의 거래였는데, 이 때문에 소매상은 서점을 위태롭게 한다는 비난을 받았다. 또한 출판사도 통신판매를 통해 소매상에게 공급하는 가격 또는 그보다 더 싼 가격으로 독자에게 책을 판매한다는 비난을 받았다. 당시 출판산업의 주요 주간지였던 ≪퍼블리셔스 위클리≫는 악마라고 불리는 할인에 대해 단호한 자세를 취했다. 출판사에 할인을 적극적으로 반대하라고 자주 권고했지만 이를 성공적으로 이끌지는 못했다. 예를 들어 1892년 이 잡지의 사설에서는 "출판사가 할인을 고집하는 서점을 처벌하는 것은 거의 불가능하므로, 지역 서점은 모두의 파멸을 초래하는 가격 경쟁을 억제하도록 상호 계약을 맺는 것이 최선의 방법"이라고 말했다.[2]

백화점이 책을 팔기 시작하자 상황은 더욱 심각해졌다. 우리가 익히 알고 있듯이, 약국이나 일반 상점과 마찬가지로 백화점은 고객을 유혹해서 고객이 마진 높은 상품을 구매하도록 하기 위해 손해를 감수하면서까지 책을 미끼상품으로 판매했다. 20세기 전반 동안 전체 유통업체 중에서 가장 악명 높은 할인매장은 뉴욕의 백화점인 메이시스였다. 메이시스는 유명한 책을 할인함으로써 주요 고객을 유치할 수 있었고, 그 과정에서 많은 양의 책도 팔 수 있었다. 메이시스뿐만 아니라 다른 백화점들도 할인된 가격을 신문광고에 선전하며 의기양양하게 많은 투자를 했다. 그러자 잠재적 독자뿐만 아니라 다른 많은 서점도 이러한 판매에 주목하기 시작했고, 이는 정기적인 가격 전쟁의 시작을 예고했다.

도서유통의 비효율적인 골칫거리를 개혁하려는 노력과 함께 출판산업의 리더들은 비경제적인 가격 전쟁의 본질을 비난했다. ≪퍼블리셔스 위클리≫는 1935년 당시 상황을 통상적인 거래의 법칙이 도서유통에는 더는 적용되지 않는 "바보의 천국"이라고 표현했다.[3] 백화점과 경쟁할 수 없는 독립서점은 파산할 수밖에 없었고, 출판사는 급격히 줄어드는 서점의 수를 피부로 느낄 수 있었다. 때때로 서점은 할인된 책을 성공적으로 판매할 수 있는 방법을 고안해내곤 했다. 예를 들어, 1930년 후반 반스앤드노블은 본점과는 별도로 백화점이 할인할 때 사용하는 지하실(과다 공급되었거나 계절이 지난 재고품의 옷을 팔기 위한 장소)과 같은 장소에 자랑스럽게 '알뜰서점Economy Bookstores'을 열었다.[4] 그러나 이것은 서점의 수익에서 가장 많은 부분을 차지하는 신간을 할인해주는 것과는 여전히 다른 문제였다.

할인을 저지하려는 출판사와 서점의 시도에도 백화점 할인은 1950년대에도 계속되었다. 그 10년간 다양한 서점이 백화점이 실시하는 방법을 따라 책을 미끼상품으로 사용했다. 할인을 하는 서점은 백화점보다 더 많은 종류의 책을 할인 판매했고, 이로 인해 독립서점으로부터 많은 비난을 받았다. ABA 이사는 1959년 상원 소위원회에서 일반 상점들이 인기 있는 대부분의 도서 가격을 할인함으로써 서점의 중요한 비즈니스를 뺏어 갔다며 성명서를 발표했다.

> 할인은 미국에 있는 서점의 존재에 대한 중대한 위협입니다. 이 위협은 요즘 몇 년 동안 크게 할인해주는 상점의 급속한 성장으로 인해 증대되었습니다. 책에 대한 관념이 없는 할인 상점은 손을 뻗어 가장 중요한 신간판매 시장에서 가장 좋은 것을 취했습니다. 항상 소형 서점의 재정 상태를 유지해주던 베스트셀러가 할인을 해주는 새로운 상점에 의해 싸게 제공되고 있는 것입니다. …… 할인을 멈추지 않으면 궁극적으로 전국에서 독립서점은 사라질 것이며, 이는 역으로 우리의 국가적인 문학 생산의 질을 향상시키는 데 심각한 영향을 끼칠 것입니다.[5]

40년 뒤 거의 동일한 성명서가 월마트Wal-Mart, 코스트코, 그리고 다른 할인상점의 후예들을 언급하면서 만들어졌다. 이때까지도 몇몇 서점만 할인과 관련된 시끄러운 싸움에 관여하고 있었다.

체인서점이 할인하는 것을 배우다

1960년대에 도서 시장이 확장되고 백화점의 영향력이 감소되면서 할인의 문제는 잠잠해졌다. 이 시기에는 비돌턴과 월든북스가 설립되었다. 하지만 그들이 처음부터 할인을 경쟁 전략으로 채택한 것은 아니다. 사실 할인은 1970년대 중반까지 책 이외의 상품을 판매하는 소매상의 전유물이었다. 서점의 할인은 1977년에 크라운북스가 설립되면서부터 본격적으로 시작되었다. 사실 크라운북스가 설립되기 2년 전부터 반스앤드노블이 몇 권의 베스트셀러에 대한 할인을 시작하긴 했지만 크라운북스의 할인정책만큼 출판산업에 많은 영향을 주지는 않았다. 크라운북스의 매우 공격적인 할인정책은 다른 서점과 고객의 기대에 엄청난 영향을 주었다.

첫째, 크라운북스의 할인율은 꽤 높았다. ≪뉴욕타임스≫ 베스트셀러 목록에 올라 있는 책 가운데 하드커버는 35%, 그리고 다른 책은 조금 적게 할인해주었다. 둘째, 크라운북스는 서점의 모든 책이 할인된다고 주장했으며, 독자가 책을 사기 위해 원래의 가격을 지불하지 않아도 된다는 것을 광고하고자 많은 돈을 투자했다. 물론 크라운북스의 경쟁자들은 화를 내면서 크라운북스의 이러한 광고는 부정직하다고 지적했다. 사실 크라운북스의 할인 판매는 대부분 신간보다 항상 할인을 해주는 책, 즉 출판사의 과잉 재고로 남는 책을 할인해주면서 시작되었다. 크라운북스 매장은 베스트셀러를 매장 안쪽에 비치해 이를 구매하려는 모든 고객은 재고가 있는 매장 입구 쪽의 매대를 지나야 하는 식으로 디자인되었다. 결과는 '충동구매'를 통해 재고로부터 수익을 창출할 수 있었고 신간 할인에서 발생되는 손실을 보상받을 수 있었다.[6]

크라운북스가 설립되고 나서 몇 년 후 또 다른 두 개의 대형 체인서점이 크라운북스의 가격 할인에 대응하기 시작했다. 하지만 이들이 넘기에는 크라운북스의 명성이 너무나 컸다. 비돌턴은 크라운북스와 경쟁하는 몇 개의 지점에서 베스트셀러 할인을 실험해보더니 1982년에는 픽윅디스카운트북스Pickwick Discount Books라는 새로운 할인 체인서점을 열었다. 픽윅 매장은 보통 돌턴이 보유하고 있는 책의 5분의 1만 보유했지만 그 책들은 모두 할인되었다. 이처럼 새로운 개념의 테스트가 끝난 2년여 후 픽윅은 1984년에 확장되었다. 하지만 1986년, 네 개의 도시에 37개의 매장(100개가 넘는 체인서점을 내려던 처음의 계획에 한참 못 미치는 수였다)으로 성장한 후 비돌턴은 픽윅 체인서점을 닫는다고 발표했다. 픽윅에서는 이익을 창출할 수 없다고 주장하면서, 임원들은 대신 일반 비돌턴 매장에서 선별적인 할인정책을 지속하겠다고 말했다.[7]

그동안 월든북스는 할인을 시작할 것인가를 놓고 주저하고 있었다. 돌턴과 경쟁하기 위한 첫 번째 시도는 1983년 로스앤젤레스 지점에서 베스트셀러를 할인한 것이었다. 그 후 1984년 케이마트가 월든북스를 사들이자 사람들은 케이마트가 자체 할인정책을 도서판매에도 적용할 것이라는 막연한 두려움을 느꼈다. 이러한 예상은 적중해서 그해가 끝나기 전에 월든북스는 '리더스마켓Reader's Market'이라는 새로운 할인점 체인을 시범적으로 운영하기 시작했다. 월든북스는 돌턴이 크라운북스의 성공을 복제했던 것과 같이 모든 책을 할인해주는 체인서점 방식으로는 수익을 창출하기 어렵다고 생각했다. 역시나 오래지 않아 리더스마켓도 월든북스의 영역에서 사라졌고, 일반 케이마트 상점으로 통합되었다.[8]

마진이 적게 남는 비즈니스에서 광범위한 할인을 유지한다는 것이 어렵다는 사실을 리더스마켓과 같은 단기간의 벤처 비즈니스에서 알 수 있다. 두 개의 가장 큰 체인서점이 전 품목을 할인해주는 형식으로는 성공하지 못했지만 선택적인 할인, 특히 베스트셀러를 할인해주는 것은 돌턴과 월든북스의 가장 중요한 경쟁 전략으로 자리 잡기 시작했다. 많은 양이 팔릴 경우 할인된 인기 있는 책은 많은 수익을 올리는 원동력이 되었으며, 이와 동시에 이러한 책이 미끼상품이 되어 고객을 상점으로 유인할 수도 있었다. 그래서 처음에는 할인에 대해 무척 주저했던 월든북스와 돌턴은 고객에게 가치(예를 들어, 저렴한 가격)를 제공하는 소매상이라는 이미지를 만들기 위해 홍보를 많이 했다. 이로 인해 1990년대 초까지는 서점에서의 할인이 매우 빈번했다.

체인 형태의 대형 매장이 활성화되면서 그들은 쇼핑몰의 관행인 선택적 할인을 계속했다. 대형 매장이 격조, 재미, 다양한 상품, 낮은 가격 등 모든 것을 제공할 수 있다는 약속과 함께 할인을 강조한 것은 체인의 마케팅 전략에서 매우 중요한 요소였다. (아마존을 포함한) 체인서점은 가격 전쟁에 참여하기도 하고 수익을 너무 많이 남겼을 때는 할인을 중단하기도 하면서, 시간이 흐를수록 할인의 실제 범위는 광범위해지고 다양해졌다. 때로는 체인이 국가의 할인정책을 정하기도 했다. 어떤 때에는 기업의 지역적 여건과 경쟁을 고려해서 할인율이 지역 간에 다른 적도 있었다. 하지만 대형 매장이 한번 자리매김을 하면 전반적인 할인 범위는 대형 매장에 따라 제한을 받았다. 예를 들어, 반스앤드노블은 1994년부터 페이퍼백의 할인을 중단했다.[9] 그리고 1990년대 중반에 반스앤드노블과 보더스는 ≪뉴욕타임스≫가 정한 베스트셀러는 30%, 다른 하드커버 책은 10% 할인된 가격으로 판매했다. 하지만 1999년과 2000년 사이 이 두 개의 주요 체인서점은 하드커버의 할인조차도 소수의 베스트셀러와 다른 책들로 대상을 한정하기 시작했다.[10]

대부분의 책이 정가로 팔리고 있음에도 광범위한 할인을 제공한다는 인식은 체인서점의 중요한 매력으로 자리 잡았다. 이로 인해 체인서점뿐만 아니라 의류, 사무용품, 가전제품 등을 판매하는 할인 체인서점도 전통적인 소매상보다 더 빠른 속도로 성장했다. 이러한 매장은 저가로 많은 물건을 살 수 있고 다양한 상품을 살 수 있다는 메시지와 함께 고객을 최대한 만족시키겠다는 인식을 심어주면서 고객에게 다가갔다. 도서시장에서는 인터넷서점인 아마존이 가격 전쟁을 부추기면서 끊임없는 할인이 지속되었고 가격 전쟁은 더 심화되었다. 아마존과 반스앤드노블닷컴은 시장 점유율을 높이기 위해 손실을 감수하면서까지 다양한 책을 할인해주었다. 그들의 전략은 할인을 이용해 자신들을 광범위하게 홍보하는 것이었다. 예를 들어, 2003년 가장 많이 팔린 책 중 하나인 『해리포터와 불사조 기사단Harry Potter and the Order of the Phoenix』을 보면 아마존은 엄청난 할인 덕택에 140만 부를 팔 수 있었다. 이러한 할인을 통한 손실을 입긴 했지만, 아마존은 앞으로 온라인상에서 정기적으로 쇼핑할 수 있는 잠재고객 25만 명을 얻었다면서 이를 좋은 투자로 여겼다.[11]

인터넷을 이용한 온라인 쇼핑은 고객에게 비교 구매를 통해 저가의 상품을 찾게 하기보다는 항상 저렴한 가격으로 상품을 구매할 수 있다는 메시지를 제공함으로써 소비를 조장한다. 고객이 여러 소매상의 가격을 비교할 수 있게 만든 다양한 웹사이트는 1990년대에 생겨나기 시작했다. 온라인 서점들이 거의 항상 가장 낮은 가격을 제시했으므로 이러한 가격은 고객의 눈을 현혹시킬 수 있다. 할인 가능한 최소량이 정해져 있어 묶음으로 구매해야 하거나 배송료가 더해지면 고객은 오프라인 매장에서 구매하는 것보다 더 많은 가격을 지불해야 하기도 했다.

사실 비용 절감이라는 차원에서 보자면 할인된 상품을 온라인에서 구매하는 것이 그렇게 큰 혜택이라고 볼 수는 없지만, 책을 팔지 않는 일반 소매상은 장사를 위해 할인이라는 이미지를 최대한 부각시키려고 노력한다. 1990년대에 다양한 상품을 갖추고 있던 대규모 상점과 창고형 매장인 월마트, 코스트코, 베스트바이Best Buy 등의 도매상은 매우 제한된 종류의 책만 판매했다. 이 도매상들의 책 가격은 너무 싸서 때때로 주변의 독립서점이 재판매를 하기 위해 구매하기도 했다. 서점은 창고형 매장에서 판매하는 책 가격이 자신들이 도매상으로부터 구매하는 가격과 비슷할 뿐만 아니라 심지어는 출판사에서 직접 구매할 때의 가격과도 비슷하다고 주장했다.[18] 2001년 창고형 매장, 대규모 상점, 그리고 다른 할인 서점의 도서 매출은 전체 성인 책의 14.8%를 차지했다. 이것은 10년 전의 10%와 비교해서 상향된 수치였다.[18] 할인을 위주로 한 소매업은 1950년대부터 책을 팔아왔지만 20세기 후반부터는 창고형 매장과 대형 체인서점을 찾는 고객의 성향이 달라졌다. 지성인과 부유층의 독자가 이러한 종류의 상점을 더 이상 경멸하지 않았을 뿐만 아니라 이곳에서 적극적으로 책 쇼핑을 하기 시작했다.[14] 주목 받는 대형 체인서점은 많은 엘리트 독자에게 사회적 지위와 관계없이 할인을 받을 수 있다는 확신을 심어주었으며, 쇼핑에서의 사회적 계급의 차이를 줄여주는 역할을 했다.

한 평가에 따르면, 1998년까지 미국에서 출간된 모든 책의 36%는 할인된 가격으로 팔렸다고 했다.[15] 물론 소수의 독립서점도 가격 할인에 참여하려고 노력했다. 하지만 소규모 서점이 가격 할인을 하기란 쉽지 않았다. 우선 할인정책을 성공시키려면 고객에게 최근 할인목록을 지속적으로 알려주는 광고를 해야 했는데 이를 위해서는 많은 자본이 요구되었다. 게다가 할인을 하더라도 정가로 파는 것만큼의 이익을 추구하려면 서점의 판매량이 증가되어야 했다. 즉, 할인을 위해서는 상당한 규모의 경제가 필요했다.

정가로 책을 파는 독립서점은 체인서점, 온라인 서점, 그리고 도매상의 많은 할인정책으로 인해 고객을 잃었다. 하지만 독립서점이 당면한 또 다른 문제는 할인되는 책의 종류와 관련이 있었다. 한 세기 전에 백화점에서 볼 수 있었듯이, 베스트셀러는 미끼상품으로 고객을 매장에 오도록 만들고 다른 상품을 정가에 구매하도록 유인하는 데 이용되었다. 또한 체인서점은 때때로 가격 전쟁에 참여해 손실을 보면서 책을 팔더라도 자신들이 판매하고 있는 많은 양의 베스트셀러를 통해 수익이 창출될 것이라고 확신했다. 어떠한 방법으로든 할인된 베스트셀러는 고객이 체인서점을 선택하는 데 도움을 준 것은 사실이다. 하지만 독립서점은 베스트셀러 판매에서 발생하는 손실에 대해 예민하게 반응할 수밖에 없었다. 베스트셀러는 구간보다 더 높은 마진을 제공한다. 왜냐하면 서점은 상대적으로 적은 비용을 들여 베스트셀러를 확보할 수 있을 뿐만 아니라 베스트셀러는 빨리 팔리므로 매대를 오래 차지하지 않기 때문이다. 또한 베스트셀러 목록에 올라온 신간은 출판사로부터 협력 차원의 광고비를 지원받을 수도 있었다. 이처럼 베스트셀러의 매출은 판매가 저조한 책에서 발생하는 손실을 충당해주는 독립서점 운영의 기반이 되었다. 이제 독립서점은 이러한 시장을 체인서점과 창고형 매장으로 인해 잃게 되었던 것이다.

체인서점과 일반 상점의 책값 할인이 활성화됨에 따라 독자는 할인을 바라게 되었고, 서점에서 책을 정가로 구매하면 사기를 당했다고 여기게 되었다. 많은 고객은 독립서점에서 편안하게 돌아다니면서 구경하는 것을 즐기지만 막상 구매하려면 할인점을 찾는다.

나는 프라이스클럽Price Club에서 책을 산다. 왜냐하면 같은 책이라도 이곳에서는 할인이 많이 된 가격으로 책을 판매하고 있기 때문이다. 나는 방금 가장 큰 크라운북스에 다녀왔다. 크라운북스에서 가장 마음에 드는 점은 역시 가격이다. 나는 이곳(독립서점)과 같이 예쁜 서점을 좋아한다. …… 체인서점은 좋은 가격을 제공하는 데 비해 독립서점은 눈길을 끌 만한 분위기를 띤다.

하지만 다음의 독립서점 주인이 설명하듯이 할인을 좋아하는 고객은 한 서점의 할인가격이 다른 서점의 분위기를 위태롭게 할 수 있다는 사실을 전혀 고려하지 않는다.

내 매장에 와서 항상 "당신이 여기 있어서 너무 좋아요"라고 말하는 고객들이 있다. 하지만 나는 그들이 여섯 블록이나 떨어져 있는 크라운북스에서 필요한 책을 구매한다는 사실을 알고 있다. 그들은 내가 자신들의 이웃으로 있기를 원하기 때문인지 이번 달에도 적지만 25달러를 지출했다. 나는 이 25달러로 그들이 다른 곳에서 더 많은 책을 살 수 있다는 사실도 알고 있다. 나는 그것을 이해한다. 정말로 이해한다. 하지만 내 생각에 이제는 어떤 결정을 내려야 할 때가 온 것 같다. 내가 거주하는 곳에서는 사람들이 자신들의 이웃과 상부상조해야 한다는 강한 의식을 가지고 있다. 그래서 주민들은 기꺼이 세이프웨이에 가는 대신 샘델리Sam's deli 식료품점에서 상품을 구매한다. 왜냐하면 그들은 샘델리가 그곳에 있기를 바라기 때문이다. 하지만 불행하게도 적어도 내가 비즈니스(서점)를 하는 지역주민에게는 소규모 비즈니스를 하는 사람을 배려하는 마음이 전혀 없다. 동시에 이들은 마을에 있는 매장은 파산만 한다고 불평한다. 동네 매장이 낮은 가격을 제공하면서 동시에 이웃으로서의 역할을 한다는 것이 불가능하다는 사실을 주민들은 이해하지 못하는 것 같다. 프라이스클럽과 같은 체인서점에서는 당신이 책을 구매한다고 해서 급박한 일을 처리해주고, 당신을 위해 책을 주문해주고, 1달러로 펑크 난 타이어를 고쳐주는 멋진 이웃을 기대할 수는 없을 것이다. 그렇게 되지는 않는다.

이 사람이 지적하는 것은 독립서점이 할인된 가격을 제공하기 위해서는 다른 종류의 손실이 동반되어야 한다는 사실이다.

소비와 이기적인 구입의 논리

앞에서 살펴본 소비심리는 소비에 대한 또 다른 철학적 가치를 나타낸다. 고객이 프라이스클럽에서 쇼핑하는 것을 보면 가장 싼 가격에 상품을 구매해야 합리적이면서 이성적인 판단이라는 사실이 강요된다는 것을 알 수 있다. 반면 독립서점은 소비자가 상품을 구입하는 데 더 많은 가격을 지불하긴 하지만 또 다른 부가적인 이익을 얻을 수 있다고 제안한다. 그러나 오늘날 왜 고객이 더 싼 가격을 무시해야 하는지에 대한 타당한 이유는 듣기 힘들다. 대부분의 사람들은 소비를 통해 추구하려는 즐거움이 다양하다는 것을 인정하지만 동등한 상품에 대한 가격 차별에 대해서는 매우 냉정하다. 하지만 미국 역사로 돌아가서 할인이 도덕적인 측면에서 대중의 관심이 되었던 때를 생각한다면, 이처럼 서로 다른 철학적 가치가 표명하는 논리를 더 분명히 이해할 수 있을 것이다. 특히 1930년대에 백화점과 체인서점이 다양한 종류의 상품을 공격적으로 할인했을 당시 벌어진 할인에 대한 논쟁은 소비자에 대한 적당한 동기 부여가 무엇인지를 추측하게 해주었다.

할인을 옹호하는 사람들은 소비자의 첫째 의무가 자신과 가족을 위하는 것이라는 소비의 개인적인 관념을 강조한다. 1931년 한 체인점 지지자는 이러한 관념이 당연하다는 사실을 확인시키고자 노력했다.

가계부 예산을 지출하는 데 주부의 가장 중요한 관심사는 결국 최소의 비용으로 어떻게 가장 많은 것을 구매할 것인가 하는 것 아닌가? 물론 주부는 지역에 충실할 뿐만 아니라 이웃 상점이 번영하기를 바라고, 이를 위해 최선을 다하려고 노력한다. 하지만 주부의 중요한 의무는 자신과 가족을 위하는 것이며, 최상의 가치를 얻을 수 있는 곳에 예산을 사용하는 것이다. 만약 아들의 글러브를 사면서 19센트, 빵을 사면서 2센트, 이중냄비를 사면서 30센트를 아낄 수 있다면 당신은 모든 이유 ─ 개인적이거나 다른 ─ 를 제쳐두고 체인점에서 쇼핑하는 것을 정당화할 수 있다.[16]

이처럼 할인을 지지하는 사람들은 지출을 결정하는 첫 번째 순위는 가격이며 비용을 아끼지 않는 것은 비이성적이라고 주장한다. 즉, 어리석고 잘 속는 사람들이나 불필요하게 더 많은 가격을 지불하는 것이라고 주장한다. 1938년의 라디오 연설은 체인점에 부가세를 부여하려던 사람들을 비방했다.

이상하게 들릴 수도 있지만 우리는 싼 가격의 상품을 효율적으로 파는 판매자들을 일반 대중의 복리를 위한 적으로 여기는 전국적인 공격에 직면해 있다. …… 이러한 판매자를 적대시하는 사람은 자신이 지불하는 가격보다 적은 가치를 얻어도 된다는 비정상적인 미국 고객에게 지지를 호소하는 것과도 같다. …… 하지만 나는 미국 주부와 노동자가 자신의 돈을 헛되게 사용하려고 한다는 것에 대해 이해할 수가 없다. 나는 솔직히 우리나라의 일반적인 사람은 자신이 사용하는 모든 돈에서 가능한 한 많은 가치를 얻고 싶어 한다고 생각한다.[17]

체인점 지지자가 정확하게 파악했듯이, 특별한 세금이나 가격 유지 규정을 통해 체인점을 규제하려는 노력은 경쟁적인 자유 시장경제에 불합리하게 개입하는 것이다. 체인점 지지자는 자유 시장에서의 경제적 경쟁이야말로 박수를 받아야지 비난을 받아서는 안 된다고 여기고 있으며, 이러한 규제야말로 불법행위라고 주장한다. 자유 시장경제에서는 경쟁자들이 자신의 열의와 능력을 보여줄 수 있다. 그리고 자유 시장경제에서는 승자와 패자가 공평하지 않게 보상을 받는 것이 당연하다. 체인점 규제 법안에 대한 ≪리더스다이제스트Reader's Digest≫의 논쟁에서 또 다른 체인점 옹호자는 다음과 같이 솔직하게 말했다.

독립상점이 멋진 친구임에는 틀림없다. 하지만 이웃 주민이 지갑에서 보조금을 내어줄 정도로 주민의 기분을 북돋아주며 기운 나게 할 정도로 멋진가? 그렇지 않다면 다른 모든 것과 마찬가지로 너무 감정에 호소하지 말고 치열한 경쟁을 통해 사회로부터 그 가치를 인정받아야 하는 것 아닌가?[18]

경쟁에 대한 찬양은 할인에 대한 반대를 비미국적[19]이라고 부르면서 실패한 공산주의를 생각하게 만든 냉전시대 때부터 크게 탄력을 받았다. 특히 대형 체인점 운영자는 사람들이 재화의 균등한 분배 시스템을 포기하고 자신의 이익 추구를 위한 경쟁심을 느낄 때 번영할 수 있다고 경고했다.[20] 이러한 관점에서 가격 경쟁에서 소매점을 보호하는 것은 사회복지뿐만 아니라 미국 가치의 근본을 파괴하는 행위라고 강조했다.

자유 시장경제 운영과 인간본성에 따른 자유로운 욕구는 할인 옹호자들의 주장을 정당화시켰다. 적은 돈으로 더 많은 가치를 원하는 것이 인간의 본성이라는 견해는 1958년 메이시스 백화점의 부사장이 의회에서 증언한 내용에서도 잘 표현되고 있다.

어느 누구도 소비자가 쇼핑할 때 흥정하지 말라고 강요하거나 소매점이 할인을 제공하는 것을 금지할 수는 없다. 아무도 이런 행위가 비도덕적이고 불법이라고 주장할 수는 없으며, 이를 금지한다 하더라도 필요하다면 불법적인 방법으로라도 계속될 것이다.[21]

미국에서 사상 초유의 엄청난 소비문화가 형성되던 때를 보면 이는 부분적으로 개인을 위한 은행의 여신정책에서 기인했음을 알 수 있다. 그리고 이 현상은 돈을 알뜰하게 쓰기보다는 인간의 본성 가운데 하나인 욕심에 근거한 것이라고 볼 수 있다.

하여간 20세기 초반만 하더라도 할인율에 따라 움직이는 '정글의 법칙'에 소비자가 고무되는 것에 대해 비판적인 목소리가 많았으며, 할인만을 추구하는 행태는 자제되어야 한다는 주장이 있었다. 할인정책을 반대하는 사람들에게는 자유로운 가격 경쟁이 비도덕적으로 보였다. 어떤 경우에는 할인된 가격만큼 비용이 생산자에게 전가되어 공급가격이 조정되기도 했다. 생산자는 원가를 줄이기 위해 인력을 줄이거나 임금을 깎는 현상이 발생했는데, 할인정책 반대자들은 이것이 미국 노동자가 할인 정책의 피해자로 이어지는 결과를 발생시킨다고 주장했다.[22] 할인정책을 비판하는 사람들은 하나의 상품을 할인 판매하고 그 할인 폭만큼 다른 상품의 가격을 올림으로써 손실을 보충하는 것은 사기라고 지적했다.[23] 그러나 이들이 가장 우려한 것은 대형 소매점이 추진하는 할인정책이 결국에는 독점으로 연결될 수 있다는 점이었다. 손실을 예상한 판매나 위협적인 가격정책은 결국 할인을 할 수 없는 소규모의 경쟁사를 제거하기 위해 도입된 것이었다. 대법원 판사 임용을 앞뒀던 루이스 브랜다이스Louis D. Brandeis는 1913년에 다음과 같은 말을 했다.

> 미국인은 가격 할인의 의미에 대해 환상을 지녀서는 안 된다. 그것은 신뢰를 가장 중요하게 여기는 소규모 사업 경쟁자를 죽이는 수단으로 활용되고, 종국에는 독점이라는 강력한 무기로 변질된다. 이것은 단순하고도 효과적인 수단이다. 자본가는 장기적으로 우유부단하고 근시안적인 소비자를 이용함으로써 이들이 결국에는 스스로 파산하게 만든다. 생각이 부족하고 나약한 소비자는 사소한 목전의 이익에 쉽게 굴복하고 자기 권리를 팔아서 독점의 희생양이 된다.[24]

가격 할인의 운명적인 결론은 소비자의 욕심을 이용해 이들을 유혹하고 현혹시켜 소규모 소매점에 대한 충성심을 포기하게 만든 뒤 권력의 하수인으로 만드는 것과도 같다.

할인 반대 운동: 서점과 재판매가격

백화점에서 시작되고 할인점에 의해 활성화된 가격 할인 경쟁에 직면한 서점들은 통제되지 않는 경쟁 구조에 대해 심각한 우려를 표명했다. 1952년 ABA의 대변인은 다음과 같이 언급했다.

자유경쟁이라는 구조가 재력 있는 대형 소매점이 재정적으로 취약한 소매서점과 같은 경쟁 소매점을 파멸시킬 수 있는 권리를 주는 계기가 되어서는 안 된다. '미국식'이라는 의미는 절대로 정글의 법칙을 장려하는 것이 아니다.[25]

도서산업 역사에서 서점들은 가격 할인 문제에서 자신들의 이익을 지키기 위해 가장 강력한 집단행동을 해왔다. 그리고 다른 상품이 아닌 책을 팔고 있다는 이유로 이 문제는 타 산업과는 달리 특별한 관심을 받아왔다.

1900년 초, 가격 할인으로 야기된 불안정한 상태가 매우 심각해지면서 대표적인 출판사들은 미국출판협회American Publishers Association를 만들어 소매서점이 출판협회가 정한 최저 판매가격을 유지해서 책을 판매하도록 강요했다.[26] 또한 같은 해에는 이런 노력을 뒷받침하기 위해 ABA가 발족되었다. ABA 창립회의에서는 최저 판매가격을 설정하지 않는 출판사와는 거래를 하지 않으며 이 규정을 준수하지 않는 서점 조합원은 협회에서 퇴출시킨다는 결의안을 통과시켰다.[27] 1901년 출판협회 회원들은 모든 서점이 이런 사실에 합의하고 서명하도록 종용했다. 백화점을 비롯한 대부분의 상점은 이에 동조했지만 저가판매가 주요 마케팅 전략인 메이시스 백화점은 예외였다. 초창기에 출판사는 이러한 규정을 준수하지 않은 매장에는 책 공급을 중단했고, 따라서 메이시스는 출판사의 이러한 행동에 대응하기 위해 은밀한 에이전트를 동원해 도시 밖에 있는 도매상이나 매장에서 책을 공급받았다. 메이시스는 출판협회의 이러한 규정을 노골적으로 무시했으며, 신문에는 확실하지도 않은 할인 판매 광고를 계속 게재했다. 1902년 메이시스는 출판협회가 자유경쟁을 억제하고 있다는 명분으로 소송을 제기했다. 이에 출판협회는 메이시스가 출판시장을 어지럽히고 있다며 반대소송을 제기했고, 이 소송은 그 후 10년 동안이나 계속되었다. 하지만 1913년 대법원은 최종적으로 메이시스의 손을 들어주고 미국출판협회를 해산시켰다.[28] 이 패배 이후 미국출판협회는 판매가격 유지를 위한 목적으로 다시는 모일 수 없게 되었다.

하지만 이 문제는 해결되었다기보다는 점점 더 불안정한 상태로 진전되었다. 몇 개의 또 다른 산업에서는 셔먼독점금지법Sherman Anti-Trust Act에 의하면 재판매가격 유지가 자유거래를 제한하는 정책이라는 법원의 판결이 내려졌다.[29] 1915년에 발족한 연방무역위원회FTC도 재판매가격 유지를 반대했다. 그러나 몇몇 산업의 생산자와 독립 소매상은 백화점이나 할인점이 실행하는 할인정책에 반대하기 위한 로비를 지속적으로 벌였다. 독립서점에 들이닥친 위기는 1930년대 또 한 차례의 가격 전쟁이 시작되었을 때 최고조에 이르렀다. 1930년대에 공황이 발생하면서 백화점과 할인점의 가격 할인은 점점 심해졌고 출판사와 서점의 수입도 감소하기 시작했다. 이에 파괴적인 경쟁과 부당경쟁을 방지하기 위해 가격유지의무제가 국가회복위원회National Recovery Administration's(NRA)에서 제기되었다. 1934년, 사업을 통제하기 위한 법안이 700여 개 입법되었고 이 가운데에는 도서산업에 관한 법안이 있었는데, 그 내용은 출판사가 정한 가격 이하로 신간을 판매하는 것을 금지한다는 것이었다.[30] 하지만 1935년 이 법안이 위헌이라고 공포되면서 서점들은 다시금 실망했다.

반면 1931년 캘리포니아는 자기들만의 가격유지법률을 제정했다. 공정거래법이라고 불린 이 법은 소매점의 최저판매가격을 법적으로 정한 것이었다. 또한 국가회복위원회에 제기된 가격유지의무제 실행이 무산되기 바로 전에 몇 개의 주에서는 공정거래법을 통과시켰는데, 1935년에 통과된 뉴욕 주의 펠드-크로퍼드법Feld-Crawford Act 등이 여기에 속한다. 도서유통에 가장 많은 영향을 끼친 것은 바로 이와 같은 주정부 법안이었다. 왜냐하면 뉴욕 시 같은 경우는 출판산업의 중심이었을 뿐만 아니라 백화점을 포함해 가장 유명한 서점이 자리 잡고 있었기 때문이다. 예상대로 메이시스는 이 법안을 법정에서 강하게 반대했다. 하지만 이 갈등은 1937년 의회가 밀러-타이딩스법Miller-Tydings Acts을 통과시키면서 새로운 전기를 마련했다. 이 법안은 각 주정부가 생산자(출판사 포함)가 소매점과 가격유지계약을 할 수 있는 공정거래법안을 만드는 것을 허용한다는 내용이었다. 따라서 대부분의 주정부는 자신들만의 공정거래법안을 만들었고, 모든 출판산업 관계자는 가격 유지를 당연한 것으로 받아들이게 되었다. 그러나 메이시스는 다시 한 번 이러한 법안이 잘못된 것이라고 주장하면서 북클럽이 이 법안에서 면제되었다는 허점을 이용했다. 메이시스는 곧 블루밍데일스Bloomingdale's, 김벨스Gimbel's, 그리고 다른 백화점들과 제휴하면서 회원제를 기반으로 한 북클럽을 통해 할인을 하기 시작했다. 이 문제는 다시 몇 건의 소송으로 이어졌고, 이들 소송은 다시 법원에서 수년간 계류되었다. 다른 산업 분야의 소매점도 이런 할인 판매에 대한 다양한 의견을 냈는데 결국 시장이 혼란스러워지자 의회는 1952년 맥과이어법McGuire Act을 통과시켰다. 맥과이어법은 생산자가 가격유지계약에 참여하지 않은 소매점에도 가격유지계약을 강요할 수 있다는 내용의 공정거래법안이다.[31]

그러나 의회에서의 승리도 오래가지는 못했다. 1950년대에 들어서면서 출판산업에서뿐만 아니라 정부에서도 가격 유지에 대한 지지도가 급속도로 하락하기 시작했다. 가격 유지에 반대하는 사람들은 다시 한 번 가격유지제도는 정가제와 같으며 자유경쟁을 억제한다고 주장했다. 점진적으로 국회의원도 이런 주장에 동의하기 시작하면서 연방정부의 맥과

이어법이 공정거래법을 허용하긴 했지만 이 법이 주 헌법을 위반한다고 주장하면서 주 법원들은 공정거래법을 번복하기 시작했다. 그리고 심지어는 가격 유지를 지지했던 일부 출판사마저도 더 많은 이득을 얻고 싶은 마음에 할인업자들에게 도서를 공급했고 더는 할인정책을 반대하지 않게 되었다. 한때 가격유지정책의 가장 선봉에 섰던 출판사들의 모임인 미국도서출판협회는 더 이상 가격 유지를 찬성하지 않는다고 선언하면서, 심지어는 1962년 가격유지법안에 관한 의회청문회에 참가하지도 않았다.[32] 출판사의 태도 변화는 소매서점을 매우 분개하게 만들었다. 소매서점은 출판사가 자신들의 단기적인 이익 때문에 출판산업의 중심축을 이루는 독립서점 생존에 대해서는 무관심하다고 항변했다.

1975년 연방정부가 밀러-타이딩스법과 맥과이어법을 폐지하려고 할 당시에는 단 13개의 주만 비서명자 조항이 있는 공정거래법을 유지하고 있었고, 23개의 주는 이러한 조항조차도 없는 공정거래법을 유지하고 있었다.[33] 그러나 당시는 가격유지정책이 벌써 도서 전문가의 기억 속에서 점점 사라지는 시점이었으며, 대형 체인서점에 의한 가격 할인이 본격적으로 시작되고 있었다.[34]

가격결정

20세기 초반에 벌어진 할인에 대한 논쟁은 소비자가 점점 자신이 소비하는 돈에서 최대의 가치를 추구하기 시작하면서 사라졌다. 모든 산업에서 할인을 해주는 다양한 소매점이 확산되었으며, 기업은 할인을 통해 더 많은 상품을 구매함으로써 생활을 윤택하게 만드는 사람이 현명한 주부라는 이미지를 만들려고 노력해왔다. 현명한 소비자란 특정 매장에 대한 충성심도 없고 또 어떤 인간적인 관계를 고려하지도 않는다는 것이다.

또한 절약보다 감성적인 면을 소비자에게 요구하는 소매상은 언제나 실질적이지 못하다는 질책을 받았다. 물론 소비에 대한 이 같은 접근방법은 이제 전업주부가 없는 가정에 또 다른 긍정적인 의미를 부여했다. 마찬가지로 이 시대에는 생면부지인 사람들 간에 광범위한 거래가 일어나고, 이웃 매장에서 구매하던 방식에서 지역 쇼핑몰로, 전국적인 카탈로그를 통한 구매로, 인터넷 상거래로 확산되는 것이 당연한 현상이다. 할인을 지향하는 이러한 현상은 오늘날 합리적이면서 무척 당연한 것으로 받아들여지는 듯하다. 마찬가지로 할인이 부도덕한 행위라는 생각은 (베버의 말에 따르면) 서로 전혀 관계가 없는 다양한 가치영역이 섞여 있다고 주장하는 것처럼 여겨진다.[35]

하지만 아직도 터무니없는 이야기가 들리는 분야가 도서산업 분야다. 할인 문제가 도서판매의 가장 중요한 관심사라는 것은 놀라운 일이 아니다. 결국에는 얼마에 사서 얼마에 파느냐 하는 것이 소매점의 손익구조에 직접적인 영향을 미치기 때문이다. 어쨌든 할인 문제는 도서산업에 큰 영향을 미쳐왔으며, 체인서점과 독립서점 사이에 주도권 싸움이 되어온 것은 사실이다. 독립서점은 독립서점의 비할인된 가격에는 체인서점이 제공할 수 없을 뿐만 아니라 시장가치에 따라 조정될 수도 없는 인간적인 관계, 지역사회 변화에 대한 기여, 지역에 대한 민감한 관심 등이 포함되어 있다고 주장한다. 따라서 체인서점의 할인은 독립서점이 제공할 수 있는 이러한 기회를 파괴시키고 책을 일반 상품과 같이 처리함으로써 그 가치를 하락시키기 때문에 도서가격은 도덕의식과 결부된다고 주장한다.

앞에서도 수차례 언급되었지만, 동시대의 독립서점은 자신들이 망하면 그 이상의 또 다른 것들이 상실된다고 주장한다. 그들은 자신들의 고정고객 수가 줄어들면 비용만을 생각하는 사람들에게서는 만들어질 수 없는 지역사회의 특성을 잃게 될 것이고 지역사회의 개성도 점진적으로 소멸될 것이라고 우려한다. 이러한 주장은 독립서점의 매출이 높아져야 동네 사람에게 구멍 난 타이어를 1달러에도 수리해주고 고객이 아닌 동네사람에게도 버스비를 줄 수 있는 여유가 생긴다는 것을 의미한다.

그러나 소비자가 점점 할인을 추구함에 따라 모든 분야의 소규모 독립적인 소매업은 위험에 직면했고, 결과적으로 독립서점이 중요하게 생각하는 책으로부터의 지식이나 가치보다는 가격 할인이 소비자에게 우선시되고 있다고 한 독립서점 주인은 말했다.

그래요. 제가 생각하기에는 경제적인 문제 때문에 사람들은 가격에 민감합니다. 내 말은 왜 사람들이 업다이크John Updike의 신간을 크라운에서는 5달러나 싸게 살 수 있는데 굳이 여기서 사겠느냐 하는 것입니다. 책은 똑같은 책인데, 제가 더 친절하고 업다이크에 대해 더 많이 알고 있다는 것이 고객에게 영향을 미칠까요? 많은 사람에게는 이러한 것이 전혀 중요한 문제가 되지 않습니다.

항상 무임승차만을 노리는 고객에게서 좌절감을 느끼는 서점의 의견에 공감하면서 한 도서 전문가는 다음과 같이 말했다.

내가 얻은 정보에 따르면, (대형 체인서점으로부터) 가장 많은 영향을 받는 곳은 청소년과 아동도서를 파는 서점입니다. 이런 서점은 신간 정보를 취합하고 양질의 도서 정보를 학교 선생님이나 도서관에 제공함으로써 많은 기여를 하고 있다는 자부심을 느낍니다. 물론 대형 체인서점처럼 많이 할인해줄 수는 없지만 말입니다. 그러나 지금은 이런 정보를 받고 설명을 들으면서 고객이 말하기를 "고맙지만 반스앤드노블에 가면 ○○% 할인을 받을 수 있어요"라고 합니다. 난 이제 그들을 비난하지 않습니다. 그러나 고객이 나의 전문성만을 이용하고 다른 곳에서 구매한다는 것은 정말 비참한 일이라고 할 수 있습니다.

그렇다고 독립서점이 스스로 책에 대해 항상 많은 지식을 가지고 있다고 주장하는 것은 아니라고 본다. 물론 서점을 자주 다닌 사람은 이와 반대되는 의견을 제시할 수도 있다. 그러나 책에 대해 많이 알고 헌신적인 사람들에 의해서만 책이 취급되어야 한다는 믿음은 독립서점이 책 가격에 너무 집착한 소비자에게 반대논리를 제공할 수 있는 근거가 된다.

왜냐하면 도서 전문가들은 자신들이 사회에 어떤 특별한 기여를 한다고 생각하고 있으며, 자본주의의 무분별한 원칙이 도서판매에 함부로 적용되어서는 안 된다고 여기기 때문이다. 이 점에 대해 도서판매원은 다음과 같이 언급했다.

나는 서점을 지원하는 보조금 정책이 있어야 한다고 봅니다. 왜냐하면 임대료 때문인데, 서점은 마진 자체가 낮기 때문에 임대료에 대한 상한선이 필요합니다. 서점의 존재는 한 블록 안에 존재하는 신발매장의 수와는 다르게 생각되어야 합니다. 하나의 서점이 망한다는 것은 지역사회의 손실입니다. 하지만 하나의 신발 매장이 문을 닫더라도 한 블록 아래에는 아직 다섯 개의 신발매장이 존재할 수 있습니다.

자유 시장경제에서 서점이 예외적으로 취급되어야 한다는 주장은 책이 여느 일상 상품과는 다르다는 인식이 아직도 남아 있기 때문이다. 여기에는 서점이 경쟁을 추구하는 치열한 일반 시장을 나쁘게 평가한다기보다는 소비자가 특정 시장에서는 지나치게 가격지향적인 소비를 억제해주기를 바란다는 뜻이 내포되어 있다.

책이 여느 일상 상품과 다르다는 주장은 이전 시대 서점의 인식을 다시금 떠올리게 만든다. 중고도서를 판매하는 토론토의 한 서점 주인은 일부러 가격을 높게 책정하는데, 그 이유는 개인적인 욕심 때문이 아니라 문화적인 유산에 대한 가치를 반영하기 위해서라고 한다. 그도 역시 과거의 서점과 마찬가지로 책의 존엄성이 훼손되는 것에 대한 우려를 표시하고 있는 듯하다.[36] 그에게 할인은 자신이 팔고 있는 독특한 상품의 가치를 하락시키는 것과 같은 의미다. 책의 우월성에 대한 주장이나 도서판매를 무분별한 경쟁으로부터 보호할 필요성에 대한 주장은 가격 할인을 이용한 포식자가 만연했던 정글시대를 다시금 연상케 한다. 지금의 서점들은 이러한 언어를 되도록 사용하지 않으려 하고 있지만(인종차별적인 의미가 함축되어 있기 때문이다), 이러한 정글시대에 소비자는 무엇이 인간적이고 문명화라는 것을 강조해야 하며 책은 다른 상품이 할 수 없는 경쟁적인 인간행동을 멈추게 할 수 있다고 주장한다. 책은 여전히 정제된 많은 영향력을 미치고 있다.

책이 특별한 상품이라는 인식은 서적상이 단순한 일반 상인과는 다르다는 생각을 하게 만든다. 그러나 이런 인식이 서점에는 할인과 무분별한 경쟁에 대한 논쟁의 근거가 되었지만, 할인에 대한 반대의 효과를 희석시키는 작용도 했다. 서점산업이 보호가 필요한 산업으로 부각되면서, 서점은 보통의 경우에는 논쟁을 피하고 소비자가 알아서 구매하도록 하게 되었다. 또한 과거에는 도서판매업이 다른 소매업과 다르다는 인식으로 인해 서점이 비슷한 환경에 있는 다른 소매업과 제휴할 수 있는 기회가 별로 없었다. 20세기 전반, 독립서점은 할인정책에 대해 강력하게 반대했지만 가격유지정책에 대해 다른 산업의 소매점과 비교해서 상대적으로 조직적이지 못했으며 비효율적인 대책만 강구했다. 대표적으로 제약사는 밀러-타이딩스법을 통과시키는 데 중요한 역할을 했다. 1930년대에는 전국의 제약사가 프랭클린 루스벨트Franklin Roosevelt 대통령에게 수천 통의 전보를 발송해 협잡꾼에 대항해 영세사업자를 보호해줄 것을 요청 했다. 이 새로운 법안을 통과시키기 위해 타이어산업 관계자와 휘발유업 자는 제약산업과 같이 공동로비를 했다. 그러나 서점은 이에 별로 동참하지 않았다.[37]

서점이 가격유지정책에 적극적으로 참여하지 못한 이유는 이전에 있었던 법원의 패소판결 때문이었다. 메이시스의 사례에서 보듯이 출판사를 중심으로 결성된 미국출판협회는 불법적인 조직으로 거래를 억제한다는 판결을 받았다. 따라서 단체행동이 독점금지법에 저해될 수 있다는 두려움 때문에 출판사와 서점은 가격유지정책을 유지하는 데 합심해서 적극적으로 대응하지 못했다.[38] 1941년 FTC 보고서에 따르면, 가격 유지는 몇몇 유통업체가 과점하는 산업에서 이들이 부당하게 단체로 가격결정 및 유지를 협의하는 가운데 발생한다고 한다.[39] 하지만 서점은 이 정도 수준의 조직이나 단합조차도 이루어낼 수 없었다. 그러나 법적인 반향을 우려하는 것은 그냥 하는 소리이고, 서점은 일반 상점과는 다르다는 인식으로 인해 고상하고 점잔 빼는 문화를 추구해야 한다는 구태의연한 사고 때문에 공동의 목표를 제대로 만들 수 없었다는 것이 정설이다. 세련된 중산층과의 관계를 유지하기 위해 보수적인 서점은 정치적 운동가로서의 이미지를 회피했다고 볼 수 있다.

이 장에서 다루었듯이, 서점산업 할인 문제에 대한 과거와 현재 사이에는 다양한 지속성이 있다. 초기의 백화점 할인업자나 20세기 후반의 할인점은 가격 할인을 통해 자신들의 경쟁사를 처참하게 짓밟았으며 소비자에게 책을 문화의 상징이라기보다는 할인의 대상이 되는 일반 상품으로 인식시킨다는 비난을 받았다. 7장에서 다시 설명하겠지만, 1970년대에 도서산업에서 할인 문제가 다시 제기되었을 때에는 이미 많은 것이

변한 상태였다. 출판사는 할인을 해주는 서점을 반대하기보다는 적극적으로 지원했던 것으로 보이며, 도서업계도 근대적인 마케팅 기술을 도입하게 되었다. 그리고 책이 다른 상품과 다르다는 신념을 갖고는 있었지만 서점은 점점 자신들이 엘리트라고 생각하지 않게 되었다. 그리고 이러한 결과는 불공평하다고 생각되는 시장에서 다양한 반응을 일으켰다.

07_

소매상의 반란
독립서점의 행동주의

미국의 정치문화에서 '비즈니스'와 '행동주의'는 전혀 성격이 다른 것처럼 보인다. 하나는 기존 시스템을 권하는 반면 또 다른 하나는 기존 시스템을 무시하라고 권하는 경향이 있다. 하나는 안정성을 기초로 성장하려는 반면, 다른 하나는 변화를 기초로 한다. 사람들은 이데올로기가 같다는 전제하에 이익이 될 수 있는 잠재력을 보고 서로 교류하는 경향이 있다. 물론 미국인들은 정치와 경제의 관계가 밀접하다는 것을 잘 알고 있다. 개혁가는 경제적 영역 내에서의 변화를 선동하지만, 회사와 산업을 대표하는 사업가는 자신들의 사업에 유리한 환경을 만들기 위해 국가에 정치적 압력을 가한다. 사업가는 여전히 사업적 이익이라는 관심만이 통일된 목표를 만든다고 흔히 생각한다. 미국을 대표하는 자본주의자 간의 경쟁적인 이익과 자본주의에 대한 반감이 행동주의를 초래할 수 있다는 것은 일반적으로 고려되지 않고 있다. 대립을 싫어하는 비즈니스의 특징은 유명한 담론에서뿐만 아니라 자신이 사업가라고 생각하는 사람들 사이에서도 존재한다. 이를 입증하는 확실한 사례는 서점의 역사에서 찾아볼 수 있다. 지나온 세기를 보면 미국의 서점은 정치적 활동이 자신들 직업의 중요한 구성요소가 될 것이라는 사실을 예상하지 못했다. 그러나

20세기가 끝날 무렵 많은 서점은 명백하게 정치적으로 변했고, 자신들의 산업에서 발생되는 이해충돌을 폭로하는 행동으로 분주했다.

1970년대 초부터 주요 체인서점의 경쟁으로 인해 소형서점이 희생양이 되자, 공동체적인 대응만이 소형서점의 생존을 보장하는 필수적인 요소라는 인식과 함께 독립서점끼리의 연합이 시작되었다. 이런 독립서점들의 급진적인 대응, 즉 산업 분야의 기본적인 차이점을 지적하고 이러한 차이점을 널리 인식시켜야 한다는 주장은 서서히 일어났지만 이러한 과정에서 갈등을 겪었다. 특히 현대적 체인서점이 생긴 이후 처음 몇십 년 동안 독립서점이 경제적 어려움을 겪었던 것은 독립서점의 비효율성 때문이었다고 서점 경영자들은 말하곤 한다. 예를 들어, 1973년 ABA의 한 이사는 "성공한 서점과 그렇지 못한 서점 간의 차이는, 전자는 자신의 문제에 집중하지만 후자는 다른 사람이 무엇을 하고 있는지에 대해 관심을 쏟는다는 것이다"라며 독립서점을 비난했다.[1] 이런 관점에서 볼 때 시간을 사업부서의 운영을 개선하는 데 투자하는 것이 경쟁에 대해 불만을 토로하는 데 쓰는 것보다 경제적이라는 것이다. 그러나 월든북스와 비돌턴의 지점이 전 지역으로 확산될 당시 그들의 영향력은 거의 무시될 수 없었다. 1970년대 중반에 이르자 서점 대변인들은 독립서점이 무자비한 경쟁에 직면하고 있을 뿐만 아니라 출판사들이 체인서점의 경쟁적 행동을 부추기고 있다고 주장했다. 1970년대 말, 독립서점은 이 사태를 산업법을 통해 시정하도록 요구했다. 그리고 1970년대와 1980년대 사이에 체인서점에 반대하는 조합을 결성했지만 많은 독립서점은 조합의 최선의 방책에 되도록이면 동의하려 하지 않았고, 행동주의적인 동료로 인해 발생한 대립적인 입장에 찬성하지도 않았다.

그러나 1990년대에는 독립서점이 자신들의 이익을 보호해야 할 필요성에 대해 의견을 일치시키면서 눈에 띄는 변화가 일어났다. 이러한 독립서점 간의 새로운 화합은 대형 체인서점의 성장으로 인해 시작되었다. 대형 체인서점은 체인서점과 독립서점 간 명확한 차이에 기반을 두었던 평화적 공존 가능성을 저해했다. 이제 독립서점은 단순히 비교해 지역 쇼핑몰 체인서점보다 다양한 구색과 완벽한 서비스를 제공한다고 보기 어려웠다. 지역 체인서점은 1980년대에 가장 성공적이었던 독립서점과 동일한 비즈니스 형태를 갖추었고, 독립서점은 이러한 지역 체인서점과 경쟁하게 되었다. 더군다나 독립서점이 경제적 안정성을 확보하는 것은 항상 어려운 일이긴 했지만, 대형 체인서점이 시장에 들어서기 시작하면서부터 이 문제는 더욱 악화되었다. 이러한 상황의 심각성은 대형 체인서점이 동네에 개점함으로써 다시 한 번 강조되었다. 재정이 튼튼하고 건실했던 독립서점이 파산하기 시작했기 때문이다. 유명하고 매우 좋은 평가를 받아왔던 몇몇 독립서점이 파산한 사례에서 이러한 상황의 심각성을 찾아볼 수 있다. 1995년에 파산한 시카고의 지역체인인 크로치앤드브렌타노스와 세인트폴오데가드북스St. Paul's Odegard Books, 앨버커키의 솔트오브어스북스Salt of the Earth Books, 댈러스의 지역체인인 테일러스Talor's, 그리고 뉴욕 시 서북부의 셰익스피어앤드컴퍼니Shakespeare & Company는 모두 1996년에 폐점했다. 그리고 워싱턴의 시드니크래머북스Sidney Kramer-books와 뉴욕 시의 북스앤드컴퍼니는 둘 다 1997년에 파산했다. 건실하고 주목할 만한 서점들이 파산하는 동안 1990년대에는 다양한 서점의 파산 속도가 꾸준히 빨라졌다. 1995년에 132개의 회사가 문을 닫으면서 서점 파산율은 전년에 비해 26% 증가했고, 1996년에는 151개의 회사가 문을 닫으면서 파산율이 14%나 더 증가했다. 파산한 대부분의 서점은 대형 체인서점과의 경쟁을 파산의 중요한 원인으로 꼽았다.[8] 내가 이 연구를 시작하면서 인터뷰하거나 연락했던 다수의 서점도 나중에는 매장 문을 닫았다.

도서판매의 경제적 상황이 더욱 힘들어짐과 동시에 도서산업의 문화도 바뀌었다. 주요 출판사가 점점 기업화되거나 대기업의 한 부속 기관이 되어감에 따라 독립서점과 개인적으로 친밀하게 지내던 출판사가 예전과 같이 독립서점을 위한 정책보다는 자신들과 같은 대규모의 조직을 위해 형식적이고 권위적인 태도의 관료적인 정책을 시행함으로써 독립서점을 배신했다. 이에 독립서점은 출판사와 예전의 관계를 계속 유지할 것인가에 대해 주저하게 되었다. 1990년대 무렵, 독립서점은 자신들의 주요 공급자에게 대항하기 위해 15년 전에는 상상하지도 못했을 방법으로 연합했다.

이런 행동주의를 부추긴 계기는 세기 초 전형적이기만 했던 서점이 체인이라는 문제에 직면하면서 다른 성격을 가진 서점으로 변한 것이었다. 몇십 년 전의 서점과 달리 20세기 후반의 서점은 좀처럼 보수적이면서 우아한 이미지를 유지하려고 하지 않았다. 대신 대중에 영합하는 방식의 마케팅이 전략의 중심이 되었고, 이러한 포퓰리즘은 독립서점에 정치적 활동을 할 수 있는 윤리적 정당성을 부여했다. 과거에는 독립서점이 자신들의 지역에서 중요한 역할을 담당한다고 생각했기 때문에 어떠한 논쟁에도 관여하지 않았지만, 이제는 자신들 지역의 자치권을 위협하는 힘 있는 단체와 맞섬으로써 공동체의 구원자가 되기를 마다하지 않고 있다.

독립서점의 행동주의는 세 가지의 형태가 서로 관련되어 있다. 첫째, 독립서점은 자신들의 거래를 체계화할 수 있는 유통조직을 만들기 위해 행동했다. 둘째, 출판사와 도매상이 체인서점과 독립서점을 대등하게 대할 수 있도록 독점금지법을 적용하려고 노력했다. 마지막으로, 계도적 캠페인을 통해 대중이 독립서점을 후원할 수 있도록 만드는 것을 목표로 삼았다. 이러한 캠페인은 모든 일반 소비산업에서 흔히 볼 수 있는 보편적인 홍보로, 사회적 주요 사안에 대한 의식을 고취하고 체인서점과 독립서점 간의 관계를 정치적으로 쟁점화하려는 의도가 더 컸다. 이같이 다양한 전략은 동시에 착수되었지만 어느 것이 제일 적합하고 효율적인 대응인지에 대해서는 적지 않은 논쟁이 있었다. 가장 치열했던 논쟁 중 하나는 독립서점이 얼마나 적의를 품고 체인서점에 대응해야 하는가라는 것이었다. 짧은 동안 많은 대항적인 노력이 가세되었고, 각 독립서점은 자신들의 단체가 주도하는 대로 체인서점을 압박하는 마케팅 방법을 선호하게 되었다.

이 장에서 나는 ABA가 독립서점을 위한 플랫폼으로 변화된 것, 1982년, 1994년, 1998년에 체인서점을 선호한 출판사의 차별적인 만행을 고발하는 소송이 제기된 것, 그리고 1999년에 북센스Book Sense 마케팅 캠페인이 시작된 것과 같은 여러 가지 전략의 사례를 들고자 한다. 이처럼 다양한 노력은 소규모 사업가로 이루어진 사회운동의 특색을 보여준다. 여기서 우리는 정치나 소송에서 볼 수 있는 급진주의적 성향과 아이러니하게도 체인서점이 사용한 방법을 똑같이 적용해 사업을 발전시키려는 독립서점의 전문화 시도 사이에서 지속되는 팽팽한 긴장감을 엿볼 수 있다. 이처럼 다른 전략은 서로 관련된 다음 두 가지 질문을 제기하게 만든다. 마케팅과 정치적 운동의 차이점은 무엇인가? 그리고 이들은 서로 경합하는 소비자와 소비의 관계를 어떻게 설명할 수 있는가?

독립상점의 존재

나는 대부분의 토론에서 도서산업계에서 흔히 볼 수 있는(그리고 양극화된) 체인서점과 독립서점 간의 관계에 대해 이야기했다. 도서산업에 종사하는 사람들은 독립서점과 체인서점의 차이는 명확하다고 말한다. 하지만 이 두 종류 사업 사이의 경계선이 사실 정확한 학문적인 정의에 기초하고 있다고는 볼 수 없다. 나는 한 여성 고객을 인터뷰하면서 이 여성이 매장이 세 개인 체인서점을 지역 서점으로 간주하는 것을 보고 깜짝 놀랐다. 그리고 절실히 깨달은 바가 있다. 당연히 원칙적으로는 이 고객의 말이 맞다. 나는 법적인 측면과 매장의 수 등에 따라 정의된 '독립서점'과 '체인서점'이라는 단어에 너무 익숙해져 있었고, 이러한 용어를 사용하는 도서산업 격론에 너무 빠져 있었던 것이다. 실제로 독립서점이라는 개념은 아주 큰 몇 개의 체인서점과 반대되는 것으로 정의할 수 있다.

독립서점이라는 개념은 오랫동안 존재해왔지만 지금처럼 복잡한 뜻을 내포하지는 않았다. 사실 1970년대가 될 때까지 '개인의personal'라는 단어와 '독립적인independent'이라는 단어는 한 사람의 소유자가 직접 운영하는 서점을 말하는 용어로 구분 없이 같이 사용되었다. 오래전에 사용되었던 이러한 용어들은 서점이 모든 고객에게 제공하고 싶었던 친근감뿐만 아니라 각 서점만이 가진 고유의 특징을 상기시킨다. 그러나 서점 간의 대화 부족과 각기 다른 성향으로 인해 서점들이 서로 협력해야 하는 중요성에 대해서는 별로 관심이 없었다. 하지만 이러한 현상은 현대식의 체인서점이 출현하면서부터 변화되었다. 독립서점은 서로 단결하면서 자신들의 중요성을 주장하기 시작했고 이로써 자신들의 존재가치를 표명했다. 새로운 형태인 체인서점의 등장은 사면초가에 몰린 독립서점이 경제적 위협과 문화적 지위를 유지하기 위해 공동대응하게 만든 원인이 되었다.

독립서점이 체인서점과 자신들을 구별할 때 빠지지 않고 등장하는 차이점이 있다. 독립적이라는 용어는 지역에 위치해 있고 지리적으로도 한정되어 있다는 의미여서(나라에서 제일 큰 서점 중에 독립서점이 있는데도) 왜소하다고 받아들여진다. 하지만 독립서점에는, 항상 경제적이지는 않지만, 조직의 특성상 특유하면서도 다양하게 매장을 운영할 수 있는 자유가 따른다. 독립서점은 이익만을 추구하는 것에서 독립되어 있다고 자랑스럽게 말한다. 다르게 해석하면 소매상이 투자자나 상위 조직의 통제를 받지 않고 행동을 할 수 있다는 의미다.

나는 우리 독립서점이 고객을 위해 더 많은 신경을 쓴다고 생각한다. 독립서점이란 말 그대로 독자적이라는 뜻이다. 많은 이유로 이 사업에 종사하고 있지만 우리는 항상 고객을 위해 새로운 아이디어를 만들고 관심을 두려고 노력한다. 반면 체인서점은 항상 특정 수입을 올리는 것에만 관심을 둔다고 생각한다.

체인서점과 달리 독립서점은 책에 대한 자신들의 헌신을 금전적 보상을 얻기 위한 수단이라기보다는 그들 자신이 좋아서 하는 것이라고 보았다.[3]

그렇지만 어떤 게 체인서점이고 어떤 게 독립서점인지를 구분하기란 쉽지 않다. 예를 들어, 시카고의 크로치앤드브렌타노스 서점은 수년간 매장 수와 소득 측면 모두 전국 상위 다섯 번째에 들어가는 일반 서점 중 하나였다. 하지만 이 서점의 체인은 시카고 지역에 한정되어 있었고, 아직까지 창립자 가족이 운영하는 형태다. 어떤 산업 분야에서는 크로치앤드브렌타노스가 개인 소유이고 지리적 범위가 한정되어 있으므로 진정한 체인으로서의 자격이 없다고 여길 수도 있을 것이다. 덧붙이자면 오늘날의 자칭 독립서점은 20년 전에 비해 하나 이상의 매장을 추가로 소유하는 경우가 많다. 이러한 이유로 인해 때때로 독립서점으로서의 진정한 위상은 무엇인가를 두고 논란이 벌어졌다.[4] 또한 메인 주의 서점단체가 자칭한 '독립적 체인'과 같은 혁신적인 의미가 만들어지기도 했다.[5]

서점 외의 다른 단체도 도서산업 내에서 독립이라는 존재를 정의하려는 노력을 기울였다. 1970년대부터는 적은 예산으로 소수의 책을 출판하는 몇천 개의 출판사를 지칭해 '독립출판사' 또는 '소규모 출판사'라는 용어를 같이 사용하는 것이 보편적인 현상이었다.[6] 독립출판사들은 자주 자신들을 독립서점과 비슷한 의미로 묘사했다. 독립출판사는 "미국이 추구하는 행복과 까다로운 개인주의 정신"과 마찬가지로 "출판에서도 다양하고 개성 있는 정신'"을 추구한다고 말했다. 한 소규모 출판사의 사장은 "우리와 같은 작은 출판사는 책에 대한 애정이 크다"라고 인터뷰에서 말했다. 도서산업에 종사하는 많은 사람들이 독립출판사와 소규모 출판사의 차이점에 대해 명확한 정의를 내리지는 못하지만 그들이 동등하다는 의견에 대해서는 동의하지 않는다. 몇몇 사람에게는 독립적이라는 말이 크기를 뜻하지만, 다른 사람에게는 특정한 철학을 뜻하기도 하고, 또 다른 사람에게는 단순히 대기업의 소유가 아니라는 것을 뜻하기도 한다.[8]

특히 독립 도서 도매상wholesaler 또는 유통업체distributor에 대한 정의는 더 불명확하다. 도서출판유통의 구성원들은 외관상으로 적은 양의 도서를 취급하는 도매상을 지칭하기 위해 가끔 이 명칭을 사용한다. 즉, 순전히 상업적인 것에만 영합하지 않고 한정된 독자일지라도 이들을 위해 가치 있는 책을 취급하는 것이 이들의 핵심 사업이다. 여기에서도 독립이라는 말은 다른 소규모의 단체를 위해 일하는 개인화된 소규모 기업을 뜻한다. 하지만 이러한 원칙에 충실하기는 힘들다. 한정된 고객과 적은 수의 공급자만을 상대로 사업을 한다면 재정적으로 성장할 수 있는 도매상이 극소수일 것이다. 결과적으로 독립적으로 사업을 한다는 것은 유통업체에는 어려운 일이다. 사실 주요 독립도매상도 아니면서 대규모 출판사나 체인서점과 거래를 하고 있다고 트집 잡히는 것을 보면 독립도매상에도 어떤 암묵적 계층구조가 존재한다고 생각된다.

이와 같이 출판산업의 다양한 분야에서 독립적인 존재를 확립하려는 활동은 상업주의로부터 계속 많은 영향을 받아온 도서시장의 문제점을 요약해서 보여준다. 물론 이와 같이 독립의 의미를 정의하려는 노력은 다른 문화 분야에서도 발견할 수 있다. 이른바 인디음악의 성장으로 인해 생긴 새로운 의미, 다양한 언론(뉴스)매체에서 발달한 독립언론 등이 비슷한 경향이라고 할 수 있다.[9] 하지만 도서산업에서 나타난 현상들이 인디와 다른 점은 독립서점 자신들이 도서산업의 주류가 아닌 또 다른 대안이라는 사실을 깨닫지 못했다는 것이다. 독립서점은 자신들의 사업이 오랫동안 서점 비즈니스에서 핵심적인 역할을 해왔기 때문에 여전히 서점 비즈니스를 대표한다고 주장하는 데만 열중해왔다. 이러한 차원에서 볼 때 독립서점이 자신들을 서점 비즈니스의 또 다른 대안이라고 주장하는 것은 말이 되지 않는다. 오히려 가치는 없지만 체인서점이 더 다르고 감각적인 서점 비즈니스의 대안을 제시했다고 볼 수 있다.

그럼에도 독립서점의 존재를 주장하려는 의지는 1970년대와 1980년대에 서점 사업을 시작한 각기 성향이 다른 사람들과도 관련이 있다고, 샌프란시스코 베이 지역에 있는 한 서점의 주인은 말한다.

이 사업은 특이하고 기이한 사람들로 가득 차 있다. 이들은 거의 1960년대에 태어난 30대 중반 또는 40대 초반의 사람들로 구성되어 있다. 도서판매는 어떤 특이한 기술이 없어도 할 수 있는 일이므로 베이 지역뿐만 아니라 전국의 가장 오래된 서점의 주인을 살펴보면 다수가 반전운동에 참여했던 사람들이다. 코디스, 케플러스Kepler's는 1950년대 초 평화운동을 하던 사람들이 운영하고 있다.[10] 책 파는 사람들은 대부분 개방적이라는 게 사회 통념이지만 전국을 돌아다녀 보면 진짜 보수적인 사람도 많다. 하지만 베이 지역만큼은 책을 파는 사람뿐만 아니라 영업자조차도 대부분 반전운동에 참여했던 사람들이다.

내가 앞 장에서 언급했듯이, 20세기 후반 도서시장에 동참한 서점은 이전 세대의 서점보다 고상한 척하는 상류층의 단골고객과 일체감을 형성하지 못했다. 과거의 사람들과 마찬가지로 젊은 사람이 운영하는 서점 다수는 그들 시대의 여러 사회적 운동에 참여했거나 찬성했고 행동주의를 싫어하지도 않았다. 하지만 이 사람들이 도서산업 내의 개혁운동가가 되려는 의도로 책을 판매하는 일을 시작했다고는 말할 수 없다. 그보다도 그들은 책을 파는 것을 일정한 수입과 함께 그들의 이상을 실현할 수 있는 일종의 피난처로 여겼다. 그러나 산업 내의 환경은 변했고 그와 함께 독립이라는 의미는 그 나름대로 하나의 특성이 되었다.

정치화된 갈등

1970년대 독립서점은 그들의 많은 불만이 체인서점을 옹호하는 출판사와 체인서점의 행동에서 비롯된다는 사실을 확인했다. 시간이 지나면서 세부사항이 조금씩 바뀌긴 했지만, 1970년대에서 1990년대까지 대체적인 쟁점은 거의 변하지 않았다. 예를 들어 4장에서 보았다시피, 출판사와 같이 진행한 협동광고비는 서점을 불쾌하게 했던 문제다. 독립서점은 출판사가 협동광고를 진행하는 과정에서 체인서점에는 상대적으로 유통 프로세스를 간단하게 해주었을 뿐만 아니라 독립서점에는 적용되지 않았던 특별 협동광고비까지 비밀리에 제공했다고 강하게 주장했다.[11]

특히 논쟁이 된 것은 출판사가 소매상인 서점에 할인을 해주는 문제였다. 할인이란 출판사가 자신들의 도서를 소매상에게 파는 가격을 말한다(즉, 소매가나 정가에서 할인된 가격으로 출판사가 소매상에게 책을 넘기는 것을 의미한다). 출판사가 다른 일반 서점보다 체인서점에 더 많이 할인해주었다는 증거가 발견됨으로써 독립서점은 출판사 정책이 차별적이라고 문제를 제기했다. 정부의 로빈슨-패트먼법Robinson-Patman Act은 고객이 대량 주문을 할 경우 공급자는 비용을 줄일 수 있기 때문에 할인을 해줄 수 있다고 허락하고 있다. 대부분의 산업에서는 이러한 현상이 흔히 일어난다. 그러나 독립서점은 여기서 발생하는 불법적인 문제를 제기했다. 여러 매장의 주문을 모아서 중앙에서 대량으로 주문만 하고 각 매장으로 배송을 요구하는 체인서점에 출판사가 할인을 해주는 것은 불법이라는 것이다. 독립서점의 주장은 이러한 행위는 대량 주문을 하더라도 출판사 운송료 등의 비용이 절약될 수 없다는 것이다. 이 문제는 1990년대 말 주요 체인서점이 자신들의 유통시설을 확장할 때까지 크게 불거지지는 않았지만 결국 제조사 직송방식은 최소화되었다.[12] 더 심각한 문제는 체인서점은 강한 영향력을 이용해 독립서점이 받을 수 없는 할인 혜택을 받음으로써 법을 위반했다는 것이다. 출판사는 유리한 할인조건을 체인서점에 제시했고, 이에 따라 1980대 체인서점은 할인을 당연시했다. 또한 이 할인제도는 독자에게 낮은 가격에 책을 판매할 수 있게 했다.

이러한 차별적인 관행은 체인서점이 등장하기 이전에도 있었다. 1959년, 뉴욕서점협회New York Area Booksellers Association는 대중시장을 위해 문고판을 만드는 많은 출판사의 할인정책에 대해 법적인 조치를 취할 것인가를 논의했고, 동시에 가판대 판매가 어떤 유리한 혜택을 받는 것이 아닌지 의심했다. 이러한 상황이 벌어지기 정확히 한 달 전에 FTC는 소매상에게는 지급하지 않은 장려금을 몇 개의 가판대 체인서점에 제공한 것에 대해 다섯 개의 문고판 출판사를 고소했다. 1962년, FTC의 고소 건은 다수의 출판사가 경쟁관계에 있는 서점을 차별대우해서는 안 된다는 법령에 동의하고 서명함으로써 끝났다.[13] 1970년대 말, 체인서점이 유리한 할인을 받는다는 불만이 처음 대두되었을 때에도 대량판매시장을 공략하는 문고판 출판사가 관여되어 있었다.[14] 그 후로 할인은 출판사 사이에

널리 퍼질 조짐이 보이고 있었다.[15]

이뿐 아니라 독립서점과 FTC는 또 다른 불법행위가 도서산업에서 성행하고 있다고 비난했다. 출판사는 화물발송이 잘못된 책이나 파손된 책에 대해 체인서점이 선택해서, 선택한 양만큼 자동적으로 구매요청서에서 차감할 수 있도록 허용했다. 따라서 독립서점과 달리 체인서점은 파손된 책의 반품이나 발송 실수에 대해 별도의 서류를 제출해야 하는 부담을 덜 수 있었다.[16] 차감된 액수는 자동적으로 크레디트를 받는 것을 의미해서 체인서점의 현금흐름을 대폭 호전시켜주는 계기가 되었다. 또 다른 비난은 출판사가 체인서점에는 자신들의 반품규칙을 적용시키지 않았다는 것에서 비롯되었다.[17] 반품을 위해 요구하던 서류를 체인서점에는 요구하지 않았고, 이로 인해 체인서점은 시간제한 없이 언제든지 책을 반품할 수 있었다. 이처럼 다양한 조치는 체인서점이 독립서점보다 책을 더 싸게 구매하고 쉽게 반품할 수 있도록 만듦으로써 체인서점의 불편을 해소시켜주었고, 결과적으로 체인서점이 실질적인 경쟁적 우위를 확보할 수 있는 기회를 만들어주었다.

월든북스와 비돌턴이 설립된 초기에 독립서점은 체인서점의 위협에 대해 우려하긴 했으나 체인서점의 유리한 입장이 부당하다고는 생각하지 않았다. 그 대신 독립서점은 나름대로 좀 더 효과적인 비즈니스를 위해 단합하고자 했다. 예를 들어 1973년 독립서점조합Independent Booksellers Cooperative을 만들었는데, 이 조합의 목적은 소규모 서점의 주문을 통합함으로써 대규모의 체인서점이 대량 주문을 했을 때 받을 수 있는 높은 할인율을 받는 것이었다.[18] 또한 전 지역에 있는 지역서점연합 네트워크는 독립서점의 지지 기반이 되었다. 이러한 독립서점의 단체는 형식상으로 체인서점의 지점에도 개방되어 있었지만 이 단체에 가입한 체인서점 회원은 몇 안 되었고, 이 단체는 구체적으로 그들의 독자적 구성원인 독립서점을 도와주는 일에만 전념했다.[19] 독립서점을 위한 단체보험 가입을 지원하고 도서판매 기본에 대한 세미나를 주최하는 등 이 단체들은 대중이 체인서점보다 독립서점을 더 많이 후원할 수 있도록 하는 것을 목적으로 당파적인 싸움을 벌였다. 예를 들어, 1983년 서북태평양서점협회 Pacific Northwest Booksellers Association는 독립서점과 체인서점의 차이점을 알리기 위한 캠페인을 시작했다. "서점에는 베스트셀러보다 더 많은 것들이 있다"라는 슬로건은 체인서점에서 볼 수 없는 다양한 책과 서비스에 관한 독립서점의 자존심을 강조한 것이었다.[20]

많은 지역에 분포된 지역연합 대부분은 당시에도 체인서점의 지점이 가입할 수 있도록 문을 열어놓았지만 몇몇 신생 독립서점 단체는 자신들이 체인서점의 반대세력임을 확실히 했다. 1977년, 서남지역의 독립서점은 체인서점뿐만 아니라 이들과 연관된 사람까지도 제외한 지역적 거래단체를 만드는 것까지 고려했다. 다음 해까지 독립서점협회Independent Booksellers Association에 가입한 회원서점 수는 전국적으로 50개 정도였다. 1970년대 말에 설립된 위스콘신독립서점Wisconsin Independent Booksellers 단체는 오래가지 못했으나 1980년대에 설립된 오클라호마독립서점협회 Oklahoma Independent Booksellers Association는 장기간 존속했다.[21]

여러 지역 단체가 서점 사이에서 발생되는 공통의 문제를 논의하고 서로 도움을 줄 수 있는 기회를 만들기 위해 공개토론회 자리를 마련했지만, 자원이 부족했을 뿐 아니라 자신들의 의견을 ABA에서 관철시킬 수 있는 정치적 영향력도 부족했다. ABA는 도서산업에서 중추적인 역할을 하는 단체였다. ABA는 매년 미국에서 제일 중요한 도서산업 모임을 후원하는 한편 장래성이 높고 인정받는 서점을 위해 교육과 정보를 제공했고 서점과 출판사 간의 중간 역할을 했기에 자신들이 미국의 모든 도서산업을 대표한다고 주장하기도 했다. 지역연합과 같은 독립서점이 항상 회원의 대다수였음에도 ABA는 체인서점까지 회원으로 간주했기 때문에 앞에서 말한 바대로 ABA가 도서산업을 대표한다는 것은 쉽지 않았다. 체인서점의 존재가 심각한 위협의 원인이 된다는 사실을 독립서점이 자각했을 때부터 같은 단체 안에서 평화로운 공존을 유지하기는 더욱 힘들어졌고, 1970년대 중반부터 ABA는 체인서점과 독립서점의 분쟁 상황에서 어떤 입장을 취해야 할지 계속 고민하게 되었다. 그 후 20년에 걸쳐 서로 다른 관점과 반대도 있었지만, 독립서점은 머뭇거리는 ABA가 확실히 그리고 적극적으로 독립서점을 옹호하는 단체로 탈바꿈할 수 있도록 압력을 가했다. 이 과정에서 미국 독립서점 간의 강한 공동체의식이 형성되었다.

1970년대 말, 월든북스와 비돌턴의 급성장과 경제불황은 많은 서점을 생존 위기에 놓이게 했고, 이를 극복하기 위해 독립서점은 본격적으로 ABA를 자신들의 지지 기반으로 만들고자 시도했다. 우편요금의 가파른 상승은 특히 서점을 힘들게 했는데, 인상된 운송료에 대한 출판사의 무관심은 독립서점을 더욱 당황하게 만들었다. 1978년, 독립서점이 수차례 불만을 제기한 끝에 ABA 이사회는 변호사를 통해 규모와 관계없이 모든 서점에 대한 불공평한 처사를 조사하고 증거를 확보하는 일을 승인했다. 이 일과 관련된 기사는 ABA의 월간지인 ≪아메리칸북셀러American Bookseller≫에 정기적으로 실리기 시작했다. 그러나 독립서점은 자신들의 문제를 해결해주려는 ABA의 노력에 만족하지 않았고, 1979년에 몇 개의 서점이 모여 ABA 위원회의 의견에 반대하는 사람으로 구성된 위원회 선거 후보자 명단을 발표했다. 일반적으로 ABA 위원회는 서점회원으로 구성되어 이 위원회 위원들은 추천위원회에서 회원들의 의견을 청취한 뒤 추천된 후보자를 발표하고 회원들의 승인을 받는다. 이해에 이렇게 공식적인 절차를 거쳐 추천된 후보 중에는 월든북스의 대표인 해리 호프먼

Harry Hoffman이 있었다. 호프먼은 "독립서점만 대표자가 될 수는 없다"라고 주장하면서 "출판산업에서 대기업에 대한 통제"에 대해 우려를 표명했다. 이에 반대하는 사람들은 주인이 직접 운영하지 않는 서점은 ABA에서 배제되어야 한다고 주장하면서 호프먼이 위원으로 지명된 데 대해 몹시 불쾌한 심정을 토로했다. 하지만 ABA의 지도부(직원, 의원, 중역)들은 반대파의 이러한 요구를 비판했고, 서점들이 앞에서 제시한 후보자 명단도 무시했다.[22]

협회에 대한 불만은 계속 커져만 갔다. 한 독립서점은 "체인서점에 유리한 제도를 ABA가 적극적으로 지지하는 것 같다"라고 불평했다.[23] 또한 이 독립서점은 다른 독립서점들과 마찬가지로 ABA가 차별적인 가격 정책에 동참하는 출판사에 대해 법적 조치를 취하지 않는 것에 대해 무척 실망했다. 독립서점은 점점 법적 조치만이 체인서점의 힘을 견제하고 독립서점과 출판사의 협업을 도모할 수 있는 최상의 전략이라고 여기게 되었다. 그다음 해의 연차총회에서 ABA 임원들과 관리자들은 전국의 회원들과 함께 서점에 대한 차별적인 정책에 맞서기 위해 ABA 역할에 대한 토론회를 열자는 결의안을 채택했다. 1980년 여름에 개최된 이 모임은 서점이 협회의 무저항 행위를 공공연히 비난하기만 한 체계적이지 못한 회의였다. 시카고 모임에서 한 독립서점은 "ABA는 약하고 무력하며 죽어가는 단체라고 알려져서 출판사에 이 문제를 거론하도록 만드는 어떠한 영향력도 발휘할 수 없을 것이다. 그리고 ABA에 대한 이러한 인식은 정확하다"라고 비난했다.

북캘리포니아서점협회Northern California Booksellers Association(NCBA)의 성명서도 같은 결론에서 시작되었다.

ABA는 지난 10년간 소매 서점에서 일어난 혁명적인 변화를 알아차려야 한다. 긍정적인 사고와 진부한 이야기만으로는 앞으로 다가올 위험에 대처하거나 충분한 만족감을 느낄 수 없다. 우리는 전국 체인서점에 주어진 불공평한 특권이 독립서점에 결정적인 위협을 가한다는 것을 인정해야 한다. 독립서점의 생존을 보장해줄 수 있는 오직 한 가지 의미 있는 행동은 경제구조의 분석과 개혁이라고 할 수 있다. 이 행동은 지난 10년 동안 전례가 없는 소매 서점에 대한 집중을 야기할 것이다.

연차총회에서 ABA 부회장은 자신의 보고서를 통해 협회를 세운 서점 회원들과 화합이 안 되고 계속 나태한 행태가 지속된다면 협회가 해체될 수도 있다고 위원회에 경고했다.[24]

그럼에도 협회 임원들은 법적인 소송에 들어가는 비용, 맞고소를 당할 가능성, 협회 예산의 많은 부분을 차지하는 연간 컨벤션에서 출판사들이 내는 전시회비가 줄어들 문제, 같은 회원인 체인서점의 범죄를 고소하는 문제 등 많은 걱정을 표명하면서 조심스럽게 운영을 지속했다. 협회 임원들은 출판사들과 적대적인 입장을 취하고 독립서점과 체인서점 사이의 불화를 조장하는 것보다는 이들과 일치점을 찾아 바람직하고 우호적인 협상을 하기 위해 협회 지도자들이 노력하는 것이 독립서점에 더 좋을 것 같다고 했다. 많은 서점은 협회의 이런 입장에 동의했다.

작가·출판사·서점은 책을 만들고 배송하는 과정에서 상호 의존적인 존재가 되어야 한다. 의견 차이는 유통 구성원 간에 생길 수 있다. 논의와 협상은 서로 의존적인 관계에 있는 출판유통 구성원 간의 의견 차이를 좁히는 가장 좋은 방법이다. 법적 행동이 개시됨과 동시에 각 구성원은 서로 냉담한 관계가 되고 결국에는 수많은 소송과 비용에 부딪치게 된다. 따라서 우호적인 관계를 만들기 위한 해결책만이 우리에게 이익을 제공할 수 있다.[25]

1982년에 ABA 회원들에게 소송에 대한 설문조사를 실시한 결과 다양한 의견이 나왔다. 59%가 자신들의 회비가 독점금지법 소송에 사용되는 것에 동의했으나(33%는 동의하지 않음), 62%는 이 목적을 위해 회비가 인상되는 것은 원하지 않는다고 말했다.[26] ABA는 이 설문조사의 결과를 법적 조치에 관여하지 않겠다는 더 구체적인 이유로 삼았다.

이 시기에 가장 논란이 되었던 일은 1982년 4월에 일어났다. 지역 서점협회 가운데 제일 공격적이던 NCBA가 대량판매시장을 위주로 영업하는 허스트 사Hearst Corporation에 속해 있는 에이번북스Avon Books 출판사를 상대로 소송을 제기한 것이다. NCBA가 에이번북스를 고소한 이유는 에이번북스가 체인서점에(비돌턴, 월든북스, 크라운, 더블데이, 브렌타노스를 포함해서) 우선적으로 그리고 비밀리에 할인을 해주었고, 이는 체인서점의 성장을 후원해줌과 동시에 독립서점을 차별했다는 것 때문이었다.[27] 전국의 서점들은 이 행동이 과연 현명한 결정인가에 대해 의견이 갈렸고, 소송이 제기되고 나서 한 달 후 애너하임에서 열린 ABA 협의회에서는 이에 대한 열띤 토론이 벌어졌다. 캘리포니아를 대표하는 서점 단체에 의해 이 소송은 회원 모임의 의제로 정해졌고, 이들은 NCBA 소송에 대한 지지를 요구했다. 하지만 ABA 위원회는 소송에 대한 지지를 거절했고, 이에 한 서점은 위원회의 불신임 결의안을 투표에 부쳤지만 회원들은 이 결의안을 아주 작은 차이로 부결시켰다.[28]

콜로라도 주 볼더에 위치한 독립서점 출신인 ABA의 신임 회장은 회의에서 발생한 일들에 대해 유감을 표명했고, 이러한 파벌적인 싸움은 독립서점의 힘을 분산시키는 것이라고 말했다.

ABA 산하 출판사 기획위원회ABA Publisher Planning Committee의 부드러운 설득은 출판사의 요구조건을 승인하는 데 공헌해왔고 앞으로도 계속 공헌할 것이다. …… 애너하임에 참가한 몇몇 사람은 가장 가까운 전함에 뛰어드는 경솔하고 무모한 가미카제 특공대 조종사와도 같은 책임과 권한이 ABA 이사회에 있는 것처럼 사람들이 생각하도록 조장했다. '당연한 행위'라는 명목 아래 지속적인 발전을 위한 희망은 사라진 것 같다. 내 생각에는 협회 위원회가 굽히지 않고 책임감 있게 잘 행동한 것 같다.[29]

이에 대한 답변으로 NCBA(소송의 첫 번째 고소인)는 독립서점의 권익을 보호해주는 것보다 출판사를 회유하는 것이 더 중요하다고 생각한 ABA 운영자들을 경멸했다.

전무이사인 로이스 스미스Roysce Smith는 8월에 가진 ≪아메리칸 북셀러≫ 인터뷰에서 창피한 줄도 모르고, 어느 점으로 보나 사실이지만, 협회의 수익 중 60%가 항상 출판사에서 나오고 있다는 사실 때문에 협회는 출판사를 고객으로 생각한다는 사실을 인정했다. 랭Laing 사장이 자랑스럽게 행했던 개방적인 사고와 출판사들과의 '부드러운 관계'를 우리에게도 보여주었더라면 우리는 그가 추구하는 협력에 대해 더 많이 공감했을 것이다.[30]

몇 개월 후 ABA 위원들은 협회 차원에서 공식적으로 소송을 지원하기로 했지만, 많은 서점은 협회가 이 소송을 위해 충분한 경비를 지원하지 않는 것에 대해 섭섭하게 생각했다.

ABA의 효율성Effective ABA을 위한 자칭 독립서점위원회Independent Committee가 ABA 위원 선출에 자신들의 후보를 다시 한 번 발표하면서 1984년에 또다시 대립이 일어났다. 이로 인해 ABA에 불만을 느끼던 서점들은 불공정한 거래 행위에 적극적으로 대응하지 못하는 협회 지도자들과 맞서기 위해 결집하게 되었다. 대학교나 백화점 내에 있는 서점을 대표하는 자들로 구성된 최종 위원회 후보자를 공공연하게 비난하면서 이들은 독립서점의 특정한 관심사를 논의하기 위한 토론회를 주최했다. 여기에서 ABA는 NCBA 소송이 승소하기 위해 더 많은 지지를 해야 한다고 주장했으며, 체인서점과 같이 다수의 매장을 가진 회원에게는 더 많은 회비를 받아야 한다는 회비 규정 개선안이 제시되었다. 이에 ABA 지도부는 정당한 절차를 밟지 않고 불만을 토로하는 것과 협회를 오직 독립서점만을 위한 단체로 정의하려고 한 것을 비난했다.

그러나 이번에는 다섯 개의 의석을 놓고 다투는 과정에서 협회와 의견을 달리하는 반대자가 네 자리를 차지해 꽤 성공적인 지지를 얻어낼 수 있었다. 다음 회원 모임에서 새로운 모습의 ABA 위원회는 현 문제점을 그냥 지나치지 않았다. 한 백화점 서점은 백화점 서점과 체인서점이 협회를 대표하지 않는다는 것에 대해 걱정을 표시했다. "다량의 도서판매에 종사하는 우리가 적으로 느껴지기 마련이죠"라고 그녀는 말했다.[31] 이 백화점 서점이 말했듯이, ABA는 서점 간의 규모로 인한 문제, 주인이 직접 운영하는 서점과 체인서점 사이에서 발생되는 문제가 생각했던 것보다 심각하다는 사실을 인식하기 시작했다. 몇 개의 독립서점 역시 이러한 양극화로 인해 고통을 겪고 있었다. 버지니아의 한 서점 대표는 다음과 같이 말했다.

> 내가 보기엔 오늘날 ABA가 직면한 가장 중요한 일은 협회가 규모에 상관없이 모든 서점을 대표할 것인가에 대한 결정이다. 내 생각에 완벽한 해결책은 없을 것 같지만 약간의 타협은 있을 수 있을 것 같다. 그렇지 않으면 협회는 모든 서점을 도와주는 데 별 도움이 되지 않을 것이다. …… 나는 우리 모두가 같이 해낼 수 있을 거라고 진심으로 믿는다. 결국 우리는 모두 책을 팔고 있기 때문이다.[32]

하지만 그 후 ABA는 출판사들의 법적 소송을 저지하는 데 단초가 된 에이번북스 사례를 다시 검토하는 데 재정적인 지원을 하기로 결정함으로써 독립서점과 보조를 같이하게 되었다. 결국 협회는 NCBA 노력에 정신적인 지원뿐만 아니라 물질적인 후원도 해주었다.[35] 그럼으로써 협회는 책을 파는 모든 소매상 간의 욕망이 반드시 같은 목표를 지향한다고는 할 수 없으며 여러 형태의 도서판매 방식이 근본적으로 공존할 수 없다는 사실을 거의 공식적으로 인정했다.

법적 투쟁

그동안 NCBA의 사례는 천천히 진행되었다. 처음 소송을 제기한 지 몇 달 후 NCBA는 전국에서 제일 큰 문고판 출판사인 밴텀북스Bantam Books도 공동피고인으로 지명했다. 에이번과 밴텀은 다른 서점과는 다른 조건으로 체인서점에 도서를 유통시켰다는 사실을 인정했다. 에이번은 더 높은 할인율을 제시했고, 밴텀은 자사 도서를 구입하는 체인서점에 '장려금'을 제시했다. 두 출판사는 이러한 거래를 통해 비용을 줄일 수 있기 때문에 좀 더 저렴한 가격에 비즈니스를 할 수 있다고 주장했다. 게다가 에이번과 밴텀은 체인서점에 똑같이 할인을 해주고 있는 다른 출판사와 경쟁에서 이기기 위해서는 이 관행을 따라야만 했다고 주장했다.

드디어 1986년 말 미국 한 지방법원의 판사는 출판사의 비용 절감을 이유로 체인서점에 높은 할인율을 제공하는 것은 정당하지 않다고 판결했다. 또한 셀턴 헨더슨Thelton E. Henderson 판사는 에이번의 할인계획과 일정은 비밀에 붙이기 때문에 독립서점이 가격적인 측면에서 대응할 수 있는 시간적인 여유를 갖지 못했다는 것을 문제시했고, 체인서점이 새 매장을 열고 재고를 확보하는 데 에이번의 정책이 많은 도움을 주었다며 다음과 같이 판결했다. "증거에 따르면 에이번의 편애적 할인으로 인해 체인서점은 여분의 소득을 올리고 매장 수를 증가시킬 수 있었다. 그리고 결론적으로 매장의 증가는 극적으로 더 많은 도서를 에이번으로부터 구매할 수 있게 해주었다."[54] 헨더슨 판사는 에이번의 이러한 불법적인 유통이 비정상적인 것이 아니라 거의 모든 문고판 출판사가 자행하고 있는 일반적인 현상이라고 분명히 밝혔다. 놀라운 일은 아니지만, 에이번은 이 판결에 대해 상소하기로 했다.

재판이 진행되는 동안 체인서점은 자신들이 불법적인 행동에 가담하지 않았다고 계속 주장하면서도 공식적인 발표는 자제하고 의외로 침묵하는 상태를 유지했다. 그러나 에이번이 상소한 지 얼마 지나지 않아 NCBA는 월든, 비돌턴, 크라운이 공개 안 된 책값 할인이나 인센티브를 출판사에서 받지 못하도록 법원에 금지명령을 요청함으로써 체인서점을 더 직접적으로 소송에 휘말리게 하는 것처럼 보였다. 이렇게 하는 것이 문제를 해결하기 위한 가장 신속한 길이라고 NCBA는 판단했다. 에이번은 소송에 더 깊이 휘말리는 듯했다. 이에 소송제기로 유명한 크라운은 NCBA가 정가제를 통해 가격을 올리려는 음모를 꾸미고 있다고 신속하게 맞고소했다. 크라운의 사장 로버트 하프트는 이것은 단순히 체인서점과 독립서점 간의 문제가 아니라 저렴한 책을 구매할 수 있는 소비자의 혜택을 빼앗으려는 시도라고 주장했다. 독자는 이 관점에서 체인서점의 주장에 동조했고, 체인서점은 독립서점에 대해 자신들의 무능함을 독자와 큰 규모의 서점에 전가하면서 체인서점을 부도덕한 소매상으로 몰아가는 탐욕스러운 소매상이라고 묘사했다.

그러나 법정에서 이러한 주장을 피력할 수 있는 기회는 하프트에게 주어지지 않았다. 수년 동안의 법정 소송을 거쳐 출판사들과 NCBA 간의 분쟁은 그해 말 수습되기 시작했다. 에이번, 밴텀, 문고판 출판사들은 독립서점도 다소 쉽게 할인 혜택을 받을 수 있는 새로운 할인계획을 발표했다. 대부분의 출판사가 이 새로운 가격정책에 동의한다고 하자 NCBA와 체인서점은 서로의 소송을 취하했으며, 에이번과 NCBA는 합의했다.[35]

새로운 가격정책은 대부분 독립서점이 원하는 만큼 개선된 것은 아니었지만 그나마 문고판 출판사들로부터 좋은 조건을 받아낸 결과였다. 그러나 소송을 통해 얻을 수 있었던 더 중요한 결과는 도서산업 구성원 간의 관계 변화였다. 반신반의하던 독립서점은 에이번과 밴텀의 불공정한 거래 폭로와 지방법원의 판결을 통해 출판사가 실질적으로 공정하지 않은 행동에 가담했다는 뜻밖의 새로운 사실을 확인할 수 있었다. 또한 ABA가 처음에 걱정했던 것과는 다르게 출판사가 새로운 가격정책을 제시한 것을 보고 독립서점은 법적 조치가 긍정적인 결과를 가져올 수도 있다는 새로운 사실을 알게 되었다. 따라서 자신들이 도서계에서 고립되어 있다고 생각했던 독립서점은 자신들의 권리를 위해 성공적으로 싸울 수 있다는 생각을 좀 더 강화하게 되었다.

문고판 출판사가 변화를 약속했지만 불평등한 가격정책에 대한 분쟁은 NCBA 건으로 끝나지 않았다. NCBA 소송 건이 해결되었을 때 진행 과정을 지켜보고 있던 FTC는 이 분쟁에 대한 관심을 재개했다. 1980년의 소란스럽던 ABA 모임에 뒤이어 FTC는 출판사가 시행했던 할인에 대한 조사에 착수했다. 그러나 NCBA 건이 종료될 때까지 구체적인 행동은 자제했다.[36] 가격을 차별적으로 매기는 행위가 만연하다고 판단했을 때 FTC는 1988년 전국에서 가장 큰 여섯 개의 출판사를 고소했다. 바로 하퍼앤드로Harper & Row(나중에 하퍼-콜린스Harper-Collins로 바뀜), 맥밀런, 허스트/윌리엄머로Hearst/William Morrow, 퍼트남버클리Putnam Berkley, 사이먼앤드슈스터Simon & Schuster, 그리고 랜덤하우스였다. FTC는 대중시장과 유통 분야를 포함한 가능한 한 넓은 범위의 도서시장을 조사하기 위해 문고판 출판사까지도 조사범위에 포함시켰다.

출판사들은 NCBA가 소송했을 때와 같이 차별적인 대우는 대량 주문을 통해 원가를 줄일 수 있고 다른 출판사와의 경쟁에서 우위를 차지하기 위한 환경에서는 정당한 방법이라고 변명했다. 후자에서는 경쟁 우위를 창출하기 위해 출판사는 체인서점의 마음에 들어야 한다는 재미있는 사실을 추론해볼 수 있다. 하퍼앤드로가 항의하는 데서 볼 수 있는 것처럼 출판사는 차별적인 가격에 대한 특별한 해결책을 찾지 못했다.

> 고객은 타 공급자의 가격이 더 저렴하면 자신들의 공급자에게 이 사실을 바로 알린다. 다른 출판사들이 제공하는 경쟁적 할인에 대응하지 못한다면 사업은 위험에 당면할 것이다. 법은 하퍼앤드로를 포함한 어떤 공급자에게도 이러한 경제적 자살을 유도하지 않으리라 본다.[87]

출판사가 자신들의 힘을 과시하던 이전 시대와는 대조적으로 체인서점의 요구사항을 들어주지 않는 출판사는 파산 위험을 감수해야 했다. FTC는 체인서점인 비돌턴과 월든북스가 자신들이 요구한 추가 할인을 해줄 때까지 밴텀과 더블데이 출판사로부터의 수급을 전면 중단했던 사례를 예로 들었다.[88]

FTC의 소송 진행은 도서산업 모든 구성원의 관심사였다. 특히 독립서점은 연방정부가 출판사에 정치적 영향력을 행사해 모든 서점이 평등한 대우를 받을 수 있기를 희망했다. 또한 도서산업의 구성원 외에 다른 단체들도 이 소송에 관심을 보이고 있었다. ≪체인점 시대의 경영자Chain Store Age Executive≫라는 잡지의 한 기사에서는 이 사건에 대한 우려를 표시하면서, 대량으로 구매하는 고객에게는 공급자가 가격을 인하해줄 수 있도록 권리를 법령화해야 한다고 주장했다. 또한 이를 위해 모든 종류의 체인 소매상은 연방정부에 로비를 해야 한다고 부추겼다. 이 기사를 쓴 작가는 "그렇지 않으면 130년 전에 A&P로 시작해 1930년대에 의회의 방해를 견뎌온 체인소매점이 FTC에 의해 위험에 처할 수도 있다"라고 경고했다. 즉, 지금과 같은 행태는 FTC가 규모의 경제를 통해 가능했던 대량 거래를 방해하겠다고 위협하는 것이라는 주장이었다.[39]

1992년 FTC는 여섯 개의 출판사와 합의했다고 발표했지만 사실 이 합의는 수년간 계속 연기되었다. 그 이유 중 하나는 FTC가 밴텀더블데이델Bantam Doubleday Dell이라는 출판사를 일곱 번째로 추가로 고소한 것이 문제였다. 사실 FTC 위원들도 이 합의한 사항을 승인할지에 대해 한동안 교착 상태에 빠져 있었다. 이것은 클린턴William Clinton 대통령이 1995년에 로버트 피토프스키Robert Pitofsky를 FTC의 위원장으로 임명한 것과 부분적으로 관련이 있다. 피토프스키는 FTC가 소송을 제기할 당시 밴텀더블데이델 출판사를 변호하는 대표 변호사였는데, 그가 위원장으로 임명되면서 합의를 인정하는 것에 대해 위원회의 의견이 반반으로 갈려 이 소송을 기피했다. 1996년에는 FTC가 출판사들에 대한 고소를 일축함으로써 이 문제에 관심이 있었던 사람들을 놀라게 했다. 이 문제가 발생한 지 17년 후 FTC는 불법적인 만행이 이루어졌다는 것에 대해 확실한 결정을 아직도 내리지 못하고 있다고 말했다. 그 대신 도서산업의 발전으로 인해 ABA의 소송을 포함해 많은 소송에서 타당한 합의점을 찾는 것은 무척 제한되었다고 주장했다. 그리고 "위원회의 심층적 수사와 소송을 보면 FTC는 공공자원을 신중하게, 꼭 필요한 곳에 사용하지 않은 것 같다"라고 결론지었다.[40]

이러한 결정은 정부의 단속기관이 앞으로 체인소매점을 더는 방해하지 않겠다는 의지를 보여주는 것과 같았다. FTC 대표단이 서점에 말했던 것처럼 FTC는 시장 내의 경쟁을 유지하는 것에만 관심이 있을 뿐, 업체가 공정하게 사업을 할 수 있는 상황을 만드는 데에는 관심이 없었다.[41] 그리고 정부는 독점 상황이 아니면 출판시장에 개입하기를 꺼리는 것처럼 보였다. 즉, 서점은 지역 기관으로서 중요하다는 점, 책은 일반 상품과 '다른 different' 상품이라는 점, 특별한 보호가 필요하다는 점, 차별적인 가격제도에 대한 공정성이 보장되어야 한다는 점 등과 같은 지역 서점의 주장은 자유 시장 원칙에 맞지 않기 때문에 고려할 가치도 없다는 것이었다.

이러한 결정은 독립서점에 실망을 안겨주었지만, 또 다른 사건은 독립서점이 좌절하고 물러설 수만은 없는 계기를 만들어주었다. FTC 사건이 제대로 처리되지 않고 궁지에 몰려 있는 동안 대형 체인서점이 등장했고, 이는 도서시장의 경제적 환경 및 문화적 환경을 바꾸어놓았다. 체인서점은 빠른 속도로 창고형 크기의 매장을 신설하고 많은 상품을 비축하기 시작했다. 이에 놀란 독립서점은 출판사(도매상 포함)와 체인서점 간의 협력이 체인서점이 확산될 수 있는 또 다른 계기를 만드는 데 가장 중요한 핵심요소라고 여겼다. 이 상황에 대해 독립서점은 새로운 위기감을 느끼면서 체인서점을 상대로 싸우기 위한 방법을 다시금 토론했다. 그렇지만 1980년대의 토론과는 달리 과감한 정책을 취할 필요성에 대해 반대의견이 있었다. 몇 개의 독립서점은 체인서점의 이러한 확장 노력이 자신들에게는 해를 끼치지 않을 것이라고 믿었다. 한편 기업 간 잦은 합병과 매수로 출판시장에는 그간 변화가 일어났고, 이로 인해 독립서점은 자신들의 공급자에게 예전과 같은 친밀감을 잃어 공급자를 속이는 것에 대해 양심의 가책을 별로 느끼지 않게 되었다.

독립서점끼리 새롭게 연합하려는 현상은 체인서점이 지역서점연합에 참여하지 못하게 하는 움직임에서 알 수 있었다. 1993년 NCBA를 시작으로 일 년 조금 넘는 기간에 열 개의 주요 지역연합 중 네 개의 연합이 자신들 상호에 '독립Independent'이라는 말을 삽입하거나 자신들의 독립적인 지위를 강화하기 위해 규칙을 변경하자는 안건을 두고 투표를 실시했다(예를 들면 그 지역에 본부를 두지 않은 회원은 그 지역연합에 가입할 수 없거나 지점에는 투표권을 주지 않는 형태를 말한다).[42] 1996년과 1997년에는 또 다른 세 곳의 주요 지역연합이 투표의 결과를 따랐다.[43] 1992년과 1995년 사이에는 또 다른 작은 지역 단체 아홉 개가 비슷한 행동을 시작했다(이 단체들은 이미 존재하는 오클라호마독립서점협회에 합류했다).[44] 이런 행동은 독립서점과 체인서점의 인식이 같지 않다는 공식적인 표현이자 같이 일하지 않을 것임이 틀림없다는 것을 보여주는 계기가 되었다.[45]

이런 연합은 약간의 의견충돌이 있긴 했지만 신속하게 움직인 반면, ABA는 다른 회원을 또다시 소외시키는 위험한 행동에 관여하고 싶지 않다는 입장을 취하는 듯했다. 이에 1993년 협회 회의에서 회원들은 독립서점에 대한 체인서점의 위협을 심각하게 받아들이지 않은 ABA 대표단을 지목하면서 10년 전의 모임을 다시금 생각나게 했다. 다시 한 번 가장 큰 쟁점이 된 문제는 협회가 나서서 법적 행동을 취해야 하는가에 대한 결정이었다. 회원들은 ABA의 무관심과 무능함을 질책하는 한편 불공정한 행위에 대해 조사할 것을 제안했으며 ABA는 이를 승인했다. 승인된 사항 중 하나는 독립서점의 중요성을 강조하는 국가적인 홍보 캠페인을 시작하자는 것이었다.[46] 이러한 결정은 향후 도서산업에 매우 중요한 영향을 미칠 것으로 보였다.

당시 ABA 위원회는 회의의 결과를 공개하지 않기로 했지만, ABA는 이미 법적 움직임을 준비하고 있었다. 1994년 도서산업 전체에서 가장 중요한 모임인 ABA 연례 회의를 시작하던 날, 협회 위원회는 체인서점을 편애하는 행동을 했다는 이유로 다섯 개의 출판사를 고소했다.[47] 이 소송은 엄청난 논란을 불러일으켰고, 몇 개의 출판사는 현시점에서의 소송의 부당성을 강조하면서 이러한 법적 움직임은 도서유통의 분열을 야기할 뿐이라고 강력하게 주장했다. 반면 독립서점은 매우 기뻐하는 듯했다. 회의를 하는 동안 단 한 명의 회원도 이 소송 건에 대해 반대하지 않았다. 한 서점 관계자는 회의의 분위기가 어떻게 바뀌었는지에 대해 다음과 같이 설명했다.

> 나는 오늘 회의장을 걸으면서 동등한 권리라는 것이 무엇인지 경험할 수 있었다. 너무나 많은 사람들이 나에게 웃으면서 말했다. "자, 힘내!" 분위기상 더 많은 말은 할 수 없었지만 많은 사람이 우리를 응원하고 있다는 것을 알 수 있었다.

독립서점은 자신들의 권리를 지키기 위해 뭔가 용기 있는 일을 했다는 자부심, 그리고 도서문화를 위해서도 좋은 일을 했다는 생각에 기분이 들떠 있었다. 다른 서점은 일요일에 근처 성당 미사에서 있었던 일과 이번 일을 연관시켜 이야기했다. 신부는 처음에 몇 군데 서점이 미사에 참석했는지 묻고 그다음에 출판사에 대해 물었다. 그러나 출판사가 응답할 기회를 주지도 않고 신부는 아마 몇 명 없을 것 같다고 하면서 출판사는 어떤 서점이든지 똑같은 수준으로 대해주어야 한다고 훈계했다는 이야기였다. 회원 모임에 참석했던 서점들은 이 이야기에 환호했고 한 명이 큰 소리로 외쳤다. "그래도 오늘은 하느님이 우리 편이군!" 이 서점들은 권위적인 출판사 조직에 맞서는 행동이 자신들의 이익을 위한 일일 뿐만 아니라 도덕적인 목적도 있다고 생각하게 되었다.[48]

소송은 2년 동안 아무 결과 없이 지나갔지만 이러한 행동에 대한 서점들의 지지도는 여전히 높았다. 하지만 도서산업의 몇몇 사람은 이런 불화가 공공연하게 정치화되었다는 것을 무척 애석해했다. ≪퍼블리셔스 위클리≫는 소송에 대한 반대를 피력했다. "이제 우리는 이 소송에서 명백히 법적 비용보다 더 많은 것이 희생되는 것을 보기 시작했다. 이러한 논쟁은 비즈니스에 이미 존재하는 관습을 잘못으로 과장하는 데 불과하다."[49] 출판사는 단지 일반적인 사업 관례를 따랐을 뿐이라고 주장하면서 자신들을 방어했다. 소송을 기각하도록 신청하는 제안에서 피고인 출판사는 이 소송이 시작된 연유는 다음과 같다고 주장했다.

> 경쟁적이지 않던 시절에 대한 향수적 갈망 …… 지난 시절의 좋은 점이 뭐였든지 간에 서점들이 현재 새롭고 경쟁적인 시장을 받아들이지 못하는 무능력함이 문제라고 본다. 서점 자신의 이러한 문제를 출판사에만 돌리려는 것은 받아들일 수 없을 뿐만 아니라 이에 출판사가 희생양이 되어서는 안 된다.[50]

출판사가 묘사하는 것처럼, 시대에 역행하는 독립서점은 새로운 경제 질서가 자신들을 뒤처지게 한다는 사실을 받아들일 수 없었다. 효율성, 혁신, 그리고 수완이 좋고 재능이 있는 사업가가 보상을 받는 이 새로운 세계에서 독립서점의 감상적인 태도는 설 자리가 없었다.

그럼에도 ABA는 출판사들과 합의하기 위해 충분한 증거를 수집한 것처럼 보였다. 1995년 2월, 휴라우터레빈Hugh Lauter Levin과 첫 번째 합의가 이루어졌다. 레빈은 가격·신용거래·반품에서 독립서점과 체인서점을 차별하지 않는다는 규칙을 따르기로 합의했다. 호튼미플린Houghton Mifflin도 할인과 장려금에 대한 새로운 조건에 두 번째로 동의하면서, 잘못된 거래를 하지 않기로 합의했다. 1996년 가을까지 설득된 출판사 모두 비슷한 조건에 동의하면서 합의가 이루어졌다.[51] 대부분의 서점은 이 결과에 대해 만족을 표시했지만 독립서점의 의심은 가시지 않았다. 필요할 경우 자신들의 불만을 또다시 법정으로 가져가야 한다는 생각도 여전했다. 실제로 ABA와의 합의판결이 이루어진 다음 해에도 펭귄북스는 스물네

명의 고객에게 '승인되지 않은' 할인을 계속 해주었다는 사실이 밝혀졌다. 조사 후에 펭귄북스는 ABA와 회원들에게 합의금으로 2,500만 달러를 지불하기로 합의했다. 이 사건은 미국의 독점금지법 역사상 가장 큰 합의사례금으로 남았다.[52]

이러한 성공적인 사례가 있었음에도 소송은 끝나지 않았다. 1998년 3월, 스물다섯 개의 독립서점과 함께 ABA는 반스앤드노블과 보더스를 상대로 또 다른 소송을 제기했다. 미국의 북부 캘리포니아 지방법원(NCBA 사건에서 우호적인 역할을 했던 법원이다)에 제기된 소송에서는 이 두 체인서점이 연방법인 로빈슨-패트먼법과 캘리포니아불공정거래행위법을 둘 다 위반했다고 주장했다. ABA는 체인서점이 자신들의 시장 영향력을 이용해서 다수의 출판사와 도매상에 강압적으로 특혜를 제공하게 만드는 불법적인 계약을 했다고 주장했다. 랜덤하우스의 책임자는 "산업을 병들게 하는" 계속적인 법적 움직임에 실망을 표시했지만 다른 출판사는 침묵을 지켰다. 반면 반스앤드노블의 책임자인 리지오는 체인서점에 대한 ABA 캠페인을 비난하면서 반스앤드노블은 법을 어긴 적이 없다고 주장하는 공개항의서를 냈다. 또한 반스앤드노블은 법을 어긴 것이 아니라 미국의 도서 이용률을 높였다는 점에서 높이 평가되어야 한다고 주장했다.[53] 처음에 독립서점은 이 소송이 체인서점의 활동을 한층 규제할 수 있을 것이라는 낙관적인 생각을 가졌지만, 법정이 이번에는 예전과 같이 독립서점의 주장에 긍정적인 반응을 보이지 않았다. 재판장의 부당한 판결 후에 ABA는 체인서점과 합의를 했는데, 반스앤드노블과 보더스가 소송에 들어간 비용보다 적은 액수를 협회에만 지불하기로 한 것을 보면 독립서점이 소송에서 패배했다고 볼 수 있는 결과였다. 이보다 더 중요한 사실은 ABA는 이 소송을 위해 준비했던 모든 문서와 증언 녹취록을 파기하는 데 동의했고, 앞으로 3년 동안 다른 소송에 관여하지 않기로 했다는

것이다.[54]

도서산업이 다양한 법적 움직임에 열중했던 반면 대중은 여기에 별 관심이 없는 듯했다. 독립서점은 법원과 관계 기관에 자신들의 입장을 호소하는 동시에 자신들의 주장을 합법화하기 위해 대중에게도 지지를 호소했다. 하지만 시민 개개인에게는 어떠한 행동도 요구하지 않았다. 그러나 다음과 같은 또 하나의 사건은 어떻게 독립서점과 그 지지자들이 체인서점에 법적인 문제뿐만 아니라 도덕적인 문제를 근거로 대항할 수 있었는지, 그리고 어떻게 정부와 대중으로부터 체인서점의 반대파를 구성할 수 있었는지를 보여준다. 1998년 후반에 미국의 가장 큰 서점인 반스앤드노블은 가장 큰 도서 도매상인 잉그램을 인수하려고 했다. 하지만 많은 유통 구성원은 이러한 합병은 하나의 조직이 미국 도서유통을 좌지우지하게 되는 결과를 초래할 것이라며 우려했다. 이 합병을 반대한 사람들은 한 조직이 유통경로에서 지나친 힘을 갖게 될 뿐만 아니라, 도서유통에서 가장 큰 공급자 중 하나인 잉그램이 독립서점의 경쟁자인 반스앤드노블에 의해 운영될 때 독립서점은 위험에 처하게 될 것이라고 경고했다. 왜냐하면 잉그램이 가지고 있던 독립서점의 재무정보뿐만 아니라 구매 행위에 대한 중요한 정보가 경쟁자인 반스앤드노블로 유출될 수 있기 때문이다.

ABA가 이끄는 독립서점은 FTC에 이 합병 계획을 취소할 수 있도록 촉구하는 한편 합병 반대 캠페인도 준비했다. 단순한 로비활동을 훨씬 넘어서 서점은 대중에게 전화를 하고 편지를 보내면서 합병의 부당함을 이야기하고 합병에 반대해줄 것을 호소했다. 독립서점은 FTC에 보낼 합병 반대청원서를 서점에 비치해 12만 5,000여 명의 고객으로부터 서명을 받았다.[55] 다른 단체와 지역정부도 이를 지지했다. 캘리포니아 버클리의 시의회는 합병을 반대하는 결의안을 통과시켰다. 심지어 사회적 책임이 있는 장거리 전화회사인 워킹어셋롱디스턴스Working Assets Long Distance는 합병에 대한 문제점의 근거를 포착하고 전화요금 청구서에 이를 설명함으로써 3만 5,000여 명의 고객이 FTC에 전화를 거는 결과를 가져왔다.[56] 인수합병을 통해 큰 힘을 축적하는 대기업에 대한 두려움과 정당한 경쟁을 무산시키는 합병의 문제점을 피력한 워킹어셋의 다음과 같은 의견은 독립서점의 생각을 반영했다고 볼 수 있다.

> 미국에서 선두적인 역할을 하는 반스앤드노블은 가장 큰 도서 공급업자인 잉 그램북그룹Ingram Book Group을 사들이면서 도서산업을 확실하게 장악하려 하 고 있다. 잉그램은 독립서점에 가장 많은 도서를 납품하는 회사이기 때문에 거의 모든 서점의 재정적인 상황뿐만 아니라 어느 책이 더 잘 팔리는지를 알 고 있다. 이런 중요한 정보에 접할 수 있다는 것은 반스앤드노블에 엄청난 경 쟁적 우위를 확보할 수 있는 기회를 만들어준다. FTC의 의장인 로버트 피토 프스키에게 202-326-2100으로 전화해서 반스앤드노블과 잉그램이 합병을 할 수 없도록 강력히 촉구해야 한다(거기에는 업무시간 외에 작동하는 자동 응답기는 없다). 이런 행위는 심히 반경쟁적이며 수천 개의 독립서점에 치명 적인 타격이 될 것이다.[57]

합병 반대자들은 반스앤드노블과 독립서점 간의 상반되는 이익을 강 조했고, 대중이 독립서점의 입장에 설 수 있도록 노력했다. 따라서 체인 서점 - 독립서점의 문제에서 나타나는 정치적 성격은 뚜렷해졌다. 대중 은 이 문제를 한 시장에서 서로 입장이 바뀔 수 있는 경쟁자 간의 상호파 괴적인 싸움으로만 일축하려 하지 말고 누구 편에 설 것인지를 선택한 다 음 그 선택에 맞게 행동할 의무가 있다는 말을 들어야 했다. 대중의 감정 때문인지 또는 단지 관련된 독점금지 문제 때문인지는 몰라도 연방규제당국자들도 합병을 회의적으로 보았다. FTC가 합병 계약을 저지할 것처럼 보이자 반스앤드노블과 잉그램은 합병 계획을 취소했다.[58] 이와 같은 독립서점과 ABA의 승리에서 알 수 있는 사실은 아직도 미국 대중은 도서산업에서 한 조직이 대규모화되는 것에 대한 걱정을 공감하고 있다는 것이다.

조직의 대규모화에 대한 민감한 반응은 독립서점이 왜 아마존을 주요 체인서점과 같다고 정의하는지 이해하는 데 도움을 준다. 독립서점과 온라인 서점 간의 상반된 이해관계는 지속적으로 발전했다. 한 예로, 북캘리포니아독립서점협회는 1997년 정회원 자격을 오프라인 매장을 소유한 사람만으로 한정했다.[59] 특히 컴퓨터 기술을 빨리 받아들이는 얼리어댑터early adopters 또는 지속적으로 책을 구매하는 지식인을 고객으로 보유하고 있는 서점과 대학가 서점은 자신들의 고객이 아마존이나 다른 인터넷서점으로 옮겨 가는 데 매우 민감하게 대응했다. 고객이 체인서점에 대한 저항을 수긍하면서도 인터넷서점으로 옮겨 갈 수 있다는 사실은 독립서점에 또 다른 고통이었다. 사실 아마존을 체인서점의 한 부류로 볼 수 있었던 이유도 할인제도와 같은 경쟁 전략과 산업에서 점점 강해지는 영향력 때문이었다. 체인서점과 비슷하게 아마존은 출판사들로부터 우호적인 대우를 받는 것처럼 보였다. 독립서점을 격노케 한 또 다른 사건은 2000년 『해리포터와 불의 잔Harry Potter and the Goblet of Fire』의 출간이었다. 스콜라스틱Scholastic 출판사는 발매일 전에는 유통이 금지된 해리포터 책을 아마존과는 공식적인 발매 개시일 당일에 고객의 집에 도착할 수 있도록 계약했다. 반면 다른 서점은 발매 개시일 전에는 출판사가 『해리포터와 불의 잔』을 판매할 수 없다는 스콜라스틱의 조건을 따라야만 했다. 이 계약이 발매 개시일 3주 전에 노출되었을 때 독립서점은 자신들의 안전한 판매계획을 위해 사전매각발행 허가를 스콜라스틱에 요구했다.[60]

스콜라스틱은 모든 서점을 평등하게 대했다고 주장했고, 아마존으로부터 압력을 받아서 조건부로 해리포터 책을 빠르게 출하하는 임시적인 정책을 택한 것이 아니라 해리포터 책을 영국에서 팔리는 시간과 일관되게 판매하기 위한 방책이었다고 주장했다. 그럼에도 독립서점은 이 사건이 주요 서점은 유통에 특별한 영향력을 행사한다는 것과 자신들은 받을 수 없는 불평등한 혜택을 주요 서점은 받을 수 있다는 것에 대한 또 다른 증거라고 주장했다. 아마존이 받는 혜택은 전반적으로 체인서점이 받는 혜택과 비슷했으나 몇몇 혜택은 인터넷 소매라는 특성으로 인해 일반 체인서점에서는 볼 수 없는 혜택이었다. 특히 독립서점은 인터넷서점이 평소 판매세를 피해 갈 수 있다는 사실에 대해 분개했다(이 때문에 고객에게 가격을 낮춰 판매할 수 있었다). 1999년 ABA는 지역과 국가 정부에 판매세 평등에 대한 정치적인 영향력을 행사하기 위한 새로운 계획을 세웠다.[61]

반스앤드노블과 잉그램의 인수합병에 대한 소송, 판매세 평등 캠페인 이외의 다른 여러 사건도 1990년대 말 ABA와 체인서점, 그리고 아마존 사이의 큰 불화를 보여준다. 1997년 반스앤드노블은 ABA가 더는 자신들과 같은 서점을 대표하지 못한다고 주장하면서 연합의 회원권 갱신을 거절했다.[62] 같은 해에 ABA는 지역 연합의 주도에 따라 실제 매장이 존재하는 독립서점을 위한 조직으로 일하기로 다시 뜻을 모았다. 협회의 목표를 달성하기 위한 새로운 전략적 계획은 협회의 일차적인 규약을 정의함으로써 시작되었다.

ABA의 정회원은 타당한 사업규칙을 따르고 전문적 지식을 갖춘 판매원에 의해 운영되며 실제 매장이 있는 독립서점이다. ABA가 도서산업에 종사하는 모든 이에게 프로그램과 서비스를 제공할지라도 협회의 일차적 관심은 정회원에게 있다.[63]

20년간의 대립 끝에 ABA는 독립서점을 지지하는 단체로 확고히 자리 잡게 되었지만 다른 서점과 대립관계에 있는 것이 편하지는 않았다. 이에 ABA는 독립서점의 발전을 위한 방법을 다시 고민하기 시작했다.

투쟁정신에서 마케팅으로

체인서점에 반대하고 이들을 고립시킬 법적 조치 및 관리기관의 조치가 취해졌던 기간 동안 독립서점 역시 자신들만의 장점을 홍보하고 독립서점을 장려하기 위한 홍보 캠페인에 참여했다. 이 캠페인은 지역의 독립서점을 지지하도록 독자를 설득하는 광고를 하거나 책자, 자동차 범퍼에 붙이는 스티커, 포스터 등을 만들고, 공개석상에서 독립서점의 중요성을 주장하는 연설을 하고, 1994년부터 1997년까지 ABA가 지원하는 미국 독립서점 주간이라는 행사를 실시하는 형태로 진행되었다. 원래 ABA가 고용한 홍보회사가 계획한 이 행사는 더 많은 미디어의 관심과 독립서점에 대한 더 많은 대중적 동정심을 유발하기 위해 "당신의 독립서점을 환호하며"와 "지역사회 건설의 토대"라는 표어를 사용했다. ABA는 그 주간에 미국의 비영리 인도주의 단체인 해비타트Habitat for Humanity와 상호촉진 광고를 만들기 위해 동맹을 맺기도 했다. 해비타트와의 관계는 독립서점이 더 좋은 지역사회를 만들기 위해 노력하고 있다는 사실을 알리기 위해 ABA가 생각해낸 방법이었다.[64]

이러한 마케팅에 중점을 둔 ABA의 행동은 앞으로 ABA가 어떠한 행보를 취할 것인가를 예고하고 있었다. 체인서점에 대한 소송을 제기하고 반스앤드노블과 잉그램의 합병을 반대했을 당시부터 ABA는 자신들의 신념에 대한 공개적인 지지를 얻고자 새로운 노력을 시작했다. 이 과정에서 ABA는 대립적인 방식보다는 홍보에 중점을 두고 많은 점에서 체인서점이 사용한 세련된 마케팅 방법을 따라 하려고 노력했다. 마케팅에 대한 관심은 1990년대 말부터 ABA 내에서 일어난 조직 개편에서도 찾아볼 수 있다. 1998년 가을, 협회는 마케팅 및 홍보 전문가인 마이클 호인스 Michael F. Hoynes를 고용해서 ABA의 마케팅 프로그램을 감독하도록 했다. 동시에 ABA는 수년간 회원과 관련된 통계와 정보를 수집해온 연구부서의 책임자 자리를 없애버리고, 협회가 말했듯이 마케팅 캠페인에 더 중점을 둔 연구를 실시했다.[65] 몇 년 후 협회는 회원을 관리하는 관리자 직책을 없애고 대신 마케팅부서 아래 다른 부서를 만들었다. ABA의 한 임원은 "비영리기구에서는 회원관리가 마케팅의 한 부분으로 간주되는 것이 하나의 추세다. 새 회원을 유치하려는 노력 또한 마케팅을 통해 이루어지기 때문에 회원관리와 마케팅의 업무가 분리될 필요가 없다"라고 말했다.[66]

새로운 마케팅의 시작은 다양한 형태를 취했지만, 독립서점이 예전에는 배우려고 하지 않았던 말만 번지르르하게 하는 방법을 택하기 시작한 것에 대해서는 주목할 만했다. 당연히 이 중 많은 마케팅 방법은 이전에 체인서점이 자신들을 특성화시키기 위해 사용했던 방법과 비슷했다. 대부분의 ABA 마케팅 계획은 ABA가 1999년에 선보인 북센스라는 국가 캠페인 산하에 속해 있었다. ABA는 북센스를 통해 광고와 선전을 펼치면서 독립서점의 브랜드를 소비자에게 각인시키고 소비자를 자기편으로 끌어들이기 위해 노력했다. "독립심이 있는 사람만을 위한 독립서점"이라는 슬로건을 내건 ABA가 독립서점연합이 지니고 있는 고유한 특성과 시장조사의 긍정적인 결과를 이용해 소비자의 의식에 심어주려 한 것은 지식, 열정, 특성, 지역사회, 개성이었다.[67]

북센스 캠페인에는 다양한 측면이 있었다. 프로그램에 참여하기로 약속한 서점은 북센스 로고가 새겨진 종이, 창문에 붙이는 스티커, 그리고 포스터를 진열하기로 했고, 북센스의 로고를 책갈피와 쇼핑백에 잘 보일 수 있게 새겨 넣을 것을 서약하는 동의서에도 서명했다.[68] 북센스에 참가한 모든 서점에서는 각 서점에서 발행한 상품권을 공용할 수 있는 상품권 제도도 채택했다. 1999년 11월에 내놓은 북센스의 베스트셀러 목록은 국내 다른 베스트셀러 목록에 뒤지지 않았으며, 이런 목록은 베스트셀러 목록을 교묘하게 사용하는 출판사들에 독립서점이 영향력을 행사할 수 있는 계기를 만들어주었다. 특히 《뉴욕타임스》에 실린 주요 베스트셀러 목록은 언론의 주목을 받을 수도 있고, 소매상이 특별하게 진열할 수도 있고, 독자 수를 늘릴 수도 있는 가장 영향력 있는 도구 가운데 하나다.[69] 《뉴욕타임스》의 베스트셀러 목록 선정을 위해 책 판매량을 《뉴욕타임스》에 보고하는 것으로 알려진 서점들은 도서판매를 늘리려고 안달하는 출판사의 규칙적인 방문을 받는다. 또한 이러한 서점은 인기 작가의 전국순회 방문도 쉽게 예약할 수 있다. ABA는 북센스의 베스트셀러 목록이 다음 두 가지 기능을 위해 만들어졌다고 했다. 하나는 베스트셀러를 선호하는 독자에게 많은 책을 팔기 위해서고, 다른 하나는, 어쩌면 더 중요한 일일지도 모르지만, 목록에 올라 있는 베스트셀러 판매량이 독립서점과는 아무 관계가 없다고 생각하는 출판사에 독립서점의 중요성을 다시금 생각하게 하는 계기를 만들기 위해서이다.

본래 북센스는 여러 요소로 구성되어 있었는데, 그중 하나가 '북센스76Book Sense 76' 목록이었다(2004년 '북센스의 선택Book Sense Picks'으로 이름이 바뀜).[70] 베스트셀러 목록과 비슷하게 북센스의 목록은 독립서점의 판매를 촉진하려는 의도뿐만 아니라 판매에서 독립서점을 무시할 수 없는 존재로 여기게 하려는 의도도 있었다. 북센스76은 이미 잘 팔리고 있는 책을 알리기보다는 매달 북센스에 참여하는 서점들이 읽을 만한 책 76개(나중에 40개로 줄)를 추천해서 목록을 만드는 방식이었다. 그러면 서점은 이 목록에 있는 책을 특별하게 진열하거나 이 중 몇 개 또는 모든 책을 적극적으로 홍보했다. ABA는 북센스 목록에 있는 책을 출판한 출판사와도 같이 홍보를 할 수 있도록 추진했다.

북센스 프로그램 중 가장 비싼 것은 북센스닷컴이라는 전자상거래 프로그램이었다. 북센스에 참여하는 독립서점에 북센스닷컴을 이용하도록 하는 것은 매우 어려운 일이었다. 몇 번의 연기 끝에 북센스닷컴은 2000년 11월에 개시되었다. 이 프로그램에 참여한 서점은 (요금을 내고) 웹페이지에 나온 템플릿에서 견본을 본 뒤 자신들이 원하는 형태로 웹페이지를 만들어서 결제하는 메커니즘을 사용했다. 사실 주문은 베이커앤드테일러라는 도매상에 의해 관리되었다. 인터넷이 곧 미래의 쇼핑몰(또는 빌보드)이라는 환상에 사로잡힌 미국인들 때문에 ABA는 북센스닷컴을 마케팅 캠페인의 필수적인 요소라고 생각했다. 하지만 2002년 말까지 북센스 회원의 5분의 1 수준인 230여 개의 서점만 북센스닷컴에 가입한 것으로 집계된다.[71]

북센스의 시도 중 또 다른 흥미로운 점은 책이 아닌 다른 상품을 마케팅에 이용했다는 것이다. 사실 크로스머천다이징을 위해 전혀 다른 종류의 상품을 판매하는 회사끼리 제휴하는 경우를 종종 볼 수 있다. ABA는 코카콜라Coca-Cola와 제휴함으로써 이 영역에 발을 들여놓았다. '북캐시Book Cash'라고 불리는 이 프로그램은 코카콜라에서 발매하는 음료수 미닛메이드Minute Maid를 구매한 영수증을 제시하면 북센스에 참여한 서점들로부터 4달러를 할인받을 수 있는 할인권을 제공했다.[72] 이후 ABA의 교차판매 촉진을 위한 제휴는 뉴욕타임스New York Tomes, 피자헛Pizza Hut, 그리고 비자Visa와 같은 회사들과 지속적으로 이루어졌다.[73] 하지만 협회가 미닛메이드와 제휴해 책과 바카디믹서Bacardi Mixers를 동시에 판매하려 하자 서점들은 교차판매의 도가 지나치다고 인식하게 되었다. 다수의 서점은 음료수가 책이 상징하는 의미와는 전혀 관계가 없다고 생각했고, ABA가 '기업'과 동반자가 되는 것에 대해 우려하게 되었다. 이러한 비판에 대해 ABA는 적합한 파트너를 찾겠다고 약속했지만 여전히 교차광고에 전념했다.[74]

또 다른 시도로 ABA는 ≪뉴욕타임스≫뿐만 아니라 미국 전역에 발행되는 잡지인 ≪뉴요커New Yorker≫, ≪스미스소니언Smithsonian≫, ≪고메Gourmet≫, ≪콘데나스트트래블러Conde Nast Traveler≫에도 홍보를 했으며, 공영 라디오 방송국의 프로그램과도 계약해 방송을 통해 홍보를 실시했다.[75] 이러한 홍보 전략은 독립서점이 목표로 하는 상류층의 엘리트뿐만 아니라 다른 일반 사람에게도 다가가고 출판사, 에이전트, 저자에게 독립서점도 체인서점 못지않게 세련된 도서 상인이라는 사실을 보여주기 위한 것이었다.

ABA는 북센스 캠페인에 많은 자원을 투자했다. 북센스와 북센스닷컴에 약 1,000만 달러를 투자했는데, 1999년과 2001년 사이의 이러한 투자는 협회의 순자산 감소의 원인이 되었다.[76] 금전적 투자 및 직원의 헌신과 함께 ABA는 많은 서점이 캠페인에 형식적으로 동참하는 데 그치지 말고 열정을 가지고 참여하도록 독려했다. 북센스의 가치와 중요성에 대해 독립서점을 설득하기 위한 내부 마케팅 캠페인은 외부 마케팅 캠페인만큼 힘든 노력을 필요로 하는 것처럼 보였다. 회보·우편물·모임을 통해 협회 직원들과 임원들은 서점에 상품권을 많이 활용하고, 북센스76에 올라온 책들을 보기 좋게 진열하고, 회보에 북센스 로고를 표시하라고 열심히 촉구했다.

ABA는 또한 전부터 있던 프로그램을 북센스에 포함시키기 위해 프로그램의 이름을 새로 지었다. 예를 들어 '미국 서점 올해의 책American Booksellers Book of the Year(ABBY)'은 '북센스 올해의 책Book Sense Book of the

Year'으로 바뀌었다. 이는 북센스라는 이름을 알리기 위한 또 하나의 방법이었을 뿐만 아니라 도서나 서점을 장려하는 모든 홍보 활동을 북센스를 중심으로 통합하려는 협회의 의도를 보여주었다. 이러한 전략은 독립서점에 북센스에 적극적으로 참여하라는 추가적인 압력을 가했다. 이전의 제도에서는 협회 회원이면 '미국 서점 올해의 책'을 추천할 수 있었지만, 이제는 북센스 회원만 올해의 책을 추천할 수 있게 되었고, 북센스76에 선정된 책 중에서도 정상에 있는 책만 후보(북센스 회원도 추천한)에 오를 수 있었다. 추측하건대, 나중에 ABA 서점이면 누구든지 올해의 책을 추천할 수 있도록 바뀐 걸 보면 이 제도는 보편적인 동의를 얻지 못한 듯하다.[77]

ABA에 따르면, 북센스는 정말 성공적인 캠페인이었다고 볼 수 있다. 북센스의 목록이 도서 인지도에 얼마나 중요한 역할을 했는지 확실한 증거는 없지만, 협회는 전국 베스트셀러 목록에 북센스가 추천한 책이 많이 올라가 있는 것을 자랑스럽게 강조했다. 그리고 양적으로 캠페인의 효과를 평가할 수 있는 방법은 없지만, 협회는 북센스가 회원 서점의 판매를 증진시키는 데 기여했다고 주장했다.[78] 하지만 이상하게도 2004년 현재 협회는 북센스가 고객으로부터 얼마나 많은 관심을 받았는지에 대한 연구는 하지 않은 것 같다. 이 같은 연구가 실행되었다면 독립서점을 선호하는 고객일지라도 북센스에 대한 관심은 조금밖에 없었다는 사실을 알 수 있었을 것이다. 그럼에도 북센스라는 브랜드는 독립서점을 구제하기 위한 핵심 도구였다.

독립서점이라는 브랜드

1990년대에는 개인 사업자뿐만 아니라 공기업과 비영리 기업도 브랜드 관리가 다양한 목표를 이루는 하나의 성공요소라고 확신했다. 이로 인해 브랜드라는 단어가 새롭지는 않았지만 유행어가 되었다. 일반 조직은 브랜드를 이용해 상품에 특정한 이미지나 의미를 부여했다. 하지만 브랜드 관리는 소매업에서 새로운 접근법이 아니었다. 리치가 말했듯이, 극장에서 시작된 '생각의 중심central idea'이라는 개념은 19세기 백화점에서 장식·조명·진열 등의 요소를 다 같이 조화시킴으로써 백화점에 대한 하나의 통일된 인상을 만들기 위해 이용됐다.[79] 이때 이것을 브랜드 관리라고 불렀는지는 모르겠지만, 20세기에 들어서면서 많은 소매상들은 자신들의 매장 이름과 연관된 이미지를 조심스럽게 관리하려고 노력했다.

그러나 도서산업은 브랜드 관리에 대한 역사가 평탄하지 않았다. 다른 소비재와 달리 출판사에 대한 친밀감과 관심으로 도서를 구매하는 독자는 극소수다. 하지만 컴퓨터 관련 도서, 소설 분야, 특히 로맨스 소설 분야는 예외다. '할리퀸Harlequin' 하면 당연히 인기 있는 로맨스 소설이라고 생각하게 된다. 그러나 일반적으로 책을 브랜드화하려는 시도는 거의 실패했다. 브랜드라는 개념은 체인서점이 나타나기 전까지 서점에게는 관심 밖이었다. 그러나 내가 말했듯이, 월든북스와 비돌턴은 모든 매장의 형태뿐만 아니라 업무까지 표준화시키고 체인의 이미지를 엄격히 관리하는 브랜드화를 추구함으로써 성공할 수 있었다.

체인서점에서 볼 수 있는 것과 같이 브랜드 전략의 핵심은 일관성 있고 믿을 수 있는 이미지를 소비자에게 제공해주는 것이다. 브랜드 관리는 상점에 대한 고객의 이미지를 그냥 운에 맡기지 않는 합리적인 방법으로, 마케팅에서는 널리 알려져 있다. 하지만 독립서점은 체인서점이 사용했던 표준된 방법을 확실히 폄하했고, 자신들만의 특화된 방법을 찾으려고 노력했다. 체인서점의 방식과는 차이가 있지만, 북센스는 독립서점만의 독특한 방법을 전하려고 노력했다. ABA는 여기에 대해 다음과 같이 주장했다.

ABA 회원의 브랜드 정체성을 확립하기 위한 노력의 초석인 북센스는 각 독립서점의 특성을 살리면서 전국적인 독립서점 브랜드를 만들고자 추구하고 있다. 독립서점 브랜드는 전국적으로 독립서점에 대한 중요성을 고취시키면서 고객에게는 독립서점의 집단적인 장점을 강조하기 위해 만들어졌다.[80]

아이러니한 것은 독립서점 브랜드가 ABA로부터 지원은 받았지만, 전국적인 독립서점 브랜드와 각 지역의 독립서점 브랜드가 의미상 서로 다르지 않다는 것을 ABA 회원들에게 이해시키는 데에는 많은 노력이 필요했다는 사실이다. "ABA가 우리의 법인 본부 역할을 하면 우리 독립서점은 거대한 체인이 되는 겁니까?"라고 질문한 독립서점에 대해 전 북센스 마케팅 고문인 칼 레너츠Carl Lennertz는 다음과 같이 아니라고 주장했다.

북센스는 엄격하게 말해 도구일 뿐이다. 미디어나 판매 보고서가 뭐라고 하든 간에 우리의 긍정적인 특성과 독립서점이 아직 중요하고 힘이 있으며 책을 사기 위해 없어서는 안 될 장소라는 사실을 빠르고 간결하게 알리는 도구다. …… 북센스는 또한 렌즈라고도 할 수 있다. 개인이 막대하게 노력하더라도 집단의 목소리가 아니기 때문에 단골고객이 당신의 노력을 인지하지 못하고 지나가는 경우가 많다. 북센스는 이러한 개개인의 노력을 모아 의도된 관중 ─ 미디어·작가·출판사·대중 ─ 에게 렌즈를 통해 레이저 광선을 쏘는 것과 같이 빠르고 효과 있는 메시지를 전달할 수 있다.[81]

브랜드의 기술은 상품에서 가장 중요한 부분을 쉽게 기억할 수 있는 몇 개의 주제나 표어로 다듬는 것이다. 여기서 레너츠가 강조하는 것은 판매자의 메시지가 이러한 브랜드에 녹아들어가 있을 때 설득의 효율성이 높아진다는 것이다.

그럼에도 브랜드 관리는 대외적인 커뮤니케이션 외에 더 많은 것을 포함하고 있으며, 또한 당연히 내부적인 운영에도 영향을 받게 된다. 따라서 독립서점은 북센스의 제안에 그냥 동의하는 것만으로 끝나지 않고 적극적인 참여를 강요받는다. 북센스가 성공하기 위해 ABA는 많은 서점을 임계규모 시점까지 입회시킬 필요가 있었다. 이러한 참여를 유도하는 것은 비교적 짧은 기간에도 할 수 있는 일이었다. 2000년 말, 1,226개의 서점이 가입했지만(2001년 4월 ABA의 총회원 수는 2,461개로 증가함),[82] 자신들의 개인서점 운영에만 익숙해진 사람들을 북센스의 다양한 프로그램에 적극적으로 참여하도록 설득하는 것은 쉬운 일이 아니었다. 서점들은 북센스 프로그램 전체를 이용하기보다는 북센스 프로그램 중 자신들이 사용하는 용도나 빈도에 따라 필요한 프로그램만 선택하는 것처럼 보였다. 게다가 북센스 지지자 중에서도 북센스의 전체적인 전략에 대해서는 이의를 제기하는 독립서점이 있었다. 이런 반대에 직면해서 레너츠는 체인서점이 소비자에게 능수능란하게 사용했던 선동적인 방법으로 필연성을 강조했다.

아마존닷컴과 반스앤드노블은 현재 인기 있는 브랜드를 가지고 있다. 다양하면서 제멋대로인 우리의 메시지를 효과적이면서 적절한 어구로 표현하려는 도전은 중요하면서도 동시에 거의 불가능하다. 그리고 우리가 만들어서 우리를 선전한다는 것은 사실 부끄러운 일이다. 그러나 이것이 오늘날 게임의 법칙이다. …… 우리끼리라도 더 온화한 다른 단어를 쓸 수 있지는 않았을까? 브랜딩Branding 대신 결속을 뜻하는 본딩Bonding을 쓰거나 아니면 둘 다 쓰거나. 브랜드는 세상에 대한 우리의 얼굴이자 마지막 방법이다. 현재 우리가 서로 연결되어 있다는 유대감은 우리 모두가 느끼는 것이다. 과거에도 그랬듯이 현재에도 우리 모두가 서로 팔짱을 끼듯이 연결되어 있어서, 대중에게 우리가 추천한 도서가 전국 서점에 보기 좋게 진열된다는 사실을 알리는 것은 북센스의 성공에 얼마나 중요한 요소인가! 그리고 모든 서점에서 상품권을 공용으로 사용할 수 있다는 것은 얼마나 상징적이고 강력하고 실질적인 이득인가! 독립서점은 몇천 개의 다른 독립서점과 연결된 것을 느끼면서 매일 일터로 나올 것이다! 한 서점이 말했듯이 체인서점을 제외한 우리는 군게 연결되어 있다. 그러나 아직도 많은 장소에 우리의 조그만 로고를 인식시킬 필요가 있으며, 특히 우리들의 소식지에는 로고를 꼭 첨부해야 한다. 그럼으로써 북센스의 다양한 측면을 부각시키면서 브랜드에 대한 당신의 믿음이 더해진다면 더욱더 많은 고객과 유대감을 느낄 것이다.[83]

마케팅 원론에 "브랜드를 효과적으로 사용하는 것은 회사의 모든 사람이 브랜드 사용에 적극적으로 참여해야만 가능하다"라는 말이 있다.[84] 따라서 서점 간의 결속력이 부족한 것은 북센스의 아이디어를 실행하는 데 걸림돌이 될 수 있다. 레너츠가 말했듯이, 협동심을 바탕으로 한 결속력은 브랜드를 도처에서 볼 수 있게 활성화시킬 수 있으며, 결국 고객이 브랜드에 충성심을 느끼게 한다. 서점은 원칙적으로 결속을 통한 협력의 중요성을 인지하면서도 이러한 브랜드를 이용한 방법이 독자적인 특성을 해칠 수도 있다고 걱정했다.

ABA 대표들은 북센스에 열광하는 반면 회원들은 북센스를 탐탁지 않게 생각한다는 몇 가지 징후가 보였다. 예를 들어, ABA는 여섯 개의 전략적 목표에 대한 평가조사를 실시했는데, 그 결과에 따르면 북센스를 통해 독립서점을 선전하기보다는 협회가 독립서점을 대표하고 옹호하는 것을 더 선호한다고 평가되었다.[85] 그리고 ABA는 '북센스'라는 이름이 더는 지역의 베스트셀러 목록 이름보다 부각되지 않도록 지역의 베스트셀러 목록 이름을 바꾸었다. 이러한 조치는 북센스의 브랜드가 특별하지 않다고 인식하는 서점에 대한 배려라고 볼 수 있다. 레너츠는 "전국적인 마케팅 차원에서 북센스라는 이름으로 전국적인 베스트셀러 목록을 만드는 것은 확실히 중요하다고 생각하지만, 지역적 수준에서는 아마도 지역의 목록이 더 중요할 것이다"라고 말했다.[86] 이러한 타협은 ABA가 독립서점의 참상에 무관심했다는 이유로 연합을 반대한 1980년대로 다시 돌아갈 전조로 보이지 않았다. 여전히 북센스라는 브랜드의 사용을 꺼리는 서점은 협회에 공식적으로 이의를 제기하기보다는 협회의 프로그램에 참여하는 것을 거부했다(이것은 이들이 ABA 프로그램에서 제외되었다는 뜻을 내포하고 있다). 그리고 몇 개의 서점은 마케팅의 보편적 중요성에 대해 의심했고, 자신들의 매장에 적합한 마케팅을 독자적으로 운영하는 것을 선호했다.

물론 북센스는 많은 출판사뿐만 아니라 도서산업의 다른 구성원에게도 찬사를 받았다. 특히 AOL타임워너도서그룹AOL Time Warner Book Group의 의장이던 래리 커쉬바움Larry Kirshbaum은 북센스를 다음과 같이 극찬했다.

만약 내가 지난 15년 동안 가장 싫어했던 한 가지가 있다면 체인서점과 독립서점 사이의 소송을 선호하는 환경이었다. 이것은 우리 사업에 큰 분열이 일어난 것처럼 보이게 했다. 반면 내가 가장 좋아했던 것은 처음으로 독립서점들이 북센스를 통해 체인서점처럼 연합된 자신들을 위한 전국적인 마케팅을 한다는 사실이었다. 이러한 독립서점의 연합이 우리가 필요로 하는 것이다.[87]

그렇지만 독립서점은 자신들의 활동이 체인서점과 같다고 생각하면서부터 자신들만의 독자적 서점으로서의 존재가치에 혼란을 느꼈다. 체인서점과 독립서점을 구분하는 가장 중요한 요소는 조직의 규모이지만 이것이 두 매장을 구분하는 유일한 요소는 아니다. 독립서점은 가장 합리적이고도 최소의 비용으로 효율적인 운영을 할 수는 없지만 자신들이 원하는 대로 자유롭게 운영할 수 있다는 점에서 체인서점과 다르다. 이러한 자유로운 운영은 자신들이 좋아하는 책을 부담 없이 추천하고, 고객뿐만 아니라 동네 주민과 더 의미 있는 교감을 나눌 수 있게 하며, 더 즐겁게 일을 할 수 있게 해준다. 매장 자체가 자신과 공동체의 특색을 표현하는 것이라고 생각하는 독립서점은 포장지에 전국적인 로고를 붙인다거나 다른 이들이 선택한 책을 진열하도록 공간을 내준다는 것이 그저 하나의 양보라고 생각할 수도 있다. 그리고 독립이라는 의미가 '상업주의 commercialism'와는 다르다고 생각한다면 브랜드 캠페인은 독립적인 위상에서 한발 물러나는 것을 의미한다. 게다가 전국적인 브랜드 캠페인을 통한 일관성 있는 판매가 다른 서점의 관심을 끌기에는 충분하지만, 이러한 마케팅이 과연 고객에게 어떻게 영향을 미칠지에 대해서는 불분명하다. 몇 명의 고객은 비슷한 종류의 마케팅에 지갑을 열지도 모른다. 그러나 이런 마케팅을 통해 독립서점이 체인서점과 더욱 비슷해짐으로써 대중에게 자신들은 체인서점과는 질적으로 다르니 다른 대우를 해달라고 말할 근거는 점점 퇴색한다.

도덕과 시장의 매력

20세기의 마지막 4분기에 독립서점 사이에서 활성화된 행동은 집단체제와 집단 이익을 추구하기 위해 위험을 무릅쓰고 다른 서점을 자신들의 집단에서 배제하는 것이었다. 이것은 가끔 자유 시장체제와 자유 시장에서 불거지는 불평등한 힘의 관계에서 발생하는 현상이라는 비평을 받기도 했다. 하지만 아직 독립서점의 급진적인 성향을 과장하지 않았다는 사실과 그들의 반대 주장에는 한계가 있다는 사실을 아는 것이 중요하다.

체인서점이 사업을 확장시키기 위해 사용하는 다양한 전략과 출판사가 체인서점에 제공하는 차별적인 대우에 대한 공정성 문제를 제기하면서 독립서점은 가끔, 아마도 무심코, 자신들이 직면한 문제에 대해 급진적인 해석을 내놓았다. 가장 힘세고 효율적인 소매상이 시장에서 우세할 수 있다는 것을 인정하기보다는, 독립서점은 이런 결과가 사실 시장에서 무엇인가 결핍된 현상을 보여준다고 주장했다. 독립서점은 경쟁을 비난한 것은 아니지만 경쟁하는 데 모든 규정이 소규모 서점보다는 대규모 서점에 유리하게 만들어졌다는 근본적인 결함을 주장했다. ABA가 반스앤드노블과 보더스를 고소한 소송에서도 볼 수 있었던 것처럼, 독립서점은 규모와 상관없이 모든 서점이 출판사로부터 공정한 대우를 받아야 한다고 주장했다. 이 논리에 따르면, 판매 조건을 결정하는 데 규모의 경제는 전혀 상관이 없다는 것이다. 한 곳에 집중된 거대한 힘은 효율성을 높이고 비용을 절약하는 데 공헌할 수는 있으나, 이러한 힘은 비인간적이고 소외감을 느끼게 하는 세계와도 같다. 따라서 경제적인 관점에서의 이익은 정당화될 수 없다는 것이다.

사실 이러한 주장은 10년 전에 흔히 볼 수 있었던 반독점에 대한 감정의 되풀이라고도 할 수 있다. 모노는 지역사회, 독립성, 소규모, 공정한 경쟁의 중요성을 19세기 말에 자리 잡았던 '민간전승의 소매업'이라는 관점에서 해석한다.[88] 따라서 오늘날의 독립서점이 독특하다고 볼 수는 없을지라도, 북미 사람에게 중요한 가치를 전해주는 작은 사업가는 이 지역 오랜 전통의 일부라는 것이다. 다른 소매상과 달리 서점에서는 책을 판다. 그리고 다른 상품과 다르면서 신성한 특징을 지닌 책에 대한 독립서점의 끊임없는 믿음은 독립서점의 도덕적 우월감을 나타내기 위한 캠페인의 추가적인 특징이 될 수 있다. 독립서점은 자신들이 만든 기업(모노에 따르면, 이 사실은 20세기 초 매장 주인의 정체성에서 핵심적인 요소였다)이야말로 가장 이상적인 기업이라는 것에 찬성할 수도 있을 것이다. 그러나 이것은 그들에게 가장 큰 의미를 갖는 부분은 아니었다. 흥미롭게도 내가 인터뷰했던 서점 주인 가운데 많은 사람은 주인이 되기 위해 서점을 만들지는 않았다고 말했다. 그들이 줄곧 말한 것은 인쇄된 글에 대한 경의였다. 오로지 작고 개인적이면서 독립적인 소매상만이 책과 독자에게 특별한 관심을 쏟을 수 있다는 신념은 자신들이 추구하는 운동에 다른 사람들이 후원해야 한다는 합리적인 이유를 추가해주었다.

독립서점은 시장에서의 독립서점의 소멸을 경고하면서 현재 효율성과 비용효과만을 위주로 한 제도가 간과하는 도덕적인 문제점을 도서산업의 중요한 토론문제로 제시했다. 한 도매상은 문제의 핵심을 다음과 같이 말했다.

> 유통회사와 출판사는 독립서점과 체인서점에 할인을 다르게 해주고 있다. 규모의 경제에서 본다면 정당화될 수 있는 문제이지만, 내가 생각할 때 도덕적인 측면에서 본다면 이것은 분명히 차별적인 가격제도다. 하지만 자본주의적인 관점에서 본다면 아마 아닐 것이다. 많은 사람들은 이것을 양에 기초한 문제이고 회사의 수지에 따른 문제라고 정당화할 것이다.

이 도매상은 공급자는 회사의 경제적 이익을 창출하기 위해 단순히 필요한 일을 하고 있다고 말하지만 여기에는 분명히 문제가 있다고 반론을 제기했다. 자신의 이익만을 위한 시스템은 가장 힘 있는 사람들과 동맹해야 하는 체제를 만들며, 이것은 또한 세상이 공평하지 않다는 것을 보여준다. 특히 사회적 가치에 대한 믿음 때문에 선택한 일을 하는 개인에게는 공평하지 않다는 것이다.

따라서 독립서점과 도서산업의 지지자들이 종종 시장의 논리에 도전하는 것을 자본주의에 대한 전면적인 비난으로만 받아들여서는 안 될 것이다. 자본주의는 개인 자산에 기초를 둔다. 책과 서점이 개인 소유가 아니고 책과 서점을 모든 사람이 이용할 수 있는 유통구조가 만들어질 수만 있다면 더 좋은 세상이 될 것이라며 아쉬워하는 의견을 가끔 들을 수도 있지만, 이것이 독립서점이 강력하게 주장하는 주제는 아니다. 오히려 독립서점은 자본주의에 대한 반대가 아니라 기업의 거대한 조직에 대한 반대를 강조한다. 자본주의는 어떻게 보면 큰 규모의 관료조직과 잘 어울린다. 일반적으로 관료조직은 효율성을 높이기 위해 힘을 한곳에 모으고 노동력을 관리하며 이를 통해 이익을 추구하는 데 최선을 다한다. 물론 자본주의는 큰 회사가 출현하기 이전부터 존재해왔지만 독립서점과 같은 소매상은 이전의 세상에서 더 좋은 대접을 받지 않았을까 하고 상상한다.

독립서점이 "다만 공정경쟁시장을 원한다"라고 한 말에서도 알 수 있듯이 이들은 자유자본주의를 지지한다. 북센스의 마케팅 캠페인은 독립서점이 힘을 합해 10톤짜리 고릴라와 같은 체인서점에 대응해 공정경쟁시장을 만들려는 시도다. 하지만 독립서점이 이러한 대응을 하는 데에는 한계가 있다는 것을 북센스는 강조하고 있다.

사법과 입법의 전략은 경쟁이라는 게임의 규칙과 자유 시장 저변에 존재하는 사회적 진화론에 대해 이의를 제기하는 반면, 독립서점은 북센스를 이용해서 자신들의 게임에서 체인서점을 이기려고만 하고 있다. 불공정한 거래를 이유로 체인서점을 공격할 당시 독립서점은 자신들이 추구하는 도덕적인 면과 지역 공동체를 위한 다양한 도서 공급 및 서비스가 어떠한 강한 영향력보다 시장에서 우선시되어야 한다고 주장했다. 그러나 북센스는 일반 시장이 추구하는 효율성과 보편적인 시장의 기준이 아닌 도덕적인 면을 추구한다기보다는 경쟁자보다 더 좋은 상품을 고객에게 제공하려고 노력하는 것처럼 보인다. 따라서 독립서점은 체인서점과의 정치적 분쟁이 시장의 사회적 규칙에 의해 해결되어야 한다는 데 동의하는 일반 시민보다는 독립서점을 선호하는 고객에게 더 자신들의 입장을 호소하고 있다.

이처럼 상반된 호소, 즉 고객에 따른 상반된 관점은 정치와 마케팅 캠페인 간의 이론적·실질적 차이가 무엇인가 하는 의문점을 던졌다. 독립서점은 정치와 마케팅의 차이가 명확하지 않을뿐더러 그 경계가 모호할 수밖에 없다는 것을 보여준다. 결국 북센스를 이용하든지 아니면 체인서점에 대한 반대의사를 표명하든지 어떤 방법을 택하든 간에 독립서점은 대중에게서 지속적으로 많은 후원과 지지를 얻기를 바랐다. 그러나 이 두 가지 시각 사이에는 이론상의 차이가 있고, 이 차이는 실제적으로 다른 결과를 초래한다.

선전과 관련된 이론에서는 목표지향적인 정치적 설득이나 상업적 설득이 근본적으로 같다고 주장한다. 정치적 이데올로기를 팔 목적이든지 아니면 소비재를 바라게 할 목적이든지 간에, 선전의 개념은 소비자를 왜곡과 거짓말로 조정해서 안 믿을 것을 믿게 하는 성질을 띠고 있다. 그리고 주의를 기울이지 않으면 정치적·상업적 표현은 날조된 선전으로 바뀌기 쉽다.[89] 이러한 관점은 선전하는 사람이 자신의 이익을 위해 독자에게 잘못된 정보를 제공하고 또한 독자가 이러한 거짓말에 맹종하게 함으로써 정당성에 대한 비판을 받았다. 그러나 무엇보다도 이 관점에서는 선전하는 것과 정치와 상업 간의 관념을 받아들이는 데 다른 이해관계가 있다는 것을 알지 못한다는 것이 문제다.

아리스토텔레스나 루소 같은 고전 이론가들, 그리고 하버마스 Jürgen

Habermas 같은 최근 정치 이론가들로부터 내려오는 중요한 전통은 정치적 영역을 공통적인 관심사와 연결시킬 뿐만 아니라 도덕적인 차원에서도 연결시킨다는 것이다.[90] 그래서 정치적 설득은 책임과 의무의 힘을 가지고 있는 도덕적 법규에 호소하는 것처럼 보일 수도 있다. 에밀 뒤르켐 Emile Durkheim이 말했듯이, 도덕은 개인이라는 범위를 넘어서 두 가지 측면에서 보아야 한다. 첫 번째, 개인적인 목적을 위한 행동은 도덕적이지 못하다. 뒤르켐은 "도덕적인 행동은 공동체의 이익을 도모하는 것이다" 라고 말했다. 두 번째, 도덕의 힘은 사회적 차원에 영향을 미치기 때문에 도덕성이라는 것은 개인적인 면보다 높은 위치에 있다.[91] 반면 마케팅은 그 자체가 상황과 시간에 따라 가지각색인 개인적 취향에 맞게 선택권을 제공해주는 것이다. 따라서 마케팅은 개인에게 아첨하는 것이기 때문에 의사결정을 하는 데 가장 중요한 요소는 개인적인 관심이다.

정치적 설득과 마케팅 간의 차이점에서 정치적이라는 단어가 내포하고 있는 힘을 외면하는 것은 아니다. 당연히 도덕성이라는 정의도 다른 힘을 반영하고 강조한다. 낸시 프레이저Nancy Fraser는 공익이라는 정의가 "지배와 예속의 영향으로 인해 퇴색되었다"라고 주장하기도 했다.[92] 그럼에도 정치는 개인적인 가치보다 공동체를 위한 가치에 더 호소함에 따라 마케팅과는 다른 종류의 이론을 채택하고 있다. 결론적으로 공동체를 위한 가치가 더 강하고 구속력 있다는 것이다. 만약 둘 중 하나를 택한다면 도덕적으로 승리하는 것이 시장에서 소비자로부터 인기를 얻는 것보다 대중적 지지를 얻는 데 더 안전한 기초가 될 수 있다. 왜냐하면 고객의 충성도는 개인의 경제적인 여건과 생활습관에 따라 변화할 뿐만 아니라 개인의 삶에 따라서도 다르기 때문이다.

몇몇 기업은 시장에서 작고 특별한 틈새시장을 찾는 능력이 있긴 하지만, 현대 자본주의 시장의 구조는 독립서점 같은 소매상에게는 이러한 호의를 베풀지 않는다. 공급·유통·가격·부동산 – 그리고 마케팅 – 등의 많은 영역에서 체인서점 소매상은 자신들이 독립서점 상인보다 더 효율적으로 계획을 실행할 수 있다는 것을 보여주었다. 그 결과 체인서점이 도덕적 우위를 잊고 시장에서 인기를 얻는 데 여념이 없을 당시 독립서점은 자신들의 주장이 시장에서는 설득력이 없음을 깨달았다. 하지만 소비가 정치적이고 윤리적인 문제라고 할 수 있는 정치의 영역에서 본다면 독립서점은 자신들의 가장 큰 도전을 체인서점뿐만 아니라 소비자에게도 쟁점화할 수 있다고 본다. 이것은 내가 다음이자 마지막 장에서 전개할 주제다.

08_

시민과 소비자의 차이에 대한 연구
정치적인 소비

앞 장에서 보았듯이, 체인서점의 성장으로 인해 초래된 도서판매의 변화
는 합리화, 경쟁, 그리고 도서산업에서 소규모 서점의 위상에 대한 논쟁
으로 이어졌다. 이 논쟁은 실제로 열정적이며, 가까운 시일 내에 해소될
기미가 보이지 않는다. 하지만 어느 정도까지가 단순히 평생을 도서에 종
사하는 도서 전문가들 내부의 관심사인지, 그리고 이러한 민간산업의 이
례적인 논쟁이 미국 전체 사회에 어느 정도 중요한 영향을 미치는지에 대
한 질문을 던져보도록 하자.

미국 인구의 한정된 소수만 책을 자주 구매한다는 사실을 고려하면,
서점이 현재 열중하는 문제에 대중의 많은 관심과 흥미를 기대하기 힘든
게 사실이다. 도서산업에는 미디어의 관심을 받을 수 있는 유명인도 없으
며, 돈·권력·화려함 같은 매력적인 요소도 상대적으로 부족하다. 그럼에
도 대형 체인서점의 출현 이래 도서산업에서 나타나는 문제점은 대중의
의식 속에 빠르게 자리 잡고 있다. 이러한 대중 가운데에는 산업발전의
변화로부터 직접적인 영향을 받는 도서 전문가들 외에 또 다른 사람들도
있다. 바로 서점에서 아르바이트를 하는 학생들과 독립서점이 망했다는
것을 알아챈 이웃의 단골고객이다. 그러나 서점과의 직접적인 접촉이 없

는 일반 대중도 체인서점과 독립서점 간의 대립에서 나타나는 총체적인 문제점의 윤곽을 언론과 다른 매체를 통해 대충 인지하고 있다. 언론에서는 독립서점의 생존 노력에 관한 기사를 심심치 않게 소개하곤 한다. 이와 관련된 주제는 심지어 연예문화 부문에서도 볼 수 있다. 예를 들어, 1998년 영화 <유브 갓 메일You've Got Mail>에서는 이 주제를 다루었다. 1990년대 중반에서 2000년대 초반까지 ≪뉴욕타임스≫의 독자는 특히 카르바할과 데이비드 커크패트릭David B. Kirkpatrick이 기사화한 도서산업에 관한 논쟁을 읽었을 것이다. 그리고 반스앤드노블과 잉그램의 합병과 같은 사건이 일어났을 때, 독립서점은 매스미디어뿐만 아니라 정치적 협력자의 회보와 같은 소규모 언론매체나 인터넷을 통해서도 자신들의 관심사에 대중의 관심을 성공적으로 집중시킬 수 있다는 값진 경험을 했다.

그런 까닭에, 서점 간의 분쟁에 대해 자세히 알고 있는 사람은 비록 소수이지만, 최소한 이러한 분쟁이 있다는 사실 정도는 대다수의 사람이 알고 있다. 이것은 이 분쟁이 널리 알려졌다는 것과 일반 대중의 인식에도 자리 잡고 있다는 것을 의미한다. 대중이 이 문제에 관심을 두는 이유는 이러한 분쟁이 도서판매에서만 발생하는 것이 아니라 일반적인 소매업, 그리고 일상생활의 다른 많은 영역에서도 발생할 수 있는 문제라고 인식하고 있기 때문인 것 같다. 소규모 기업이 대기업에 굴복하고, 개인이나 기업의 이익만을 챙기기 위해 경쟁자, 내부의 비효율, 그리고 다른 장애물을 제거하는 것은 현대사회에서는 흔히 볼 수 있는 현상이다. 이미 미국인은 자신들과 친숙한 장난감, 하드웨어, 약, 또는 사무제품을 판매하는 소매업 시장보다 도서판매 시장에서 나타나는 이러한 현상에 더 관심을 갖고 있는 듯하다. 왜냐하면 개인은 도서에 관련된 현상에 많은 관심을 갖고 있기 때문이다. 그리고 가끔씩 도서시장에 관심을 갖고 있는 개인은 자신의 관심에 따라 행동을 하곤 한다.

이 장에서 나는 도서 전문가도 아닌 개인이 어떻게 합리적이고도 대규모로 운영되는 도서판매 단체에 대응할 수 있었는지를 알아보고자 한다. 이러한 행동은 일반적으로 체인서점에 반대하고 모든 독립서점을 지지하는 것을 의미했으나, 어떤 경우에는 대규모 독립서점도 표적이 되었다. 특히 나는 서점의 하위 직원들과 변화하는 도서판매 환경을 직접 체험하고 있는 주민의 행동을 유심히 관찰했다. 이들이 노골적으로 드러내는 불만은 서로 다를 수도 있지만, 이 두 집단은 도서가 바람직하지 않은 시장 절차에 의해 판매된다는 점에서 자극을 받는다. 예를 들어, 비용 절감과 표준화에 우선순위를 두던 도서판매 모델에서는 특색 있는 서점이나 이웃이라는 개념은 볼 수 없고, 힘 있는 조직이나 알 수 없는 타율적 분위기가 사람들의 직장과 지역사회를 좌지우지하는 것을 볼 수 있다. 도서시장의 종사자와 시민이 시작한 캠페인에서 주목할 만한 점은 이들은 도서판매가 이러한 과정을 시정해나가는 하나의 오아시스 같은 역할을 해야 한다는 믿음을 표현했다는 것이다.

한편 도서시장에서 나타나는 문제점은 보람된 사업에 종사한다는 직원의 자부심에 비해 상대적으로 낮은 임금과 고압적인 관리자와의 사이에서 발생되는 충돌이 원인인 것으로 보인다. 이러한 문제에 대응하기 위해 체인서점과 소수의 대규모 독립서점 직원은 노조운동에 참여하게 되었다. 이 직원들은 다른 사업과 다름없이 서점이 자신들의 실력을 무시하고 언제든지 해고할 수 있다는 것처럼 대한다면서 배신감을 나타냈다. 다른 한편으로 몇몇 지역사회는 호감을 사고 있는 서점의 잠재적인 손실에 대해 지역사회 주민과 정부가 책임을 져야 한다고 주장했다. 이를 위해 후원회를 조직하고 후원자들은 힘들어하는 서점에 물질적 지원뿐만 아니라 정신적 후원을 조직적으로 해주어야 하며, 자신들의 지역사회 내에 체인서점이 들어오지 못하도록 시민들이 발의해야 한다고 주장했다. 때로는 시민들이 의도적으로 토지 사용세와 같은 세금제도를 도입함으로써 고의적으로 자유 시장에 개입하기도 했다.

이처럼 다양한 행동은 대형 체인서점이 낮은 가격과 높은 효율성을 유지하기 위해서는 희생이 필요하다는 것을 보여준다. 눈에 보이는 소비자의 이익으로 인해 지역 서점은 도서 선택과 마케팅을 표준화된 방법으로 일괄 처리하는 체인서점으로 대체되기 쉽다. 이런 변화는 출판사와 유통회사가 자신들의 주요 고객인 서점의 요구에 따라 정책, 가격, 그리고 심지어는 제품까지 만들어줌으로써 도서산업에서의 힘의 균형을 깨뜨리는 원인이 된다. 게다가 서점 직원의 저임금과 자율성 억제는 할인과 표준화된 엔터테인먼트를 가능하게 하는 데 부분적으로나마 도움이 되었다. 바꾸어 말하면, 소비자가 구매하는 많은 상품과 그들이 즐기는 소비방식은 다른 이들의 작업 환경과 직접적으로 관련되어 있다. 이러한 종류의 이슈는 전 세계적으로 제일 큰 소매상인 월마트뿐만 아니라 해외에 공장을 둔 의류 및 신발 산업의 노동력 착취로 인해 세상에 알려졌다. 이러한 현상은 도서산업을 포함해 소비자 상품의 생산과 유통에 참여하는 모든 산업에서도 나타나고 있는 실정이다.

노조운동 대부분의 수명이 짧았고 체인서점이 대부분의 지역사회에서 거의 거부당하지 않은 것을 볼 때, 도서 전문가들이 아닌 일반인들의 행동은 일시적인 행동으로 볼 수 있다. 하지만 이러한 행동이 도서판매시장에 즉각적인 영향을 미치지는 못했다 하더라도 이러한 행동으로부터 발생한 중요한 사실을 간과해서는 안 된다. 첫 번째, 가장 중요한 사실은 조직화된 집단적 노력이 주목을 받기 쉽고 효과 있는 행동이라는 것과 동시에 개인 소비자의 행동을 고무시킨다는 것을 알았다는 것이다. 내가 앞 장에서 설명했던 서점의 의식을 고양하려는 노력과 비슷하게, 이러한 행동은 소비자에게 돈을 어떻게 써야 될지 신중하게 결정하도록 함으로써 그들의 경제적 힘을 행사할 수 있도록 용기를 북돋운다.

두 번째, 이러한 비전문가들의 행동은 소비를 이해하는 데 중요한 역할을 한다는 사실을 알았다는 것이다. 소규모 서점을 보호하려는 집단적 또는 개인적 행동은 공익을 위해 행동하는 소비자의 모습을 보여준다. 이것은 사실 내가 앞에서 설명한 소비자의 개념, 즉 주권이 있는 소비자는 외부의 제약에서 자유로우며 소매상의 일차적인 목표는 소비자 개개인을 만족시켜야 한다는 것, 매스마케팅에 예측 가능한 반응을 보이며 지역만의 특성과 독특한 역사를 획일화된 친숙함과 바꾼다는 것, 쇼핑을 통해 재미를 추구한다는 것, 싼 물건이 있다면 어느 매장을 막론하고 쇼핑을 하는 경제적이면서 자기 이익에 따라 행동하는 합리적인 존재라는 것, 심지어는 매장 주인과 감정적인 유대관계를 가지고 싶어 한다는 것 등과 상반된다. 이러한 개인의 이기심은 다양한 소비 스타일을 보여준다. 그러나 소비자는 개인이 아닌 큰 단체의 이익에 힘을 실어주는 경우도 있다. 그런 태도는 쇼핑을 도덕적 규범이라는 측면에서 생각하는 것도 중요하다는 것을 의미한다. 이런 접근은 소비가 단지 개인적 이익을 위한 목적이 아니라 공익과도 연결되어 있다고 이해한다. 공익이 무엇인지에 대해 합의를 한다는 것은 어려운 일이지만, 요점은 개인은 사회적 이익을 자신들의 소비습관 안에서 이해하려 한다는 것이다. 따라서 이렇게 접근하는 소비자는 어디에서 쇼핑을 할지 또는 어떤 것을 살지에 대한 선택을 사회적 이익을 추구하는 듯한 정치적인 말로 합리화시킨다. 내가 주장하듯이, 소비자와 시민은 이런 면에서 같이 연결되어 있다.

계산대 뒤에서 벌어지는 풍경

내가 앞에서 서적상이라고 칭할 때는 체인본부에 있는 경영자급에 해당하는 사람뿐만 아니라 독립서점과 체인서점의 주인 및 경영자 모두를 포함한 의미였다. 그리고 서점산업을 설명하면서 이들의 생각을 반영했다. 그러나 직원에 속하는 계산대에 있는 점원, 창고에서 입고된 책을 풀고 정리하는 점원, 그리고 체인본부의 서열만 채우고 있는 관료적인 사람들은 아직 거론하지 않았다. 도서계에 종사하는 사람들은 명확히 두 그룹으로 나뉜다. 첫째, 서적상은 도서산업의 일을 천직으로 알고 도서산업에서 일어나는 모든 일에 정통한 사람들을 말한다. 둘째, 직원은 서점에서 일하는 것을 일시적인 직업으로 생각하고 책임감도 별로 없으며 도서산업에 관심을 갖기보다는 자신들이 일하는 서점의 전반적인 일에 대해서만 알고 있는 직원을 말한다. 이 둘 사이에는 확실한 경계선이 있다.

체인서점이 주요 세력이 된 이래 체인서점의 약점은 체인서점 직원의 능력으로 지적되어왔다. 체인서점에서 필요로 하는 직원의 능력은 책과 관련된 지식보다는 일반적인 소매업에 종사하는 판매원과 같은 능력이라고 정의함으로써, 체인서점은 자신들이 만들어놓은 자리를 채울 수 있는 저임금의 노동인구를 대거 확보할 수 있는 여건을 마련했다. 그러나 이것은 추정컨대 체인서점에서 일할 수 있는 유일한 자격은 계산기를 사용할 줄 아는 '단순한' 직원이라는 것을 암시하는 데 기여했다. 체인서점 종업원의 무지에 관한 이야기는 여러 곳에서 접할 수 있다. ≪퍼블리셔스 위클리≫의 1993년 기사는 필수적인 문학 교육이 부족한 직원에 대한 문제점을 분명히 지적한다.

희극이냐, 비극이냐? 반스앤드노블의 대형 매장에서 엿들은 내용이다. 한 점원이 다른 점원에게 "한 손님이 셰익스피어의 '폴더folder'판을 원해. 그게 뭐야?"라고 묻자, 그 점원이 설명하는 손동작을 해 보이면서 다음과 같이 대답했다. "있잖아, 폴더 같은 거야."[1]

≪퍼블리셔스 위클리≫가 자신들의 독자에게 무엇이 잘못되었는지를 설명해주지 않았다는 사실은(아마 고객은 폴저 셰익스피어Folger Shakespeare의 책을 말한 것이었을 것이다) 도서산업에 관심이 있는(≪퍼블리셔스 위클리≫를 읽을 정도의) 사람이라면 제목·작가·출판사·판editions에 대해 전반적인 지식이 있다는 것을 암시한다.

서점 직원을 얕보는 이런 부류의 논평은 20세기 초 일반(독립) 서점을 향한 비평을 생각나게 한다. 그러나 독립서점의 직원은 제대로 배운 사람들이라고 현재는 널리 알려져 있다. 그리고 지금은 독립서점이 체인서점의 직원을 무시하는 투로 이야기한다.

내 생각에 아마도 독립서점에서 계속 책을 구매하는 사람들은 다른 종류의 사람들인 것 같다. 내 말은, 책을 사랑하는 사람, 책에 관심을 갖는 사람, 무엇을 알거나 읽는 사람에게 말을 걸고 싶어 하는 사람이 있는 것 같다는 것이다. 내가 직접 듣기로는 한 체인서점에서 어떤 사람이 헤밍웨이Hemingway를 달라고 하자 "그게 공상과학 소설인가요?"라고 물었다고 한다(웃음). 점원이 어디에 무슨 책이 있는지 모르는 것은 사람들을 골치 아프게 한다.

무지한 체인서점 직원과 지적인 독립서점 직원 사이의 차이점은 독립서점은 자신들의 진지한 도덕적 의지를 전달하려 한다는 것이다. 다음과 같은 독립서점 직원의 말이 암시하듯이 독립서점의 직원은 체인서점 직원과 다르게 책을 소중하게 여긴다는 것이다.

나는 사람들이 체인서점을 방문했을 때 점원이 책에 대해 아무것도 모르더라는 이야기를 끊임없이 듣는다. 그들은 조지 엘리엇George Eliot이 누군지 전혀 모른다. 그들은 "그게 누구예요?"라고 묻는다. 맞다. 그래서 체인서점은 책을 팔기 위해 될 수 있는 한 최고로 낮은 임금으로 사람들을 고용한다.

체인서점을 관찰해본 결과 체인서점의 많은 직원이 책에 대해 그다지 조예가 깊지 않다는 주장은 들어맞았다. 부분적이겠지만 이 결과는 서점에서 일하는 수많은 직원이 아르바이트생이거나 아니면 임시직원이거나 아니면 둘 다라는 사실에서 알 수 있다(2002년 보더스의 아르바이트생은 1만 7,000여 명인 반면 정식직원은 1만 5,000여 명이었다).[8] 그리고 전문가가 자신의 일에 대해 자부심을 느끼는 것과는 반대로 이러한 직원은 도서판매를 딱히 가치 있는 직업으로 생각하지 않는다. 실제로 한 체인서점의 직원은 이것이 자신의 재능을 낭비하는 일이라고 한탄했다.

흥미는 있지만 직원들은 매장이 앞으로 얼마나 많은 가능성이 있는지에 관심이 없을 뿐만 아니라 그 가능성을 이용하지 않으려는 것을 보면 좀 안타깝다고나 할까요? 음, 내 생각엔 직원들은 그냥 책을 가지고 놀고 사람들과 이야기나 하는 뭐 그런 거 아닌가요? 때로는 다른 직장에 가기 전에 잠시 근무하는 곳이기도 하고……. 매장이 문을 열었을 때부터 많은 직원이 이랬어요. 많은 사람이 2~3년 정도만 근무하는 것 같아요. 조금은 안타깝죠. 당신은 모르겠지만 나는 전문적인 소매업 판매원이 되긴 싫어요. 나는 여기에 근무하는 사람들을 보면서 '와, 나보다 교양이 더 많구나' 하고 느끼곤 해요. 이런 종류의 창의적인 능력이 오로지 책만 판매하는 데 쓰이기는 아깝다고 생각해요. 다른 종류의 일에 쓰여야 해요.

당연히 직원과 전문가 사이의 차이가 항상 앞에서 말한 것과 같은 것은 아니다. 서점에서 일시적인 직원으로 채용된 사람도 도서산업에 매혹되어 영원히 서점과 같이할 수도 있다. 특히 독립서점에서는 직원에게 책을 선택할 수 있는 권한뿐 아니라 외판원(산업에 대한 중요한 소식의 출처다)과 만나고 판매 촉진 캠페인을 계획하는 책임을 주기도 한다. 그러나 체인서점에서는 직원의 이직률이 상대적으로 높을 뿐만 아니라 하는 일도 제한되어 있다. 그래서인지 체인서점 직원은 도서산업이 직면하고 있는 문제에 대해 자기 나름대로의 독특한 관점과 생각을 갖게 되었다. 이러한 관점은 서점의 단골고객이 소비자로서 어떤 역할을 해야 하는지에 대한 생각뿐만 아니라 체인서점과 독립서점 간의 대립에 대한 생각과도 관계가 있다.

서점 직원도 다른 많은 소매업에 종사하는 직원이 흔히 갖는 불만을 느끼게 되었다. 중요한 것은 이러한 불만이 체인서점의 업무에만 한정되지 않았다는 것이다. 체인서점의 규모, 중앙집권적인 구조, 그리고 체인서점의 업무가 다른 형태의 서점 업무보다 강제적이지 않다는 것을 합리화하려는 노력이 불만을 제공하는 요소가 되었다. 이러한 요소는 무엇보다도 직원 업무의 단순화를 초래했다. 소규모 독립서점은 세분화된 분업이 필요 없기 때문에 구매 일을 하는 사람도 때때로 계산대에 앉는다. 반면 대규모의 독립서점은 가끔 불만족을 동반하는 매우 세분화된 분업을 초래한다. 그래도 이러한 분업은 엄격한 계급제도와 분업화된 조직이 있고, 중요한 결정은 지역 사무소나 본사에서 내리고, 경영자들 — 대체로 도서시장에 대해 전문적으로 잘 아는 — 은 현장이 아닌 사무실 안쪽에 앉아서 관리하는 체인서점의 구조와는 비교될 수 없다.

작업의 단순화가 일어날 수 있었던 더욱 중요한 계기는 서점의 컴퓨터화다. 최소한 20세기가 끝날 때까지 컴퓨터화는 대부분의 독립서점에서보다 체인서점에서 더 발달해 있었다. 컴퓨터를 이용한 자동화는 과거에 필요로 했던 도서에 관한 박식한 직원을 컴퓨터가 대신할 수 있다는 의미를 내포했다. 직원은 조지 엘리엇이 누군지 알기보다는 철자법이 틀리지 않게 데이터베이스에 작가의 이름을 입력하기만 하면 된다. 실제로 나는 대형 체인서점에서 고객이 질문을 하면 직원은 컴퓨터로 향한 뒤 찾고 있는 책이 어디 있는지, 재고가 있는지, 그리고 특별주문을 할 수 있는지 여부를 컴퓨터를 통해 알려주는 광경을 자주 볼 수 있었다. 이 기술을 이용하는 서점의 이익은 명백하다. 직원을 더 쉽게 교육시킬 수 있고, 이들을 저임금으로 고용할 수 있다는 것이다. 최저임금이나 혹은 그것과 비슷한 임금이 독립서점이나 체인서점에서 처음 일을 시작하는 직원들의 임금 기준이다.[3]

몇 명의 분석가는 임금, 상여금, 매장 환경, 그리고 직업의 안정성이 대규모 회사보다 소규모 사업장에서 더 빈약하다고 주장한다.[4] 이것은 전반적인 사업에 사실일 수는 있지만 모든 산업에 이러한 주장을 적용하는 데에는 한계가 있다. 도서산업에서 볼 때 체인서점의 직원은 독립서점의 직원보다 더 나을 것이 없다. 초봉은 비슷할지 몰라도 체인서점의 관료적인 구조와 직원의 행동을 규제하는 지침서는 종종 독립서점의 자유스럽고 격식을 차리지 않는 환경(몇몇 서점에서는 더 그렇다), 그리고 서점 주인과 더욱 개인적인 관계를 형성할 수 있는 분위기와 상대적으로 비교된다. 그렇다고 모든 독립서점이 이렇게 따뜻하고 자유로운 느낌이라는 말은 아니다. 한편 더 많은 자료를 갖고 있고 최신 경영기술을 더 잘 알고 사용하는 체인서점은 대부분의 독립서점이 할 수 없는 인사관리를 제도화할 수 있다. 일례로, 체인서점 직원의 업무를 평가하는 과정에서 나타난 현상은 절도에 대한 직원의 경각심이 증가한 것이다. 1980년대 후반에 최초로 비돌턴은 절도범을 검거하기 위해 매장에 비디오카메라 시스템을 설치하는 데 앞장섰다.[5] 이런 행동은 직원들의 사기 진작에 전혀 도움을 주지 않는다. 소지품 검사, 약물 시험, 거짓말탐지기 시험, 직원들 사이에 원하는 근무날짜를 경쟁을 통해 결정할 수 있게 하는 규칙과 같은 행태는 체인서점 어디에서든 볼 수 있었다. 서점 직원이 받는 이러한 형편없는 임금과 수당은 체인서점이 능력 있는 직원을 채용하는 데 지속적이면서 고질적인 문제로 작용했다.

물론 체인서점에 따라 차이는 있을 수 있다. 비돌턴과 월든북스 같은 쇼핑몰 체인서점은 가장 능력이 낮은 직원을 채용했으며 이직률이 가장 높았다. 결국 체인서점은 고등학생을 고용하는 사태를 낳았다. 반면 보더스는 수년 동안 무지하고 미숙한 직원으로 구성된 다른 체인서점의 이미지와는 다른 예외적인 체인서점이었다. 보더스는 교육을 많이 받은 직원을 고용한다는 명성을 누려왔으며, 장래가 촉망되는 직원에게 책과 작가에 대한 지식을 시험하는 보더스 필기시험은 회사의 자랑이었다.[6] 사실 보더스는 모든 주요 서점과 비교할 때 체인서점이라고 하기에는 애매한 체인서점이었다. 최소한 1990년대 말까지 기성 체인서점의 가치관을 타파하려는 보더스의 색다른 문화의 발상과 채택은 도서 전문가들 사이에서 높이 평가되었다. 그러나 1996년까지 사실 보더스조차도 회사를 운영하는 데 겪는 현실적인 문제에 직면했고, 개혁적인 생각과 책의 진실한 이미지를 어떻게 융화시켜 이 문제를 해결할 것인가를 놓고 고민했다. 또한 직원과 경영자 사이에 예전에 있었던 어떤 가족적인 분위기가 빠르게 사라지고 있었다. 이에 경영자의 강한 반대를 무릅쓰고 보더스 직원들은 체인업계에서 처음으로 주목할 만한 규모의 노조를 결성했다.[7]

보더스의 노조운동은 세계산업노동자조합Industrial Workers of the World (IWW)의 도움 아래 필라델피아에서 시작되었다. 1996년 3월, 필라델피아의 서점 직원들은 25대 20으로 노조 결성에 대해 반대의사를 밝혔다. 그러나 이것이 끝이 아니었다. 그해 6월 보더스는 불복종이라는 이유로 서점의 직원이자 노조 결성자 중 한 사람인 미리엄 프리드Miriam Fried를 해고했다. IWW는 프리드의 죄가 날조되었다면서, 그녀의 모범적인 근무

기록을 공개하고 스무 개 도시의 보더스 매장 앞에서 피켓시위를 하면서 전국적인 관심을 모으기 시작했다. 프리드는 전국 곳곳의 노동조합과 작가들의 지원을 받았고, 심지어 필라델피아 시의회는 보더스에 그녀를 다시 고용함으로써 "사회적으로 책임 있는 회사로서의 명성을 회복하라"라고 요청했다.

이러한 사회적 관심은 보더스에 불청객이었지만 곧 이어진 홍보 활동에서 발생한 악몽에 비하면 아무것도 아니었다. 영화 제작자이자 작가인 마이클 무어Michael Moore는 그해 9월 『다운사이즈 디스Downsize This!』라는 자신의 책을 홍보하기 위해 필라델피아 매장을 방문하기로 되어 있었다. 무어는 기업의 위선을 조롱하고 직원에 대한 학대를 비난하는 사람으로 널리 알려져 있었다. 필라델피아 매장에 도착했을 때 IWW의 피켓시위를 본 무어는 그들의 사건에 대해 궁금해했고, 관리자의 허락을 받고 시위자들을 매장 안으로 불러서 이야기를 나누었다. 그러나 이 일이 있은 뒤 보더스는 무어 책을 계획한 것과는 다른 방향으로 이상하게 광고했고, 체인서점과 작가의 관계는 급속히 악화되었다. 며칠 뒤 뉴욕 시의 보더스 회사 임원들은 무어에게 예정되었던 연설은 할 수 없고 책에 사인만 할 수 있다고 통보했다. 그리고 그다음 달에 디모인에서 무어가 연설할 때는 오로지 매장 관리자들만 보더스 매장 내에서 일할 수 있도록 미리 준비했다. 노조원은 이러한 상황을 무어의 스태프들에게 몰래 알려주면서 자신들의 문제를 호소했다. 또한 보더스는 무어가 포트로더데일에 있는 보더스에서 연설을 하기로 예정된 적이 없다고 말했지만, 무어는 이곳에서의 연설이 갑자기 취소되었다고 주장했다. 이 모든 것은 무어가 ≪네이션Nation≫에 "보더스의 금지banned by Borders"라는 기사를 발표하면서 대중에게 공개되었다. ≪뉴욕타임스≫에서도 다루어진 이 기사는 인터넷상에서 널리 퍼져나갔다. 무어는 노조 결성과 서점 투어에서 발생한 사건을 설명한 후 "보더스 임원들에게 보내는 글Note to Borders Executives"이라는 제목의 다음과 같은 글로 결론을 내렸다.

> 만약 이 칼럼이 출판된 뒤 내 책을 당신들의 매대에서 치우는 것으로 나에게 앙갚음을 한다거나, 아니면 '유머' 섹션에 숨겨놓고 ≪뉴욕타임스≫에 판매 실적을 적게 보고한다면, 나는 내가 가진 모든 것을 동원해서 당신들과 싸울 것이다. 당신들은 필라델피아에서 나를 거칠게 몰아붙였다. 이것을 해결할 단 하나의 방법은 미리엄 프리드를 다시 고용하고, 직원들이 어떠한 협박이나 골칫거리 없이 노조를 결성할 수 있도록 하는 것이다.[8]

무어의 사건은 사람들의 이목을 끄는 데 충분했지만 몇몇 다른 보더스 매장에서 또다시 시작된 노조 결성 운동은 잘 알려지지 않았다. 시카고의 한 매장은 1996년 10월 미국식품상업노동자조합United Food and Commercial Workers Union(UFCW)과 동맹을 맺고 처음으로 노조를 결성했다. 1997년 여름까지 세 개의 매장과 하나의 도매상은 노조 결성에 반대했지만, 총 네 개의 보더스 매장은 노조 결성에 찬성했다(모두 UFCW와 동맹을 맺었다).[9] 노조 결성 운동이 또 다른 보더스 매장으로 퍼지는 동안에 반스앤드노블과 앙코르 매장에서도 노조 결성 운동이 시작되고 있었다. 몇몇 웹사이트와 마이클 무어의 도움으로 창간된 ≪에잇 볼Eight Ball≫이라는 소식지는 직원이 서로 자신들의 불만을 토로할 수 있는 대화의 장이 되었을 뿐만 아니라 전국에 있는 서점 직원이 조직적으로 움직일 수 있도록 도움을 주었다.

일반 서점 직원과 마찬가지로 보더스 직원의 불만 역시 낮은 임금과 부족한 수당이었다. 그러나 이들을 더 분개하게 만든 것은 이익 창출과 시장 점유율만을 높이기 위한 문화개혁이었다. 특히 이 문화개혁은 투자자들만을 위한 개혁이었다. 직원들은 보더스의 증가한 총수입과 임원들의 막대한 상여금 패키지를 이야기하면서 시간당 평균 6.5달러인 자신들의 임금 인상과 감당하기 힘든 건강보험 개선을 위해서는 회사가 어떠한 지원도 하지 않았다며 불만을 토로했다. 전직 학교 교사였던 한 직원은 이러한 불만을 통해 노조 결성의 필요성을 강조했다.

> 나는 도서판매원으로 부자가 될 기대는 하지 않았다. 나의 임금은 내가 교직 생활을 하면서 받던 돈의 3분의 1도 안 된다. 나는 비록 낮은 임금이지만 정서적으로 안정되고 스트레스를 덜 받는 이 직업을 택했다. 그러나 나는 보더스의 도서판매원이라는 직업이 이렇게 나를 피폐하게 만들 줄은 몰랐다. 내가 여기에서 근무했던 지난 4년 동안 임금을 인하하는 일은 자주 일어났고, 이에 비해 임금인상은 낮기만 했다. …… 나는 노동조합 결성에 찬성한다. 주주들이 이 회사를 소유하고 있고 이들에게 더 많은 수익배당을 만들어주는 것이 회사의 존재 이유라는 것은 당연하다(나는 성인이고 당연히 이것이 사업이라는 것을 잘 알고 있다). 그러나 기업의 성공을 위해 노력하는 직원의 적정한 임금과 보상에 관해서는 어떤 배려도 없이 이 기업은 이익 창출과 사업의 확장에만 신경을 쓰는 것 같다.[10]

다른 일반 직원들도 보더스가 서점으로서의 근본을 잊어버리고 책에 대한 애착보다는 손익계산에만 집착하는 것을 잘 알고 있었다. 노조 결성을 찬성하는 필라델피아 매장의 직원들은 이 걱정을 노골적으로 표시했다. 이들의 요구 중 하나는 각 매장은 도서 종수를 최소한 12만 5,000개 이상 유지하라는 것이었다.[11] 훌륭한 도서판매원이 무엇인지에 대한 직원들의 고민은 노조를 결성하는 데 동기 부여가 되었다.

보더스의 정신을 정의하기는 어렵지만, '보더스 문화Boders Culture'는 불안감에 휩싸이게 한다. 그래도 항상 목적을 위해 일하는 진정한 노력가들이 있다. 이 사람들은 아직도 서점에서 일하는 목적의식이 확실한 사람들이다. 이들은 대학 출판사의 새로운 책들이 제대로 진열되어 있는지, 중요한 목록이 없어지지는 않았는지를 걱정하고, 책을 읽는 사람들이 지속적으로 흥미를 느낄 수 있게 해주고, 가치 있는 작가의 행사를 유치하려고 노력하는 등 많은 것에 관심을 갖는다. 물론 매니저들도 이런 일에 관심을 갖겠지만, 그들은 반송목록을 분류하고, 스케줄을 잡고, 타임워너와의 협력 홍보 계약서에 쓰인 작은 글씨에 따라 책이 정확하게 진열되었는지 확인하는 일에 최선을 다한다. 그리고 모든 큰 기업에서 다른 문제에 많은 시간과 노력을 기울이는 것처럼, 보더스의 매니저들도 매일 앤아버에서 흘러나오는 불필요한 쓰레기에 관심을 쏟느라 너무 바쁘다. 이것이 최소한 보더스에서 빠르게 승진할 수 있는 방법이기 때문이다.[12]

이러한 직원들의 노조운동은 체인서점이면서 체인서점 같지 않게 행동했던 보더스의 이미지를 훼손했다. 문학적 가치에 대한 공헌을 중요시하고 박학하고 학문적으로 조예가 깊은 노동력을 위해 교육한다고 칭찬을 받기보다는, 보더스는 인건비를 낮게 유지하는 것을 최우선시하는 다른 모든 대규모의 소매업과 같아 보였다. 한 보더스의 직원은 보더스가 다른 체인서점과 다르다는 생각에 회의를 느꼈다.

지금 그렇듯이, 우리는 최근 불거진 서점 간 전쟁의 희생양이다. 높은 자리에 있는 사람들은 '회사의 자존심'을 건 경쟁이라고 이 전쟁을 쉽게 정의하겠지만(반스앤드노블과의 경쟁을 말한다). 사실 이 싸움은 모든 경제적인 상황에서 발생될 수 있는 조직의 상하 직원 간의 문제다. 임금, 고용안정, 단체교섭,

그리고 이 외의 '자유로운' 조항에 관해서 우리는 친애하는 다른 임금 노동자와 마찬가지로 공통점이 많으며(반스앤드노블과 보더스 모두), 우리가 하는 일로 돈을 적게 번다는 또 다른 작은 공통점이 있다.[13]

이 서점의 노조는 보더스에서 가장 강성이었다. 한편 보더스의 직원들이 다른 체인서점과 비교해 다소 더 많은 임금과 명성을 누렸다는 사실은 서점 직원이 단순한 사무원이 아니라고 믿는 직원을 고용하는 데 보더스가 노력했다는 것을 암시한다.

소매업에 종사하는 직원은 이직률이 높을 뿐만 아니라 많은 지역 매장에 널리 퍼져 있기 때문에, 모두를 노조에 가입시킨다는 것은 결코 간단한 일이 아니다. 서점 직원들도 예외는 아니다. 원래 최초로 노조 결성을 지지하고 대표했던 네 개의 보더스 매장은 몇 년 후 그들의 노조 대표권을 상실했고, 한동안 체인서점 노조 결성은 지체되었다. 그러나 성공적인 노조 결성 운동은 보더스의 미니애폴리스 매장과 보더스의 대표적인 매장인 앤아버에서 2002년 재개되었다. 더 높은 임금(현재 미니애폴리스 매장은 시간당 평균 7.5달러이고, 앤아버 매장은 8.2달러다) 및 매장 홍보, 도서 진열, 지역사회와의 관계 형성, 출근제도 등과 같은 매장 활동에 참여할 권리를 포함한 직원들의 요구는 과거와 비슷했다.[14] 한편 아마존에서도 고객 서비스 직원들이 임금 인상, 고용 안정, 그리고 직원의 권리 보장을 위해 노조를 결성하려고 했지만 성공하지 못했다.[15] 반스앤드노블의 직원들은 그렇게 활동적이었다고 볼 수는 없지만 노조에 관해 논의하는 주기적인 회의에는 참여했다. 대체로 체인서점 직원은 매우 행복한 사람처럼 보이진 않았다.

당연히 독립서점에서도 서점 직원은 절대 높은 보수를 받는 직업이 아니었고 이는 현재도 마찬가지다.[16] 매장의 소유 구조를 떠나서 일반적인 소매업계에서 지급되는 적은 임금으로는 이상적인 지식과 실력을 겸비한 서점 직원을 고용하기 힘들다. 그러나 서점 직원의 낮은 임금은 전통적으로 다른 방법으로 보상받았다. 사람들은 보통 책과 독서를 좋아하기 때문에 서점 일에 뛰어든다.[17] 많은 읽을거리를 접할 수 있고 문학을 좋아하는 다른 많은 사람과 만날 수 있다는 것이 이들에게는 동기 부여가 된다. 또한 서점 직원은 전형적인 소매업 판매자보다 다소 높은 지위를 가지고 있는 것 같아 보인다. 미국 내에서 가장 유명한 독립서점인 덴버의 태터드커버Tattered Cover나 버클리의 코디스 같은 서점은 최고로 우수한 직원을 채용하고 있으며, 이곳에서 근무하는 것은 최고의 일자리로 손꼽힌다. 이 매장의 직원들은 수준 높은 교육(대학원을 졸업한 직원이 대다수다)을 받았을 뿐만 아니라 낮은 이직률로도 유명하다.

독립서점도 노동쟁의를 통해 얻은 자신들의 경험담을 많이 말해주고 있다. 독립서점에서도 직원들은 경영 업무가 매장의 문학적인 기준에 신경 쓰지 않을 뿐만 아니라 직원들을 위한 복지의 중요성에도 전혀 신경 쓰지 않는다고 비난한 것을 알 수 있다. 예를 들어, 1998년 포틀랜드의 유명한 독립서점인 파월스Powell's의 직원들은 1990년대 초에는 성공하지 못했던 노조운동을 재개했다. 직원들은 이제 평소에 받던 낮은 임금에 대해서뿐만 아니라 직무개편 계획에 대해서도 불만이 많았다. 그때까지만 해도 파월스의 90개 부서장은 자기 나름대로 특정 분야에 대한 전문 지식을 개발했고 이에 대한 책임이 있었다. 그러나 파월스의 경영진은 지속적으로 확장되는 인터넷 사업에 잘 대처하기 위해서는 매대의 진열이 더 빨라져야 한다고 생각했다. 그리고 직원이 더 많은 업무를 책임진다면 이러한 일들이 더욱 효율적으로 운영될 것이라고 생각해, 직원들을 다양한 업무에 투입하도록 조직을 개편했다. 하지만 직원들은 이러한 조직 개편이 매장의 강점 가운데 하나인 직원들의 전문지식을 서서히 약화시킬 것이라고 주장했다. 또한 직원들은 자신들의 게으름을 감시하고 단속한다는 새로운 규칙을 포함해 효율성이라는 명목으로 직원 감시를 강화하는 것에 불만을 표시했다. 노조를 지지하는 한 직원은 이러한 변화는 서점을 약화시키는 데 일조할 뿐이라고 경고했다.

파월스는 돈보다 능력을 더 중요하게 생각하는 뛰어난 직원들을 유지해왔다. 그러나 장기근무자들은 낮은 보상과 적은 융통성을 제공하는 회사를 더 이상 신뢰하지 않을 것이며, 새로운 우수한 인력을 고용하기는 더욱 힘들어질 것이다. 책은 훌륭한 것이지만 책 하나만으로 박식하고 충성을 다하는 헌신적인 노동력을 유지하기는 힘들다는 사실을 배울 것이다.[18]

파월스는 미국항만노조International Longshore and Warehouse Union와 연대하려는 직원들의 노력에 강하게 반대했고, 주기적인 파업과 전국노동관계위원회National Labor Relations Board의 고소로 인해 서점과 종업원은 원한이 사무친 관계가 되었다. 그러나 2004년 두 번째 계약이 승인되었고, 노조가 결성되는 것처럼 보였다.[19]

파월스는 수백 명의 직원과 포틀랜드 지역에 매장 일곱 개가 있는 서점으로, 미국 내에서는 제일 큰 독립서점 중 하나였다. 하지만 파월스는 최근 몇 년 동안 사업을 확장해왔는데, 이러한 과정은 많은 자원을 재분배해야 하는 어려움과 고비용이 발생하는 결과를 초래했다. 따라서 파월스가 직원들이 반대할 만한 관료적인 통제 방법을 만들 것이라는 것은 예측 가능한 일이다. 그러나 소규모 독립서점이라고 해서 노사 간의 불화가 전혀 없는 것은 아니다. 매사추세츠에 있는 콩코드 서점Concord Bookshop에서는 서점 소유자들이 서점의 재정 건전성을 위해 새로운 경영구조가 필요하다고 주장하면서 최고경영진을 해체하고 직원 중 약 3분의 1을 새로운 업무에 배치하겠다고 결정함으로써 문제가 발생했다. 몇몇 유명한 작가를 비롯해 서점의 고객들은 직원이자 '사려 깊은 독자'인 직원들이 사라지는 것에 대해 실망을 금할 수 없다고 공개적으로 표명했다.[80] 다른 사례에서 볼 수 있었던 것처럼 여기서도 고객이 직원의 불만에 동참하는 것을 보면, 서점의 존재 이유는 가치 있는 책을 보급하기 위한 것이라는 직원의 생각에 고객도 동의하고 있는 듯하다.

고객과 직원은 서점이 가치 있는 책을 공급하지 못한다면 서슴없이 결속해 서점을 비난할 것이다. 하지만 이러한 고객도 가끔은 불만이 많은 직원을 양성하는 곳이 서점(체인서점과 독립서점을 포함해)이라는 사실을 알고 놀라는 반응을 보인다. 이것이 의미하는 바는 책이라는 것이 다른 일반 상품을 판매하는 것과 다를 바 없긴 하지만, 나쁜 노동조건을 감출 수도 있는 판매상품이라는 것이다. 서점에서의 업무가 다른 소매업과는 다르다는 이유로 사람들은 서점에서의 업무를 선호하고 있으며, 고객도 책을 가져다주는 서점 직원을 동정하지 않는다. 하지만 효율성, 정확성, 낮은 가격, 그리고 많은 지식을 제공할 수 있다고 약속하는 서점은 이 모든 것을 직원을 빈틈없이 통제하고 관리함으로써 이루어낸다. 이런 측면에서 볼 때 서점에서의 취업은 별로 특별할 것이 없다.

고객이 서점과 다른 일반 소매업 사이에 존재하는 많은 공통점은 보지 못하고 지나칠 수도 있지만, 직장환경에 대한 문제를 깨닫지 못하는 것은 현대 소비문화의 추세라고도 볼 수 있다. 현대 미국 소비자가 기대하는 소비경험 가운데 하나는 직원이 강요에 의해서가 아니라 자발적으로 고객을 위해 봉사하는 것이다.[81] 직원이 자신의 직업이 비참하다고 인식한다면 소비경험은 결코 즐겁거나 흥미로울 수 없다. 사회적 문제를 방송하는 텔레비전 프로그램의 광고로는 시청자의 관심을 끌 수 없다는 것을 아는 광고주처럼, 소매업의 고용주는 소비자의 소비경험에 찬물을 끼얹는 직원은 원하지 않는다.[22] 서점 직원은 서점이 흥미로울 뿐만 아니라 사회에 대한 관심과 책에 대한 관심도 많다는 이미지를 보여주어야 한다고 강요하는 고용주들의 위선적인 행동을 보면서 씁쓸한 감정을 많이 느낀다.

소비에서는 창의력과 자기표현이 가능하다고 주장하는 학자나 연구자도 때때로 쇼핑이라는 것이 노동의 세계에서 일하는 사람들과의 상호작용이라는 사실을 잊어버리는 것 같다. 쇼핑은 단순히 격리된 소비자만을 위한 행위라는 뜻이 아니다. 소비자는 많은 종류의 상품과 서비스를 제공하는 다양한 사람에게 영향을 미친다. 직원이 자신의 불만을 공식적으로 표시하는 것은 소비자의 창의적인 쇼핑을 방해하는 것이다. 그리고 이러한 표시는 직원을 제대로 처우하지 않는 매장에서는 소비를 하지 말아달라는 요청이기도 하다. 어떤 때는 이것을 더 강조하기 위해 피켓시위를 하기도 한다. 심지어는 직원들이 파업을 하기도 하는데, 이는 현대 소비의 개념에서는 선택의 자유와 편리함이 선행되어야 한다고 믿는 소비자를 더 불쾌하게 만든다. 그러나 만약 소비라는 개념을 도덕적인 측면에서 생각한다면 편리함은 아마 쇼핑장소를 결정하는 데 일차적인 조건밖에 되지 않을 것이다.

주민들의 입장

도서산업 내에서는 서점들이 점점 합리화되어가는 대형 서점화 추세에 대항하며 투쟁하고, 매장 밖에서는 몇몇 시민이 이 투쟁에 동참하고 있다. 이러한 행동은 대체로 두 가지의 형태로 나타난다. 하나는 현존하는 독립서점을 보호하는 것이고, 다른 하나는 체인서점을 적극적으로 반대하는 것이다. 독립서점을 보호한다는 차원에서는 1990년대 이후 급격하게 늘어난 모금운동을 들 수 있다. 이 모금운동은 경제적으로 어려운 서점을 보호하기 위한 노력의 일환이었다. 이러한 노력은 서점을 수익 창출을 목표로 하는 사업체로 보기보다는 비영리적인 문화의 사업체로 대했다는 점에서 주목할 만하다. 대표적으로 파산할 위기에 처한 서점은 고객들에게 기부를 부탁하거나 자선행사를 연다. 뉴저지 주의 플레인필드에 있는 아워스토리 서점Our Story Books, 뉴저지 주의 포트체스터에 있는 파나케이아 서점Panacea Books, 워싱턴 시에 있는 챕터스문학 서점Chapters Literary Bookstore, 댈러스에 있는 블랙이미지북바자Black Images Book Bazaar, 세인트폴에 있는 루미네이터 서점Ruminator Books, 투손에 있는 리더스오아시스Reader's Oasis, 산타모니카에 있는 미드나잇스페셜Midnight Special을 포함한 많은 서점이 이 방법으로 수천 달러를 모을 수 있었다. 하지만 공동투자 사업체 또는 비영리단체가 만든 여성 서점은 이런 종류의 기금 마련만을 위해 너무 편파적인 노력을 기울였다. 대부분의 경우에는 서점 판매자가 이런 기금 운동을 준비하지만, 때로는 지역사회 구성원이 주도하기도 한다. 샌프란시스코의 커버투커버 서점Cover to Cover Booksellers이 문을 닫겠다고 결정했을 때 고객들은 이 서점을 살리고자 노력했다. 고객들은 지지자들로부터 한 달에 한 권의 책을 구매하겠다는 서약서를 받는 등 이 서점을 살리는 데 주요 조력자였다. 이러한 호소는 서점이 위치한 노밸리의 거주자들뿐만 아니라 그들의 친구에게도 알려졌고 이웃 간에 서로 이 서점을 보호해야 하는 중요성에 대해 강조했다.

결과는 단순히 서점을 지키는 데 그치지 않고 서점 주위의 지역사회에 새로운 의미를 만들어낼 것이다. 열성 지지자를 위한 이벤트를 계획하고, 이 이벤트를 통해 서로 친숙해지면서 서점을 지킨다는 뜻을 같이 나누고, 책의 가치를 보존하기 위해 헌신적으로 노력하고, 24번 도로에 사는 모든 이웃을 하나로 뭉칠 수 있게 하면서 우리의 특성을 더 강화시키는 계기가 될 것이다.[23]

이러한 노력은 지역 상점을 보호한다는 의미를 지닐 뿐만 아니라 지역 정체성을 확고히 하는 데에도 도움을 준다고 보았다.

그러나 처음에는 이러한 주장에 많은 지지자들이 동참했지만 결국 서점 겸 자선단체라는 의미는 서서히 사라지는 양상을 띠었고, 많은 사람이 (앞에 언급된 사람들을 포함해) 지지를 철회했다. 사람들은 이러한 노력을 평상시 소비자로서의 입장에서 취한 행동이라고 생각하기보다는 일시적인 자선활동이라고 여겼고, 자신들의 일상생활과 관련된 아마존이나 코스트코로 뿔뿔이 흩어지는 현상을 보였다. 독립서점의 생존을 보장하는 데 더 중요했던 것은 몇 개의 지역사회가 취한 행동과 같이 체인서점의 설립을 적극적으로 반대하는 것이어야 했다. 예를 들어, 2003년 오스틴에 있는 독립서점 소매상은 몇백 명의 주민이 참석하는 토론회를 개최해 도심개발계획에 반대하는 규합에 나섰다. 이 계획에는 보더스가 독립서점과 독립레코드점이 있는 길 맞은편에 입점하기로 되어 있었을 뿐만 아니라 이 개발계획에 중요한 역할을 하기로 되어 있었다. 이에 주민들은 개발자뿐만 아니라 이 계획에 보조금을 대준 도시 공무원들까지 질책했다. 이러한 지역주민의 반대가 얼마나 효력이 있었는지는 확실치 않지만 이후 보더스는 이 개발에 참여하지 않기로 결정했다.[24] 독립상점과 주민들이 동맹해 보더스나 반스앤드노블의 설립에 반대한 비슷한 시위는 벌링턴, 버몬트, 오크파크, 일리노이, 브리지햄프턴, 롱아일랜드 등 다른 장소에서도 일어났다.[25]

때때로 시위자들은 더욱 창의적으로 움직였다. 프렌드 유나이티드 인 크리에이티브 놀리지 페이스리스 애티튜드 커퍼럿 엔티티Friends United in Creative Knowledge of the Faceless Attitudes of Corporate Entities라고 자칭하는 오스틴에 있는 단체는, 1998년 독립서점인 프린지웨어Fringe Ware와 연계해 전국에 있는 사람들에게 반스앤드노블에 갈 때에는 머리에 봉투를 뒤집어쓰고 들어가라며 '백 데이$^{Bag Day}$'를 만들었다. 이 행동은 '이웃을 침략하고 사람을 얼굴 없는 존재로 대하는 체인서점'에 저항하려는 것이었다. 이러한 저항을 위해 노래도 만들었는데 이 노래는 체인서점에 대한 반감을 압축해서 묘사하고 있으며, 틀에 박힌 일만 하는 직원들을 신랄하게 비난하고 있다.

「샌프란시스코$^{San Francisco}$」라는 곡을 개사한 노래

네가 반스앤드노블에 간다면
머리에 봉투를 쓰고 가는 것을 잊지 말아라.

네가 반스앤드노블에 간다면
너는 거기서 몇 명의 로봇 같은 직원들을 만날 것이다.

반스앤드노블에 가는 모든 사람은
11월 23일에 가도록 하자.
반스앤드노블의 통로에는
봉투를 머리에 뒤집어쓰고 있는 화난 사람들이 있을 것이다.

전국 방방곡곡에서, 이런 이상한 떨림,
대기업과 허위정보에 신물 나고 지친
모든 세대에게는
새로운 설명이 있다.

네가 반스앤드노블에 간다면

머리에 봉투를 쓰고 가는 것을 잊지 말아라.

네가 반스앤드노블에 간다면

11월 23일에 가도록 하자.[26]

이러한 행동이 대중에게는 어느 정도 관심을 받았지만 체인서점의 세력을 둔화시키지는 못했다. 결국 프린지웨어는 1999년에 사라졌다.

몇몇 경우에는 체인서점을 반대하는 주민들이 대형 체인서점의 입점을 제한하는 공공정책을 끌어내는 데 성공하기도 했다. 1998년 샌프란시스코에서는 상인연합회와 주민이 합세해 대형 체인서점의 입점을 반대했고, 이에 도시계획위원회는 새로운 보더스의 입점 승인을 취소한 사례가 있다. 지역 독립서점을 보호하고 보더스에 반대하기 위한 궐기대회에서 주민들은, 대형 체인서점은 유니온 거리에 있는 상점들보다 규모가 몇 배 더 클 뿐만 아니라 이 지역의 특성과도 맞지 않는다고 주장하는 시위를 벌였다. 이전에도 인근 주민은 블록버스터Blockbuster라는 비디오 매장이 지역에 입점하지 못하도록 하는 데 성공한 바 있다.[27]

조금 남쪽에 위치한 캐피톨라는 마을의 주민들도 보더스의 입점 계획을 환영하지 않았다. 주민들은 대형 체인서점이 지역사회의 위상을 해칠 뿐만 아니라 지역 독립상점을 위험에 빠뜨릴 수 있다고 주장했다. 보더스의 입점에 반대하는 시인 에이드리엔 리치Adrienne Rich도 대형 체인서점의 입점은 경쟁을 넘어선 것이라고 주장하면서 다음과 같이 말했다.

자본주의화된 체인서점이 우리의 해안 마을을 쇼핑몰화하려는 시도, 살기 좋고 특색 있는 마을의 파괴, 1989년 지진에서도 살아남았고 지역사회의 도움으로 살아남았던 소규모 기업들의 전멸 ─ 이것은 '경쟁'이 아니다. 이것은 일반 사람들이 생각할 수 없는, 억제되지 않고 통제되지도 않은 금전적인 힘

이다.[28]

　시 계획위원회가 대형 체인서점의 개발을 허락했음에도 이후 시 의회
는 입점하는 대형 체인서점의 규모를 대폭 제한하는 안건을 투표에 부쳤
고, 캐피톨라에 개발하려던 대형 체인서점의 계획은 부결되었다.[29]
　독립서점들의 캠페인에서 몇 개의 독특한 특징을 찾을 수는 있지만,
사실 체인서점에 반대하는 일반 소매업체의 캠페인과 비교하면 그렇게
다른 점은 찾아볼 수 없다.[30] 많은 캠페인은 지역 커피점이 스타벅스에 반
대하는 캠페인에서 볼 수 있듯이 독립상점이 앞장서서 진두지휘한다.[31]
그러나 캠페인이 또 다른 구성원에 의해 선도되는 경우도 많다. 스리프티
Thrifty, 라이트에이드Rite Aid, CVS와 같은 드러그스토어에 지역 주민들이
대항했던 것처럼, 어떤 때는 지역 주민이 이웃에 체인서점이 입점하는 것
을 반대하는 캠페인에 앞장서기도 했다.[32] 노동조합이 소매상들의 앞에
서 강도 높은 행동으로 반대를 하는 동안 사적보존내셔널트러스트NTHP
에 속한 사적보존 운동가는 역사적으로 중요한 '중심가'의 보전과 무분
별한 도시 확산의 억제를 목적으로 활발하게 입점반대 운동을 펼쳐왔다.
특히 월마트는 이 캠페인의 특별한 목표물이 되어왔다.[33] 대형 할인점의
설립을 막는 가장 보편적인 방법은 새로운 소매상의 규모를 제한하는 법
규를 통과시키는 것이다.[34] 그리고 또 다른 방법은 지방조례에 새로 입점
하는 소매상은 현존하는 다른 소매상과 일치하는 구조로 건물을 짓도록
하는 제한을 두는 것이다. 또한 지역 주민들은 체인서점이 종종 정해진
장소에 입점함으로써 얻을 수 있는 세금 혜택과 다른 경제적 특혜를 받지
못하도록 노력해왔다. 가끔 지역사회의 모든 구성원이 합심해서 체인서
점의 입점을 반대한 사례도 볼 수 있다. 이 경우에는 지역 사업자들과 그
들의 지지자들이 소규모, 개인적인 관계, 독립성의 중요성을 설명하면서

반대의견을 주장해왔다. 지역 주민들은 월마트, 토이저러스, 보더스와 같은 매장이 지역사회의 외형적·사회적·문화적 환경을 파괴할 수 있다고 생각한다. 그리고 시민의 한 사람으로서 이 일에 대해 조치를 취할 의무와 책임을 느낀다.

지역 서점을 위해 기부금을 모으든지 대형 체인서점을 짓는 것에 반대하든지 간에 모든 캠페인은 많은 조직의 자원을 필요로 한다. 이러한 자원의 필요성은 캠페인을 자주 벌일 수 없는 여러 가지 이유 가운데 하나다. 그러나 캠페인과 같이 요란스럽지는 않지만 소비를 정치와 연관시키는 행동이 하나 더 있다. 즉, 쇼핑할 장소와 구매할 상품에 대한 개인의 일상적인 결정은 충동적이라기보다는 많은 것을 참작하고 고려한 후 나온 행동이라는 것이다. 한 서점의 고객은 이렇게 주장한다.

> 나는 대부분의 도서 애호가들이 정치적인 이유 때문에 독립서점에서 쇼핑을 한다고 생각한다. 나 자신도 그렇다. 나는 독립적으로 운영하는 식료품점, 사진관, 그리고 의류 상점을 후원한다. 이런 선택은 정치적이며, 정치는 중요하다.[35]

대부분의 소비자가 이러한 동기만으로 독립상점에서 쇼핑을 한다는 이 고객의 주장은 옳지 않다. 그러나 바겐세일이 소비자에게 영향을 미치듯이 정치적인 소비현상도 자연스럽고 일반적인 소비행태라는 이 고객의 (아마 솔직하지 않은) 추측은 놀랄 만한 일이다.

책, 서점, 그리고 다른 세상을 상상하는 것

소비문화에 관한 이론적 논쟁은 소비가 부당한 권력행사의 도구인지 아니면 대중적 즐거움을 정당하게 표현하는 것인지에 중점을 두는 경향이 있다.[36] 이러한 논쟁은 많은 연구의 핵심 주제가 되어왔다. 소비와 관련된 기관의 시장을 조작하는 힘에 대한 연구, 소비를 통해 자신의 존재를 확인하거나 지배적인 대중문화의 의미를 바꾸려는 사람들의 노력에 대한 연구가 여기에 속한다. 이러한 논쟁이 매우 중요해서인지 이 외의 다른 문제에 대해서는 도외시하는 경향이 있다. 미카 나바[Mica Nava]가 주장했듯이, 소비를 비난하는 사람들과 소비를 감싸는 사람들 사이의 이론적 분열로 인해 소비에 미치는 정치적인 힘은 그간 별로 관심을 받지 못했다.[37] 독립서점과 체인서점을 포함한 모든 서점은 소비자의 관심을 세상의 걱정거리로부터 딴 데로 쏠리게 했고, 도서시장은 소비자가 지배한다는 확신을 주는 환경을 만드는 데 한몫했다. 그래서인지 서점은 정치적인 공적 영역과는 분리되어 여가 생활만을 위한 사적 영역에 한정되어 있는 것처럼 보인다. 그러나 동시에 독립서점은 체인서점(그리고 간접적으로는 체인서점의 후원자들)을 향해 공격함으로써 체인서점이 경제·소비 습관을 유도한다는 비판을 이끌어낸다. 이러한 비판은 대중을 결집하고 행동으로 옮기려는 의도를 가지고 있다. 항상 의도적이지는 않지만 이러한 의도는 소비라는 것을 정치와 결부해서 볼 수 있도록 고무시킨다.

소비 영역에서는 몇몇 현상이 나타나는데 이 현상을 통해 연구자들은 소비 영역에서 발생하는 차별적인 힘의 관계를 쉽게 해석한다. 미국인이 구입하는 집, 차, 옷 등과 같은 일상용품과 서비스는 가장 공공연하게 경제적 불평등을 만들어낸다. 미국인이 사용하는 엄청나게 다양한 소비재는 제조업자들이 천연자원에 손쉽게 접근할 수 있게 하는 글로벌한 생산체계와 연결되어 있으며, 이러한 체계는 노동자를 착취하고 엄격하게 관리함으로써 유지된다. 그런데도 소비에 동참하는 것이 어떤 의미인지를 설명하는 소비의 문화적 모델은 종종 소비에서 발생하는 권력이라는 것을 문제시하지 않는다. 힘의 관계에서는 상품 가격으로 인해 상점 주인과 고객이 다투는 것과 같은 일은 제외한다. 쇼핑이 타인의 결정에 영향을 받지 않는 독립적인 소비자의 어떤 표현으로 보일 때, 그리고 소비가 개인적 만족과 기분전환을 제공한다고 인식될 때, 겉으로는 그것이 정치와는 전혀 관계가 없는 것같이 보인다.

내가 설명했듯이, 독립서점은 경쟁자인 체인서점처럼 소비를 개인적인 측면에서 개념화하려는 많은 노력을 하고 있다. 마찬가지로, 오늘날의 독립서점은 체인서점이 처음에 주장했던 다른 문화적 개념을 강조한다. 소비문화가 새 제품, 새로운 경험, 최첨단의 유행을 따르는 젊은 세대와 같이 새로움을 강조한다는 많은 분석가들의 지적은 맞는 말이다. 사실 신간목록에 대해 관심을 갖고 최신의 세련된 것에 호의를 보이며 과거의 고루한 엘리트주의를 거부하는 것이 서점이 받아들이고자 하는 문화일 것이다. 그러나 동시에 예전의 소매 형태를 선호하는 사람들도 남아 있다. 독립서점은 미국인 중에서도 특히 감수성이 풍부한 사람들을 찾아서 소매업의 혁신이 부정적인 결과, 즉 획일화되고 포장되어 있으며 비인간적인 문화를 추구할 뿐만 아니라 작고 전통적인 서점을 몰아내는 결과를 낳았다고 호소한다. 이렇게 다소 상반된 메시지를 고려할 때 우리는 독립서점의 곤경이 정치적인 소비에 대한 관심을 어떻게 불러일으키는지, 내가 묘사한 소매업과 관련된 여러 종류의 행동주의에서 볼 수 있는 정치적·문화적 암시는 무엇인지, 그리고 이 운동의 한계는 어디까지인지에 대한 질문을 던질 수 있을 것이다.

혼란스럽고 비효율적이던 도서유통 시스템은 1960년대 초반을 기점으로 점진적으로 좀 더 질서 있고 획일적인 시스템으로 대체되었다. 이는 다른 소비산업에서도 흔히 볼 수 있는 현상이었다. 이제 대부분의 도서판매는 원활한 유통을 보장하고 지리적으로 먼 지역에도 책을 공급하기 위해 최첨단의 과학기술과 경영기술을 사용하는 회사들에 의해 지배되고 있다. 더욱 발전한 마케팅 기법은 더 많은 판매를 위해 판매예측을 높이는 데 사용된다. 그리고 분산되었던 시스템은 집중적으로 관리할 수 있는 중앙집권화 시스템으로 변화되었다. 대규모 기업의 출현으로 인해 빠른 업무와 규격화된 프로세스에 의지하게 된 도서산업은 사실 합리적인 사업 형태로 변화하는 일반 산업과 비교해볼 때 늦은 감이 있다. 도서산업은 현대의 첨단기술을 받아들이는 데 매우 늦었을 뿐만 아니라 도서산업에는 첨단기술을 받아들이는 데 대한 상반된 감정이 존재하고 있다. 첨단기술 사용에 대한 비난은 이로 인해 많은 것을 잃을 것 같은 사람들에게서 시작되었고, 이들은 대체적으로 소규모 업체에서 일하는 직원들이었다. 이들은 새로운 기술로 인해 일자리가 없어질 수 있다는 불안감을 느끼는 사람들이다. 그러나 심지어 첨단기술을 이용한 변화를 조장하고 실행하려고 했던 많은 도서 전문가들도 도서산업이 변질되는 것에 대해 어떤 슬픔을 나타내는 경향이 있다. 특히 독립서점의 소멸을 유감스럽게 여기는 듯하다.

소규모 사업의 소멸을 애석해하는 감정은 종종 지식인으로부터 시대착오적인 향수라는 비난을 받으면서 잊히곤 한다. 여기에는 분명 소규모 서점을 낭만화하는 약간의 애정이 존재한다. 그러나 우리도 소규모 서점의 소멸에 대한 유감을 심각하게 받아들여야 한다. 독자뿐만 아니라 도서산업에 종사하는 사람들조차도 독립서점이 지속적으로 발전할 수 있었음에도 사회 변화로 인해 소멸되는 것에 대해 불만을 표시한다. 또한 도서라는 상품이 보호받을 자격이 있는 예외적이고 도덕적인 상품임에도 독립서점에 대한 정부의 공공가격정책 등 자본주의와 합리화 과정을 도서판매와 연관시키는 경향에 대해 사람들은 불쾌감을 표시한다.

체인서점에 대한 독립서점, 노동자, 시민의 비판 가운데 첫 번째는 일상생활에서 잃어버린 것들에 대해 아쉬움이다. 체인서점의 표준화된 효율성은 모두 비슷한 상점이 존재하는 세상을 만드는 데 공헌했다. 고객의 충동구매만을 유도하기 위한 매장의 구조, 업무 매뉴얼에 쓰인 종업원의 획일화된 인사방법, 바람직하지 못한 행동을 감시하기 위해 신중하게 설치된 비디오카메라 등, 모든 것이 예전에 상품을 사고팔면서 느낄 수 있었던 경험을 철저히 제한하는 세상을 만드는 데 공헌했다. 이와 같이 독립서점의 소멸은 우리 인생이 거대하고 비인간적이면서 힘이 있는 회사에 조종당하고 있다는 사실을 일깨워준다. 체인서점의 명성이 이처럼 훼손된 것은 자본주의를 대표하는 '상업화'에 대한 분개가 원인이 되었다고 할 수 있다. 체인서점의 성장과 이익에 대한 집착은 무자비한 경쟁을 가져왔고, 책의 가치, 종업원, 고객을 오직 총수입과 연관해 생각하게 하는 빌미를 제공했다. 또한 공격적인 마케팅 방법은 소비자를 귀찮게 했을 뿐만 아니라 자유로운 구매를 억제하는 결과를 낳았고 책의 품격을 떨어뜨린다는 비판을 받았다.

마찬가지로 상업주의와 합리주의는 초보 작가나 특별한 고객을 위해 제작된 소량의 책 또는 개인적인 시각을 존중하는 서점의 생존 기회를 소멸시키는 역할을 하는 것으로 인식되었다. 그러나 체인서점과 같은 단체는 단지 이런 역할에 동참했다는 이유 외에도 체인서점이 주도하는 대로 따라가야만 하는 환경을 만들었기 때문에 원망을 산다. 이러한 환경에서 비용과 효과를 전혀 고려하지 않고 특별한 시장만 생각한다는 것은 완전한 경제실패를 각오하는 것과 같다. 그래서 도서 전문가들은 가치가 있다고는 생각하지만 경쟁을 약화시킬 정도로 팔리지는 않을 도서를 회피함으로써 자신이 비난하는 환경을 스스로가 조장하는 모습을 발견한다. 시장이 요구하는 상황과 자신이 생각하는 이상을 조화시키려는 도서 전문가들의 노력은 한 출판사 직원의 다음과 같은 말에서 엿볼 수 있다.

만약 당신이 영혼과 정신, 마음을 돌봐주는 책을 상업적 가치로만 판단하려고 한다면 이것은 결국 우리의 마음과 정신, 문명의 가치를 하락시키는 결과를 초래할 것이다. 자세히는 모르지만, 내가 말하는 것은 자본주의가 이러한 문제의 해결책으로 만들어지지 않았다는 것이다. 나는 자본주의로부터 벗어나는 방법도 모르고 이를 해결할 수 있는 방법도 모른다. 나는 다만 서점과 출판사가 세상에서 쓰이는 표준화된 경제적인 용어로 정의될 수 없는 특정한 면이 자신들의 비즈니스에 있다는 사실에 어떤 식으로든 동의해야 한다는 것밖에 모른다. 그리고 사람들 간의 이런 타협은 점점 더 어려워지고 있다.

이러한 출판사 직원의 생각에 대해 한 도매상은 다음과 같이 말했다.

우리에게는 잃어버리고 싶지 않고 소중하게 간직하고 싶은 특정한 가치가 있다. 우리는 전통적으로 가치를 매우 중요시하는 회사이기 때문에 몇 년 동안의 손익계산을 기초로 한 재무상태에는 별 관심이 없었다. 그러나 이제 우리는 재무상태를 검토하고 여러 가지 비즈니스 지표가 무엇을 의미하는지 파악하면서 여기에 대한 관심을 가지게 되었다. 이렇게 하는 것이 과연 옳은지 모르겠지만, 우리는 애초에 가졌던 가치도 같이 추구하려고 최선을 다하고 있다. …… 우리는 실리를 기반으로 한 가치지향적인 사업을 하면서 이 둘 사이의 균형을 유지하려고 한다.

이 도매상은 결국 망했고, 이는 이런 균형을 유지하기란 쉽지 않다는 것을 보여주었다.

현실보다 과거가 더 좋았느냐 아니냐는 여기서 문제가 되지 않는다. 사실 체인서점이 생기기 이전의 시대가 황금시대였다고는 말할 수 없다. 왜냐하면 그 시절에는 독자가 다양한 책을 접하기 힘들었고, 지역사회의 모든 주민을 다정하고 따뜻하게 맞아주는 서점도 찾아보기 힘들었다. 독립서점에 애착을 느끼고 보전하려는 사람들 역시 과거가 그렇게 좋은 환경이 아니었다는 것을 알고 있는데도, 존재하지도 않았던 환상을 그리워한다는 것에 대해 죄책감을 느낄 것이다. 그러나 체인서점을 비판하는 사람들은 변화나 미래에 대해 두려워하는 것이 아니라 어떤 면에서는 현재보다 더 좋은 세상을 기대하고 있는 것이다. 이들은 지나간 일을 반성하고 현재의 문제점을 재조명하면서 변화의 가능성을 열어놓자는 것이다. 서점이 이러한 환경을 위해 촉매 역할을 한다는 것은 우연이 아닐 것이다. 서점은 책을 통해 다른 장소, 다양한 사람, 다른 생각, 그리고 다른 존재를 느낄 수 있는 상상력을 제공하는 대표적인 장소라고 할 수 있다. 희망은 상상력에서 시작된다.

도서 소매업의 표준화, 규모의 경제, 비인간성, 최고의 효율성, 예측 가능성과 같이 더 나은 자본주의자가 되기 위해 필요한 기술에 대한 실망은 가끔 자본주의에 대해 부정적으로 생각하게 만든다. 이러한 실망은 상업주의뿐 아니라 합리주의까지 반대하게 만들며, 곧 현대 자본주의를 비난하는 동기가 된다. 이러한 현상은 경쟁을 조장하고 효율성을 추구하는 자유 시장 체제의 중심 원리를 개혁하려는 시도에서도 볼 수 있다. 대량으로 주문하는 소매상에게 더 좋은 조건을 제공하는 출판사를 규제하는 법적 조치나 대형 매장을 반대하는 지역사회를 보더라도 대규모의 힘이 항상 승리할 수는 없음을 알 수 있다.

당연히 독립서점이 자본주의를 비판하는 데에는 한계가 있다. 소규모 사업가인 독립서점은 시장에서 많은 영향을 받고 있을 뿐만 아니라 그들의 생계는 아직도 최대한 많은 도서를 파는 것에 달려 있기 때문이다. 내가 인터뷰했던 도서 전문가 가운데 자신이 반자본주의자라고 확실히 얘기하는 사람은 거의 없고, 있어도 극소수일 것이다. 사실, 북센스 마케팅 캠페인에 대한 그들의 열정은 자본주의에도 긍정적으로 받아들일 수 있는 문화가 있음을 보여준다. 동일한 경쟁조건을 기반으로 한 기회평등주의는 전통적인 소규모 비즈니스를 하는 사람들의 일자리를 보장해주며, 이것은 미국 정치문화의 주류라고도 할 수 있다. 이처럼 일자리가 보장되는데도 소규모 사업가들은 자신들의 입장을 명확하지만 무의식적으로 너무 과격하게 표현하는 경우가 있다. 이러한 현상이 일어나는 주요한 이유는 그들이 책을 팔기 때문이다.

책은 다른 상품과 다르게 훨씬 더 많은 관심을 받을 만한 가치가 있는 '다른' 종류의 상품이라고 널리 알려져 있다. 심지어 책과 다른 상품을 나란히 진열하거나, 책의 품위를 깎아내리는 마케팅 방법을 사용한다거나, 모든 책이 같다고 생각하는 행위는 우려와 비판을 조장하는 원인이 될 수 있다. 미국의 직업군 가운데 도서산업은, 자신의 직업을 소명으로 여기는 많은 사람들의 지지를 받는다. 그들은 책과 문학의 가치를 전파한다는 고유의 가치가, 그저 돈을 버는 것보다 더 중요하지는 않더라도, 최소한 그것과 동등하다고 생각한다. 이 주장과 관련해 한 도매상은 다음과 같이 말했다.

손익을 중요하게 생각하는 매우 현실지향적인 사람들은 항상 있다. 이들은 어떤 기업을 만들든지 간에 경제적으로 성공하고 싶어 한다. 이들에게는 성공적인 기업을 만드는 것이 한 편의 영화를 만드는 것과 같을 것이다. 적절한 스타, 좋은 작가, 적합한 프로듀서를 갖추고 모든 적합한 환경을 제자리에 배치할 수만 있다면, 전에 상영했던 영화와 비슷하지만 새로운 버전의 영화가 또 나오면서 흥행에 성공할 것이고, 모든 상영에서 수천만 달러를 벌어들일 것이다. 알다시피, <터미네이터 5Terminator Five>, <데스 위시 넘버 17Death Wish Number Seventeen>, 실베스터 스탤론Sylvester Stallone이 하는 것은 무엇이든

12편까지, 새로운 버전을 통해 흥행에 성공하는 모습을 목격할 것이다. 이러한 상황은 책 비즈니스에서도 빈번하게 일어난다. 하지만 도서산업이 좋아서 순수하게 이 일에만 전념하는 사람도 있을 것이다. 이들은 인간이 다른 생명체와 다르다는 것을 보여주는 중요한 일을 자신들이 하고 있다고 느낀다. 알다시피 인간에게는 지성, 정신, 영혼이 있다. 내 생각에 이들은 이러한 문제에 관여하고 싶어 하며, 인류 진화의 한 부분을 차지하기를 원한다. 이러한 것들은 이들이 하는 일에서 나타난다.

이 도매상과 같은 사람들은 도서산업에 종사하는 것은 창조적이며 선을 베푸는 일로 매우 특별한 의미가 있다고 생각한다. 이 도매상과 앞에서 말한 출판사 직원은 책이 인간의 정신과 영혼을 살찌게 한다고 주장하면서 어떤 면에서는 종교적인 의미의 언어를 사용하는 것을 볼 수 있다. 이 관점에 대해 젤라이저는 책은 신성한 상품이라고 주장했다.[38] 책을 특별한 종류의 상품으로 보는 경향은 책을 어떤 경우에도 그냥 '상품'이라고 부르지 않는다는 것에서 가장 잘 나타난다. 내가 인터뷰한 도서 전문가 가운데 오직 몇 명만 무의식중에 책을 일반 상품으로 간주하면서 말했다. 반면 다른 이들은 책과 일반 상품 간의 차이점을 언급했다. 한 대형 출판사 직원이 언급했듯이 "책에 대한 당신의 애정을 떨칠 수 있다면 당신은 단순히 일반 생산품을 제공하고 있는 것이다. 그러나 우리는 실제로 책으로부터 이러한 감정을 분리할 수가 없다".

책이 도덕적 가치가 있는 특별한 상품이라는 것을 믿고 있는 것처럼 도서판매 역시 이러한 도덕적 가치를 팔려고 노력하는 것처럼 보인다. 서점과 식료품점이 어떤 점에서 다르냐는 질문을 던지자, 소규모 출판사 직원은 외형적인 면에서는 유사하지만 심오한 측면에서는 다르다는 의견을 제시했다.

음, 상점의 기능은 물건을 파는 것이고 충분한 양을 팔아야 상점을 유지할 수 있다는 측면에서는 차이가 없다고 본다. 따라서 기본적인 기능에서는 사실 별로 할 말이 없다. 하지만 좋거나 나쁘거나 하는 것을 떠나서 이 나라에는 청바지나 다른 일반 상품보다 책이라는 상품이 본질적으로 중요할 뿐만 아니라 더 많은 가치가 있다고 믿는, 책을 사랑하는 사람들이 있다. 그리고 나 역시 그것을 믿는 사람들 중 한 명이다. 알다시피 세상에 모든 것이 다 똑같을 수는 없다. 내 생각에 서점이라는 곳은 이 사회에서 정말 다른 방법으로는 할 수 없는, 서로 간의 생각을 주고받게 만드는 역할을 한다고 본다.

한 독립서점 직원도 이와 비슷한 말을 했다.

체인서점에서 발생한 문제로 인해 나는 체인서점에 대해서뿐만 아니라 책과 일반 소비재의 차이점이 무엇인지에 대해서도 많이 생각하고 고민한다. 우리 모두 혹시 이 두 가지가 같다고 착각하고 있는 것은 아닌지 모르겠다(웃음). 이상주의를 추구하는 데 가치를 두는 서적상이 현실 및 현존하는 시장과 충돌하는 것은 실제 일어나고 있는 일이다. 이것이 생각했던 것보다 빠른 속도로 나타나고 있다는 것이 문제다. 이것이 어떻게 다른가? 기본적인 차이는 책이 문화의 작은 부분이라는 것이다. 맞다. 내가 이보다 더 설득력 있게 말할 수는 없다고 본다. 식료품점도 우리의 질적인 생활에 도움을 주지만 책은 질적인 생활을 향상시킬 뿐만 아니라 지적 생활 및 우리 자신의 발전과도 밀접한 관계가 있다. 상표가 다른 오렌지주스 두 개는 큰 차이가 없지만, 두 개의 다른 책은 틀림없이 훨씬 차이가 많다. 그리고 이러한 차이는 굉장히 중요한 차이임에 틀림없다.

반면 또 다른 독립서점 직원은 서적상이 착각하고 있을 수도 있다는 의견을 제시했다.

알다시피, 많은 방면으로 책을 파는 일은 식료품점과 다를 것이 없다. 하지만 우리는 아이디어를 팔고 있다. 즉, 판매하는 상품이 다르다는 것이다. 그러나 매일매일 내가 해야 할 많은 일은 그렇게 다르지 않다. 우리가 상품을 파는 일에 종사한다고 하면 항상 잘난 체하던 우리 자신이 비참해질 수도 있다. 그러나 사실은 한 종류의 상품을 팔고 있다. 그리고 우리가 상품을 팔고 있다고 생각하면 식료품점과 같은 일을 하고 있다고 생각할 수도 있다. 손님이 찾는 책을 판매대에 진열하는 등 나의 업무 중 95%는 상품을 관리하는 데 소요된다. 이것이 내가 하는 일이다. 내가 하고 싶은 일은 책과 아이디어에 관한 일이지만 이것은 사실 현재 내가 하고 있는 일이 아니다.

도서산업에 종사하는 많은 사람에게는 정신적인 가치가 있는 것에 가격표를 붙여서 세속적인 상품으로 공식화하는 것이 부도덕하고 어려운 일일 것이다. 그러나 앞에서 서적상이 말한 것과 같이 "어떻게 보든지 간에, 얼마나 지적이고 싶든지 간에 '나는 서적상이다'라고 말한다면 당신은 장사꾼임에 틀림없다. 당신은 일반적인 소매상이다".

교육 같은 지성과 연관되어 있는 다른 상품이나 서비스가 그랬듯이 책도 오랫동안 시장에서 판매되어왔다. 그러나 19세기 이래 도서산업은 책을 일반 소비재와 다른 비상업적인 상품으로 취급하기 위해 노력해왔다. 서점이 책을 판매하는 이유는 책에 대한 '본질적인' 가치 때문이지 책을 많이 팔기 위해서가 아니라고 주장해왔는데, 이러한 행동은 이들의 특별한 지위를 표현하고 유지하기 위한 하나의 방편이었다. 어떤 두 권의 책도 같을 수 없다는 전제하에 서점은 미적·도덕적 기준, 그리고 개인 독자를 위한 기준을 적용해 서점에 책을 갖춤으로써 책이 단순한 상품이 아니라는 사실을 강조해왔다. 그러나 이러한 노력은 최근 들어 심각하게 약화되었다. 백화점, 약국, 그리고 잡화점과 같은 쇼핑몰의 체인서점은 비인간적이면서 상업적인 기준을 적용해 책을 일반 상품과 동일하게 취급함으로써, 책은 일반 상품과 다르다는 주장을 무시한 것에 대해 비판을 받아야 했다. 대형 체인서점은 아마 더 위협적일 것이다. 대형 체인서점은 주주들에게 이익을 남겨주어야 한다는 명백한 책임이 있을 뿐만 아니라 중앙집중식 정보 시스템을 이용해 수요가 있는 상품만 판매하기로 결정하면서도, 판매 목적이 전혀 다른 독립서점과 다를 바 없는 것처럼 행세한다. 문제는 대형 체인서점이 이처럼 다른 목적으로 판매하고 있지만 대중에게는 이러한 상품들이 여전히 책으로 보인다는 것이다.

거의 모든 관점에서 책은 사실 다른 상품과 본질적으로 다르지 않다. 책은 다른 여느 상품처럼 사거나, 팔거나, 진열되거나, 버려지거나, 불태워질 수 있다. 책을 일반 상품이 아닌 특별한 종류의 상품으로 취급하려는 욕망이 있긴 하지만, 자본주의 시스템에 기초한 도서 전문가들은 책의 생산·유통·판매를 통해 가장 많은 수익을 가져올 수 있는 책만 판매하기로 결정한다. 이러한 시스템은 쉽게 바뀌지 않을 것이다. 도서 시장이 일부 대중이나 비영리적인 단체를 지지해 해체되지는 않을 것 같다. 반면 도서시장에 너무 도구적으로만 접근하려는 방식은 책이 지닌 인간의 정신과 인간애의 중요성을 강조하는 서점연합과 서점에 의해 제재를 받게될 것이다. 그리고 책이라는 개념은 도서 전문가들과 많은 대중 사이에서 현대사회의 질서를 반성하고 비판하는 중요한 역할을 하게 될 것이다. 동네 문구점, 철물점, 약국의 쇠퇴는 때때로 변화하는 세상에 대해 수심에 잠기게 하지만, 서점의 소멸은 "이제 남아 있는 성스러운 것은 무엇인가?"라는 원성을 자아낼 수 있다. 대규모, 가격 할인, 표준화에 대한 서점의 비판은 사실 다른 독립 소매업에서 일어난 비판과 상당히 비슷하다.

그러나 이런 주장은 책과 관련된 논쟁이 벌어질 때 더 큰 쟁점이 된다.

소비에 대한 새로운 시각

현대 소비자의 이미지는 상당히 많은 부분 자본주의자와 닮았다. 소비자와 자본주의자는 서로의 이익을 위해 경쟁한다는 점에서 시장에서 나타나는 개인적 성향이 같다고 볼 수 있다. 그리고 둘 다 이익을 추구한다는 점도 같다. 또한 자본주의자는 원가는 낮게, 수익은 높게 유지하려는 목표가 있으며, 소비자는 최소의 가격으로 많은 양의 상품을 구매하려고 노력한다. 그러므로 독립서점이 합리적인 자본주의를 맹비난한다는 것은 소비자와 소비의 대한 생각에 새롭게 도전하는 것과 같다.

21세기 미국에 널리 퍼져 있는 확실한 소비문화는 소비자가 자본주의를 반대하지 않는다는 것이다. 종합해보면 이러한 지배적인 소비시각은 개인적인 생활방식이나 자신이 선호하는 취향에 따른 이기적인 의사결정이 당연하다고 받아들이는 것이다. 더군다나 세상살이와는 반대로 소비자는 소비라는 것을 어려워하지 않고 재미있는 영역으로 여긴다. 이처럼 소비를 유쾌한 구매경험(이왕이면 싸게 구매할 때)이라고 여기는 이유는 소비가 개인의 성취감을 높여줄 뿐만 아니라 사회와의 원만한 상호작용도 추구하기 때문이다. 이 관점에서 본다면 소비는 복잡한 정치의 '오아시스'와도 같기 때문에 특정 소비기관 간의 이해관계로 인해 발생된 논쟁은 별 관심을 끌지 못하는 것 같다.

많은 점에서 도서판매의 최근 역사는 이런 소비에 대한 생각이 우리 사회에 어떻게 정착될 수 있었는지를 보여주는 좋은 사례다. 대중에게 다가서는 방식으로 탈바꿈한 서점의 재창조는 굉장히 성공적이었다. 독자는 작가 이벤트에 참석하기 위해 줄을 섰고, 서점 카페는 만원이었으며,

서점 복도는 서로 간의 친교를 위한 장으로 변했다. 그러나 고객은 귀찮고 번거롭지 않은 것을 기대하면서 쇼핑하러 오기 때문에 협소한 주차공간과 질문을 할 때만 대답하는 점원에 대한 불만도 많았다. 표준화된 외관 및 운영에 대해, 그리고 높은 할인으로 인해 몇 개 회사가 도서시장을 지배하는 것에 대해 다수의 미국인은 긍정적으로 반응한다. 결국에는 할인가격이 독자의 마음을 사로잡는 데 가장 중요한 역할을 하는 것 같다. 더 낮은 가격에 팔려는 사람이 있는데 왜 더 높은 가격을 주고 구매를 하는가라는, 불합리성을 앞세운 마케팅에 영향을 받아서인지 소비자는 커피 전문점에서 판매하는 모카라테 정도로 할인된 가격에 책을 구매할 수 있다는 사실을 즐기는 것 같다.

할인은 소비자가 지불하는 돈보다 더 많은 대가를 얻을 수 있다는 논리를 조장한다. 미국인의 일인당 소비량은 세계 다른 어느 국민보다 많다(책은 아니지만). 아직도 미국인은 물건에 대한 소유욕이 많을 뿐만 아니라 새로운 것을 자주 구입하려는 욕망도 지속적으로 증가하고 있다. 자발적으로 자신의 처지에 맞게 검소한 생활을 하는 사람은 예외적으로 도덕적인 금욕주의자이거나 희생정신이 있는 비정상적인 사람으로 간주된다. 그리고 대부분의 미국인은 지속적인 구매를 포기할 수도 없을 뿐만 아니라 자신들의 수입으로는 욕구를 충족시킬 수 없다는 것을 알기 때문에, 할인을 무척 합리적인 행동으로 간주한다.

어떤 사람은 소비행동이 인간의 본성을 요약한 호모 에코노미쿠스 Homo economicus의 한 증거라고 지적한다. 하지만 도서판매에서는 할인의 중요성이 강조되면서도 소매상과 소비자는 시장에 참여할 때 비경제적인 면도 고려한다는 사실을 알 수 있다. 이들은 서점에서 느낄 수 있는 환경·경험·관계에서 다양한 의미를 찾을 뿐만 아니라, 이러한 의미는 이해득실만을 따지는 계산법으로는 설명할 수 없는 영향을 소비행동에 미친다. 사실 이러한 현상이 도서판매에서만 발생하는 것은 아니다. 사회학이나 인류학에 관련된 다른 여러 학문 연구에서도 문화가 어떻게 경제적 상거래에 영향을 미치는지에 대해 많은 설명을 하고 있다. 더군다나 도서판매의 경우는 소비와 연관된 문화적 의미가 시간이 흐름에 따라 끊임없이 변화하고 유동적이라는 것을 보여준다. 내가 도서판매 역사에 관심이 많은 이유 중 하나는 과거에는 지금 우리가 당연하다고 생각하는 방법과는 다른 방법으로 소비를 이해하려 했고 행동했다는 것을 도서판매 역사가 보여주기 때문이다. 가끔 개인의 이익을 우선시하지 않고 모든 소매상은 도덕적으로 동등하지 않다고 보는 태도를 도서판매 역사에서 볼 수 있다. 즉, 내가 묘사한 반체인점 정서 외에도 미국에는 구매 행위를 통해 사회적 결연을 보여주는 오래된 전통이 있다. 예를 들면, 회원에게 식료품 판매를 위주로 하는 생활협동조합, 자신들을 후원해달라는 동일 종족집단의 캠페인, 아니면 정치적 항의의 한 형태로서 특정 비즈니스에 대해 불매운동을 하는 행위 등을 들 수 있다.[39]

미국 독립전쟁에 앞서 일어난 영국 수입품 보이콧에 관한 토론에서, 브린T. H. Breen은 소비와 정치의 관계를 분명하게 하는 분석을 내놓는다. 브린은 어떻게 미국 식민지인의 구매력이나 보이콧이 정치적 행동이 될 수 있었고, 협력적인 행동이 일반적인 권리와 자유에 대한 담론으로 발전할 수 있었는지를 보여준다. 브린은 종이나 차와 같은 상품을 포기하는 결정이 실제로 사람들을 정치에 개입시키는 수단이 될 수 있음을 간파했다. 그리고 이러한 문제는 소비를 더욱 깊은 정치의 늪으로 빠지게 하는 결과를 초래했다고 보았다.

식민지 정치에서 배제된 일반 사람들을 동원함으로써 이 시기에 있었던 비소비운동은 혁명적 행동을 더욱 확장시켰다. 영국에서 제정된 타운센드법

Townshend Acts에 대한 보이콧은 심지어 가계에 영향을 미치는 가장 기본적인 생활필수품도 정치적인 논쟁거리가 될 수 있다는 것을 보여주었고, 이는 미국 여성들도 정치적인 문제에 개입하게 만드는 계기가 되었다. 즉, 소비에 관한 결정은 정치에 관한 결정에서 분리될 수 없었다.[40]

미국 역사에는 소비 행위에 확고한 정치적 의미가 있다는 것을 보여준 또 다른 시기가 있었다. 20세기 중에 이러한 성향이 가장 강했던 시기는 1930년대였다. 그러나 최근의 사례에서도 이러한 성향은 찾아볼 수 있다. 예를 들어 포도 구매는 농장 노동자의 착취를 상징한 반면, 일본 자동차의 판매 증가는 미국 경제의 하락을 상징했고, 사람들이 많이 모이는 쇼핑몰의 애용은 테러리즘에 용감히 맞서는 것을 상징했다. 이러한 각각의 경우에서 사람들은 소비재의 정치적 의미를 생각하게 된다. 하지만 아직 어떠한 경우에서도 소비가 정치라는 것을 설명하는 완전한 사례를 찾아보기는 힘들다. 각각의 사례가 한 가지 상품이나 일에만 집중되어 있기 때문에 이를 합리화하는 데에는 한계가 있기 때문이다.

소비에 대한 현대 문화적인 인식은 성장하는 세계의 산업 생산능력, 사람들의 이동 패턴에 의한 교외화의 영향, 여성의 임금노동인구화, 강압적인 업무의 성격(그리고 이에 따르는 여가에 대한 맹목적인 집착), 상품에 대한 미디어 이미지의 광범위한 보급, 소비 기관의 활동 등과 연관된 복잡한 과정의 결과라고 할 수 있다. 내가 이 중 가장 많은 관심을 가진 부분은 도서 전문가들의 행동이 어떻게 소비에 대한 특정한 생각을 반영하고 그 생각을 발전시킬 수 있었는지에 대한 것이었다. 이러한 행동 및 이와 관련된 생각이 언제나 직설적인 것은 아니다. 예를 들어, 서점이 가졌던 엘리트 의식의 감소는 서점의 인테리어 디자인, 도서 선정, 마케팅뿐만 아니라 소비자 주권을 장려하는 등의 새로운 접근에도 공헌했다. 이렇게 대중에 영합함으로써 독립서점은 자신들의 문제를 정치적인 용어로 정의하고 정치적 행위에 동참하는 데 자신감을 얻었다. 이러한 대중 영합과 자신감을 통해 우리는 서점이 소비자를 자극하는 모습을 볼 수 있다. 독립서점은 체인서점과의 논쟁을 공표하고 쇼핑을 극심한 생존경쟁에서 벗어나 즐거움을 찾을 수 있는 도피처라고 장려하는 동시에, 소비라는 것이 결코 아무런 분쟁이 없는 평화로운 시장이 아니라는 사실을 고객에게 되새겨준다. 여기에 함축된 의미는 서점이 중립적인 입장에 서서 자신들의 감정을 자제하지는 않겠다는 것이다. 소비자는 결국 어느 한 편의 손을 들어줄 수밖에 없다.[41]

오늘날 많은 비즈니스 관련 정기 간행물은 소비자가 좋아하는 것은 다양성, 편리함, 양질의 서비스, 저렴한 가격이라고 말하고 있다. 또한 이러한 기대를 충족시키지 못한다면 소매상은 곧 파산할 것이라고 충고하고 있다. 이에 따라 많은 소매상은 소비자에게 주권이 있고 소비자는 원하는 것을 모두 가질 수 있다는 소비자 중심 마케팅에 총력을 기울인다. 하지만 이러한 의견을 받아들인다는 것은 쇼핑장소, 구매상품, 구매액수에 대한 서점의 자발적인 결정을 간과하는 것이고, 이는 결국 또 다른 대가를 치르게 된다. 소매업은 소비자의 행복을 향상시키기 위해 단순히 개인적인 행동을 하는 산업이 아니다. 무제한적인 소비를 강조하면 결국에는 심각한 사회적 긴장감이 초래된다. 특정 비즈니스를 후원하겠다는 결정은 곧 이 비즈니스의 상업적인 노력, 노동력, 그리고 이들이 추구해왔던 모든 감각적인 행위와 함께 번영을 보장하는 반면 다른 회사는 파산하게 된다는 의미를 내포한다. 상품은 다양한 환경에 처한 사람들뿐만 아니라 다른 먼 지역의 노동자로부터도 만들어진다. 따라서 어떤 제품을 구매한다는 것은 이 노동자에게 많은 영향을 미친다는 것을 의미한다. 그리고 특정한 상품만을 선택하는 현상은 이를 가지고 있지 않은 사람들을 소외시키고 폄훼하는 결과를 초래할 것이고, 결국에는 소비의 불평등을 조장해 사회적 문제를 야기할 것이다.

어떻게 소비할 것인가에 대한 선택은 개인적이면서 사소한 것이라고 보일 수도 있는 반면, 특정 가치에 대한 헌신적인 태도로 보일 수도 있다. 소비에 대한 대부분의 현대 견해는 시민권을 필요로 하는 시각은 없다. 여기서 시민권이란 사람들이 자신들의 지역과 더 일반적으로는 사회문제에 영향을 미치는 과정에 적극적으로 참여하는 것이다. 게다가 소비에 대한 정치적 접근에는 소비 행위의 본질이 내재되지 않았다. 그렇다고 나는 소비가 단순히 더 심각한 형태의 정치적 참여라고 주장하는 것은 아니다. 그보다 소비 지향적인 사회나 문화에서 소비가 어떻게 시민이 참여하는 행위가 될 수 있는지를 이해하는 것이 필요하다는 것이다.[42]

항상 지불한 돈보다 더 많은 가치를 얻고자 하는 소비자인 독자는 물론 체인서점이나 다른 할인매장을 더 선호할 것이다. 그러나 시민들은 지역 소매업과 지역문화를 보전하기 위해 어느 정도 통제에 참여하거나 독립상점 편에 서게 될 것이다. 여기서 강조해야 할 사실은 어느 누구도 결백하지 않다는 것이다. 체인서점과 마찬가지로 독립서점도 종종 베스트셀러를 편애하는 선택을 하고, 직원에게는 최소한의 임금을 주며, 고객과 개인적인 관계만을 맺으려는 마케팅을 시도한다. 반면 대규모, 막강한 정보력, 강한 영향력이 있는 체인서점은 독립서점이 생각할 수 없는 방법으로 도서유통, 소비 행위, 새로운 환경을 만들 수 있는 영향력이 크다. 즉, 이 영역에는 서로 다른 영향력이 있는 차별적인 힘이 존재한다는 것을 고려해야 한다.

가장 명백한 사실은 아마존, 코스트코, 월마트 등의 대형 도서 소매업체와 함께 체인서점이 지닌 힘은 미국인의 도서 선택에 많은 영향을 미친다는 것이다. 이것은 단순히 검색이라는 수준의 문제가 아니다. 어떻게 원하는 책을 찾는지를 아는 독자에게는 그전 어느 때보다 많은 도서가 자신들의 수중에 있다. 그러나 주요 대형 도서 소매업체가 독자에게 가장 접근하기 쉬운 도서의 출처가 되면서, 이들의 책 선정은 어떤 책이 시장에서 인기를 끌 것인가를 결정하는 데 많은 영향을 미치게 되었다. 더 중요한 것은 대형업체가 마케팅 결정에 따라 가장 인기 높은 책을 선정하기 때문에 이 업체들이 매우 중요한 역할을 한다는 것이다. 주요 서점의 책선정과 마케팅 방법은 다른 소매업체와 비교해 그다지 나쁘다고는 할 수 없다. 그러나 이들은 항상 제한된 몇 가지 방법만을 이용해 결정을 한다는 데 문제가 있다.

도서목록 공개의 문제를 떠나 책을 파는 체인서점뿐만 아니라 모든 일반 체인매장에도 해당되는 추가적인 항목이 있다. 내가 말했듯이, 대규모 소매상들은 일상에서 일어나는 상업적 생활의 형태를 정의하는 데 많은 영향력을 행사한다. 매장에 가는 교통편을 선택하는 습관, 각 매장에서 느끼는 경험의 종류, 한 매장과 다른 지역 매장의 생김새에 따라 느끼는 경험을 막론하고 도처에 있는 체인서점과 이들이 마케팅에 투자하는 자원은 고객의 소비 기대에 막대한 영향을 미친다. 결국 독립서점도 체인서점의 이러한 마케팅에 영향을 받게 되고, 경쟁을 위해 체인서점과 같은 행동을 하게 된다.

더군다나 제조업자(도서산업의 경우에는 출판사)가 점점 더 특정 소매상에게 의존하게 되면서 생산 및 유통 시스템이 선호하는 소매상의 요구에 따라 바뀌었다. 주요 고객을 잃을 수도 있다는 두려움 때문에 생산자는 소매상이 요구하는 가격과 조건에 따라 상품을 억지로 공급하게 된다. 의류산업에서 이러한 현상이 많이 나타나는데, 의류산업에서는 생산자의 조직이나 업무성격조차도 주요 고객의 요구인 저가격, 효율적 납품 등을 먼저 충족시키는 전략을 염두에 두고 구성된다.

이와 비슷하게 대형 소매상은 지역사회에 많은 영향력을 행사할 수 있는 힘이 있는 반면, 소규모 상인은 대형 소매업과 같은 영향력을 행사하지 못하는 경향이 있다. 소규모 상인은 공동으로는 지역 경제에 많이 공헌할 수 있지만 단독으로는 관리기관, 지역개발계획위원회 등에서 그 영향력이 제한적이다. 게다가 지역에 있는 소규모 소매상은 지역 주민과 신용관계를 계속 유지해야 할 뿐만 아니라 지역사회의 많은 부분과도 밀접한 관계를 지속적으로 유지해야 한다. 그리고 지역에 대한 모든 개인적인 애착은 차치하더라도 매장 주인은 지역사회의 미래와 자신들의 사업 운명이 밀접하다는 사실을 인지해야 한다. 반면 법인 형태의 체인서점은 다른 형태의 제약을 받는다. 체인서점 경영자는 주주들을 위해 수익을 창출하고 회사의 미래 수익을 위한 전략을 만들어야 하는 책임을 안고 있다. 즉, 어디에 매장을 둘지, 언제 철수해야 할지, 어떻게 매장을 관리할 것인지 등 전사적인 차원에서 결정해야 하기 때문에 각 매장에 대한 관심은 별로 없다. 게다가 매장의 규모는 지역정부와 협상을 하는 데 무시할 수 없는 영향력을 발휘하는 요소다. 세금을 더 많이 내고 지역 내에 더 많은 직업을 제공하겠다는 약속을 함으로써 지역공무원들은 체인서점에 신세를 지는 입장이 된다. 이런 체인서점을 유치하기 위해 지방정부는 빈번히 토지 사용 제한 규정을 줄여주고, 도로 등의 기반시설을 제공하며, 경찰을 재배치하고, 세금특혜를 부여한다. 하지만 이와 동일한 특혜를 지역 독립 소매상에게는 제공하지 않음으로써 독립 소매상을 약화시키는 것에 암묵적으로 동의한다. 이러한 체인서점과 같은 대형 소매상의 요구에 영합하는 것이 지역이라는 차원에서 보면 매우 어렵고 많은 대가를 요하는 약속일지는 몰라도, 이러한 대형 소매상이 지역에 한 번 정착을 하면 많은 공무원은 이들이 계속 지역에 남아 있기를 바라게 된다.

그러므로 체인서점이 독립서점과 차별화되는 것은 단순히 체인서점이 다른 스타일로 색다른 취향을 제공해주기 때문만은 아니다. 그보다 대형 소매업은 자신들의 주인 역할을 하는 지역사회와 경제 주체와의 관계에서 다른 강도의 영향력을 행사할 수 있기 때문이다. 그들이 어떻게 이런 힘을 얻고 이용하는지를 이해하면 체인서점뿐만 아니라 이들을 활성화시킨 경제체제까지 이해할 수 있으며, 또한 이러한 경제체제가 어떻게 독립서점으로 하여금 체인서점의 전철을 밟게 만들었는지도 이해하게 된다. 그리고 시장 상거래가 인간의 행동에 어떠한 영향을 주고 어떻게 움직이는지를 이해한다면, 시민들은 좀 더 의식적으로 정치적인 입장에서 시장과 상호 작용하게 될 것이다. 즉, 이익을 보전하기 위해 언제 거래를 하고 언제 타협을 할 것인지, 또 다른 이익을 창출하기 위해 현존하는 시장과의 거래를 언제 변경하는 것이 좋은지 등을 저울질하게 될 것이다.

나는 체인서점에 대해 확실하게 비판적이지만, 소비가 시민의 당연한 행동(시민권)이라는 측면에서 본다면 체인서점과 독립서점 중 어느 것이 우세한지는 궁극적으로 중요한 문제가 아니다. 그보다 소비에 대한 이러한 접근은 몇 가지 다른 측면에서 중요한 결과를 초래한다. 첫째, 소비를 개인의 이익을 중시하는 사적 행동으로 한정하지 않고 무엇이 공익에 가장 큰 이득인지를 고민하는 견해는 소비 행위를 공개적으로 토론해야 할 문제로 만든다. 닐 라이언Neal Ryan은, 개인이 자가용을 대중교통보다 선호할 경우 많은 사회비용이 발생한다는 교통체계를 예로 들면서, 공적 이익이 개인적인 욕망에 우선되어야 할 때가 있다고 강조했다.[45] 이 관점에서 본다면 소비기회라든가 일반적인 경제행위는 공익을 위해 공공정책으로 통제될 수 있다. 둘째, 소비를 시민권이라는 관점에서 개념화하려면 개인적인 결정을 통제해서는 안 된다는 것이다. 즉, 소비는 개인주의적인 원칙 및 개인이 원하는 것과 일치해야 한다. 소비에 규범적 관점을 적용한다는 것은 사람들이 원하는 것을 선택할 수 있음을 가정하지 않은 것이다. 특히 사람마다 가치가 다양한 미국과 같은 사회에서 사람들의 선택은 매우 다양하다. 이뿐만 아니라 대부분의 사람에게 규범적 관점을 적용한 다는 것은 불편함, 제한된 선택권, 소량의 상품군을 양산하는 결과를 가 져온다는 것을 의미한다. 소비를 시민권이라는 측면에서 보는 접근 역시 소비를 가능하게 해주는 생산자·소매상·노동자의 입장을 소비자가 다시 한 번 생각해보도록 자극할 것이고, 이는 아마 소비자가 항상 옳지는 않 다는 것을 깨닫게 할 것이다.

소비란 단순히 개인을 위한 것이라는 시각이 지배적이지만, 사실 소비 는 정치와 불가분의 관계다. 소비는 공익과도 연관될 수 있고 특정한 집 단의 이익 및 손해에도 연루될 수 있기 때문이다. 다양한 종류의 불평등 으로 분열된 사회에서 경쟁하고 이해관계를 갖는 것은 비즈니스뿐만 아 니라 소비자도 마찬가지다. 소비자에게 할인에 대해 관심을 갖지 말라고 하는 것은 가난한 사람에 대한 무관심이라며 이의를 제기하는 사람도 있 을 것이다. 그러나 빈곤의 문제는 책이나 다른 상품의 가격과는 크게 상 관관계가 없다. 이 문제는 주택과 의료서비스 등 기초생활용품을 비싸게 만드는 시스템과 밀접한 관계가 있으며, 이러한 시스템은 분명 문제가 있 다. 1980년 이래 소비자가격지수를 보면 음식·의류·일상재의 가격은 소 비재나 서비스의 물가상승률보다 낮았지만, 주택과 의료서비스와 관련 된 가격은 더 높게 상승했다.[44] 확실히 소비에 미치는 정치적인 영향을 이 해하기 위해서는 앞에서 말한 주택과 의료서비스같이 기초생활을 위한 필수품이 어떻게 사치품으로 변했는지를 생각해볼 필요가 있다. 만약 집 세가 수입의 반을 차지한다면 월마트는 더는 당신에게 도움을 주는 구제 수단이 아니다. 마찬가지로 아마존의 할인은 공공 도서관의 도서 수가 감 소하는 것에 대해 책임이 없으며, 아마존은 비틀거리는 공교육을 위해 어 떠한 보상도 해주지 않는다. 수입이 낮은 사람들은 대개 선택권이 제한되고, 소비도 예외는 아니다. 많은 사람들은 자신들의 지역에서 감당할 수 있는 대안이 부족하기 때문에 선호하는 물품과 소비원칙을 강제적으로 포기한다. 그럼에도 미국에서는 많은 사람들이 집을 소유하고 있으며, 먹고 입고 어떤 것을 어디서 어떻게 구입할지에 대한 선택권이 있다.

소비자는 쇼핑이 피할 수 없는 정치적 활동이라는 것과 자신들의 선택에서 발생되는 결과라는 것을 인지할 책임이 있다. 사실 이렇게 말하는 것은 쇼핑의 재미를 감소시킬 수도 있지만, 소비자는 쇼핑을 통해 자신들이 생각하는 것보다 더 많은 영향력을 행사할 수 있다. 미국인은 어떤 기준에 맞추어서 무의미하게 행동하는 것을 냉소적으로 말하면서도 돈을 기준으로 한, 즉 "돈이면 다 된다"라는 것은 미국 사회에서 무척 진부하게 느껴지기까지 하는 표현이다. 그러나 미국인은 인간이 오직 경제적인 이기주의에 의해서만 행동한다거나 자신들이 가지고 있는 모든 경제적 힘을 배제해야 한다는 논리를 다 받아들일 필요는 없다. 알렉산드라 차신 Alexandra Chasin은 쇼핑을 사람의 가치를 표현하는 수단으로 생각하는 것은 쇼핑에서의 정치를 상징적이고 경제적인 현상으로 축소시키는 결과를 가져올 수도 있다고 주장했다.[45] 그러나 미국인은 돌보아야 할 기관이나 소중히 여기는 가치를 위해 돈을 쓰거나 절제함으로써 쇼핑이 단순히 개인의 가치만을 위한 상징적인 현상이 아니라는 것을 행동으로 보여준다. 즉, 사람들은 자신이 돌보아야 할 사업을 추구하는 기업에 대해서는 즉시 영향력을 행사하는 방법으로 행동한다는 것이다. 따라서 이런 행동이 정치적 행동을 대신한다고는 할 수 없지만 쇼핑은 일반 개인으로서는 통제할 수 없는 경제적 과정에 영향을 미치는 수단이 된다.

사회적 변화에 관심이 있는 사람들은 지속적으로 정치적 무관심이라는 문제와 맞서고 있다. 특히 대중적인 정치운동에 대해 무관심한 사람들이 변화에 둔감한 거대한 힘과 어떻게 싸워야 하는지 명백한 답은 없다고 본다. 영향력 있는 정치적 행동은 많은 분야에서 일어난다. 그러나 투표함 앞에서의 논쟁에서부터 길거리 유세까지 정치가 활발한 선거기간에는(그래서 자주 연출되는) 정치가 일상적이고 판에 박힌 생활에서 일어난다는 사실을 잊기 쉽다. 매일 일어나는 일상적인 행동은 특별한 경우 못지않게 정치적으로도 매우 중요하다. 사람들은 직장과 집에서 소비자로서 다양한 역할을 함으로써 하나의 사회를 형성해나간다. 이렇게 사람들이 복합적인 환경에서 자신을 정치적인 사람으로 본다는 것은, 정치라는 것이 그냥 남는 시간에 특별히 하는 것이 아니라 일상생활에 녹아 있다는 것을 의미한다. 소비에서의 정치가 깜짝 놀랄 만한 획기적인 것이라고 말할 수는 없지만 소비가 정치라는 사실은 매우 중요하다. 소비자로서의 개인적인 선택은 총체적으로 정치에 큰 영향을 미치기 때문이다.

서점의 어려움과 걱정은 우리와 크게 상관없는 것으로 보일 수도 있다. 그러나 서점과 소비자가 시장에 참여할 때 비슷한 딜레마에 직면하는 것을 보면 사실 서점의 어려움과 걱정이 우리와 멀리 떨어져 있는 것은 아니다. 서점은 책의 상업화에 활발하게 관여함으로써 정신적인 삶과 인간의 조건을 표현하는 책에 대한 자신들의 헌신을 합리화하려고 한다. 그리고 소비자인 우리는 상품을 구매하는 행위를 생활을 더 윤택하게 만드는 헌신이라는 의미로 합리화한다. 이러한 아이러니가 있더라도 우리는 주저하지 말고 앞으로도 계속 이 분야에 대해 관심을 갖고 나아가야 한다.

부록

미국 주요 체인서점의 소유권 연혁

반스앤드노블

1910   더블데이 페이지 출판사(Doubleday, Page Publishers)가 더블데이 서점을 개점

1986   더블데이를 베르텔스만(Bertelsmann)에 매각

1990   베르텔스만이 더블데이북숍(Doubleday Book Shop)을 BDB 사에 매각

1913   찰스스크라이브너스선스(Charles Scribner's Sons, 약칭은 스크라이브너스 혹은 스크
        라이브너) 출판사가 스크라이브너북스토어(Scribner Book Store)를 개점

1984   스크라이브너가(Scribner family)는 스크라이브너 출판사를 맥밀런 출판사(Macmillan
        Inc.)에 매각

1984   스크라이브너가는 스크라이브너 서점을 리졸리인터내셔널북스토어(Rizzoli Inter-
        national Bookstore)에 매각

1989   BDB 사는 코스타메사(Costa Mesa)에 있는 스크라이브너 서점을 인수하고 맥밀런 출
        판사(Macmillan Publishing Co.)와 리졸리인터내셔널로부터 스크라이브너(Scribner)
        명칭 사용권을 취득

1982   게리 후버(Gary Hoover)가 북스톱(Bookstop)을 설립

1989   크라운북스(Crown Books)가 투자그룹으로부터 북스톱(Bookstop Inc.)의 지분 40%
        를 인수

1989	BDB 사가 북스톱의 지분 51%를 인수
1990	크라운은 북스톱의 매각에 동의. BDB 사가 완전 인수

1873	찰스 몽고메리 반스(Charles Montgomery Barnes)가 일리노이 주 휘튼에서 중고도서 사업을 시작
1917	찰스의 아들인 윌리엄 반스(William Barnes)가 뉴욕 시의 교재 중개인이자 소매상으로서 조지 클리포드 노블(George Clifford Noble)과 동업을 시작
1969	반스가(Barnes family)는 반스앤드노블(Barnes & Noble)을 에이엠텔 사(Amtel Corp.)에 매각
1971	레너드 리지오(Leonard Riggio)가 에이엠텔에서 반스앤드노블을 인수
1979	반스앤드노블은 말보로북스토어(Marboro Bookstore)와 우편 주문 사업 부문을 인수
1979	반스앤드노블은 북마스터스(Bookmasters)를 인수
1984	벤덱스인터내셔널(Vendex International)이 반스앤드노블의 지분 30%를 인수
1985	반스앤드노블이 칼리지스토어어소시에이츠(College Stores Associates)를 인수
1986	반스앤드노블의 레너드 리지오와 벤덱스/벤더메리카(Vendex/Vendamerica)가 데이턴허드슨(Dayton Hudson)으로부터 비돌턴북셀러(B. Dalton Bookseller)를 인수. 합병을 통해 BDB 사 탄생

1966	데이턴 사(Dayton Co.)가 비돌턴북셀러를 미네소타 주 에디나 시에 있는 아울렛에서 개점
1968	데이턴 사가 픽윅(Pickwick) 서점을 인수
1969	데이턴 사 데이턴허드슨으로 사명을 변경
1982	비돌턴은 픽윅 할인서점을 처음으로 출점
1986	데이턴허드슨이 비돌턴을 반스앤드노블의 리지오와 밴더메리카에 매각. 합병을 통해 BDB 사 탄생
1986	픽윅 할인서점 폐점
1989	BDB 사는 스크라이브너 서점과 스크라이브너의 명칭 사용권을 맥밀런 출판사와 리졸리인터내셔널로부터 획득
1990	BDB 사는 베르텔스만으로부터 더블데이 서점을 인수

1990	첫 번째 반스앤드노블 대형 매장을 개점
1991	BDB 사의 이름을 반스앤드노블로 변경
1993	반스앤드노블 주식을 상장. 렌 리지오(Len Riggio)가 대학서점 부문은 개인 소유로 남겨둠
1994	벤덱스가 반스앤드노블의 지분을 대부분 매각. 렌 리지오가 회사의 지분 26%를 보유한 단독 대주주가 됨
1996	반스앤드노블이 캐나다에서 가장 큰 서점 체인인 챕터스(Chapters)의 지분 20%를 취득
1996	반스앤드노블이 캘린더 클럽(Calendar Club)의 지분 50%를 취득
1997	반스앤드노블이 반스앤드노블닷컴(Barnesandnoble.com)이라는 온라인 웹사이트를 개설
1998	반스앤드노블이 반스앤드노블닷컴의 지분 50%를 베르텔스만에 매각
1999	반스앤드노블 칼리지 스토어스(Barnes & Noble College Stores)가 텍스트북닷컴(Textbook.com)을 개설
1999	반스앤드노블은 리지오로부터 배비지스 계열사(Babbage's Etc.)를 인수. 여기에는 배비지스소프트웨어이티시(Software Etc.), 게임스톱(Gamestop), 게임스톱닷컴(Gamestop.com)이 포함
1999	반스앤드노블이 J. B 페어팩스 인터내셔널 유에스에이(J. B. Fairfax International USA)를 인수
1999	반스앤드노블이 챕터스의 지분을 7%로 낮추기 위해 나머지 지분을 매각
1999	반스앤드노블이 반스앤드노블닷컴의 기업 공개를 완료
2000	반스앤드노블이 마이티월드닷컴(MightyWords.com)의 지분 53%를 취득
2000	반스앤노블닷컴이 이뉴스닷컴(Enews.com) 의 지분 32%를 취득
2000	반스앤드노블이 펀코(Funco)를 인수
2000	반스앤드노블이 팻브래인닷컴(Fatbrain.com)을 인수
2000	반스앤드노블이 아이유니버스닷컴(iUniverse.com)의 지분을 29%로 축소
2000	반스앤드노블이 북 매거진(Book magazine)의 지분 50%를 취득
2000	반스앤드노블이 실버 라이닝(Silver Lining)을 설립
2001	반스앤노블닷컴이 반스앤드노블 디지털(Barness & Noble Digital)과 월드 디지털 라이브러리(World Digital Library)라는 두 개의 디지털 출판사를 설립

2001	반스앤드노블이 스파크노트닷컴(SparkNotes.com)을 델리아스 사(Delias Corp.)로 부터 인수
2001	반스앤드노블닷컴이 이뉴스(eNews)의 주식 47%를 보유. 반스앤드노블이 53% 보유
2001	반스앤드노블이 EPVI를 CPI에 매각
2001	반스앤드노블이 챕터스의 지분을 2%로 축소
2001	배비지스의 이름을 게임스톱으로 변경
2001	반스앤드노블이 아이유니버스(iUniverse)의 지분을 22%로 축소
2002	반스앤드노블이 게임스톱 지분의 3분의 2를 보유한 상태로 기업 공개
2002	마이티월드닷컴 폐쇄
2002	이뉴스 폐쇄
2002	반스앤드노블은 반스앤드노블닷컴의 지분을 38%로 증가시킴. 베르텔스만은 반스앤드노블닷컴의 지분을 36.9%로 증가시킴
2002	반스앤드노블이 스털링 출판사(Sterling Publishing)를 인수
2003	반스앤드노블이 반스앤드노블 클래식(Barnes & Noble Classics)을 설립
2003	실버 라이닝을 반스앤드노블 베이직스(Barnes & Noble Basics)로 이름 변경
2003	반스앤드노블이 베르텔스만이 소유한 반스앤노블닷컴의 지분 37%를 취득. 지분이 75%로 증가
2003	반스앤드노블이 북 매거진 발행을 중단
2004	반스앤드노블이 반스앤노블닷컴의 재인수를 완료
2004	반스앤드노블이 게임스톱을 완전히 분리

보더스그룹

1853	브렌타노(Brentano)가 8월에 호텔 신문 가판대 브렌타노스(Brentano's)를 설립
1933	브렌타노가(Brentano family)가 대부분의 지분을 스탠튼 그리피스(Stanton Griffis)에 매각
1962	스탠튼의 아들인 닉슨 그리피스(Nixon Griffis)와 다른 주주들이 브렌타노스를 크로웰-콜리어 출판사(Crowell-Collier Publishing Co.)에 매각

1968	브렌타노스가 샌프란시스코에 있는 폴엘더 사(Paul Elder & Co.)와 로스앤젤레스에 있는 캠벨스북스토어(Cambell's Bookstore)를 인수
1973	1960에 맥밀런과 합병한 크로웰-콜리어는 맥밀런(Macmillan)으로 명칭을 변경
1981	맥밀런은 브렌타노스를 브렌타노스 회장인 폴 오란(Paul Ohran)과 부회장인 피터 슬레이트(Peter Slater) 및 모니카 홀랜더(Monica Hollander)에게 매각
1982	브렌타노스가 파산법 제11장에 따라 파산보호를 신청
1983	브렌타노스가 월든북스(Waldenbooks)를 인수
1973	루이스 보더스(Louis Borders)와 토마스 보더스(Thomas Borders)가 앤아버에 일반 서점 형태로 첫 번째 보더스북숍(Borders Book Shops)을 개점
1992	보더스북숍을 케이마트(K-mart)에 매각

1933	로런스 호이트(Lawrence Hoyt)와 멜빈 카프카(Melvin Kafka)가 대여 도서관 체인으로 월든 출판사(Walden Book Co.)를 설립
1957	카프카가 호이트에게 지분을 매각
1960	로런스의 아들인 러셀 호이트(Russell Hoyt)가 사업을 시작
1962	첫 번째 월든북스토어가 펜실베이니아 주 피츠버그에 개점
1969	호이트가 월든 출판사를 브로드웨이헤일스토어(Broadway Hale Store)에 매각. 이름을 월든북스로 변경
1974	브로드웨이헤일이 카터홀리헤일(Carter Hawley Hale)로 이름을 변경
1983	월든북스가 브렌타노스를 인수
1984	카터홀리헤일이 월든북스를 케이마트에 매각
1984	월든북스가 리더스마켓(Reader's Market)을 개점
1986	첫 번째 월든북스 앤드 모어(Waldenbooks & More)가 개점
1987	월든북스가 콜스(Coles)의 미국 아울렛 매장을 인수
1990	케이마트가 리더스마켓의 경영권을 월든북스로부터 넘겨받음
1992	월든북스앤드모어가 중단됨
1992	케이마트가 바셋북숍(Basset Book Shops) 설립
1992	케이마트가 보더스북숍 인수
1993	보더스가 바셋북숍을 흡수 통합

1995	월든북스가 롱메도프레스(Longmeadow Press) 사업을 중단
1994	케이마트가 보더스-월든북스 그룹(Borders-Waldenbooks Group)으로부터 넘겨받은 월든북스와 보더스의 운영을 결합함
1994	보더스-월든북스 그룹이 CD슈퍼스토어 사(CD Superstore Inc.)를 인수. 추후 플래닛 뮤직 사(Planet Music Inc.)로 이름을 변경
1994	보더스-월든 사(Borders-Walden Inc.)는 보더스그룹(Borders Group)으로 이름을 변경
1995	보더스그룹이 상장됨. 케이마트는 이 회사의 지분을 매각
1997	보더스그룹이 세인트루이스의 라이브러리 사(Library Ltd.)를 인수
1997	보더스그룹이 영국의 북스 계열사(Books Etc.)를 인수
1999	보더스그룹이 스프라우트 사(Sprout Inc.)의 지분 19.9%를 인수
1999	보더스그룹이 올월드업(All Wound Up)을 인수
2001	스프라우트가 해체됨
2001	올월드업이 중단됨
2003	보더스그룹이 에코(Echo)의 지분을 인수
2003	보더스그룹이 루이빌의 홀리-쿡북셀러(Hawley-Cooke Booksellers)를 인수
2003	보더스그룹이 보더스클래식스(Borders Classics) 출판사를 설립
2003	보더스가 스테이트스트리트클래식(State Street Classic)의 이름을 보더스프레스(Borders Press)로 변경
2004	보더스그룹이 영국의 페이퍼체이스프로덕트(Paperchase Products)의 지분 97%를 취득

크라운북스

1954	허버트 하프트(Herbert Haft)가 첫 번째 다트 드러그스토어(Dart Drugstore)를 오픈
1977	허버트의 아들인 로버트 하프트(Robert Haft)가 크라운북스를 설립
1981	스리프티 드러그스토어(Thrifty Drugstores)가 크라운북스의 지분 50%를 매입
1983	크라운북스 상장
1984	다트그룹(Dart Group)이 다트드러그(Dart Drug)를 매각

1986	스리프티가 크라운의 지분을 매각. 다트그룹(Dart Group)의 대주주가 됨
1989	슈퍼크라운북스 사(Super Crown Books Corp.)가 크라운이 전적으로 소유한 자회사로 설립
1990	첫 번째 슈퍼크라운(Super Crown)이 개점
1993	허버트 하프트가 로버트 하프트를 가업에서 제외시킴. 로널드 하프트(Ronald Haft)가 크라운 회장으로 임명
1995	허버트와 로널드가 크라운 경영진에서 해임
1998	크라운과 다른 자회사가 포함된 다트그룹이 리치푸드홀딩스(Richfood Holdings)에 매각
1998	크라운은 파산법 제11장에 따른 파산보호 신청
1999	크라운은 파산보호신청에서 벗어남
2001	크라운은 다시 파산법 제 11장에 따른 파산보호 신청
2001	크라운은 청산 신청

북스어밀리언

1917	북랜드(Bookland) 설립
1987	북랜드스토어 사(Bookland Stores Inc.) 게이트웨이(Gateway) 인수
1988	첫 번째 북스어밀리언 대형 매장 개점
1992	북스어밀리언이 전 소유주인 앤더슨 가(Anderson family)가 소유한 모든 회사인, 북스마트 Book$mart), 아메리칸홀세일(American Wholesale)과 앤더슨뉴스 사(Anderson News Corp.)를 인수
1992	북스어밀리언이 상장됨
1994	북스어밀리언이 오하이오 주에 있는 북스앤컴퍼니(Books & Co.)를 인수
1998	앤더슨뉴스 사가 아라마크매거진앤드북서비스(Aramark Magazine & Book Services)를 인수
1998	북스어밀리언은 조먹스뉴스스탠드(Joe Muggs Newsstand)를 새로 출시
1998	북스어밀리언은 넷센트럴(NetCentral)을 인수

로리앳

1973   앙코르북스(Encore Books) 설립

1984   라이트에이드 사(Rite Aid Corp.)가 데이비드 슐레징어(David Schlessinger)로부터 앙코르북스 인수

1994   앙코르북스는 대형 매장 개점

1994   라이트에이드는 로리앳에게 앙코르북스 매각

1872   찰스 로리앳(Charles E. Lauriat)이 보스턴에서 로리앳(Lauriat's) 개점

1982   로리앳이 로열디스카운트북스토어(Royal Discount Bookstores)를 설립

1992   로열디스카운트북스토어가 보스턴의 부덴부로크북스미스(Buddenbrooks Booksmith)를 인수

1994   ING이퀴티파트너스(ING Equity Partners)의 재정적 도움으로 로리앳/CMI 홀딩스 사(Lauriat's/CMI Holding Corp.)가 앙코르북스를 인수

1994   로리앳이 북코너 서점(Book Corner stores)을 허드슨 카운티 뉴스 사(Hudson County News Co.)로부터 인수. 허드슨은 허드슨 공항 아울렛에 있는 북코너의 이름을 사용하는 권한을 유지

1995   로리앳이 대형 매장 개점

1996   토마스 H. 리 사(Thomas H. Lee Co.)가 CMI 홀딩스 사의 지분을 ING이퀴티파트너스에 매각. ING가 CMI의 대주주가 됨

1998   로리앳이 파산법 제11장에 따라 파산보호를 신청

1999   로리앳이 사업을 청산

주

01 _

상업문화와 상업문화에 대한 불만

1 Edward Shils, "The Bookshop in America," *in The American Reading Public: What It Reads, Why It Reads,* ed. Roger H. Smith(New York: R. R. Bowker, 1963), pp. 138~139.

2 Ibid., pp. 148~149.

3 Charles Hix, "Crown's Jewels: A Super Crown Tour," *Publishers Weekly* 237(50), December 14, 1990, pp. 39~40; Nancy Youman, "Wooing Back the Bookworms," *Adweek's Marketing Week* 31(25), June 18, 1990, p. 17.

4 "With Sales Improving Walden Looking for Better'90," *BP Report on the Business of Publishing* 15(14), March 5, 1990, pp. 1~2.

5 ohn Mutter, "Barnes & Noble Goes on the Road," *Publishers Weekly* 237(50), December 14, 1990, pp. 35~38; Maureen J. O'Brien, "Barnes & Noble Opens First 'Superstore,'" *Publishers Weekly* 237(37), September 14, 1990, p. 8.

6 Nora Rawlinson, "They Look Like Libraries!" *Library Journal* 115(20), November 15, 1990, p. 6. 이 논문의 저자인 노라 롤린슨(Nora Rawlinson)은 곧 출판산업계에서 가장 주요한 정기간행물인 ≪퍼블리셔스 위클리≫의 편집장으로 자리를 옮겼다. 그녀는 2005년에 그 자리를 떠났다.

7 Youman, "Wooing Back the Bookworms."

8 체인점의 초기 발전 상황을 파악하려면 다음을 참조. Paul H. Nystrom, *Economics of Retailing: Retail Institutions and Trends,* 3rd revised and enlarged ed.(New York:

Ronald Press, 1932), pp. 213~25; M. M. Zimmerman, *Super Market: Spectacular Exponent of Mass Distribution*(New York: Super Market Publishing Co., 1937); Godfrey M. Lebhar, *Chain Stores in America, 1859~1962*, 3rd ed.(New York: Chain Store Publishing Corp., 1963); James M. Mayo, *The American Grocery Store: The Business Evolution of an Architectural Space*(Westport, Conn.: Greenwood, 1993).

9 동시대의 출판산업에 대해 가장 심도 있게 조사한 책으로는 Lewis A. Coser, Charles Kadushin, and Walter W. Powell, Books: *The Culture and Commerce of Publishing*(1982; Chicago: University of Chicago Press, 1985)을 들 수 있다. 조직상의 관점에서 코저·카두신·포웰은 최근의 출판사가 직면하고 있는 가장 큰 변화에 대해서뿐만 아니라 출판사 내에서 사람들이 어떻게 자신들의 작업을 수행하는지를 묘사했다. 아직 가치가 있지만 이 연구는 오래된 내용이다. 다음도 참조. Walter W. Powell, "Whither the Local Bookstore?" *Daedalus* 112(1), Winter 1983, pp. 51~64; 이 연구에서 포웰은 1980년대 초에 진행된 도서판매 합리화에 대한 결과에 대해서도 언급했다. 20세기 출판산업에 대한 다른 사회학적 연구에 포함된 연구들은 다음과 같다. Robert Escarpit, *The Book Revolution*(1965; London: George G. Harap & Co., 1966); Robert Escarpit, *Sociology of Literature*, 2nd ed.(London: Frank Cass & Co., 1971); Michael Lane with Jeremy Booth, *Books and Publishers: Commerce against Culture in Postwar Britain*(Lexington, Mass.: Lexington Books, 1980); Elizabeth Long, *The American Dream and the Popular Novel*(Boston: Routledge & Kegan Paul, 1985); Walter W. Powell, *Getting into Print: The Decision-Making Process in Scholarly Publishing*(Chicago: University of Chicago Press, 1985); Irving Louis Horowitz, *Communicating Ideas: The politics of Scholarly Publishing,* 2nd expanded ed.(New Brunswick: Transaction, 1991); Eva Hemmungs Wirtén, *Global Infatuation: Explorations in Transnational Publishing and Texts: The Case of Harlequin Enterprises and Sweden*(Uppsala: section for Sociology of Literature at the Department of Literature, Uppsala University, 1998); Patricia H. Thornton, *Markets from Culture: Institutional Logics and Organizational Decisions in Higher Education Publishing*(Stanford, Calif.: Stanford Business Books, 2004). 출판산업을 연구하는 데 사용되는 다른 학문적 관점의 설명을 보려면 다음을 참조. Laura J. Miller, "Publishing as Medium," in *International Encyclopedia of the Social and Behavioral Sciences,* ed. Neil J. Smelser and Paul B. Baltes(Amsterdam: Pergamon, 2001), pp. 12599~12603.

10 마이클 레인(Michael Lane)이 이 표현을 처음으로 사용한 것으로 보인다. Michael Lane, "Shapers of Culture: The Editor in Book Publishing," *Annals of the American Academy of Political and Social Science* 421, September 1975, pp. 34~42.

11 Coser, Kadushin and Powell, *Books,* p. 7.

12 Ibid., p. 35.

13 도서산업의 고참 전문가가 저술했으며, 가장 가치 있는 책들이 이윤추구의 희생양이 되고 있다고 주장하는 두 권의 책은 다음과 같다. André Schiffrin, *The Business of Books: How International Conglomerates Took Over Publishing and Changed the Way We Read*(London: Verso, 2000); Jason Epstein, *Book Business: Publishing Past Present Future*(New York: W. W. Norton, 2001).

14 Richard Ohmann, "the Shaping of a Canon: U.S. Fiction, 1960~1975," *Critical Inquiry* 10(1), September 1983, pp. 199~223 참조.

15 Raymond Williams, *Marxism and Literature*(Oxford: Oxford University Press, 1977).

16 Elizabeth Long, "the Cultural Meaning of Concentration in Publishing," *Book Research Quarterly* 1(4), Winter 1985~1986, pp. 3~27. 또한 문화와 상업 간의 차이점에 대한 유용한 분석을 위해서는 다음 연구를 참조. Michael Lane, "publishing Managers, Publishing House Organization and Role Conflict," *Sociology* 4(3), September 1970, pp. 367~383; Lane, *Books and Publishers; Ann Haugland*, "Books as Culture/Books as Commerce," *Journalism Quarterly* 71(4), Winter 1994, pp. 787~799.

17 Janice Radway, "The Book-of-the-Month Club and the General Reader: On the Uses of 'Serious Fiction,'" in *Literature and Social Practice,* ed. Philippe Desan, Priscilla Parkhurst Ferguson and Wendy Griswold(Chicago: University of chicago Press, 1989), pp. 154~176; Janice Radway, "The Scandal of the Middlebrow: The Book-of-the-Month Club, Class Fracture and Cultural Authority," *South Atlantic Quarterly* 89(4), Fall 1990, pp. 703~736; Janice Radway, "Mail-Order Culture and Its Critics: The Book-of-the-Month Club, Commodification and Consumption and the Problem of Cultural Authority," in *Cultural Studies,* ed. Lawrence Grossberg, Cary Nelson and Paula A. Treichler(New York: Routledge, 1992), pp. 512~530; Janice Radway, *A Feeling for Books: The Book-of-the-Month Club, Literary Taste, and Middle-Class Desire*(Chapel Hill: University of North Carolina Press, 1997).

18 예를 들면, Herbert J. Gans, *Popular Culture and High Culture: An Analysis and Evaluation of Taste*(New York: Basic Books, 1974); Alan Swingewood, *The Myth of Mass Culture*(London: Macmillian, 1977).

19 Radway, "The Scandal of the Middlebrow," pp. 726~729.

20 Karl Marx and Friedrich Engels, "Manifesto of the Communist Party"(1848), in *The Marx-Engels Reader,* 2nd ed., ed. Robert C. Tucker(New York: W. W. Norton, 1978), pp. 469~500.

21 Karl Polanyi, *The Great Transformation*(1944; Boston: Beacon, 1957), p. 30; Karl Polanyi, "Our Obsolete Market Mentality: Civilization Must Find a New Thought Pattern"(1947), in *Economic Sociology,* ed. Richard Swedberg(Cheltenham: Edward

Elgar Publishing, 1996), pp. 146~154.

22 Mark Granovetter, "Economic Action and Social Structure: The Problem of Embeddedness"(1985), in *The Sociology of Economic Life,* ed. Mark Granovetter and Richard Swedberg(Boulder: Westview Press, 1992), pp. 53~81; Mark Granovetter, "Economic Institutions as Social Constructions: A Framework for Analysis," *Acta Sociologica* 35(1), March 1992, pp. 3~11.

23 Sharon Zukin and Paul DiMaggio, introduction to *Structures of Capital: The Social Organiation of the Economy,* ed. Sharon Zukin and Paul DiMaggio(Cambridge: Cambridge University Press, 1990), p. 17. 경제학에서의 문화의 역할에 대한 추가적인 설명을 위해서는 다음 연구를 참조. Kenneth E. Boulding, "Toward the Development of a Cultural Economics," in *The Idea of culture in the Social Sciences,* ed. Louis Schneider and Charles M. Bonjean(London: Cambridge University Press, 1973), pp. 47~64; Paul DiMaggio, "Cultural Aspects of Economic Action and Organization," in *Beyound the Marketplace: Rethinking Economy and Society,* ed. Roger Friedland and A. F. Robertson(New York: Aldine de Gruyter, 1990), 113~136; Roger Friedland and Robert R. Alford, "Bringing Society Back In: Symbols, Practices, and Institutional Contradictions," in *The New Institutionalism in Organizational Analysis,* ed. Walter W. Powell and Paul J. DiMaggio(Chicago: University of Chicago Press, 1991), pp. 232~263; Frank R. Dobbin, "cultural Models of Organization: The Social construction Of Rational Organizing Principles," in *The Sociology of Culture: Emerging Theoretical Perspectives,* ed. Diana Crane(Oxford: Blackwell, 1994), pp. 117~141.

24 Thornton, *Markets from Culture.*

25 Ibid., p. 139.

26 Don Slater, "Capturing Markets from the Economists," in *cultural Economy: Cultural Analysis and Commercial Life,* ed. Paul du Gay and Michael Pryke(London: Sage, 2002), pp. 59~60.

27 예를 들면, Paul du Gay and Michael Pryke, "Cultural Economy: An Introduction," in du Gay and Pryke, *Cultural Economy,* pp. 1~19. 또한 다음 연구를 참조. Michel Callon, "the Embeddedness of Economic Markets in Economies," introduction to *The Laws of the Markets,* ed. Michel Callon(Oxford: Blackwell, 1998), pp. 1~57. 경제학에서의 문화의 구성요소로서의 역할에 대해 언급한 미국 저서들은 다음과 같다. Paul DiMaggio, "Culture and Economy," in *The Handbook of Economic Sociology,* ed. Neil J. Smelser and Richard Swedberg(Princeton: Princeton University PRESS, 1994), pp. 27~57; and Viviana A. Zelizer, *The Social Meaning of Money*(New York: Basic Books, 1994).

28 Max Weber, "Religious Rejections of the World and Their Directions"(1915), in *From Max Weber: Essays in Sociology,* ed. H. H. Gerth and C. Wright Mills(New York: Oxford University Press, 1946), pp. 323~359; Max Weber, *Economy and Society: An Outline of Interpretive Sociology*(Berkeley: University of California Press, 1978).

29 그러나 도서출판과 도서판매 산업은 심지어 대기업조차도 다른 엔터테인먼트 산업보다 훨씬 수익성이 낮다는 점이 강조될 필요가 있다. 더욱이 다른 미디어 산업과 마찬가지로 도서산업도 다른 대부분의 소비재 산업보다 덜 합리적이다. 이는 많은 부분에서 판매되는 품목이 자주 지속적으로 변하고, 미디어 제품에 대한 소비자의 취향을 예측하기 어렵기 때문이다. 이런 문제들을 논의하려면 다음 연구를 참조. Paul M. Hirsch, "Processing Fads and Fashions: An Organization-Set Analysis of Cultural Industry Systems"(1972), in Granovetter and Swedberg, *The Sociology of Economic Life,* pp. 363~383.

30 George Ritzer, *The McDonaldization of Society: An Investigation into the Changing Character of Contemporary Social Life,* revised ed.(Thousand Oaks, Calif.: Sage, 1996).

31 Ibid., pp. 131~136.

32 다음 연구를 참조. Philip Slater, *The Pursuit of Loneliness: American Culture at the Breaking Point,* revised ed.(Boston: Beacon Press, 1976).

33 John H. Bunzel, *The American Small Businessman*(New York: Alfred A. Knopf, 1962); David E. Shi, *The Simple Life: Plain Living and High Thinking in American Culture*(New York: Oxford University Press, 1985); Norman Pollack, *The Humane Economy: Populism, Capitalism, and Democracy*(New Brunswick: Rutgers University Press, 1990).

34 예를 들면, Rob Shields, ed., *Lifestyle Shopping: The Subject of Consumption*(London: Routledge, 1992); William Leach, *Land of Desire: Merchants, Power, and the Rise of a New American Culture*(New York: Vintage Books, 1993); Pasi Falk and Colin Campbell, eds., *The Shopping Experience*(London: Sage, 1997); Kim Humphrey, *Shelf Life: Supermarkets and the Changing Cultures of Consumption*(Cambridge: Cambridge University Press, 1998); Rachel Bowlby, *Carried Away: The Invention of Modern shopping*(New York: Columbia University Press, 2001); Sharon Zukin, *Point of Purchase: How Shopping Changed American Culture*(New York: Routledge, 2004).

35 Rob Shields, "Spaces for the Subject of Consumption," in Shields, *Lifestyle Shopping,* p. 6.

36 Ibid.; Rob Shields, "The Individual, Consumption Cultures and the Fate of Community," in Shields, *Lifestyle Shopping,* pp. 99~113도 참조.

37 Gregory P. Stone, "City Shoppers and Urban Identification: Observations on the Social Psychology of city Life," *American Journal of Sociology* 60(1), July 1954, pp.

38~40.

38 David Monod, *Store Wars: Shopkeepers and the Culture of Mass Marketing, 1890~1939*(Toronto: University of Toronto Press, 1996).

39 Karl Marx, *The Eighteenth Brumaire of Louis Bonaparte*(1869; New York: International Publishers, 1963), p. 50; Marx and Engels, "Manifesto of the Communist Party," p. 482.

40 Daniel J. Boorstin, *The Americans: The Democratic Experience*(1973; New York: Vintage Books, 1974), p. 111.

41 C. Wright Mills, *White Collar: The American Middle Classes*(New York: Oxford University Press, 1951), pp. 34~35.

42 Viviana A. Zelizer, "Human Values and the Market: The Case of Life Insurance and Death in 19th-Century America"(1978), in Granovetter and Swedberg, *The Sociology of Economic Life,* pp. 285~304.

43 Ann Swidler, "Culture in Action: Symbols and Strategies," *American Sociological Review* 51(2), April 1986, pp. 273~286.

44 Christopher M. Dixon et al., "Latte Grande, No Sprinkles: An Exploratory Observational Study of Customer Behaviour at Chapters Bookstores," in *Beyond the Web: Technologies, Knowledge and People: Proceedings of the 29th Annual Conference of the Canadian Association for Information Science*(Quebec City, 2001), pp. 165~174.

45 다음 연구를 참조. Coser, Kadushin and Powell, *Books*; John P. Dessauer, *Book Publishing: The Basic Introduction,* new expanded ed.(New York: Continuum, 1993).

02_

잡화점 상인에서 인터넷 거물까지: 미국 역사로 보는 도서판매업 ─────────

1 Elizabeth L. Eisenstein, *The Printing Press as Agent of Change: Communications and Cultural Transformations in Early-Modern Europe*(1979; Cambridge: Cambridge University Press, 1980); Lucien Febvre and Henri-Jean Martin, *The Coming of the Book: The Impact of Printing 1450~1800*(1958; London: Verso, 1990).

2 초기 미국 도서 거래에 대해 알아보기 위해서는 다음 연구를 참조. Lawrence C. Worth, "Book Production and Distribution from the Beginning to the American Revolution," in *The Book in America: A History of the Making and Selling of Books in the United States,* 2nd ed., by Hellmut Lehmann-Haupt, in collaboration with Lawrence C. Wroth and Rollo G. Silver(New York: R. R. Bowker, 1952), pp. 1~59; Charles A.

Madison, *Book Publishing in America*(New York: McGraw-Hill, 1966); John Tebbel, *A History of Book Publishing in the United States*, vol. 1, *The Creating of an Industry, 1630~1865*(New York: R. R. Bowker, 1972); James Gilreath, "American Book Distribution," *Proceedings of the American Antiquarian Society* 95(part2), October 16, 1985, pp. 501~583; Henry Walcott Boynton, *Annals of American Bookselling, 1638~1850*(1932; New Castle: Oak Knoll Books, 1991); Ronald J. Zboray, *A Fictive People: Antebellum Economic Development and the American Reading Public*(New York: Oxford University Press, 1993); Hugh Amory and David D. Hall, eds., *A History of the Book in America*, vol. 1, *The Colonial Book in the Atlantic World*(Cambridge: Cambridge University Press, 2000).

3   John Tebbel, *A History of Book Publishing in the United States*, vol. 2, *The Expansion of an Industry, 1865~1919*(New York: R. R. Bowker, 1975), p. 106; Joshua L. Rosenbloom, "Economics and the Emergence of Modern Publishing in the United States," *Publishing History 29*, 1991, pp. 59~61; Zboray, *A Fictive People*.

4   Alan Trachtenberg, *The Incorporation of America: Culture and Society in the Gilded Age*(New York: Hill & Wang, 1982), p. 143.

5   예를 들어 다음 연구를 참조. Hamilton Wright Mabie, *Books and Culture*(New York: Dodd, Mead and Company, 1896). 문화에 대한 이러한 개념을 고전적으로 설명한 저서는 Matthew Arnold, *Culture and Anarchy*(1932; Cambridge: Cambridge University Press, 1960). 도금시대의 고풍스러운 문화에 대해 분석하려면 다음의 연구를 참조. Raymond Williams, *Culture and Society, 1780~1950*(New York: Harper Torchbooks, 1958); Helen Lefkowitz Horowitz, *Culture and The City: Cultural Philanthropy in Chicago from the 1880s to 1917*(1976; Chicago: University of Chicago Press, 1989); Richard L. Bushman, *The Refinement of America: Persons, Houses, Cities*(New York: Vintage Books, 1993).

6   Michael Denning, *Mechanic Accents: Dime Novels and Working-Class Culture in America*(London: Verso, 1987); Nicola Beisel, "Constructing a Shifting Moral Boundary: Literature and Obscenity in Nineteenth-Century America," in *Cultivating Differences: Symbolic Boundaries and the Making of Inequality*, ed. Michèle Lamont and Marcel Fournier(Chicago: University of Chicago Press, 1992), pp. 104~128; Dee Garrison, *Apostles of Culture: The Public Librarian and American Society, 1876~1920*(1979; Madison: University of Wisconsin Press, 2003).

7   Paul DiMaggio, "Cultural Entrepreneurship in Mineteenth-Century Boston: The Creation of an Organizational Base for High Culture in America," in *Media, Culture and Society: A Critical Reader*, ed. Richard Collins et al.(London: Sage, 1986), pp. 194~211.

8 George p. Brett, "Book-Publishing and Its Present Tendencies," *Atlantic Monthly* 111, April 1913, p. 455.

9 O. H. Cheney, *Economic Survey of the Book Industry 1930~1931*, 1st ed.(New York: National Association of Book Publishers, 1931), p. 224. 체니는 '목록 작성'을 특정한 출판사에서 출판된 모든 도서의 목록을 취합해서 편집하는 행위를 의미했다.

10 American Book Publishers Council, *The Situation and Outlook for the Book Trade*(New York: American Book Publishers Council, 1951).

11 예를 들어 다음 연구를 참조. Henry I. Burr, *Observations on Trade Book Sales*(New York: American Book-Stratford Press, 1949); Charles F. Bound, *A Banker Looks at Book Publishing*(New York: R. R. Bowker, 1950); "Book Distribution Is Topic of Bookbuilders' Meetings," *Publishers Weekly* 164(10), September 5, 1953, pp. 847~848; Frederic G. Melcher, "How Shall We Face the Whole Problem?" *Publishers Weekly* 166(12), September 18, 1954, p. 1291; Frederic G. Melcher, "publishers Concentrate on the Problems of Distribution," *Publishers Weekly* 169(20), May 21, 1956, p. 2137; "Central Role Is Distribution," *Publishers Weekly* 175(24), June 15, 1959, p. 50; Chandler B. Grannis, "The ALA Bulletin Views Book Distribution," *Publishers Weekly* 183(21), May 27, 1963, p. 42; Chandler B. Grannis, "Distribution and Other Problems for 1965," *Publishers Weekly* 186(25), December 28, 1964, p. 55; "Authors, Booksellers, Publishers in Sharp Exchange at First PW Seminar," *Publishers Weekly* 203(16), April 16, 1973, pp. 24~26; Benjamin M. Compaine, *Book Distribution and Marketing, 1976~1980*(White Plains, N.Y.: Knowledge Industry Publications, 1976); Arthur Andersen & Co., *Book Distribution in the United States: Issues and Perceptions*(New York: Book Industry Study Group, 1982); Leonard Shatzkin, *In Cold Type: Overcoming the Book Crisis*(Boston: Houghton Mifflin, 1982).

12 20세기 초반에는 수천 개의 대여 도서관이 존재했다. 어떤 지역에서는 대여 도서관이 유일한 도서 매장이었다. 대여 도서관은 독립적인 매장으로 존재하기도 했고 백화점이나 일반 서점에 들어 있기도 했다. 또한 서점 자체에서 운영하기도 했고 대여 체인의 형태로 운영되기도 했다. 다음 연구를 참조. R. L. Duffus, *Books: Their Place in a Democracy*(Boston: Houghton Mifflin, 1930), pp. 133~140; William West, "Selling More Books," *Bulletin of the National Retail Dry Goods Association* 20(12), December 1938, pp. 52~53; Philip B. Eppard, "The Rental Library in Twentieth-Century America," *Journal of Library History* 21(1), Winter 1986, pp. 240~252. 대여 도서관이 존재하던 후반부 또는 모두 사라지기 전의 상황을 알아보기 위해서는 다음의 연구를 참조. Charles B. Anderson, "Portrait of a Rental Library," *Publishers Weekly* 194(11), September 9, 1968, pp. 52~54.

13 Cheney, *Economic Survey*, pp. 234, 236.

14 William Miller, *The Book Industry*(New York: Columbia University Press, 1949), pp. 89, 147.

15 John P. Dessauer, "Book Industry Economics in 1984," in *The Book Publishing Annual*(New York: R. R. Bowker, 1985), pp. 105~120. 또한 "Changes in Distribution Viewed at N.Y.U. Course," *Publishers Weekly* 172(28), November 18, 1957, pp. 28~30 참조.

16 Walter S. Hayward and Percival White, *Chain Stores: Their Management and Operation*, 2nd ed.(New York: McGraw Hill, 1925); Paul H. Nystrom, *Economics of Retailing: Retail Institutions and Trends*, 3rd revised and enlarged ed.(New York: Ronald Press, 1932); M. M. Zimmerman, *Super Market: Spectacular Exponent of Mass Distribution*(New York: Super Market Publishing Co., 1937); Godfrey M. Lebhar, *Chain Stores in America, 1859~1962*, 3rd ed.(New York: Chain Store Publishing Corp., 1963); Alfred D. Chandler, Jr., *The Visible Hand: The Managerial Revolution in American Business*(Cambridge, Mass.: Belknap Press, 1977).

17 Duffus, *Books*, pp. 124~125.

18 1873년부터 발행된 업계 간행물로 처음에는 *The Publishers' Weekly*였다가 1940년에 *Publishers' Weekly*로 간소화되었으며 1971에 다시 *Publishers Weekly*로 바뀌었다. 혼란을 피하기 위해 모든 참고문헌에 현재 형태의 이름을 사용했다.

19 Ruth Leigh, "Bookselling and Chain Store Methods," *Publishers Weekly* 117(20), May 17, 1930, pp. 2514~2516.

20 도서산업의 반품 형식은 다소 독특하다. 소매업자와 도매업자는 출판사에게 팔리지 않은 책을 반품하고 대금을 공제받는 것이 허용되었다. 19세기에 미국에서 처음 시행된 이 방법은 1930년대까지 가끔 사용되다가 사이먼앤드슈스터(Simon & Schuster)가 1943년에 출판된 웬델 윌키(Wendell Wilkie)의 『원 월드(One World)』라는 책에 완전한 반품 특권을 부여한 이후 거의 제도화되었다. W. S. Tryon, "Book Distribution in Mid-Nineteenth Century America: Illustrated by the Publishing Records of Ticknor and Fields, Boston," papers of the bibliographical Society of America 41(3), 1947, p. 226; Shatzkin, *In Cold Type*, pp. 97~99; Kenneth C. Davis, *Two-bit Culture: The Paperbacking America*(Boston: Houghton Mifflin, 1984), p. 161; John P. Dessauer, *Book Publishing: The Basic Introduction*, new expanded ed.(New York: Continuum, 1993), p. 127. 반품은 지금까지 도서산업을 방해해온 유통문제를 일으키는 또 다른 요소다. 출판사들이 초과 판매하도록, 그리고 소매상들이 초과 구매하도록 유도함으로써 낭비와 고비용적인 측면을 유발시키는 것을 고려해보면 몇 달 전에 출고되었다가 결국 판매되지 않고 다시 돌아온 책을 받아들이는 출판사에게 반품은 재무적 혼란을 야기한다. 문고판의 경우 배송된 책의 50% 이상이 반품되는 것으로 알려져 있다.

21 Chandler, *The Visible Hand*; Susan Strasser, *Satisfaction Guaranteed: The Marking of the American Mass Market*(Washington: Smithsonian Institution Press, 1989).

22 Charles E. Brookes, "The Ohio Book Project-a Laboratory: The Wholesaler's Problem," *Publishers Weekly* 155(23), June 4, 1949, p. 2291.

23 American Book Publishers council, *The Situation and Outlook for the Book Trade*, p. 31.

24 Miller, *The Book Industry*, p. 90.

25 서적 도매상의 역사에 대해 더 알아보려면 다음을 참조. Laura J. Miller, "The Rise and Not-Quite-Fall of the American Book Wholesaler," *Journal of media Economics* 16(2), 2003. pp. 97~120.

26 Duffus, *Books*, p. 63.

27 Coburn T. Wheeler, "The Position of the Wholesaler in the Book Trade," *Harvard Business Review* 11(2), January 1933, p. 241.

28 남북전쟁부터 제1차 세계대전까지 수십 년 동안 미국에서 판매된 책의 90% 정도가 서점이 아닌 유통 경로에서 판매되었다고 추정된다. 도널드 시한(Donald Sheehan)은 이 추정치가 과장되었다고 주장하지만 서점에서의 도서판매가 전체 도서판매의 소수를 차지한다는 것에는 동의한다. Donald Sheehan, *This Was Publishing: A Chronicle of the Book Trade in the Gilded Age*(Bloomington: Indiana University Press, 1952), pp. 152, 189.

29 "The modern subscription-book business, like its sister, the mail-order business, comes nearer the standardization and 'efficiency' of American business in general than do other branches of the book trade"(Duffus, Books, p. 73). 구독출판과 우편 주문 판매에 대해 더 파악하기 위해서는 다음의 연구를 참조. Sheehan, *This Was Publishing*, pp. 190~198.

30 기록에 제대로 남아 있듯이, '문고판 혁명'의 성공은 중요한 유통 경로로서 신문 가판대가 개발됨으로써 가능했다. 다음의 연구를 참조. Frank L. Schick, *The paperbound Book in America: The History of Paperbacks and Their European Background*(New York: R. R. Bowker, 1958); Roger H. Smith, *Paperback Parnassus: The Birth, the Development, the Pending Crisis ··· of the Modern American Paperbound Book*(Boulder: Westview Press, 1976); Davis, *Two-bit Culture*.

31 George P. Brett Jr., in *publishers on Publishing*, ed. Gerald Gross(1930; New York: Grosset & Dunlap, 1961), pp. 127~128.

32 Ruth I. Gordon, "Paul Elder: Bookseller-Publisher, 1897~1917: A Bay Area Reflection"(Ph.D. diss., University of California, Berkeley, 1977), p. 136에서 인용했다.

33 Lawrence W. Levine, *Highbrow/Lowbrow: The Emergence of Cultural Hierarchy in America*(Cambridge: Harvard University Press, 1988).

34 비도서 매장에 대한 대부분의 비판을 담은 내용을 보려면 다음을 참조. Ellis Parker Butler, *Dollarature; or, The Drug-Store Book*(Boston: Houghton Mifflin, 1930). 버틀러는 가격을 인하하는 것, 판매 여사원에게 음식을 판매하도록 하는 것, 책을 세면도구와 섞어두는 것, 유니폼을 입은 점원이 책을 판매하게 하는 것, 문학의 표준화를 심화시키는 것에 대해 드러그스토어를 맹렬히 비판했다.

35 Cheney, *Economic Survey*, p. 264.

36 "Better Bookselling for Department Stores," *Publishers Weekly* 135(1), January 7, 1939, p. 27.

37 American Book Publishers Council, *The Situation and Outlook for the Book Trade*, p. 35.

38 백화점의 역사와 미국 문화에서 백화점이 차지하는 위상에 대해 가장 잘 정리해놓은 책은 William Leach, *Land of Desire: Merchants, Power and the Rise of a New American Culture*(New York: Vintage Books, 1993). 또한 다음의 연구를 참조. Gunther Barth, *City People: The Rise of Modern City Culture in Nineteenth-Century America*(Oxford: Oxford University Press, 1980); Peter Samson, "The Department Store, Its Past and Its Future: A Review Article," *Business History Review* 55(1), Spring 1981, pp. 26~34; Susan Porter Benson, *Counter Cultures: Saleswomen, Managers, and Customers in American Department Stores, 1890~1940*(Urbana: University of Illinois Press, 1986).

39 Barth, *City People*, p. 127.

40 Ralph M. Hower, *History of Macy's of New York 1858~1919: Chapters in the Evolution of the Department Store*(Cambridge: Harvard University Press, 1943), pp. 102, 161.

41 John Wanamaker, *Golden Book of the Wanamaker Stores*(Philadelphia: John Wanamaker, 1911), p. 78; "Book Trade Turns Out to Honor Wanamaker's Joe McCleary," *Publishers Weekly* 172(3), July 15, 1957, p. 30.

42 예를 들어 다음의 연구를 참조. West, "Selling More Books," p. 42.

43 S. Holt McAloney, "Books Sell Other Merchandise," *Bulletin of the National Retail Dry Goods Association* 20(12), December 1938, pp. 56~57.

44 *Advertisement, Dry Goods Economist*, no. 3965, July 3, 1920, p. 72. 이후의 사례는 다음을 참조. "The Pulling Power of Book Fairs," *Stores* 42(10), November 1960, pp. 60~61.

45 "A Bargain-Counter Book Victory," *Literary Digest* 47(24), December 13, 1913, pp. 1158~1159.

46 장기간에 걸친 미국의 독서습관에 대한 분석으로는 다음 연구를 참조. Helen Damon-Moore and Carl F. Kaestle, "Surveying American Readers," in *Literacy in the United States: Readers and Reading Since 1880*, ed. Carl F. Kaestle et al.(New Haven: Yale University Press, 1991), pp. 180~203. 이 저자들은 1940년대 이후 고등교육의

비율이 높아짐으로써 전체 인구에서 책을 읽는 사람의 비율이 조금 높아진 것을 발견
했다. 그럼에도 대학 학위와 독서습관 간에는 상관관계가 거의 없다. 1949년에서
1984년 사이에는 대학 졸업자의 30~52%만 정기적 독자로 구분되었고, 1984년에는
이 수치가 37%였다(p. 194). 미국에서 도서산업은 고등교육의 증가에서 어떠한 혜택
도 받지 못했고, 독서문화의 확산은 실현되지 않았다.

47 Laura J. Miller, "Selling the product," in *A History of the Book in America*, vol. 5, *The Enduring Book: Print Culture in Postwar America*, ed. David Paul Nord, Joan Shelley Rubin and Michael Schudson(New York: Cambridge university Press, forthcoming).

48 John K. Winkler, *Five and Ten: The Fabulous Life of F. W. Woolworth*(New York: Robert M. McBride, 1940); Lebhar, *Chain Stores in America, 1859~1962*; Eugene Ferkauf, *Going into Business: How to Do It, by the Man Who Did It*(New York: Chelsea House Publishers, 1977). 케이마트(Kmart)로 알려진 이 회사는 K-mart, K mart, Kmart로 다양하게 표기됐다.

49 예를 들어 다음 연구를 참조. U.S. Senate, Select Committee on Small Business, Discount-House Operations: Hearings Before a Subcommittee of the Select Committee on Small Business, United States Senate, Eighty-Fifth Congress, Second Session on Competitive Impact of Discount-House Operations on small Business[June 23, 24 and 25, 1958](Washington: United States Government Printing Office, 1958), p. 393; "Korvette's New store Poses Threat to Philadelphia Bookstores," *Publishers Weekly* 176(19), November 9. 1959, p. 32; "Profits between the Lines," *Discount Merchandiser* 2(8), August 1962, pp. 40~41; "Book Make Profits," *Discount Merchandiser* 2(10), October 1962, p. 45.

50 Lee Werblin, "Supermarkets and the Rack Jobber," *Publishers Weekly* 165(25), June 19, 1954, pp. 2650~1651; M. M. Zimmerman, *The Super Market: A Revolution in Distribution*(New York: McGraw-Hill, 1955), pp. 236~257; Business Week, "The Supermarket: Revolution in Retailing." in *Changing Patterns in Retailing: Readings on Current Trends*, ed. John W. Wingate and Arnold Corbin(Homewood, Ill.: Richard D. Irwin, 1956), pp. 75~90; Julian H. Handler, *How to Sell the Supermarkets: For Non-Food Manufacturers and Distributors*, 3rd ed.(New york: Fairchild Publications, 1966), pp. 42, 151~152.

51 Alan Dutscher, "The Book Business in America," *Contemporary issues* 5(17), April-May 1954, pp. 46~47.

52 도서산업의 복합기업화에 대해서는 다음의 연구를 참조. Dan Lacy, "The Changing Face of Publishing," in *What Happens in Book Publishing*, 2nd ed., ed. Chandler B. Grannis(New York: Columbia University Press, 1967), pp. 423~437; Elin B. Christianson, "Mergers in the Publishing Industry, 1958~1970," *Journal of Library*

History 7(1), January 1972, pp. 5~32; James Chotas and Miriam Phelps, "Who Owns What," in *The Question of Size in the Book Industry Today: A Publishers Weekly Special Report*, ed. Judith Appelbaum(New York: R. R. Bowker, 1978), pp. 9~12; Walter W. Powell, "Competition versus Concentration in the Book Trade," *Journal of Communication* 30(2), Spring 1980, pp. 89~97; Lewis A. Coser, Charles Kadushin and Walter W. Powell, *Books: The Culture and Commerce of Publishing*(1982; Chicago: University of Chicago Press, 1985); Robert E. Baensch, "Consolidation in Publishing and Allied industries," *Book Research Quarterly* 4(4), Winter 1988~1989, pp. 6~14; Albert N. Greco, "Mergers and Acquisitions in Publishing, 1984~1988: Some public Policy Issues," *Book Research Quarterly* 5(3), Fall 1989, pp. 25~44; Dan Lacy, "From Family Enterprise to Global Conglomerate," *Media Studies Journal* 6(3), Summer 1992, pp. 1~13; Beth Luey, "The Impact of Consolidation and Internationalization," *The structure of International Publishing in the 1990s*, ed. Fred Kobrak and Beth Luey(New Brunswick: Transaction, 1992), pp. 1~22; Dessauer, *Book Publishing*; John F. Baker, "Reinventing the Book Business," *Publishers Weekly* 241(11), March 14, 1994, pp. 36~40; Albert Greco, "Market Concentration Levels in the U.S Consumer Book Industry: 1995~1996," *Journal of Cultural Economics* 24(4), November 2000, pp. 321~336. 출판업계의 소유권에 대한 윤곽을 알아보려면 다음을 참조. Laura J. Miller "Major Publishers' Holdings"(http://people.brandeis.edu/~ lamiller/publishers.html).

53 "Book Chains Do $35,000,000 Business," *Publishers Weekly* 121(1), January 2, 1932, p. 48; "Government Census of Retailing," *Publishers Weekly* 121(4), January 23, in Book industry Trends 1978, by John P. Dessauer, Paul D. Doebler and E. Wayne Nordberg(darien, Conn.: Book Industry Study Group, 1978), p. 24.

54 더블데이의 기원과 초창기에 대해 알아보려면 다음의 연구를 참조. Madison, *Book Publishing in America*, p. 279; F. N. Doubleday, *The Memoirs of a Publisher*(Garden City, N.Y.: Doubleday, 1972), pp. 177~179; John Tebbel, *A History of Book Publishing in the United States*, vol. 3, *The Golden Age between Two Wars, 1920~1940*(New York: R. R. Bowker, 1978), pp. 108~109.

55 브렌타노의 초창기 상황을 알아보기 위해서는 다음의 연구를 참조. "In and Out of the Corner Office," *Publishers Weekly* 123(14), April 8, 1933, pp. 1212~1213; "Brentano's Faces Crisis as Trustees Resign," *Publishers Weekly* 123(13), April 5, 1962; Tom Mahoney and Leonard Sloane, *The Great Merchants: America's Foremost Retail Institutions and the People Who Made Them Great*, new and enlarged ed.(New York: Harper & Row, 1966).

56 아돌프 크로치(Adolph Kroch)는 1930년대에 브렌타노에 관심을 갖고 있었다. 크로치 가 전국 체인서점과 관련된 일을 하고 있을 때 나중에 크로치앤드브렌타노스가 된 시

카고 지점을 맡게 되었다.

57 *American Book Trade Directory*, 15th ed.(New York: R. R. Bowker, 1961).

58 "Record Number of Bookshops Were Opened in 1961," *Publishers Weekly* 181(3), January 15, 1962, pp. 97~98.

59 Sidney Gross, "How to Stock," in *How to Run a Paperback Bookshop*, ed. Sidney Gross and Phyllis B. Stecklers(New York: R. R. Bowker, 1965), p. 58.

60 Kate Whouley, "Paperback Booksmith: The History and Legacy of an Industry Pioneer," *American Bookseller* 13(5), January 1990, pp. 35~38; John Mutter, "Vision Smith: Marshall Smith," *Publishers Weekly* 245(18), May 4, 1998, p. 43.

61 John Mutter, "Managing a Revolution," *Publishers Weekly* 241(18), May 2, 1994, pp. 51~55.

62 다음의 연구를 참조. Lisa Belkinm "Discounter Purchases B. Dalton," *New York Times*, November 27, 1986, sec. D; "The Advent of the World Book," *Economist* 305 (7530~7531), December 26, 1987, p. 110; Whouley, "Paperback Booksmith," p. 38

63 아래에 설명된 합병과 취득의 연혁을 알아보기 위해서는 부록의 연표를 참조.

64 Doebler, "Areas of major Change in the Book Industry Today," p. 24. 그리고 내 계산의 근거가 된 수치를 제시한 연구는 다음과 같다. "B. Dalton Boosts Lead Over Waldenbooks in Bookstore Chain Ranking," *BP Report on the Business of Book Publishing* 8(27), June 13, 1983, pp. 1~3; U.S. Bureau of the Census, *1982 Census of Retail Trade: Preliminary Report Industry Series: Book Stores(industry 5942)*(Washington, D.C.: U.S. Government Printing Office, 1984). 이 수치들은 단순히 서점에 대한 내용을 포함할 뿐, 매장에서 판매되는 도서는 포함하지 않았다는 것을 언급해야 한다. 후자의 요소가 포함된다면 체인서점의 시장점유율은 현저히 줄어들 것이다.

65 브로드웨이헤일은 1974년에 이름을 카터홀리(Carter Hawley)로 바꾸었다.

66 월든북스의 성장에 대해 알아보려면 다음의 연구들을 참조. West, "Selling more Books," pp. 52~53; Miller, *The Book Industry*, p. 119; *American Book Trade Directory, 1969~1970*, 19th ed.(New York: R. R. Bowker, 1969); "Walden, dalton Neck and Neck for Top Revenue Spot," *BP Report on the Business of Book Publishing* 6(27), June 8, 1981, pp. 1~3; Jerome P. Frank, "waldenBooks at 50: America's Biggest Book Chain Aims to Turn More Browsers in to Buyers," *Publishers Weekly* 224(15), October 7, 1983, p. 16; "'K-books?' How Walden Could Help K mart," *Chain Store Age, General Merchandise* Edition 60, September 1984, pp. 88, 93; Earl C. Gottschalk, Jr., "Carter Hawley Says It Wouldn't Be Hurt by Selling Book Unit to General Cinema," *Publishers weekly* 226(5), August 3, 1984, pp. 15~16; Stephen J. Sansweet, "Carter Hawley to Sell Walden Book Unit to K mart; General Cinema Ends Option," *Wall*

Street Journal, July 23, 1984; Nancy Yoshihara, "Carter Hawley Committed to Sell Book Chain," *Los Angeles Times*, May 25, 1984, sec. 4; "Waldenbooks Agrees to Acquire Coles' U.S. Stores," *BP Report on the Business of Book Publishing* 12(34), August 3, 1987, pp. 1, 9; The Referance Press and Publishers Group West, *Hoover's Guide to the Book Business*(Austin: Referance Press, 1993).

67 1969년 합병 후 데이턴은 데이턴허드슨 사(Dayton Hudson Corporation)로 이름이 바뀌었다.

68 비돌턴의 성장에 대해서는 다음의 연구를 참조. "Minneapolis Department Store to Open String of Bookshops," *Publishers Weekly* 189(19), May 9, 1966, p. 70; "B. Dalton, Bookseller opens in a Suburb as Subsidiary of dayton's," *Publishers weekly* 190(9), August 29, 1966, pp. 332~334; "B. Dalton, Bookseller Opens in St. Louis Area," *Publishers Weekly* 191(8), February 20, 1967, pp. 137~38; "Dayton Corporation Acquires Pickwick Book Shops," *Publishers Weekly* 193(18), April 29, 1968, p. 59; "Walden, Dalton Neck and Neck"; Stan Luxenberg, *Books in Chains: Chain BookSotores and Marketplace Censorship*(New York: National Writers Union, 1991).

69 하퍼앤드로(Harper & Row)는 반스앤드노블의 출판사 운영권을 그해에 분리해서 획득했다. 그러나 1991년에 리지오의 BDB그룹은 반스앤드노블의 이름으로 출판 권리를 다시 취득했다.

70 Barnes & Noble Inc., *Form S-3, Initial Public Offering Prospectus*, September 28, 1994, p. 27.

71 반스앤드노블의 성장 및 비돌턴과의 합병에 대해서는 다음 연구들을 참조. "Sixty-Five Years of Bookselling," *College Store* 5(7), April 1939, pp. 10~11, 34; "Barnes & Noble, Educational Bookstore, Celebrates 75 Years of Service," *Publishers Weekly* 155(7), February 12, 1949, pp. 901~904; Tebbel, *A History of Book Publishing in the United State*, vol. 3, pp 220~221; "Barnes & Noble Buys Marboro book Chain," *BP Report on the Business of Book Publishing* 4(46), October 29, 1979, p. 1; "Barnes & Noble in Joint Venture with Pathmark for Supermarket Book Depts.," *BP Report on the Business of Book Publishing* 6(35), August 17, 1981, pp. 1, 7; Allene Symons, "Ad Club Members Hear Barnes & Noble's Plan," *Publishers Weekly* 224(25), December 16, 1993, pp. 47~49; "Dayton Hudson Puts Dalton on the Block," *BP Report on the Business of Book Publishing* 11(43), October 6, 1986, pp. 1, 7; "Group Headed by Barnes & Noble to acquire Dalton," *BP Report on the Business of Book Publishing* 12(1), December 1, 1986, pp. 1, 7~8; Martha Groves, "Dayton Hudson Places B. Dalton Up for Sale," *Los Angeles Times* October 1, 1986, sec. 4; Michael McCarthy and Frank Allen, "Dayton Hudson Plans to Sell B. Dalton, Acknowledges Limited Outlook for unit," *Wall Street Journal*, October 1, 1981; Bill Richards, "Dayton Hudson Agrees to Sell B. Dalton Unit," *Wall Street Journal*, November 28, 1986: Allene Symons, "Barnes & Noble to Buy B. Dalton; Will Become Largest Chain," *Publishers Weekly* 230(24), December 12, 1986, pp. 17, 23; "Barnes & Noble Acquires Trademark from HarperCollins," *BP Report on the Business of Book Publishing* 16(7), January 14, 1991, pp. 7~8; "B&N Acquires Former Trademark, Change Corporate Name," *Publishers Weekly* 238(5), January 25, 1991, p. 14; John Mutter, "A Chat with Bookseller Len Rigiio," *publishers Weekly* 238(20), may 3, 1991, pp. 33~38; Stephanie Strom, "Barnes & Noble Goes Public: vol. 2," *New York Times*, September 3, 1993, sec. D; The Reference Press and Publishers Group West, *Hoover's Guide to the Book Business*; Benn Hall Associates, "Fact Sheet: Department Store of Books, Barnes & Noble, Inc."(circa 1956), Lawrence B. Romaine Trade Catalog Collection(MSS 107), Booksellers Catalog, box5, University of California, Santa barbara.

72 하프트는 다트드러그를 1984년에 매각했는데, 그 시점에 드러그스토어는 단지 다트그룹의 여러 자회사 가운데 하나였다. 크라운북스 이외에도 다트그룹은 트랙 오토(Trak Auto), 자동차부품 할인 체인, 쇼퍼스 푸드 웨어하우스(Shoppers Food Warehouse), 할인 식품 체인, 토탈 비브리지(Total Beverage), 할인 음료 체인, 다양한 부동산 회사를 소유하고 있었다. 공동으로 부동산을 보유한 독립된 회사들이 워싱턴 지역에 핵심 쇼핑센터를 소유하는 형태였다.

73 크라운의 역사를 알기 위해서는 다음의 연구를 참조. "D.C. Bookstore War Goes to Court," *BP Report on the Business of Book Publishing* 4(17), April 2, 1979, pp. 2~3; "Dart, Thriftyway jointly open Chain of Stores," *BP Report on the Business of Book Publishing* 5(34), July 28, 1980, p. 3; "Dlaton Leads Walden in Chain Revenue Lineup," *BP Report on the Business of Book Publishing* 7(26), June 7, 1982, pp. 1~3; Howard Fields, "Crown Books Offering Goes for $25 a Share," *Publishers Weekly* 224(9), August 26, 1983, p. 287; Howard Fields, "Crown Chain in SEC Filing Reveals $3-Million Profits," *Publishers Weekly* 223(23), June 10, 1983, pp. 26~27; Charles Trueheart, "'You'll Never pay Full Price Again': The Mushrooming of Crown Books," *Publishers Weekly* 223(1), January 7, 1983, pp. 40~48; Dart Group, *annual Report 1992*; Robin Goldwyn Blumenthal, "Dart Group Is Emerging from Its Recession-Era Shell," *Wall Street Journal*, sec. B, April 23, 1993; Bryan Burrough, "Divided Dynasty," *Vanity Fair* 56(12), December 1993, pp. 182~188, 228~240; Karen De Witt, "In Feud over Retail Empire, Family Splits in Public View," *New York Times*, August 29, 1993; Robert A. Rosenblatt, "A Storybook Struggle," *Los Angeles Times*, sec. D, July 18, 1993; Kara Swisher, "Rift in the Boardroom Lead to Family Purge," *Washington Post*, sec. A, July 26, 1993; Robert D. Hershey Jr., "A Reopening of Wounds in Haft Family Struggle," *New York Times*, sec. C, September 12, 1994; Kara Swisher, "The Tale of a House Divided," *Washington Post*, sec. W, May 23, 1994; "Management Changes at Crown," *Bookselling This Week* 2(34), December 18, 1995, pp. 1, 3; "Haft Resigns from Crown, Chain Positions itself for New Growth," *Bookselling This Week* 2(26), October 23, 1995, pp. 1, 5; "Haft Lands Phar from Book World," *Publishers Weekly* 242(38), September 18, 1995, p. 33; Crown Books Corporation, *Form 10-K for the fiscal Year Ended January* 28, 1995(1995); Crown Books Corporation, *Form 10-K for the fiscal Year Ended January* 31, 1998(1998); Dan Cullen, "Crown Files Chapter 11," *Bookselling This Week* 5(12), July 20, 1998, pp. 1, 3; Jim Milliot, "'Sub-stantial Doubt' about Crown Book's Future," *Publishers Weekly* 245(19), may 11, 1998, p. 12; Jim Milliot, "Sale of Parent Puts Future of Crown Books in Question," *Publishers Weekly* 245(16), April 20, 1998, p. 12; Jim Milliot, "Scaled-Down Crown Books Emerges from Bankruptcy," *Publishers Weekly* 246(47), November 22, 1999, p. 9; John Mutter, "Crown Books Files for Bankruptcy Again," *Publishers Weekly* 248(8), February 19, 2001, p. 9; Edward Nawotka, "BAM to buy Crown Stores in D.C. and Chicago," *Publishers weekly* 246(11), March 12, 2001, p. 14. 이러한 다양한 체인의 성장에 대해 더 파악하려면 다음을 참조. Miller, "Selling the Product."

74 "Crown Sales Top $200 Million; Super Stores Planned," *BP Report on the Business of Book Publishing* 15(23), May 7, 1990, pp. 1, 6; Charles Hix, "Crown's Jewels: A Super Crown Tour," *Publishers Weekly* 237(50), December 14, 1990, pp. 39~40; Maureen J. O'Brien, "Barnes & Noble Opens First 'Superstore,'" *publishers Weekly* 237(37), September 14, 1990, p. 8; John Mutter, "Chain Chain Change," *Publishers Weekly* 241(17), April 24, 1995, p. 23.

75 다음을 참조. "Bookstop Expanding Presence in Texas Book-Selling Market," *BP Report on the Business of Book Publishing* 10(36), August 19, 1985, pp. 2~3; "Supermarket Format Propels Bookstop," *Chain Store Age, General Merchandise Trends* 63, December 1987, pp. 57~60; "B&N/Dalton Buys Controlling Interest In Bookstop," *BP Report on the Business of Book Publishing* 14(43), October 2, 1989, p. 1; "Crown Books Acquires Stake in Bookstop," *BP Report on the Business of Book Publishing* 14(40), September 11, 1989, p. 1; Crown Books Coporation, *Annual Report* 1992(1992), p. 19; Joe Moreau, "Doing Business in the Age of the Superstore," *American Bookseller* 16(2), October 1992, pp. 46~53.

76 "New Shops," *Publishers Weekly* 203(11), March 12, 1973, p. 52; "Walden Emphasizes Non-Book Items in New Outlet," *BP Report on the Business of Book Publishing* 11(7), January 20, 1986, p. 4; "Sales Up 7% at Walden: First Super Stores

Set," *BP Report on the Business of Book Publishing* 17(14), March 2, 1992, pp. 1, 5~7; John Mutter, "Borders Chain Plans to Expand and Experiment, Offering Filing Shows," *Publishers Weekly* 239(38), August 24, 1992, pp. 8, 15~16; John Mutter and Maureen O'Brien, "Walden Parent Kmart Buys Borders Chain," *Publishers Weekly* 239(45), October 12, 1992, p. 8; "K Mart's Fast Move in Book Superstores," Mergers and Acquisitions 27(4), January/February 1993, p. 48; John Mutter, "Beyond Borders: 'Trimming' Walden," *Publishers Weekly* 241(6), February 7, 1994, pp. 28~32.

77 다음을 참조. Stephanie Strom, "Kmart's Earnings Remedy: Sell Off Drugsorte Chain," *New York Times*, sec. C, August 5, 1993; John Holusha, "Kmart to Sell Its Control of 3 Chains," *New York Times*, sec. C, August 17, 1994; Stephanie Strom, "Shareholders Stun Kmart with Defeat of Plan," *New York Times*, June 4, 1994.

78 "Independents Lose Market Share in 1995, Chains Gain," *Bookselling This Week* 3(11), June 24, 1996, p. 1; NPD Group Inc. and Carol Meyer, *1997 Consumer Research Study on Book Purchasing*(New York: Book Industry Study Group, 1998). 도서산업연구협회 (Book Industry Study Group)에서 펴내는 연간 조사보고서는 팔린 권수를 기준으로 성인 도서의 구매 실적을 제공한다. 그들은 '체인서점'을 전국에서 가장 큰 서점으로 정의했다. 1990년대에는 체인서점의 수가 열두 개에서 네 개로 줄었다. 체인서점이나 독립서점이 차지하지 못하는 시장 점유율은 중고서점, 북클럽, 회원제 할인매장 (warehouse club), 할인매장, 식품매장, 드러그스토어 및 다른 매장이 차지했다.

79 "Opening' 98 Bookstore Sales Down; Independents' 97 Market Share Drops," *Bookselling This Week* 4(49), April 13, 1998, pp. 1, 4. 선행 연구에서 인용한 것과는 다르게, 이 조사에서는 (모든 판매점이 아닌) 서점에서의 (책의 권수가 아니고) 판매액을 살펴보았다.

80 "In Fact…," *Bookselling This Week* 5(4), May 11, 1998, p. 1; Richard Howorth, *Independent Bookselling and True Market Expansion*(Tarytown, N.Y.: American Book sellers Association, 1999), p. 2. 크라운과 로리앳이 폐업하자, 비록 반스앤드노블과 보더스가 서점시장에서 자신들의 점유율을 확고히 유지하긴 했지만, 전체 체인서점의 시장 점유율은 조금 떨어졌다. 2001년에 체인서점은 성인 도서판매 시장에서 23.4% 의 점유율을 차지했고, 독립서점은 14.8%를 차지했다. 다음 연구를 참조. Jim Milliot, "Bookstores, Clubs Gain Market Share in' 01," *Publishers Weekly* 249(15), April 15, 2002, p. 12.

81 Jim Milliot and John F. Baker, "Bertelsmann Pays &200 M for 50% Stake in B&N.com," *Publishers weekly* 245(41), October 12, 1998, p. 10.

82 Dward Nawotka, "Borders.com Relaunched under Amazon," *Publishers Weekly* 248(32), August 6, 2001, p. 9; Calvin Reid, "Amazon.com in Pact to Take Over

Borders.com," *Publishers Weekly* 248(16), 2001, p. 9.

83 Adam L. Penenberg, "Crossing Amazon," *Forbes* 165(9), April 17, 2000, pp. 168~170.

84 Milliot, "Bookstores, Clubs Gain Market Share in' 01."

85 1983년 조사에 따르면, 독서를 위해 19%는 공공 도서관, 학교 도서관 또는 회사 도서 관에서 책을 빌리고, 49%는 책을 구매한다. 다른 29%는 책을 선물로 받든가 친구나 친지에게 빌린다. 이는 어떤 면에서 대부분 책을 구매한다고 추정할 수 있다. Market Facts Inc., *1983 Consumer Research Study on Reading and Book Purchasing: Focus on Adults*(New York: Book Industry Study Group, 1984), p. 168.

03_
주권이 있는 소비자에 대한 도서 제공: 도서 선정과 추천 ─────────────

1 이러한 이상주의가 전통적 자유주의와 어떻게 연결되어 있는지를 보여주는 소비자 주 권에 대한 일반적인 논의를 파악하기 위해서는 다음을 참조. Don Slater, *Consumer Culture and Modernity*(Cambridge: Polity, 1997).

2 Chandler B. Grannis, "Title Output and Average Price," in *The Book Publishing Annual*(New York: R.R. Bowker, 1985), p. 127; *Books in Print, 2001~2002*, 54th ed.(New Providence, N.J.: R. R. Bowker, 2001).

3 "The Bookseller's Value to the Community," *Bookseller, Newsdealer, and Stationer*, May 1, 1914. U.S. House of Representatives, Committee on interstate and Foreign Commerce, *Price Regulation for Trade-Marked Articles: Hearings on H.R. 11; A Bill to Clarify the Law, to Promote Equality Thereunder, to Encourage Competition in Production and Quality, to Prevent Injury to Good Will, and to Protect Trade-Mark Owners, Distributors, and the Public against Injurious and Uneconomic Practices in the Distribution of Articles of Standard Quality under a Distinguishing Trade-Mark, Name, or Brand{April 22 and 23, 1926}*(Washington: Government Printing Office, 1926), p. 221에서 인용.

4 J. J. Estabrook, "Profitable Bookselling,"*Bulletin of the National Retail Dry Goods Association* 20(12), December 1938, p. 55.

5 Janice Radway, "The Scandal of the Middlebrow: The Book-of-the-Month Club, Class Fracture, and Cultural Athority," *South Atlantic Quarterly* 89(4), Fall 1990, pp. 703~736; Janice Radway, "mail-Order Culture and its Critics: The Book-of-the-Month Club, Commodification and Consumption, and the Problem of Cultural Authority," in *Cultural Studies*, ed. Lawrence Grossberg, Cary Nelson and

Paula A. Treichler(New York: Routledge, 1992), pp. 512~530; Janice Radway, *A Feeling for Books: The Book-of-the-Month Club, Literary Taste, and Middle-Class Desire*(Chapel Hill: University of North Carolina Press, 1997).

6 "The Future of Bookselling," *Publishers Weekly* 149(22), June 1, 1946, p. 2895.

7 James F. Albright, "What to Tell the Neophyte: Bookselling is a Good Career," in *A Manual on Bookselling*, 1st ed., ed. Charles B. Anderson, Joseph A. Duffy and Jocelyn D. Kahn(New York: American Culture Booksellers Association, 1969), p. 49.

8 Michael Kammen, *American Culture, American Tastes: Social Change and the 20th Century*(New York: Basic Books, 1999).

9 Stan Luxenberg, *Books in Chains: Chain Bookstores and Marketplace Censorship*(New York: BasicBooks, 1999).

10 Eliot Leonard, "Bookstore Chains,"in *The Business of Book Publishing Papers by Practitioners*, ed. Elizabeth A. Geiser, Arnold Dolin, with Gladys S. Topkis(Boulder: Westview Press, 1985), pp. 244~255.

11 예를 들어 비돌턴은 1985년에 평균 2만 2,000종의 책을 갖추었던 반면, 1983년에 크라운은 최대 1만 종의 책을 비치했다. Charles Trueheart, "'You'll Never Pay Full Price Again': The Mushrooming of Crown Books," *Publishers Weekly* 223(1), January 7, 1983, p. 45; "Store Wars: The Chains Are Coming!" *Stores* 67(4), April 1985, p. 53. 심지어 대형 매장 전략으로 변경한 후에도 크라운은 쇼핑몰에 가장 알맞은 매스머천다이징의 형태를 유지했다. 슈퍼크라운의 매니저가 나에게 말했듯이 "우리 회사가 책을 구매할 때는 반드시 실적이 있거나 많은 사람에게 매력적이거나 많은 사람에게 호소력이 있는 최근의 인기 있는 주제에 대해 저술한 저자의 책을 구매한다".

12 Stewart McBride, "The Corner Bookstores Take on the Book Chains," *Christian Science Monitor*, September, 30, 1982, sec. B.

13 C. Wright Mills, *White Collar: The American Middle Classes*(New York: Oxford University Press, 1951), pp. 182~188.

14 Radway, A *Feeling for Books*, p. 77.

15 William Leach, *Land of Desire: Merchants, Power, and the Rise of a New American Culture*(New York: Vintage Books, 1974).

16 John P. Dessauer, "Cultural Pluralism and the Book World," *Book Research Quarterly* 2(3), Fall 1986, pp. 3~6. 문화 다원주의를 옹호하는 확장된 주장을 보려면 다음을 참조. Herbert J. Gans, *Popular Culture and High Culture: An Analysis and Evaluation of Taste*(New York: Basic Books, 1974).

17 소비자의 선택은 자율에 맡겨야 한다는 논쟁에 대해 알아보려면 다음을 참조. John Fiske, *Reading the Popular*(1989; London: Routledge, 1991), p. 35; Debra Grodin,

"The interpreting Audience: The Therapeutics of Self-Help Book Reading," *Critical Studies in Mass Communication* 8(4), December 1991, pp. 404~420.

18 Pierre Bourdieu, *Distinction: A Social Critique of the Judgement of Taste*(1979; Cambridge: Harvard University Press, 1984).

19 Laura J. Miller, "The Rise and Not-Quite-Fall of the American Book Whole-saler," *Journal of Media Economics* 16(2), 2003, pp. 97~120. 도매상과 유통업자라는 용어는 도서산업에 일관성 없이 사용되었다. 이러한 용어가 종종 서로 바뀌어서 사용되었지만 지난 몇십 년 동안 서로 다른 조직을 언급하기 위해 사용되었다. 서로 다르게 사용된 상황에서 도매상은 (반품의 권한을 가지고) 많은 출판사로부터 책을 구매해서 소매상에게 재판매하는 사업자들이다. 반면 가끔 전문업자 또는 배타적 유통업자로 불리기도 하는 유통업자는 제한된 출판사에 판매와 마케팅 같은 추가적인 특별한 서비스를 제공한다. 유통업자는 고객 출판사의 책을 소매상에게 직접 거래를 통해 판매하기도 하고 다른 도매업자에게 판매하기도 한다.

20 Michael J. Robinson and Ray Olszewske, "Books in the Marketplace of Ideas," *Journal of Communication* 30(2), Spring 1980, pp. 81~88; John P. Dessauer, *Book Publishing: The Basic Introduction,* new expanded ed.(New York: Continuum, 1993); *Books in Print, 1994~1995,* 47th ed.(New Providence, N.J.: R. R. Bowker, 1994); *Books in Print, 2001~2002.* 이러한 통계수치는 인쇄본 출판사인 R.R.바우커(R. R. Bowker) 사의 데이터베이스에서 추출된 것이고, 바우커로 알려진 미국 출판사들의 통계치를 반영한 것이다. 바우커는 1970년대부터 자신들의 기록에 포함되지 않았던 특정 출판사들의 내용을 반영하기 시작했다. 따라서 초기의 통계치와 후기의 통계치를 정확하게 비교하긴 어렵다.

21 일부는 이 범주에 학술 출판사와 대학 출판사를 포함시켰다.

22 Miller, "The Rise and Not-Quite-Fall of the American Book Wholesaler," pp. 112~113.

23 Kay Putnam Dillon, "Dayton Hudson Is Bullish on Books," *Publishers Weekly* 204(17), October 22, 1973, pp. 65~66; Paul D. Doebler, "The Computer in Book Distribution," *Publishers Weekly* 218(11), September 12, 1980, pp. 25~41; Michael Friedman, "Waldenbooks' System Runs Distribution Cycle," *Chain Store Age Executive* 60, March 1984, pp. 94, 97.

24 Matthew Rose, "Selling Literature Like Dog Food Gives Club Buyer Real Bite," *Wall Street Journal,* April 10, 2002, sec. A; "Bookmarks," *Consumer Reports* 67(1), January 202, p. 25.

25 Lee A. Weber, "Managing a Branch Bookstore: Problems and Responsibilities," in Anderson, Duffy and Kahn, *A Manual on Bookselling,* pp. 213~216.

26 Theodore Wilentz, "American Bookselling in the 1960's," in *The American Reading Public: What Reads, Why It Reads,* ed. Roger H. Smith(New York: R. R. Bowker, 1963), p. 45.

27 Karen Jenkins Holt, "Book Superstores Take Cue from Supermarkets, 27(14), April 8, 2002, pp. 1~2; John Mutter, "Borders's Imperative: Reinvent the Company," *Publishers Weekly* 249(27), July 8, 2002, pp. 14~15 참조.

28 John Mutter, "Barnes & Nole Ready for More Expansion," *Publishers Weekly* 249(23), June 10, 2002, p.9.

29 Dilllon, "Dayton Hudson is Bullish on Books," p. 66.

30 Walter W. Powell, "Whither the Local Bookstore?" *Daedalus* 112(1), Winter 1983, pp. 60~61.

31 Borders Group Inc., *Form 10 K for the Fiscal Year Ended January* 26, 2003(2003), p. 2; Barnes & Noble Inc., *Barnes & Noble Booksellers 2002 Annual Report 2003*, p. 9.

32 Borders Group Inc., *Form 10 K for the Fiscal Year Ended February* 3, 2001(2001), p. 6; Karen Angel, "Are Independents Making a Comeback?" *Publishers Weekly* 245(23), June 8, 1998, p. 25.

33 David D. Kirkpatrick, *Report to the Authors Guild Midlist Books Study Committee*(2000), p. 40.

34 Molly Shapiro, "The Secrets of Handselling Debut Authors," *American Bookseller* 20(13), August 1997, p. 37.

35 Jay Conard Levinson, "How to Be a Techno-Guerrilla," *American Bookseller* 21(1), September 1997, p. 79.

36 다음 연구를 참조. Richard Cross and Janet Smith, "The ABC's of Database Marketing," *American Bookseller* 19(2), October 1995, pp. 75~80; "1 to 1 with Martha Rogers," *Bookselling This Week* 5(8), June 15, 1998, p. 6; Steven Weingrod, "Learning the Principles of Relationship Marketing: Begin by Building a Customer Database," *Bookselling This Week* 5(13), July 27, 1998, p. 8. 도서판매에서의 관계마케 팅에 대한 추가적인 분석을 위해서는 다음의 연구를 참조. Laura J. Miller, "Cultural Authority and the Use of New Technology in the Book Trade, "*Journal of Arts Management, Law, and Society* 28(4), Winter 1999, pp. 297~313.

37 David Mehegan, "Amazon Man," *Boston Globe,* May 20, 2003, sec. C; Jim Milliot and Karen Holt, "Media Growth Slows at Amazon," *Publishers Weekly* 251(31), August 2, 2004, p. 6.

38 Christopher Lasch, *The Minimal Self: Psychic Survival in Troubled Times*(New York: W. W. Norton, 1984), pp. 36~38.

1   Susan Strasser, *Satisfaction Guaranteed: The Making of American Mass Market* (Washington, D.C.: Smithsonian Institution Press, 1989).

2   Walter S. Hayward and Percival White, *Chain Stores: Their Management and Operation*, 2nd ed.(New York: McGraw Hill, 1925), p. 6.

3   대부분의 미국 역사에서의 소규모 사업가에 대한 상징주의에 관해 파악하기 위해서는 다음 연구를 참조. John H. Bunzel, *The American Small Businessman*(New York: Alfred A. Knopf, 1962); Rowland Berthoff, "Independence and Enterprise: Small Business in the American Dream," in *Small Business in American Life*, ed. Stuart W. Bruchey, *Business Policy and the American Creed*(Westport, Conn.: Prager, 2000).

4   Kent Macdonald, "The Commercial Strip: From Main Street to Television Road," *Landscape* 28(2), 1985, p. 14.

5   쇼핑센터와 몰에 대한 역사를 알아보기 위해서는 다음 연구를 참조. Kenneth T. Jackson, *Crabgrass Frontier: The Suburbanzation of the United States*(New York: Oxford University Press, 1985), pp. 257~261; William Severini Kowinski, *The Malling of America: An Inside Look at the Great Consumer Paradise*(New York: William Morrow, 1985); Lizabeth Cohen, "From Town Center to Shopping Center: The Reconfiguration of Community Marketplaces in Postwar America," *American Historical Review* 101(4), October 1996, pp. 1050~1081; Thomas W. Hanchett, "U.S. Tax Policy and the Shopping-Center Boom of the 1950s and 1960s," *American Historical Review* 101(4), October 1996, pp. 1082~1110; Kenneth T. Jackson, "All the World's a Mall: Reflections on the Social and Economic Consequences of the American Shopping Center," *American Historical Review* 101(4), October 1996, pp. 1111~1121; Richard Longstreth, *City Center to Regional Mall: Architecture, the Automobile, and Retailing in Los Angeles, 1920~1950*(Cambridge: MIT Press, 1997).

6   Kowinski, *The Malling of America*; Margaret Crawford, "The World in a Shopping Mall," in *Variations on an Theme Park: The New American City and the End of Public Space,* ed. Michael Sorkin(New York: Noonday Press, 1992), pp. 3~30.

7   "Can More Booksellers Take Advantage of the Growing Suburban Market?" *Publishers Weekly* 158(16), October 14, 1950, pp. 1769~1771.

8   Ibid.

9   "Booksellers Haft and LeBaire Speak at Publishers Ad Club," *American Bookseller* 4(5), January 1981, p. 35.

11 "B. Dalton, Bookseller, Opens in a Suburb as Subsidiary of Dayton's," *Publishers Weekly* 190(9), August 29, 1966, pp. 332~334; "B. Dalton, Bookseller, Opens in St. Louis Area," *Publishers Weekly* 191(8), February 20, 1967, pp. 137~138; "B. Dalton Chain Grows: Third Store Opened," *Publishers Weekly* 191(18), May 1, 1967, pp. 49~50; "B. Dalton Phoenix store Is New, Spacious, and Fun," *Publishers Weekly* 192(6), August 7, 1967, p. 45; "B. Dalton, bookseller, foresees Growing chain of stores," *Publishers Weekly* 194(3), July 15, 1968, pp. 44~45; kay Putnam Dillon, "Dayton Hudson Is Bullish on Books," *Publishers Weekly* 204(17), October 22, 1973, pp. 65~66.

12 Marshal L. Oliver, "Is an Architect Necessary?" in *A Manual on Bookselling*, 1st ed., ed. Charles B. Andersin, Joseph A, Duffy and Jocelyn D. Kahn(New York; American Booksellers Association, 1969), p. 22.

13 Eliot Leonard, "Bookstore Chains," in *The Business of Book Publishing: Papers by Practitioners*, ed. Elizabeth A, Geiser, Arnold Dolin, with Gladys S. Topkis(Boulder: Westview Press, 1985), p. 245.

14 Jean F. Mercier, "HQ Is Still Back-of-the-Tracks But Walden Is Opening#200," *Publishers Weekly* 202(14), October 2, 1972, pp. 22~23.

15 Jerome P. Frank. "Waldenbooks at 50; America's Biggest Book Chain Aims to Turn More Browsers into Buyers," *Publishers Weekly* 223(17), April 29, 1983, p. 40.

16 Barnes & Noble Inc., *Form S-3, Initial Public Offering Prospectus*(September 28, 1994), p. 6.

17 Barnes & Noble Inc., *Barnes & Noble 1995 Annual Report*(1996), p. 2.

18 Tony Adler, "Quality and Quantity," *Chicago Tribune*, December 20, 1992.

19 다음 연구를 참조. Charles Hic, "Crown's Jewels: A Super Crown Tour," *Publishers Weekly* 237(50), December 14, 1990, pp. 39~40.

20 다음 연구를 참조. Melissa Ryan, "Better Bookselling through Design," *American Bookseller* 18(8), March 1995, pp. 79~83.

21 John Mutter, "The Coming of the Category Killer," *Bookseller*, no. 4557, April 23, 1993, p. 23.

22 John Muter, "Bam's Birmingham Surprise: Retailer Opens a Books & co.," *PW Daily for booksellers*(electronic newsletter), March 11, 2002.

23 다음 연구를 참조. the annual Consumer Research Study on Book Purchasing prepared by the NPD Group for the American Booksellers Association and the Book Industry Study Group.

24 NPD Group Inc. and Carol Meyer, *The 1999 Consumer Research Study on Book Purchasing*(New York: Book Industry Study Group, 2000), pp. 3, 29~31.

25 Barnes & Noble Inc., *Barnes & Noble 1997 Annual Report*(1998), p. 13.

26 William Leach, "Strategists of Display and the Production of Desire," in *consuming Visions: Accumulation and Display of Goods in America, 1887~1920*, ed. Simon J Bronner(New York: W.W.Norton, 1989), pp. 99~132. 세기 전환기의 식품점 윈도 진열의 문화적 의미를 알아보려면 다음을 참조. Keith Walden, "Speaking Modern: Language, Culture, and Hegemony in Grocery Window Displays, 1887~1920," *Canadian Gistorical Review* 70(3), September 1989, pp. 285~310.

27 "Riggio Touts Value of Advertising in Book Selling," *BP Report on the Business of Book Publishing* 14(50), November 20, 1989, p. 5에서 인용. 치약에 대한 비유를 알아보려 면 다음을 참조. Bonnie K. Predd, "Marketing Writes New Chapter in Bookselling History," *Marketing News*, September 14, 1984, p. 51.

28 도서 구매자와 진열대의 상호작용에 대한 연구는 다음을 참조. M. Stokmans and M. Hendrickx, "The Attention Paid to New Book Releases on a Display table," *Poetics* 22(3), April 1994, pp. 185~197.

29 Predd, "Marketing Writes New Chapter."

30 Ken White and Frank White, *Display and Visual Merchandising*(Westwood, N.J.: St. Francis Press, 1996), p. 20.

31 N. R. KleinField, "The Supermarketer of Books," *New York Times Magazine*, November 9, 1986, p. 65.

32 "A New Prize," *Publishers Weekly* 241(6), February 7, 1994, p. 32; Mary B. Tabor, "In Bookstore Chains, Display Space Is for Sale," *New York Times*, January 15, 1996, sec. A.

33 John Mutter, "One Size Doesn't Fit All," *Publishers Weekly* 244(1), January 6, 1997, pp. 41~42.

34 Barnes & Noble Inc., *Form S-3, Initial Public Offering Prospectus*, p. 28.

35 John Mutter, "B&N's Special Terms," *Publishers Weekly* 241(27), July 4, 1994, pp. 19~21; Bernie Rath, "co-op Advertising: Breaking the Independent Bookstore Paradigm," *American Bookseller* 19(10), May 1996, pp. 22~23.

36 Doreen Carvajal, "For Sale: On-Line Bookstore's Recommendations," *New York Times*, February 8, 1999, sec. A; Doreen Carvajal, "Amazon.com Site Tells Users of Book Promotion Payments," *New York Times* March 2, 1999, sec. c; Steven M. Zeitchik, "Amazon.com Reveals All(Sort of)," *PW Daily for Booksellers*(electronic newsletter), March 2, 1999; Edward Nawotka, "Amazon Demands Payola for E-mail Promotion, Analyst Attacks Again," *PW Daily for booksellers*(electronic newsletter), February 7, 2001.

37 Amazon.com, "Paid Placements," www.amazon.com/exec/obidos/tg/stores/browse/co-op/-/4/ref=br_b_dis/104-8594436-1483939(accessed June 2003).

38 Amazon.com, "Paid Placements," www.amazon.com/exec/obidos/subst/misc/co-op/small-vendor-info.html/104-8594436-1483939(accessed June 2003); Edward Nawotka, "Amazon.com's New Juice: Sponsored Search Results," PW Daily for Book-sellers(electronic newsletter), January 8, 2001; Steven Results, "PW Daily for Book-Links: A Good Deal While It Lasted," PW NewsLine(electronic newsletter), March 26, 2002; Steven Zeitchik and Jim Milliot, "The Strangest Program You've Never Heard of," *Publishers Weekly* 252(14), April 4, 2005, pp. 5, 8.

39 Bob Geiger, "B. Dalton Spots Hit the 'Books,'" *Advertising Age* 58(47), November 2, 1987, p. 102.

40 예를 들면 다음을 참조. Jenner & Block, *The Fundamentals: Book Publishers' Obligations to Book Retailers under the federal Antitrust Discrimination Law*(Tarrytown, N.Y.: American Booksellers Association, 1996).

41 "Booksense.com Testing New Publisher Co-op Program," *Bookselling This Week*(electronic newsletter), March 20, 2003, pp. 5~6. 북센스에 대해서는 7장 참조.

42 Rath, "Co-op Advertising," p. 23.

43 Thorstein Veblen, *The Theory of business Enterprise* (New york: Charles Scribner's Sons, 1904), pp. 8~13, 47.

44 Ibid., pp. 306~312. 이 내용은 합리성 증가에 대한 베버의 설명과 일치하는 점이 많다.

45 Montaville Flowers, *America Chained: A Discussion of "What's Wrong with the Chain Store "*(Pasadena: Montaville Flowers Publicists, 1931), p. 80.

46 Joseph H. Appel, "Does Chain Growth Tend Toward Standardization of Food? Is This Desirable?"(1929), in *Current, Conflicting Views on the Chain Store Controversy*, ed. T. H. Hall(Chicago: National Research Bureau, 1930), p. 86.

47 Daniel J. Boorstin, *The Americans: The Democratic Experience*(1973; New York: Vintage Books, 1974), pp. 109~112.

48 Janice Radway, *A Feeling for Books: The Book-of-the-Month-Club, Literary Taste, and Middle-class Desire*(Chapel Hill: University if North Carolina Press, 1977), pp. 202~210, 221.

49 예를 들면 다음을 참조. Stuart Chase and F. J. Schlink, *Your Money's Worth: A Study in the Waste of the Consumer's Dollar*(New York: Macmillan, 1927), chaps. 9~10; E. C. Sams, "Is the Chain System Detrimental to Personal Opportunity and Initiatice,"(1929), in Gall, *Current, Conflicting Views on the Chain Store Controversy*, p. 46; Garold M. Haas, *Social and Economic Aspects of the Chain Store Movement*(1939; New

York: Arno Press, 1979), pp. 39~40.

50 John P. Nichols, *The Chain Store Tells Its Story*(New York: Institute of Distribution, 1940), p. 207.

51 Daniel M. Bluestone, "Roadside Blight and the Reform of commercial Architecture," in *Roadside America: The Automobile in Design and Culture, ed. Jan Jennings*(Ames: Iowa State University Press, 1990).

52 Jackson, *Crabgrass Frontier*, p. 240.

53 Blanche Lemco van Ginkel, "Aesthetic Considerations," in *Trban Problems: A Canadian Reader*, ed. Ralph R. Kreger and R. Charles Bryfogle(1961; Toronto: Holt, Rinehart and Winston of Canada, 1971), p. 49.

54 Jane Jacobs, *The Death and Life of Great American Cities*(1961; New York: Vintage Books, 1992), p. 4.

55 Jogn A. Jakle, "Roadside Restaurants and Place-Product-Packaging," *Journal of Cultural Geography* 3, Fall/Winter 1982, pp. 76~93; Stan Luxenberg, *Roadside Empires: How the Chains Franchised America*(New York: Viking, 1985).

56 미국의 사적보존에 대한 역사와 철학을 알아보려면 다음을 참조. Kevin Lynch, *What Time Is This Place?*(Cambridge: MIT Press, 1972); Charles B. Hosmer Jr., *Preservation Comes of Age: From Williamsburg the National Trust, 1926~1949* (Charlottesville: University Press of Virginia, 1981); James Marston Fitch, *Historic Preservation: Curatorial Management of the Built World*(1982; Charlottesville: University Press of Virginia, 1990); Diane Barthel, *Historic Preservation: Collective Memory and Historical Identity*(New Brunswick: Rutgers University Press, 1996). 다이앤 바델(Diane Barthel) 은 도서 전문가와 문화 관리 감각이 유사한 사적보존 운동가에 대해 논의했다. 그녀는 사적보존 운동가가 엘리트 이미지에 반대해야 할 필요성을 어떻게 높이고 그들의 어젠다를 어떻게 더 폭넓게 만들려고 노력하는지를 설명했다.

57 Barthel, *Historic Preservation*, p. 130.

58 Chester H. Liebs, "Remember Our Not-So-Distant Past?" *Historic Preservation* 30(1), January-March 1978, pp. 30~35.

59 "Goals and Programs: A Summary of the Study Committee Rep[rot to the Board of Trustees, the National Trust for Historic Preservation, 1973," in *The History of the National Trust for Historic Preservation, 1963~1973*, ed. Elizabeth D. Mulloy(1973; Washington, D.C.: The Preservation Press, 1976), p. 281. 전통적으로 작은 마을의 번화가가 미국 전역에 걸쳐 매우 표준화되어 있기 때문에 오래된 상업적 건축물에 대한 회상이 잘못되었다는 반대 주장에 대해 알아보려면 다음을 참조. Richard V. Francaviglia, *Main Street Revised: Time, Space, and Image Building in small-Town America*(Iowa City:

University of Iowa Press, 1997).

60 Hebert J. Gans, *Popular Culture and High culture: An Analysis and Evaluation of Taste*(New York: Basic Books, 1974). 갠스는 주로 매스미디어에 대해 논의했지만, 그의 주장은 문화 전반에 대한 사고에 많은 영향을 미쳤다. 다음 연구를 참조. Herbert J. Gans, *The Levittowners: Ways of Life and Politics in a New Suburban Community*(1976: New York Columbia University Press, 1982).

61 다음 연구를 참조. Tracel Myrtle Beach Shopping Guide, http://www.tracelmyrtlebeach. com/attractions.skhopping(accessed February 22, 2005); Sarah Kershaw, "Fore Blue collar Riviera, a Conflict over Identity," *New York Times,* September 7, 2002 , sec. A.

62 인간은 다양성의 경향이 있음을 암시한 리처와 대비해 나는 질서에 대한 입장이 다양성을 추구하는 선천적 성향을 나타낸다기보다 문화적 경향이라고 주장하고 싶다. 다음 연구를 참조. George Ritzer, *The McDonaldization of society: An Investigation into the Changing Character of Contemporary Social Life,* revise ed.(Thousand Oaks, Calif.: Sage, 1996), p. 136.

63 Robert Venturi, Denise Scott Brown and Steven Izenour, *Learning from Las Vegas: The Forgotten Symbolism of Architectural Form*, revise ed.(1972; Cambridge: MIT Press, 1977), p. 53.

64 E. Relph, *Place and Placelessness*(London: Pion, 1976), p. 109. 장소 정체성, 개인적 정체성, 문화적 정체성 간의 연결고리를 알아보기 위해서는 다음을 참조. Anne Buttimer, "Home, Reach, and the Sense of Place," in *The Human Experience of Space and Place*, ed. Anne Buttimer and David Seamon(New York: St. Martin's 1980).

65 R. David Unowky, "On My Mind," *Bookselling This Week* 1(25), October 10, 1994, p. 4.

66 Borders Group Inc., 1995 Borders Group, Inc., *Annual Report*(1996), p. 2.

67 Borders Group Inc., *Form 10-K for the Fiscal Tear Ended January 27, 2002*(2002), p. 2.

68 다음 연구를 참조. Stacey Mitcheel, *The Home town Advantage: How to Defend Tour Main Street aganst Chain Stores* …… *and Why It Matters*(Minneapolis: Institute for Local Self-Reliance, 2000); Thad Williamson, David Imbroscio and Gar Alperovitz, *Making a Place for Community: Local Democracy in a Global Era*(New York: Routledge, 2002), chap. 7.

69 John Mutter, "Borders Group to Launch Franchise in Malaysia," *Publishers Weekly* 251(44), 2004, p. 10.

70 Keith Acheson and Christopher Maule, *Much Ado about Culture: North American Trade Disputes*(Ann Arbor: University if Michigan Press, 1999), pp. 244~257.

71 온타리오 주에서 시행된 대형 할인 판매를 저지하기 위한 규제에 대해 간략히 알아보려면 다음을 참조. Alan G. Hallsworth, Ken G. Jones and Russell Muncaster, "The

Planning Implications of New Retail Format Introductions in Canada and Britain," *Service Industries Journal* 15(4), October 1995, pp. 148~163.

72 "New Chapter in Canadian College Bookselling," *PW Daily for Booksellers*(electronic newsletter), April 5, 1999.

73 "Flagging a Problem," *Quill and Quire* 66(3), March 2000, p. 69.

74 Arthur Donner Consultants Inc. and Lazar and Associates, *The Competitive Challenges Facing Book Publishers in Canada*(Ottawa: Minister of public Works and Government Services, 2000), p. 50.

75 "Amazon.com Takes on China," *Toronto Star*, August 20, 2004, sec. E.

76 다음 연구를 참조. Edward Nawotka, "Looking for Respect: Seekbooks.com Launches Enhanced Program," *PW Daily for Booksellers*(electronic newsletter), August 9, 2000; Judith Rosen, "Book Site Launches Partners Program," *Publishers Weekly* 248(52), December 24, 2001, p. 21.

05_

즐거움을 찾는 고객 모시기: 서점의 다양성 ──────────────

1 Barnes & Noble Inc., *Form 10-K for the 52 Weeks Ended January 28*, 1995(1995), p. 64.

2 Brad Zellar, "Broder's 30th Anniversary," *Publishers Weekly* 248(47), November 19, 2001, p. 30에서 인용.

3 Joseph R. Gusfield, *Community: A Critical Response*(New York: Harper & Row, 1975), pp. xv~xvi.

4 Ibid.; Thomas Bender, *Community and Social Change in America*(1978; Baltimore: Johns Hopkins University Press, 1982).

5 예를 들면 다음을 참조. Chandler B. Grannis, "The Bookseller in the community," *Publishers Weekly* 193(23), June 3, 1968, p. 105.

6 Avin Mark Domnitz, "Toward the New Year and Beyond: A Holiday Message from ABA President Avin Mark Domnitz," *Bookselling This Week* 2(34), December 18, 1995, p. 3.

7 Gregory P. Stone, "City Shoppers and Urban Identification: Observations on the Social Psychology of City Life," *American Journal of Sociology* 60(1) July 1954, pp. 37, 40.

8 2000년에 문을 닫은 가이아 서점의 말을 인용했다. 다음 해에 가이아는 생활문화센터로 다시 문을 열었다.

9 예를 들면 다음을 참조. Susan Korones, "Books and Food in Boston: Two Case Histories," *American Bookseller* 4(6), February 1981, pp. 30~32; Barbara Livingston, "A View from Washington: Bill Kramer of Kramerbooks," *American Bookseller* 4(6), February 1981, pp. 32~33.

10 다음을 참조. Ray Oldenburg, *The great Good Place: Cafes, Coffee Shops, Community Centers, Beauty Parlors, General Stores, Bars, Hangouts and How They Get You through the Day*(New York: Paragon House, 1989); Mike Davis, *City of Quartz: Excavating the Future in Los Angeles*(1990; New York: Vintage Books, 1992); Michael Sorkin, ed., *Variations on a Theme Park: The New American City and the End of Public Space*(New York: Noon-day Press, 1992); Sharon Zukin, *The Cultures of Cities*(Cambridge, Mass.: Blackwell, 1995).

11 Kate Whouley, "A Tomato-Juice Cure to a Bookselling Hangover," *American Bookseller* 19(5), December 1995, p. 21. By "value migration," 훌리는 서점 고객이 자신들의 취향과 기대를 바꾼다는 뜻으로 비즈니스 컨설턴트인 아드리안 슬리보츠키(Adrian slywotzky)의 말을 인용했다.

12 Borders Group Inc., *1995 Borders Group, Inc., Annual Report*(1996), p. 2.

13 Barnes & Noble Inc., *1996 Barnes & Noble Annual Report*(1997), pp. 3, 5.

14 John Mutter, Jim Milliot and Edward Nawotka, "Borders Group Revamps Superstore Management," *Publishers Weekly* 248(9), February 26, 2001, p. 9; Karen Holt, "B&N Cuts Community Reps; Has 2% Comp Rise," *Publishers Weekly* 250(36), September 8, 2003, p. 9.

15 David Finkel, "Displeased to Seat You," *New York* 30(42), November 3, 1997, p. 15.

16 Ryant Frazer, "In-store Cafes Provide Hangout for Book Lovers," *Bookselling This Week* 1(16), August 8, 1994, p. 5.

17 Barnes & Noble Inc., *From S-3, Initial Public Offering Prospectus*(September 28, 1994), p. 25.

18 Claire Kirch, "Book Cellar Uncorks Books and Wine," *Publishers Weekly* 251(23), June 7, 2004, p. 17.

19 자세한 내용은 전자 소식지인 *PW Daily for Booksellers*의 다음 기사를 참조. Edward Nawotka, "Borders Takes a Tip from Bibelot, adds Donna's Cafes," March 1, 2002; Edward Nawotka, "New Category at Borders: Alcohol Added to One Cafe Menu," July 2, 2002; "Hot Christmas Present: Borders to Offer Wi-Fi in All Stores by Year End," September 5, 2003; "Borders Gets New Bean Counters," August 12, 2004; "B&N Warms Up to Hot Spots," March 10, 2004.

20 Laura J. Miller, Lynne(E.F.) Mckechnie and Paulette M. Rothbauer, The Clash

Between Armchairs and Cash Registers: Customer Behavior and Corporate Strategies at Book Superstores(Paper presented at the Eleventh Annual Conference of the Society for the History of Authorship, Reading, and Publishing, Claremont, Calif., July 11, 2003).

21 Judith Rosen, "The Evolution of Author Tours," *Publishers Weekly* 245(47), November 23, 1998, pp. 20~21.

22 Lloyd Wendt and Herman Kogan, *Give the Lady What She Wants! The Story of Marshall Field & Company*(Chicago: Rand MaNally, 1952), p. 304.

23 Patricia Holt, Ethel Stevenson: A Veteran Bookseller Talks about Reaching Nonreaders, *Publishers Weekly* 213(12), March 20, 1978, p. 54.

24 Wendt and Kogan, *Give the Lady What She Wants*, p. 363.

25 Donna Martin, "Author Events Bring Silver Lining to Rainy Day Books," *Publishers Weekly* 246(12), March 22, 1999, pp. 39~41.

26 Nomi Schwartz, "Special Event for Bookstores off the Author Tour Track," *Bookselling This Week* 6(29), December 6, 1999, p. 2.

27 다음을 참조. Gunther Barth, *City People: The Rise of Modern City Culture in Nineteenth-Century America*(Oxford: Oxford University Press, 1980); Susan Porter Benson, *Counter Cultures: Saleswomen, Managers, and Customers in American Department Stores, 1890~1940*(Urbana: University of Illinois Press, 1986), William Leach, *Land of Desire: Merchants, Power, and the Rise of a New American Culture*(New York: Vintage Books, 1993).

28 Karen Angel, "Alaskan Store Becomes Culture Mart to Keep Chains at Bay," *Publishers Weekly* 245(27), July 6, 1998, pp. 20~21; John Mutter, "PW's Bookseller of the Year: Elaine Petrocelli, Book Passage, Corte Madera, California," *Publishers Weekly* 244(18), May 5, 1997, pp. 44~51.

29 John F. Kasson, *Amusing the Million: Coney Island at the Turn of the Century*(New York: Hill & Wang, 1978).

30 Sam Weller, "Customers Enliven Window Display," *Publishers Weekly* 247(7), February 14, 2000, p. 89.

31 Patrick L. Phillips, "Merging Entertainment and Retailing," *Economic Development Review* 13(2), Spring 1995, p. 14; Susan G. Davis, "Space Jam: Media Conglomerates Build the Entertainment City," *European Journal of Communication* 14(4), December 1999, pp. 435~459.

32 Jim Milliot, "Disney Exec Named Prez of B&N Stores," *Publishers Weekly* 248(9), February 26, 2001, p. 9.

33 이 현상은 20세기 후반에 주목을 받기 시작했지만 실은 더 일찍 시작되었다. 다음을 참조. Martha Wolfenstein, "Fun Morality: An Analysis of Recent American Child-Training Literature," in *Childhood in Contemporary Cultures,* ed. Margaret Mead and Martha Wolfenstein(Chicago: University of Chicago Press, 1955), pp. 168~178.

34 Kasson, *Amusing the Million.* 또한 다음을 참조. Karthy Peiss, *Cheap Amusements: Working Women and Leisure in Turn-off-the-Century New York*(Philadelphia: Temple University Press, 1986).

35 다음을 참조. Laura J. Miller, "Major Publishers' Holdings," http://people.brandeis.edu/~lamiller/publishers.html.

36 "Borders-Walden Buys Music Chain," *Publishers Weekly* 241(37), September 12, 1994, p. 9; Jim Milliot, "BN to Acquire Babbage's Video, Software Chain," *Publishers Weekly* 246(41), October 11, 1999, p. 10.

37 Barnes & Noble Inc., *Spin-Off of Gamestop Corp. through the Distribution by Barnes & Noble Inc., of Shares of Gamestop Corp. Class B Common Stock to Its Common Stockholders*(November 5, 2004).

38 "Chains Post 5-Year Sales Gain of 27%," *Publishers Weekly* 251(12), March 22, 2004, p. 5.

39 Doreen Carvajal, "Borders Events to Go Digital in Deal with Net Start-Up," *New York Times,* December 7. 1999. sec. C; John Mutter, "B&N.com Opens BNTV," *Publishers Weekly* 247(27), July 3, 2000, p. 11; Edward Nawotka, "Bamm.com Adds Downloadable Interviews," *Publishers Weekly* 249(24), June 17, 2002, p. 16.

40 Susan G. Davis, "The Theme Park: Global Industry and Cultural Form," *Media, Culture and Society* 18(3), July 1996, p. 407.

41 Neil Postman, *Amusing Ourselves to Death: Public Discourse in the Age of Show Business*(1985; New York: Penguin Books, 1986), pp. 43, 87, 92.

42 Robert Escarpit, *Sociology of Literature,* 2nd ed.(1958; London: Frank Cass & Co., 1971), p. 91.

43 David Riesman, "Bookworms and the Social Soil," In *Individualism Reconsidered and Other Essays*(Glencoe, Ill.: The Free Press, 1954), pp. 258~265.

44 이 기간의 판매 기록은 다음을 참조. Book Industry Study Group, Statistical Service Center, *Book Industry Trends 1993*(New York: Book Industry Study Group, 1993); Book Industry Study Group and Center for Communications and Media Management, *Book Industry Trends 2002*(Matawan, N. J.: Book Industry Study Group, 2002).

45 Veronis Suhler Stevenson, *Communications Industry Forecast and Report,* 17th ed./21st ed.(New York: Veronis Shuler Stevenson, 2003). p. 49. The Forecast와 The Report는

원래 따로 발행되었지만 두 제목이 합쳐지면서 이를 출판한 출판사는 개인 도서번호를 유지하고 있다.

46 이 주장은 존 피스크(John Fiske)의 관점과는 다르다. 피스크는 시청자들이 텔레비전을 통해 자신들만의 즐거움을 끌어낼 수 있다는 개방성을 주장했다. John Fiske, *Television Culture*(1987; London: Routeledge, 1989).

06_
합리적인 소비자와의 거래: 저가 도서 판매 ————————————————

1 다음을 참조. Marshall Sahlins, *Stone Age Economics*(Chicago: Aldine Atherton, 1972).

2 "The Net Price System," *Publishers Weekly* 41(19), May 7, 1892, pp. 708~709.

3 "A Fool's Paradise," *Publishers Weekly* 128(17), October 26, 1935, pp. 1552~1553.

4 "Sixty-Five Years of Bookselling," *College Store* 5(7), April 1939, pp. 10~11, 34; Barnes & Noble, A Tremendous Reservoir of Books to Meet Every Individual Need(circa 1940s), Lawrence B. Romaine Trade Catalog Collection(MSS 107), Booksellers Catalogs, box 5, University of California, Santa Barbara.

5 U.S Senate, Committee on Interstate and Foreign Commerce, *National Fair Trade Legislation 1959: Hearings before a special Subcommittee on Fair Trade on S. 1983; A Bill to Amend the Federal Trade Commission Act, as Amended, So As to Equalize Rights in the Distribution of Merchandise Identified by a Trademark, Brand, or Trade Name{June 15, 16, and July 10, 1959}*(Washington, D.C.: U.S. Government Printing Office, 1961), pp. 352~353.

6 예를 들면 다음을 참조. Robert Reed, "How an Industry Is Getting Crowned," *Advertising Age* 54(23), May 30, 1983, pp. M4~5; Charles Trueheart, "'You'll Never Pay Full Price Again': The Mushrooming of Crown Books," *Publishers Weekly* 223(1), January 7, 1983, pp. 40~48.

7 "Dalton to Open Discount Store," *BP Report on the Business of Book Publishing* 6(41), September 28, 1981, pp. 1, 8; "Pickwick to Establish New Outlets in Minneapolis, Columbus," *BP Report on the Business of Book Publishing* 9(31), July 9, 1984, p. 2; Brian Moran, "Pickwick Adds to Discount Book Threat," *Advertising Age* 55(46), July 30, 1984, p. 28; "Dayton Hudson Unit Closes Unprofitable Discount Book Chain," *Wall Street Journal,* June 18, 1986; "Dalton Closes Pickwick Discount Book Chain," *BP Report on the Business of Book Publishing* 11(29), June 23, 1986, pp. 1, 7~8.

8 "Walden to Match Dalton's 35% Discount on New Hardcover Releases," *BP Report*

on the Business of Book Publishing 8(43), October 10, 1983, pp. 1, 6; "Waldenbooks Launches Reader's Market Discount Chain Subsidiary," *BP Report on the Business of Book Publishing* 10(1), December 3, 1984, pp. 1, 8; "K mart Acquires Waldenbooks, Rite Aid Acquires Encore Books," *BP Report on the Business of Book Publishing* 9(34), August 6, 1984, pp. 1, 7; John Mutter, "Waldenbooks to Be Sold to K mart Chain," *Publishers Weekly* 226(5), August 3, 1984, pp. 15~16; "Waldenbooks Goes Beyond Low Prices," *Chain Store Age, General Merchandising Trends* 61, March 1985, pp. 21~22; "Competition Causes Discounting 'Price Wars' among General Bookstore Chains," *BP Report on the Business of Book Publishing* 10(47), November 4, 1985, pp. 1, 5~6; Allene Symons and Sonja Bolle, "Issues in Bookselling, 1984," in *The Book Publishing Annual*(New York: R. R. Bowker, 1985), pp. 185~192; "Kmart Shifts Responsibility for Readers Market," *BP Report on the Business of Book Publishing* 16(3), December 10, 1990, pp. 7~8.

9   John Mutter, "B&N Outlines Strategies for Wall Street," *Publishers Weekly* 240(39), September 27, 1993, p. 20.

10   예를 들면 다음을 참조. Jim Milliot and John Mutter, "Sales Jump but Online Efforts Result in Loss," *Publishers Weekly* 246(48), November 29, 1999, p. 22; David D. Karkpatrick, "Quietly, Booksellers Are Putting an End to the Discount Era," *New York Times,* October 9, 2000, sec. A.

11   "'Phoenix' Sparks Amazon.com Gains," *Publishers Weekly* 250(30), July 28, 2003, p. 10.

12   예를 들면 다음을 참조. Bob McCullough, "Booksellers in a Bind," *Publishers Weekly* 241(41), October 10, 1994, pp. 16~18; "'Order of the Phoenix' Debut Smashes Record," *Publishers Weekly* 250(26), June 30, 2003, pp. 9, 15; Jim Milliot and Kevin Howell, "'Phoenix' Sales Remain Strong in Most Channels," *Publishers Weekly* 250(27), July 7, 2003, p. 10.

13   NPD Group Inc., *1991~1992 Consumer Research Study on Bok Purchasing*(New York: Book Industry Study Group, 1993), p. 26; Jim Milliot, "Bookstores, Clubs Gain Market Share in '01," *Publishers Weekly* 249(15), April 15, 2002, p. 12. 이 수치가 성인 도서에는 적용되지만 많은 양의 아동 도서는 비도서를 판매하는 전문매장에서 판매되었다.

14   NPD 그룹에서 실시한 연간 조사 참조. 이 조사는 창고형 매장이 고소득층과 고등교육을 받은 도서 구매자들로부터 인기가 있었음을 보여준다.

15   "In Face…," *Bookselling This Week* 5(22), October 19, 1998, p. 1.

16   Ruth Leigh, "Mrs. Housewife, May We Present Mr. Chain Store," *Chain Store Progress* 3(1), January 1931, p. 5.

17 Donald R. Richberg, "Who wants Chain Store?(1938)," in *Chain Stores and Legislation,* ed. Daniel Bloomfield(New York: H. W. Wilson, 1939), pp. 112~113.

18 "Shall We Curb the Chain Stores?(1938)," in Bloomfield, *Chain Stores and Legislation,* p. 32.

19 예를 들어, U. S. House of Representatives, Committee on Interstate and Foreign Commerce, *Fair Trade, 1959: Hearings on H.R. 768, H.R. 1252, H.R. 2463, H.R. 2729, H.R. 3187, H.R. 5252, and H.R. 5602; Bills to Amend the Federal Trade Commission Act, as Amended, with Respect to Fair Trade{March 16~20, 23~25, 1959}*(Washington, D.C.: U.S Government Printing Office, 1959), p. 748.

20 U.S House of Representatives, Committee on the Judiciary, Antitrust Subcommittee, *Study of Monopoly Power: Hearings on Resale Price Maintenance, H.R. 4365, H.R. 4592, H.R. 4662, and H.R. 6367{H.R. 6925}{February 13~15, 18, 20~22, 25, and 27, 1952}*(Washington, D.C.: United States Government Printing Office, 1958), p. 271.

21 U.S. Senete, Committee on Interstate and Foreign Commerce, *Fair Trade: Hearings on S. 3850; A Bill to Amend the Federal Trade Commission Act, as Amended, So as to Equalize Rights in the Distribution of Identified Merchandise{July 21 and 22, 1958}*(Washington, D.C.: United States Government Printing Office, 1958), p. 271.

22 20세기 초반 가격인하에 대한 공격이 일반적으로는 많은 주목을 받지 못했지만 이것은 동시대 할인과 함께 핵심적인 문제로 대두되고 있다. 글로벌 무역이 증가하면서 소매상들은 낮은 가격으로 상품을 확보하기가 쉬워졌다. 이 현상은 또한 국내 생산자의 가격(그리고 임금)이 인하된다는 것을 의미한다. 농부와 의류업에 종사하는 사람들도 저가의 음식과 옷만을 구매하고 싶어 하는 고객들로 인해 시장에서 밀려났다.

23 예를 들면 다음을 참조. Montaville Flowers, *America Chained: A Discussion of "What's Wrong with the Chain Store"*(Pasadena: Montaville Flowers Publicists 1931); Charles G. Daughters, *Wells of Discontent: A Study of the Economic, Social, and Political Aspects of the Chain Store*(New York: Charles G. Daughters, 193). 이와 비슷한 내용으로 추후에 나온 비평으로는 Walter Henry Nelson, *The Great Discount Delusion*(New York: David McKay, 1965).

24 Louis D. Brandeis, "Cutthroat Prices: The Competition That Kills," *Harper's Weekly* 58(2969), November 15, 1913, pp. 10~12.

25 U.S Senate, Committee on Interstate and Foreign Commerce, *Resale Price Fixing: Hearings on H.R. 5767, an Act to Amend the Federal Trade Commission Act with Respect to Certain Contracts and Agreements Which Establish Minimum or Stipulated Resale Prices and Which Are Extended by State Law to Persons Who Are Not Parties to Such Contracts and Agreements, and for Certain Other Purposes{June 2~5, 1952}*(Washington, D.C.:

Government Printing Office, 1952), p. 666.

26 가격유지정책이 할인을 해주는 백화점과 체인서점의 권리를 억제하기 위한 유일한 방법은 아니었다. 20세기 초에는 할인을 해주는 이러한 상점에 세금을 부과하려는 시도도 있었다. 하지만 도서판매는 이러한 활동에 참여하지 않았기 때문에 이 책에서는 언급하지 않았다. 이러한 노력에 대한 자세한 설명은 다음을 참조. Charles F. Phillips, "State Discriminatory Chain Store Taxation," *Harvard Business Review* 14(3), Spring 1936, pp. 349~359; Maurice W. Lee, "Anti-Chain-Store Tax Legislation," *Journal of Business of the University of Chicago* 12(3), July 1939, pp. 1~80; John P. Nichols, *The Chain Store Tells Its Story*(New York: Institute Distribution, 1940); Joseph Cornwall Palamountain Jr., *The Politics of Distribution*(1955; New York: Greenwood, 1968); Paul Ingram and Hayagreeva Rao, "Store Wars: The Enactment and Repeal of Anti-Chain-Store Legislation in America," *American Journal of Sociology* 110(2), September 2004, pp. 446~487.

27 *Bobbs-Merrill Co. v. Straus et al.,* 139 Fed. 155, July 11, 1905.

28 Ralph M. Hower, *History of Macy's of New York 1858~1919; Chapters in the Evolution of the Department Store*(Cambridge: Harvard University Press, 1943), pp. 353~358; Donald Sheehan, *This Was Publishing: A Chronicle of the Book Trade in the Gilded Age*(Bloomington: Indiana University Press, 1952), pp. 225~237; Charles A. Madison, *Book Publishing in America*(New York: McGraw-Hill, 1966), pp. 158~160; John Tebbel, *A History of Book Publishing in the United States,* vol. 2, *The Expansion of an Industry 1865~1919*(New Tork: R. R. Bowker, 1975).

29 Most notably, the 1911 decision, *Dr. Miles Medical Co. v. John D. Park & Sons Co.,* 220 U.S. 373.

30 Charles Albert Pearce, *NRA Trade Practice Programs*(New York: Columbia University Press, 1939); Ewald T. Grether, *Price Control under Fair Trade Legislation*(1939; New York: Arno Press, 1976), p. 151.

31 "Macy's Starts Own Book Club," *Publishers Weekly* 133(12), March 19, 1938, pp. 1273~1275; "The Book Club War Is On," *Publishers Weekly* 133(13), March 26, 1938, p. 1355; *ABA Almanac 1950*(New York: American Booksellers Association, 1950); Hellmut Lehmann-Haupt, "Book Production and Distribution from 1860 to the Present Day," in *The Book in America: A History of the Making and Selling of Books in the United States,* 2nd ed., by Hellmut Lehmann-Haupt, in collaboration with Lawrence C. Wroth and Rollo G. Silver(New York: R. R. Bowker, 1952), pp. 383~390; S. C. Hollander, "United States of America," in *Resale Price Maintenance.* ed. B. S. Yamey(Chicago: Aldine, 1966), pp. 65~100; U.S House of Representatives, Subcommittee on Monopolies and Commercial Law, *Fair Trade: Hearings on H.R.*

2484: *Fair Trade Repeal{March 25 and April 10, 1975}*(Washington, D.C.: U.S. Government Printing Office, 1975); John Tebbel, *A History of Book Publishing in the United States,* vol. 3, *The Golden Age between Two Wars, 1920~1940*(New York: R. R. Bowker, 1978), pp. 459~469.

32 House Hearings Close on Price Maintenance Law, *Publishers Weekly* 181(26), June 25, 1962, p. 38.

33 U. S. Senate, *Act to Repeal Enabling Legislation for Fair Trade Laws: Report to Accompany H.R. 6971*(November 20, 1975).

34 싼 물건만 고집하지 않는 소비 성향을 북돋아주려는 노력 외에 초창기 유행했던 공정 무역 운동이 다시 현재의 운동과 약간의 연관성을 띠었다. 공정무역 촉진자들은 글로벌 무역에서 생산자가 생활할 수 있는 가격을 지불하는 무역을 장려하고 있다. 커피가 공정무역의 대표적인 상품이지만 공정무역에는 다른 상품도 포함되어 있다. 그러나 스타벅스와 같은 국내 최대 커피 소매상들이 자신들도 공정무역의 참여자라고 주장하는 것은 아이러니하다. 왜냐하면 진정한 공정무역 운동은 체인 소매상들의 시장 지배를 반대하는 것이기 때문이다.

35 Max Weber, "Religious Rejections of the World and Their Directions(1915)," in *From Max Weber: Essays in Sociology,* ed. H. H. Gerth and C. Wright Mills(New York: Oxford University Press, 1946), pp. 323~359.

36 Jeannie Marshall, "Antiquariansaredoomed.com," *national Post,* September 30, 2000, sec. E.

37 Franklin D. Roosevelt Library, President's Personal File, 200Q(1937: Telegrams), container 232, Miller-Tydings Bill(1937), Public Reactions to.

38 예를 들면, "Too Much Concentrated Power," *publishers Weekly* 131(19), May 8, 1937, p. 1934.

39 Federal Trade Commission, Washington D.C., "Miller-Tydings Bill and Act: Background and Economic Effects," April 3(11), 1941, Franklin D. Roosevelt Library, Samuel I. Rosenman Collection, container 38, Miller-Tydings Bill and Act.

07_

소매상의 반란: 독립서점의 행동주의

1 Barbara A. Bannon, "An Interview with Roysce Smith," *Publishers Weekly* 204(2), July 9, 1973, p. 33.

2 "In Fact⋯," *Bookselling This Week* 2(45), March 11, 1996, p. 1; "In Fact⋯,"

Bookselling This Week 4(9), June 16, 1997, p. 1. 독립서점들의 폐점률은 개점률보다 빠르게 늘어났다. 많은 수의 다양한 전문서점과 일반 서점이 폐점했지만 특히 여성전문서점이 큰 타격을 입었다. 체인서점의 경쟁력이 항상 독립서점 폐점의 원인인 것은 아니다. 독립서점 주인이 은퇴하기로 결정하는 경우도 있기 때문이다. 하지만 경쟁 환경은 독립서점 주인이 은퇴를 위해 서점을 매각하는 것조차 어렵게 했고 모든 독립서점이 폐점할 수밖에 없는 환경을 조성했다.

3   다양한 산업에서 기업의 소유주가 비재정적인 사고에 자극을 받은 것에 대한 연구는 다음을 참조. Fiona M. Scott Morton and Joel M. Podolny, "Love or Money? The Effects of Owner Motivation in the California Wine Industry," *Journal of Industrial Economics* 50(4), December 2002, pp. 431~456.

4   이와 비슷한 대립의 또 다른 예는 다음을 참조. Dan Cullen, "Small Presses Big at PNBA," *Bookselling This Week* 1(23), September 16, 1994, p. 4.

5   "Milestones," *Bookselling This Week* 1(36), December 26, 1994, p. 5.

6   Len Fulton, "Peopleship," in *The Whole COSMEP Catalog,* ed. Dick Higgins(Paradise, Calif.: Dustbooks, 1973), pp. 5~6.

7   Bill Henderson, "Independent Publishing: Today and Yesterday," *Annals of the American Academy of Political and Social Science* 421, September 1975, p. 103; Gary Todoroff, "Big," *Small Press,* Winter 1994, p. 22.

8   Jeffrey L. Perlah, "Small and Independent Presses Reach maturity," *American Bookseller* 18(1), Fall 1994, pp. iv~v.

9   예를 들면 다음을 참조. Abe Peck, "From Underground to Alternative: Peace Signs and Dollar Signs," *Media Studies Journal* 12(3), Fall 1998, pp. 156~162; David Hesmondhalgh, "Indie: The Institutional Politics and Aesthetics of a Popular Music Genre," *Cultural Studies* 13(1), 1999, pp. 34~61; Chris Atton, "Reshaping Social Movement Media for a New Millennium," *Social Movement Studies* 2(1), 2003, pp. 3~15.

10 이 두 서점에 대한 소개는 다음을 참조. Pat and Fred Cody, *Cody's Books: The Life and Times of a Berkeley Bookstore, 1956 to 1977*(San Francisco: Chronicle Books, 1992); John Mutter, "Managing a Revolution," *Publishers Weekly* 241(18), May 2, 1994, pp. 51~55.

11 U.S. Federal Trade Commission, *in the Matter of Harper & Row, Publishers, Inc.: Complaint Counsel's Memorandum in Opposition to Respondents' Motions for Summary Dismissal of the Section 2(d) and 2(e) Counts* (June 6, 1989).

12 예를 들면 다음을 참조. Maxwell J. Lillienstein, "Concentration and Other Threats to the Book Industry," *American Bookseller* 4(2), October 1980, p. 24; Len Vlahos, "In

Plain Terms," *Book selling This Week* 1(21), September 12, 1994, p. 5.

13 "FTC Cities Five Publishers for Anti-Trust Violations," *Publishers Weekly* 176(19), November 2, 1959, p. 29; "NYABA Votes Action on Mass Market Paperback Discounts," *Publishers Weekly* 176(23), December 7, 1959, pp. 22~23; "FTC Issues More Decrees on Promotion Allowances," *Publishers Weekly* 182(12), September 17, 1962, pp. 41~42; Kenneth C. Davis, *Two-Bit Culture: The Paperbacking of America* (Boston: Houghton Mifflin, 1984).

14 "Concern over Discount Discrepancies Troubles Book Publishers," *BP Report on the Business of Book Publishing* 2(26), June 25, 1977, pp. 1, 3~4; Maxwell J. Lillienstein, "A Booksellers' Nightmare," *American Bookseller* 1(7), March 1978, pp. 11; "Lillienstein Article Alleges Discrimination in Mass Market Discounts," *BP Report on the Business of Book publishing* 4(26), June 4, 1979, pp. 1, 9; Maxwell J. Lillienstein, "I Accuse…," American Bookseller 2(11), July 1979, pp. 30~34.

15 대형 도매상들이 독립서점에는 제공하지 않았던 할인을 체인서점에는 제공했다는 증거들이 있다. 다음을 참조. Jim Milliot, "B&T and the Case of the Errant Packing Slip," *Publishers Weekly* 242(28), July 10, 1995, p. 8. 또 다른 사건은 베이커앤드테일러가 자신들이 광고했던 가격정책보다 더 많은 할인을 비돌턴 매장에 해준 것이 밝혀진 것이다. 2001년 반스앤드노블과 보더스에 대한 재판과 같이(이 장의 후반부에서 설명되었지만), ABA는 체인서점에는 재정적인 지원뿐만 아니라 반품으로 발생한 차액을 이후의 거래에서 지불한 금액으로 인정해주는 등 더 좋은 조건의 할인 혜택을 제공하면서 독립서점에는 이러한 혜택을 제공하지 않은 잉그램을 고발했다. 다음을 참조. the transcript of the court trial: U.S. District Court for the Northern District of California, *American Booksellers Association, Inc., et al. vs. Barnes & Noble, Inc., et al.,* vol. 1(2001), p. 16.

16 U.S. Federal Trade Commission, *In the Matter of Harper & Row, Publishers, Inc.: Nonbinding Statement of Complaint Counsel*(March 7, 1989), p. 13; U.S. District Court for the Northern District of California, *American Booksellers Association vs. Barnes & Noble,* pp. 23~25.

17 U.S. Federal Trade Commission, *In the Matter of Harper & Row: Nonbinding Statement of Complaint Counsel,* pp. 14~15.

18 Lila Freilcher, "ABA: The Conversion Goes West," *Publishers Weekly* 204(2), July 9, 1973, p. 20.

19 Allene Symons, "Growth, Innovation Mark the Regional Booksellers Movement," *Publishers Weekly* 223(15), April 1, 1983, p. 26

20 Allene Symons and Sonja Bolle, "Issues in Bookselling, 1984," in *The Book Publishing*

Annual(New York: R. R. Bowker, 1985), p. 190. 다음을 참조. "Two Regionals Stress Advantage of Independent Stores to Public," *American Bookseller* 4(7), March 1981, p. 12.

21 "Independent Booksellers Mull Possibility of Forming Association," *BP Report on the Business of Book Publishing* (12), February 28, 1977, p. 5; Roger H. Smith, Independent Distributers, part 1, "The Controversy behind Their Retailing Efforts," *Publishers Weekly* 214(22), November 27, 1978, p. 49; "News from Three Regional in the Midwest," *American Bookseller* 4(9), May 1981, p. 21; Ginger Curwen with Robert Mack, "A Guide to the Regional Associations," *American Bookseller* 5(1), September 1981, pp. 60~61.

22 "Board of Directors' Meeting," *American Bookseller* 1(8), April 1978, pp. 42~43; "News in Brief," *BP Report on the Business of Book Publishing* 4(17), April 2, 1979, p. 7; "ABA Dissident Slate Want More Independent Representation," *BP Report on the Business of Book Publishing* 4(18), April 8, 1979, pp. 4~5; "ABA Officers, Directors Elected: Dissident Slate Gets 20% of Vote," *BP Report on the Business of Book Publishing* 4(22), May 7, 1979, p. 6; G. Roysce Smith, "Talking to the Board," *American Bookseller* 2(10, June 1979), p. 7.

23 Van A. Messner, "'I Accuse' Draws Flurry of Replies," *American Bookseller* 3(1), September 1979, p. 14.

24 "ABA Board Actions," *American Bookseller* 4(3), November 1980, p. 12; Robert D Hale, "Survival Strategy: A Report," *American Booksellers* 4(3), November 1980, pp. 9~11.

25 Lois Kempton, "Other Opinions on Litigation," *American Bookseller* 5(10), June 1982, p. 10.

26 "ABA Members Voice Opinions on Association Services and Potential Litigation," *American Bookseller* 5(10), June 1982, p. 10.

27 사례분석 단계에서 NCBA는 이러한 행위들이 1972년경에도 발생했다는 사실을 알아 냈다.

28 예를 들면 다음을 참조. "ABA Board Passes Resolution Applauding NCBA Action," *ABA Newswire,* October 25, 1982, p. 1; "Report of the February Board Meeting," *American Bookseller* 5(8), April 1982, pp. 11~12; "At the Membership Meeting," *American Book-seller* 5(11), July 1982, p. 37; "Bookseller Apologizes to ABA Board for 'No Confidence' Resolution," *BP Report on the Business of Book Publishing* 7(28), June 21, 1982, pp. 1~2; "California Booksellers File Suit against Avon Books, Alleging Illegal Discount," *BP Report on the Business of Book Publishing* 7(19), April 19, 1982, pp. 1, 7; John F. Baker, "ABA at Anaheim: Upbeat, with Strong Notes of Dissent,"

Publishers Weekly 221(24), June 11, 1982, pp. 14, 18; Ginger Curwen, "Record Attendance, High Spirits, and an Explosive General membership Meeting Mark ABA Convention in Anaheim," *ABA Newswire,* June 14, 1982, p. 1; Ginger Curwen, "Antitrust Suit Filed against Avon Books by Northern California Booksellers Association, Cody's Books, and Bookplate," *ABA Newswire,* April 19, 1982, p. 1; Ginger Curwen, "Report of the May Board Meeting," *American Bookseller* 5(11), July 1982, p. 10; Daisy Maryles, "A Buoyant Crowd ⋯ and Rumblings of Dissent," *Publishers Weekly* 221(26), June 25, 1982, pp. 44~49; Andy Ross, "NCBA Explain Lawsuit, Seeks Funds," *American Booksellers* 5(10), June 1982, pp. 9~10.

29 Donald Laing, "Facing the Future," *American Bookseller* 6(1), September 1982, p. 23.

30 Andy Ross, "Northern California Booksellers Association Comments on September 'View'," *American Bookseller* 6(3), November 1982, pp. 7~8.

31 "At the Membership Meeting," *American Bookseller* 7(11), July 1984, p. 33.

32 Theresa S. Lazo, "Bookseller Representation on the ABA Board," *American Bookseller* 7(12), August 1984, p. 7.

33 "Twenty-five Booksellers Join to Solicit Independent Nominations to ABA Board," *ABA Newswire,* October 17, 1983, p. 1; Lisa see, "Independents Seek ABA Board Representation," *Publishers Weekly* 224(20), November 11, 1983, p. 33; "Independent Committee Offers Alternate Slate in Upcoming ABA Election," *BP Report on the Business of Book Publishing* 9(15), March 19, 1984, pp. 3~4; "ABA Expecting Improved Attendance for 84th Convention," *BP Report on the Business of Book Publishing* 9(24), May 21, 1984, pp. 1~2; "Independent Committee to Run Alternate ABA Slate," *ABA Newswire,* March 12, 1984, p. 1; "ABA Board Votes to Allocate Funds for Analysis of Avon Cost Study," *BP Report on the Business of Book Publishing* 9(47), November 5, 1984, pp. 1~2; Berinie Rath, "An Open Letter to the ABA Membership from ABA Executive Director Bernie Rath," *ABA Newswire,* April 2, 1984, p. 1; Symons and Bolle, "Issues in Bookselling, 1984."

34 "NCBA Wins Opening Round Victory in Lawsuit against Avon," special report in *BP Report on the Business of Book Publishing* 11(48), November 10, 1986, pp. 1, 7~8.

35 다음 NCBA 사례를 참조. "Bantam Named as Co-Defendant in NCBA Suit over Bookseller Discounts," *BP Report on the Business of Book Publishing* 7(50), November 29, 1982, pp. 1, 3; "NCBA Adds Bantam as Co-Defendant in Antitrust Suit," *ABA Newswire,* November 29, 1982, p. 1; "Avon Documents in NCBA Suit Show discounts Offered to Bookstore Chains," *BP Report on the Business of Book Publishing* 7(35), August 16, 1982, pp. 1, 7; "Bantam Admits It Offers 'Incentive' Bonuses to Chains in NCBA Suit Filing," *BP Report on the Business of Book Publishing* 8(9), February 7,

1983, pp. 1, 5~6; "Avon to End Direct Service to over 1700 Accounts," *BP Report on the Business of Book Publishing* 10(4), December 24, 1984, p. 1; "Independent Booksellers Cry Foul over Dalton Insert in Rolling Stone," *BP Report on the Business of Book Publishing* 9(35), August 13, 1984, pp. 1~2; "NCBA Adds Advertising Discrimination Charge to Complaint against Avon," *BP Report on the Business of Book Publishing* 9(38), September 3, 1984, p. 2; "Avon Responds to NCVA Charges," *BP Report on the Business of Book Publishing* 10(6), January 14, 1985, p. 2; "Anger, Disappointment Greet Avon Decision Ending Some Direct Bookstore Service," *BP Report on the Business of Book Publishing* 10(5), January 7, 1985, pp. 1, 8; "NCBA Winds Opening Round"; "Northern California Booksellers Association Files Suit against Major Chains," *BP Report on the Business of Book Publishing* 12(9), February 2, 1987, pp. 1, 6~7; "Crown Files Countersuit against NCBA," *BP Report on the Business of Book Publishing* 12(13) March 2, 1987, pp. 2~3; "NCBA Bookstore Chains Agree to Dismiss Suits," *BP Report on the Business of Book Publishing* 12(43), October 5, 1987, pp. 1, 8~9; "Avon Adopts New Incentive Plan; Suit with NCBA to be Dismissed," *BP Report on the Business of Book Publishing* 12(47), November 2, 1987, pp. 1, 5~6; "Katherine Bishop, The Battle of the Booksellers," *New York Times,* March 17, 1987, sec. D; Caroline E. Mayer, "N. California Booksellers Charge Chains with Collusion," *Washington Post,* January 30, 1987, sec. F; Madalynne Reuter, "NCBA Sues Three Chains for 'Inducing' Unfair discounts," *Publishers Weekly* 231(5), February 6, 1987, p. 16.

36 U.S. Federal Trade Commission, *in the Matter of Harper & Row: Nonbinding Statement of Complaint Counsel,* p. 65.

37 U.S. Federal Trade Commission, *in the Matter of Harper & Row, Publishers, Inc.: Nonbinding Statement of Harper & Row, Publishers, Inc.*(March 14, 1989), p. 8.

38 U.S. Federal Trade Commission, *in the Matter of Harper & Row: Nonbinding Statement of Complaint Counsel,* pp. 3, 25.

39 Murray Forseter, "FTC Complaint Demands Action," *Chain Store Age Executive* 65(2), February 1989, p. 6.

40 FTC 조사는 다음을 참조. "FTC Begins Investigation of Six Major Publishers," *Publishers Weekly* 233(24), June 17, 1988, p. 11; "U.S. Federal Trade Commission," *In the Matter of Harper & Row, Publishers, Inc.: Complaint*(December 20, 1988); "FTC Complaint Says Chains 'Induced' Discriminatory Prices from Publishers," *BP Report on the Business of Book Publishing* 14(18), April 3, 1989, pp. 1, 4~6; Rhonda Razzano, "FTC Decision May Affect Price-Breaks, Take Backs," *Chain Store Age Executive* 65(2), February 1989, pp. 18~20; "Initial Agreement Reached in FTC Publishing

Investigation," *BP Report on the Business of Book Publishing* 17(3), December 7, 1992, pp. 1, 6; Calvin Reid, "'Agreements' in FTC Publishers Investigation," *Publishers Weekly* 239(54), December 14, 1992, p. 9; U.S. Federal Trade Commission, *In the Matter of Harper & Row, Publishers, Inc.: Order Withdrawing Matter from Adjudication*(November 12, 1992); Robinson-Patman Update, *FTC: Watch,* no. 397, September 20, 1993, p. 11; "Former BDD Counsel Nominated to Chair FTC," *Bookselling This Week* 1(40), January 30, 1995, p. 1; "FTC Drops Antitrust Case against Publishers," *Bookselling This Week* 3(23), September 30, 1996, pp. 1, 3; Doreen Carvajal, "FTC Drops Case against Big Publishers," *New York Times*, Setptember 21, 1996; Jim Milliot, "FTC Dismisses Pricing Case against Six Publishers," *Publishers Weekly* 243(40), September 30, 1996, pp. 10, 22.

41 "Competition, Not Equality, Is the Goal of the FTC, Booksellers Told," *BP Report on the Business of Book Publishing* 18(8), January 18, 1993, pp. 1~2.

42 북캘리포니아독립서점협회(Northern California Independent Booksellers Association) 와 함께 여기에는 마운틴앤드플레인서점협회(the Mountain & Plains Booksellers Association), 서북태평양서점협회(Pacific Northwest Booksellers Association), 인터마운 틴 독립서점협회(Intermountain Independent Booksellers Association)가 포함되었다.

43 The New Atlantic Independent Booksellers Association, Mid-South Independent Booksellers Association, and Upper Midwest Booksellers Association.

44 The Oregon Independent Booksellers Association, Independent Booksellers of Sonoma County, Houston Area Independent Booksellers Association, Unchained Book-sellers of the Piedmont, Independent Booksellers of Chicago, Independent Booksellers of Washington, Omaha Independent Booksellers Association, Madison Area Independent Booksellers Association, and Connecticut Independent Booksellers Association.

45 다음을 참조. Shannon Maughan, "Vote on Name Change Energizes NCBA," *Publishers Weekly* 240(40), October 4, 1993, pp. 19~20; John Mutter, "NCBA Stresses Independence in Name," *Publishers Weekly* 240(45), November 8, 1993, p. 16; "Houston to Celebrate Independents in January," *Bookselling This Week* 1(35), December 19, 1994, p. 1; "Intermountain Show Accents Independent," *Bookselling This Week* 1(27), October 24, 1994, p. 5; Cullen, "Small Presses Big at PNBA"; Bridget Kinsella, "Intermountain Group Goes Independent," *Publishers Weekly* 241(44), October 31, 1994, p. 20; Jim Milliot, "MPBA to Limit Membership," *Publishers Weekly* 241(38), September 19, 1994, p. 18; John Mutter, "Oregon Booksellers Form Independent Association," *Publishers Weekly* 241(6), February 7, 1994, p. 32; Martin Pedersen, "Booksellers Band Together for Survival," *Publishers*

Weekly 241(36), September 5, 1994, pp. 22~23; Nora Rawlinson, "PNBA Grows with an Expanding Market," *Publishers Weekly* 241(42), October 17, 1994, pp. 25~26; Richard Scott, "Bylaws Changes Underscore New Business at MPBA," *Bookselling This Week* 1(24), October 3, 1994, p. 7; Lisa See, "Sonoma Indies Form Association," *Publishers Weekly* 241(49), December 5, 1994, p. 26; "IIBA Advances Independent Agenda," *Bookselling This Week* 2(28), November 6, 1995, p. 1; "Once WIBA, IBOW Bows," *Publishers Weekly* 242(20), May 15, 1995, p. 20; "Indie Ideas," *Publishers Weekly* 242(14), April 3, 1995, p. 23; Karen Angel, "Omaha Indies Take Defensive Action," *Publishers Weekly* 242(29), July 17, 1995, p. 130; Karen Angel, "HABA Declares Independence," *Publishers Weekly* 242(4), January 23, 1995, p. 24; Bridget Kinsella, "Chicago Area Indies Unite," *Publishers Weekly* 242(15), April 10, 1995, p. 19; John Mutter, "Washington Indies Form Association," *Publishers Weekly* 242(5), January 30, 1995, p. 32; "NY/NJBA, MABA to Merge," *Bookselling This Week* 3(25), October 14, 1996, pp. 1, 5; Elizabeth Berstein, "NY/NJ and Mid-Atlantic Bookseller Groups Merge," *Publishers Weekly* 243(42), October 14, 1996, p. 12; "UMBA Show Bond Booksellers," *Bookselling This Week* 4(24), October 6, 1997, pp. 1, 5; "Mid-South Show Features Independents," *Bookselling This Week* 4(21), September 15, 1997, pp. 1, 4; Karen Angel, "UMBA to Vote on Adding 'Independent' to Name," *Publishers Weekly* 244(36), September 1, 1997, p. 24; Elizabeth Berstein, "UMBA: 'A Worthwhile and Productive Show'," *Publishers Weekly* 244(43), October 20, 1997, pp. 21~22. 재미있는 현상은 도서산업에서 전반적인 독립서점 운동이 미국의 서부에서 가장 강하게 일어났다는 것이다. 북캘리포니아 서점들이 대기업이나 체인서점에 대항하는 일반적인 활동의 중심이었다는 것은 확실한 사실이다. 그뿐만 아니라 자신들이 독립서점이라고 처음으로 주장한 지역협회는 록키산 서쪽에 있다. 유사하게 독립언론사도 북캘리포니아에 밀집했다. 반대로 대형 출판사와 체인서점은 뉴욕에 있다.

46 "Booksellers Express Discontent at ABA Annual Meeting," *BP Report on the Business of Book Publishing* 18(27), June 7, 1993, pp. 1, 7~8; "John Mutter with Jim Milliot, ABA Members Fighting for 'Level Playing Field," *Publishers Weekly* 240(23), June 7, 1993, pp. 7, 11~12.

47 이들 출판사는 호튼미플린(Houghton Mifflin), 펭귄 U.S.A.(Penguin U.S.A.), 세인트마틴프레스(St. Martin's Press), 라우틀리지힐프레스(Rutledge Hill Press), 휴라우터레빈어소시에이츠(Hugh Lauter Levin Associates)다. 펭귄을 제외하면 이 출판사들은 미국에서 큰 규모의 출판사가 아니다. 왜냐하면 ABA가 의도적으로 FTC의 조사를 받고 있는 출판사들은 제외했기 때문이다. 그러나 1996년에 ABA는 랜덤하우스가 서점 소매상을 차별적으로 불공정하게 대우했다며 FTC에 소송을 제기한 피고에 포함시켰다.

또한 랜덤하우스는 ABA와 절대 합의하지 않는 가장 다루기 어려운 상대로 밝혀졌다.

48 이 이야기는 1994년 멤버십 회의에서 있었던 일을 개인적으로 관찰한 것을 기반으로 기술되었다.

49 Nora Rawlinson, "The Show Must Go On," *Publishers Weekly* 243(28), July 8, 1996, p. 11.

50 John Mutter, "Publishers Sued by ABA Take Offensive," *Publishers Weekly* 242(7), February 13, 1995, pp. 21~22에서 인용.

51 ABA 소송은 다음을 참조. "More Bookseller Discrimination?" *FTC: Watch* no. 414, June 6, 1994, pp. 10~11; "ABA Lawsuit Charges Booksellers Are 'Harmed by Unlawfully Favorable Deals,'" *ABA Show Daily,* May 28, 1994, p. 49; John Mutter and Maureen O'Brien, "ABA Sues Five Publishers," *ABA Show Daily,* May 28, 1994, pp. 1, 46; "ABA Reaches Settlement with Penguin USA," *Bookselling This Week* 2(29), November 13, 1995, pp. 1, 3; "ABA Reaches Settlement with Houghton Mifflin," *Bookselling This Week* 2(27), October 30, 1995, pp. 1, 3; "Settlement Reached with Publisher in ABA Suit," *Bookselling This Week* 1(42), February 13, 1995, pp. 1, 3; Karen Angel and John F. Baker, "ABA Settles with Hugh Lauter Levin in Price Suit," *Publishers Weekly* 242(7), February 13, 1995, p. 10; John F. Baker, "Penguin Settles with ABA on Terms Similar to HM's," *Publishers Weekly* 242(46), November 13, 1995, p. 12; John F. Baker, "Houghton Reaches Accord with ABA on Price Suit," *Publishers Weekly* 242(44), October 30, 1995, p. 8; "Random House Settles with ABA," *Book selling This Week* 3(31), November 25, 1996, pp. 1, 3; "ABA Settles with St. Martin's; Random House Suit Proceeds," *Bookselling This Week* 3(17), August 19, 1996, pp. 1, 3; "ABA Settles with Rutledge Hill," *Bookselling This Week* 3(16), August 5, 1996, pp. 1, 3; "ABA Sues Random House," *Bookselling This Week* 2(37), January 15, 1996, pp. 1, 3; John F. Baker, "ABA Sues Random on Pricing," *Publishers Weekly* 243(2), January 8, 1996, p. 10; Jim Milliot, "Random House and ABA Settle Antitrust Lawsuit," *Publishers Weekly* 243(48), November 25, 1996, p. 10; Jim Milliot, "St. Martin's Settles with ABA," *Publishers Weekly* 243(24), August 19, 1996, p. 11; Jim Milliot, "ABA Settles with Rutledge Hill," *Publishers Weekly* 243(32), August 5, 1996, p. 276; Jim Milliot, "Random House Withdraws from the ABA Convention," *Publishers Weekly* 243(3), January 15, 1996, p. 310.

52 "ABA/Penguin Settlement May Set Antitrust Precedent," *Bookselling This Week* 4(25), October 13, 1997, pp. 1, 3; "Penguin to Make $25 Million Payment to Independent Booksellers," ABA *Bookselling This Week,* special edition, October 4, 1997, p. 1; "Penguin Discovers Improper Discounting," *Bookselling This Week* 3(42), February 17, 1997, pp. 1, 5; Jim Milliot,"Penguin in Multi-Million Dollar Settlement with ABA,"

Publishers Weekly 244(41), October 6, 1997, p. 10; Jim Milliot, "Galatro Points Finger at Superior in Penguin Discounting Scheme," *Publishers Weekly* 244(35), August 25, 1997, p. 13; Jim Milliot, "ABA Monitoring Penguin Discount Probe," *Publishers Weekly* 244(8), February 24, 1997, p. 10; Jim Milliot and John Mutter, "Penguin to Pay ABA $25 Million in Settlement," *Publishers Weekly* 244(42), October 13, 1997, p. 10.

53 "Local Communities Support Bookseller Plaintiffs," *Bookselling This Week* 4(48), April 6, 1998, pp. 1, 7; ABA/Bookseller Lawsuit Grabs Nation's Attention," *Bookselling This Week* 4(46), March 23, 1998, p. 1; "ABA, Independent Bookstores Sue Barnes & Noble and Borders," *Bookselling This Week*, special edition, March 18, 1998, p. 1; "A Word from the Wings: Riggio Lashes Out at ABA," *Publishers Weekly* 245(23), June 8, 1998, p. 10; John F. Baker, "ABA Is Suing Borders, Barnes & Noble," *Publishers Weekly* 245(12), March 23, 1998, pp. 16, 24; U.S. District Court for the Northern District of California, *American Booksellers Assn., Inc. v. Barnes & Novels, Inc.; Borders Group, Inc., Borders, Inc.; and Walden Book Company, Inc.: Amended Complaint*(April 1998).

54 U.S. District Court for the Northern District of California, *American Booksellers Association, Inc., et al. vs. Barnes & Noble, Inc., et al.: Settlement Agreement*(April 19, 2001).

55 "FTC Receives More Petitions Opposing Proposed Ingram Acquisition," *Bookselling This Week* 6(3), May 24, 1999, p. 1.

56 Doreen Carvajal, "Book Chain's Bid to Acquire Big Distributor Is under Fire," *New York Times,* April 5, 1999, sec. C; Dan Cullen, "Phone Bill 'Stuffers' Urge Opposition to B&N Merger," *Bookselling This Week* 5(40), March 1, 1999, pp. 1, 4.

57 "Protect Independent Booksellers from Barnes & Noble" (Working Assets Long Distance telephone bill, February 1999).

58 Doreen Carvajal, "Book Retailer Ends Bid for Wholesaler," *New York Times,* June 3, 1999, sec. C; Dan Cullen, "BTW Gets Inside Story From FTC Chair," *Bookselling This Week* 6(6), June 14, 1999, pp. 1, 4; Jim Milliot and Steven Zeitchik, "Barnes & Noble, Ingram Deal Scuttled by FTC Objections," *Publishers Weekly* 246(23), June 7, 1999, pp. 10, 22.

59 NCIBA Showcases Sales, "Seminars," *Bookselling This Week* 4(26), October 20, 1997, p. 5.

60 "Harry Potter and the Goblet of Crossfire?" *PW Daily for Booksellers*(electronic newsletter), June 28, 2000; "Harry Potter IV: Two Retailers Jump the Gun; Jacobs Writes Domnitz," *PW Daily for Booksellers*(electronic newsletter), July 5, 2000; "ABA

Board Decries Breach of Potter Laydown Agreement," *Bookselling This Week* 7(8), June 26, 2000, pp. 1~2; Shannon Maughan and Jim Milliot, "'Goblet of Fire' Sparks Controversy," *Publishers Weekly* 247(27), July 3, 2000, p. 9.

61 "ABA Launches Sales Tax Action Initiative," *Bookselling This Week* 6(13), August 23, 1999, pp. 1, 3.

62 "ABA Board Approves Vision Statement," *Bookselling This Week* 4(15), August 4, 1997, p. 4.

63 "American Booksellers Association Strategic Plan," *Bookselling This Week* 4(27), November 3, 1997, p. 3.

64 Elizabeth Berstein, "It's Unanimous: NIBW Is Better in July," *Publishers Weekly* 243(34), August 19, 1996, pp. 22~24; Jill Perlstein, "Getting a Jump on National Independent Bookstore Week, July 20~27," *American Bookseller* 19(11), June 1996, p. 91.

65 "ABA Hires Marketing Honcho," *PW Daily for Booksellers*(electronic newsletter), September 28, 1998; "Carol Miles to Leave ABA," *Bookselling This Week* 5(28), November 30, 1998, p. 2; "Miles Leaving ABA," *Publishers Weekly* 245(49), December 7, 1998, p. 19; "Hoynes Joins ABA Staff," *Bookselling This Week* 5(20), October 5, 1998, p. 3.

66 Judith Rosen, "ABA Cuts Membership Department," *Publishers Weekly* 248(49), December 3, 2001, p. 23에서 인용.

67 예를 들면 다음을 참조. "Booksense Ready to Roll Nationally," *Bookselling This Week* 5(37), February 8, 1999, pp. 1, 3; Avin Mark Domnitz, "Why Book Sense?" *Bookselling This Week* 6(18), September 20, 1999, p. 3; Richard T. Scott, "Book Sense Campaign Is Launched," *Bookselling This Week* 5(40), March 1, 1999, pp. 1, 3.

68 American Booksellers Association, Marketing Program Letter of Agreement, April 2000.

69 Laura J. Miller, The Best-Seller List as Marketing Tool and Historical Fiction," *Book History* 3, 2000, pp. 286~304.

70 "Important News about Book Sense," *Bookselling This Week*(electronic newsletter), March 25, 2004, p. 1.

71 "BookSense.com Welcomes News Member Store," *Bookselling This Week*(electronic newsletter), October 31, 2002, p. 2.

72 "The Latest Book Cash News," *Bookselling This week* 8(24), November 5, 2001, pp. 1, 7; Rosemary Hawkins, "Book Sense Stores to Participate in Book Cash Promotion," *Bookselling This Week* 8(14), August 20, 2001, pp. 1~2; Nomi Schwartz, "Stores Look

Forward to Book Cash," *Bookselling This Week* 8(17), September 10, 2001, pp. 1~2.

73 "Physician-Assisted Literacy Prescription for Reading Program Gains Momentum," *Bookselling This Week*(electronic newsletter), April 24, 2002; "Prescription for Reading Program to Expand," *Bookselling This Week*(electronic newsletter), September 5, 2002, p. 4; "Book Cash Headed to Consumers with the New York Times," Book Selling This Week(electronic newsletter), July 18, 2002, pp. 6~7.

74 "ABA members Get an Update and Share Views at BEA," *Bookselling This Week*(electronic newsletter), June 5, 2003, p. 4; "2003 Booksellers Forum Season Ends in New England," *Bookselling This Week*(electronic newsletter), May 8, 2003, pp. 1~2; John Mutter, "ABA Meetings: All Goes According to Plan," *Publishers Weekly* 250(23), June 9, 2003, p. 11.

75 "Book Sense This Week," *Bookselling This Week* 6(25), November 8, 1999, p. 5; Carl Lennertz, "Book Sense Advertising Update," *Bookselling This Week* 6(10), July 19, 1999, p. 8; "Book Sense Coming to NPR," *Bookselling This Week* 7(5), May 29, 2000, p. 5.

76 John Mutter, "ABA Reports Major Losses on Major Investments," *Publishers Weekly* 249(19), May 13, 2002, p. 12.

77 Steven M. Zeitchik, "While the Biggies Merge ··· Book Sense Brands On," *PW Daily for Booksellers*(electronic newsletter), January 10, 2000; "Speak Up! Now's the Time to Nominate Your Favorite Titles for the Book Sense Book of the Year," Book selling This Week(electronic Newsletter), January 9, 2003, pp. 3~4.

78 John Mutter, "ABA Members 'Guardedly Optimistic' about Future," *Publishers Weekly* 248(24), June 11, 2001, p. 10; "Independent Bookstore with Book Sense Continue with Sales Increases," *Bookselling This Week*(electronic newsletter), March 7, 2002.

79 William Leach, *Land of Desire: Merchants, Power, and the Rise of a New American Culture*(New York: Vintage Books, 1993), pp. 81~84.

80 American Booksellers Association, Book Sense Fact Sheet(2000).

81 Russ Lawrence, "Welcome, Indie-Mart Shoppers?" *Bookselling This Week* 6(26), November 15, 1999, p. 6; Carl Lennertz, "A Campaign, Not a Chain," *Bookselling This Week* 6(26), November 15, 1999, pp. 6, 8.

82 Dan Cullen, ABA Town Hall and Annual Meeting Focus on the Settlement and Moving Ahead," *Bookselling This Week* 8(6), June 18, 2001, p. 2; "2000 a Solid Year for Book Sense" *Bookselling This Week* 7(31), January 8, 2001, pp. 1, 3.

83 Carl Lennertz, "Bonding and Branding," *Bookselling This Week* 7(7), June 19, 2000, p. 5.

84 Philip Kotler, *Marketing Management,* 11th ed.(Upper Saddle River, N.J.: Prentice Hall, 2003), p. 420.

85 여러 목적 가운데 북센스를 통해 하나의 단체로서 독립서점의 가치를 홍보하고 협동적인 활동을 촉진한다는 목적은 세 번째를 차지한 반면, 독립서점의 상거래, 표현의 자유, 주장에 대한 사안을 옹호하고 독립서점 주인을 대변한다는 목적은 두 번째를 차지했다. 첫 번째를 차지한 목적은 세상을 성공적으로 변화시키기 위해 필요한 정보와 기술을 독립서점 주인에게 제공하는 것이었다. 가장 명백한 활동 목적인 커뮤니티 활동을 지원하고 독립서점과 또 다른 독립 비즈니스를 촉진시키기 위한 협력단체를 만드는 데 도움을 준다는 목적은 다섯 번째를 차지했다. [ABA Strategic Planning Committee Receives Members' Ranking of Draft Strategic Goals," *Bookselling This Week*(electronic newsletter), May 23, 2002, p. 1].

86 Carl Lennertz, "Book Sense Regional Bestseller Lists to Change Names in Order to Increase Publisher and Media Awareness," *Bookselling This Week*(electronic newsletter), April 11, 2002.

87 "Publishing 2002: Where the Buck Stops," *Publishers Weekly* 249(1), January 7, 2002, p. 31.

88 David Monod, *Store Wars: Shopkeepers and the Culture of Mass Marketing, 1890~1939*(Toronto: University of Toronto Press, 1996), p. 66.

89 예를 들면 다음을 참조. Harold D. Lasswell, *Propaganda Technique in World War I*(1927; Cambridge: MIT Press, 1971); Jacques Ellul, *Propaganda: The Formation of Men's Attitudes*(1965; New York: Vintage Books, 1973); Randal Marlin, *Propaganda and the Ethics of Persuasion*(Peterborough, Ontario: Broadview, 2002).

90 Jean-Jacqes Rousseau, *The Social Contract and Discourse on the Origin of Inequality*(New York: Washington Square Press, 1967); Aristotle, *The Politics*(Harmondsworth: Penguin, 1981); Jurgen Habermas, *The Structural Transformation of the Public Sphere: An Inquiry into a Category of Bourgeois Society*(1962; Cambridge: MIT Press, 1989); Jurgen Habermas, *Moral Consciousness and Communicative Action*(Cambridge: MIT Press, 1990).

91 Emile Durkheim, *Moral Education: A Study in the Theory and Application of the Sociology of Education*(1925; New York: Free Press, 1973), pp. 57, 59.

92 Nancy Fraser, "Rethinking the Public Sphere: A Contribution to the Critique of Actually Existing Democracy," in *Habermas and the Public Sphere,* ed. Craig Calhoun(Cambridge: MIT Press, 1992), p. 131.

1 "Bookselling Daybook," *Publishers Weekly* 240(21), May 24, 1993, p. 38.

2 Borders Group Inc., *Form 10-K for the Fiscal Year Ended January 27,* 2002(2002), p. 6. 이 수치에는 개인 매장뿐 아니라 기업 사무실과 창고형 매장에서 일하는 직원 수도 포함되어 있다.

3 체인서점은 노동비용을 줄이기 위해 비정상적인 방법을 동원했다. 때로는 상상조차 할 수 없는 창의적인 방법도 사용되었다. 예를 들면, 비돌턴은 1980년대 자료를 입력하는 노동비용을 줄이기 위해 미네소타 여자 교도소에 수감한 죄수를 활용한 적도 있다. Karen E. Debats, "Training Alliance," *Personnel Journal* 61(4), April 1982, p. 249.

4 예를 들면 다음을 참조. Martin Oppenheimer, "Small-Minded," *Dollars and Sense,* no. 196, November/December 1994, pp. 20~21, 39~40.

5 "B. Dalton's Home-Made CCTV, VCR: To Catch a Thief," *Stores* 70(6), June 1988, pp. 88~89.

6 다음을 참조. Borders Group Inc., *1995 Border Group, Inc., Annual Report*(1996), p. 9.

7 더블데이는 적어도 두 개의 매장이 노동조합에 가입했지만 1997년 보더스의 직원들이 노동조합을 조직할 당시만 해도 하나의 매장만 가입했다. 현재는 몇 개의 대형 독립 서점이 노동조합에 가입해 있다.

8 "UFCW Targets Borders, Encore," *Bookselling This Week* 3(33), December 9, 1996, pp. 1, 3; "City Council to Borders: Re-Hire Union Supporter," *Bookselling This Week* 3(34), December 16, 1996, pp. 1, 5: Bridge Kinsella, "Borders faces Union Protest, National Boycott Over Firing," *Publishers Weekly* 243(50), December 9, 1996, p. 14; Bridget Kinsella, "Union Drive Grows at Borders with Push from Author Moore," *Publishers Weekly* 243(48), November 25, 1996, p. 12; Michael Moore, "Banned by Borders," *Nation* 263(18), December 2, 1996, p. 10; Michael Wines, "An Odd Rift Develops between an Author and a Chain Promotion His Latest Book," *New York Times,* November 18, 1996, sec. C; Christein Gholson, "Union Organization as Performance Art," *Eight Ball,* April 1997, [pp. 15~17]; Shannon Matthews, *Borders Books and Union Stuff,* http://www.dolphin.upenn.edu/~amatth13/(accessed June 6, 1997). 또한 1997년 개봉된 무어의 영화 <더 빅 원(The Big One)>을 참조. 이 영화는 노동조합에 대한 정당성보다는 노동조합을 만들 때 중요한 역할을 한 서점의 노력을 더 조명했다.

9 모든 사람이 알던 원래의 목적에는 미치지 못하지만 현재 IWW는 전국적인 차원의 조직 구성을 위한 충분한 자원이 없다는 이유로 서점 직원들이 지지하는 UFCW의 노

력을 지지한다고 표명했다("Two Unions Target Borders," *Bookselling This Week* 3(13), July 15, 1996, pp. 1, 7.) IWW는 소매상 노동조합을 만들려는 노력을 계속한다.

10 Kathleen Anderson, "Why I Am in Favor of a Union," *Eight Ball,* no. 4, 1997, p. 4.

11 Matthews, *Borders Books and Union Stuff.*

12 Greg Popek, "Hello, I Must Be Going," *Eight Ball,* April 1997, [p. 3].

13 Jason Chappell, "A Tale of Two markers," *Eight Ball,* [no. 3, 1997, p. 6].

14 Edward Nawotka, "Borders and Minneapolis Union Still in Contract Negotiations," *PW Daily for Booksellers*(electronic newsletter), April 4, 2003. 또한 다음을 참조. Laura Billings, "en X Catching on to the Benefits of Unionization," *Pioneer Press*(St. Paul), September 19, 2002, sec. B; Edward Nawotka, "New Union Efforts at Borders Group," *Publishers Weekly* 249(45), November 11, 2002, p. 12; Mike Hughlett, "Borders Union Nixes Contract," *Pioneer Press*(St. Paul), September 26, 2003, sec. C; Edward Nawotka, "Borders Home Office Lays Off 12; Ann Arbor Store to Strike," *PW Daily for Booksellers*(electronic newsletter), November 7, 2003; Edward Nawotka, "First Union Contract at Borders? Not Quite," *PW Daily for Booksellers*(electronic newsletter), January 23, 2004; Robyn Repya, "Uptown Borders Employees Ratify Union Contract," *Borders Union,* http://www.bordersunion.org/node/142(accessed November 16, 2004).

15 Washington Alliance of Technology Workers, *Day2@Amazon.com/WashTech Mission Statement,* http://www.washtech.org/amazon/111700_mission.php3(accessed December 8, 2000).

16 다음을 참조. John Mutter, "Low Salaries and Wages Present Problems for Bookstores," *Publishers Weekly* 234(12), September 16, 1988, pp. 34~36.

17 일자리에 대해 냉소적인 감정을 느끼기 때문에 반스앤드노블에서 일하는 사람은 책과 함께 기쁨을 만끽할 수 있는 "진정한 일을 하는 사람은 아무도 없다". 다음을 참조. Peter Schwendener, "Reflections of Bookstore Type," *American Bookseller* 19(9), April 1996, pp. 89~93.

18 Stephen Strausbaugh, "Control Through Costly Policy," *Bridges*(ILWO Local 5), February 2001, p. 2.

19 "Net Result: Powell's Shakes Up Section Head Approach," *PW Daily for Booksellers*(electronic newsletter), November 2, 1998; Dan Cullen, "Powell's Votes to Unionize," *Bookselling This Week* 6(1), May, 10, 1999, pp. 1, 3; Roxanne Farmanfarmaian, "Powell's Employees Vote to Unionize; Negotiations Begin," *Publishers Weekly* 246(20), May 17, 1999, p. 14; Gail Kinsey, "Powell's Nears Vote on Union," *Oregonian*(Portland), April 18, 1999; "Love's Labor Lost: Powell's and Union

Found to Violate Law," *PW Daily for Booksellers*(electronic newsletter), July 13, 2000; "Kevin Howell and Roxanne Farmanfarmaian, Booksellers Walk Out at Powell's," *Publishers Weekly* 247(9), February 28, 2000, p. 28; Barbara Roether, "Powell's Pact Approved; Union Ratifies Contract," *PW Daily for Booksellers*(electronic newsletter), August 11, 2000; Edward Nawotka, "Strike Two: Unionized Powell's Workers Hold One Day Walk-out," *PW Daily for Booksellers*(electronic newsletter), November 17, 2003; "Contract Compact: Powell's and Union Settle Up," *PW Daily for Booksellers*(electronic newsletter), April 2, 2004.

20 Nomi Schwartz, "Concord Bookshop Embroiled in Controversy," *Bookselling This Week*(electronic newsletter), December 31, 203, pp. 1~2; Judith Rosen, "Discord at Concord Bookshop," *Publishers Weekly* 251(2), January 12, 2004, p. 19. 콩코드 서점을 떠난 직원들 중 몇 명은 케임브리지에 포터스퀘어북스(Porter Square Books)라는 새로운 서점을 설립했다.

21 서비스업에 종사하는 직원들이 기분 좋은 의사소통을 위해 어떻게 강요를 당하고 있는지에 대한 연구는 다음을 참조. Arlie Rusesell Hochschild, *The Managed Heart: Commercialization of Human Feeling*(Berkley and Los Angeles: University of California Press, 1983); Robin Leidner, *Fast Food, Fast Talk: Service Work and the Routinization of Everyday Life*(Berkeley and Los Angeles: University of California Press, 1993); The Project on Disney, *Inside the Mouse: Work and Play at Disney World*(Durham: Duke University Press, 1995).

22 예를 들면 다음을 참조. Todd Gitlin, *inside Prime Time*(New York: Pantheon Books, 1985), p. 189.

23 "The Campaign to Save Cover to Cover Booksellers"(flyer, 2003). 다음도 참조. Kevin Howell, "Customers Raising Cash to Save Cover to Cover," *Publishers Weekly* 250(29), July 21, 2003, p. 76; Edward Nawotka, "Cover to Cover Booksellers and Foundry Bookstores to Close," *PW Daily for Booksellers*(electronic newsletter), June 25, 2003; Karen Schechner, "Customers Make Cover to Cover's Future Bright," *Bookselling This Week*(electronic newsletter), July 10, 2003, p. 3.

24 David Grogan, "Austin Residents Won't Be Boxed In," *Bookselling This Week*(electronic newsletter), January 23, 2003, pp. 4~5; David Grogan, "Borders Pulls Out of Austin Development," *Bookselling This Week*(electronic newsletter), April 24, 2003, pp. 3~4; Edward Nawotka, "Book People Helps Organize Protest against Chains," *Publishers Weekly* 250(4), January 27, 2003, p. 121; Edward Nawotka, "Austin Still Weird; Borders Drops Plans for Downtown Store," *PW Daily for Booksellers*(electronic newsletter), April 24, 2003.

25 Shay Totten, "Border Battle," *Vermont Times*(Chittenden Country), June 25, 1997;

Nomi Schwartz, "Oak Park Retailers to Government: No Tax Breaks for Chains," *Bookselling This Week* 6(7), June 21, 1999, p. 3; "A High Price to Pay: Bridgehampton B&N May Meet Resistance from Locals," *PW Daily for Booksellers*(electronic Newsletter), March 7, 2003.

26 *Friends United in Creative Knowledge of the Faceless Attitudes of Corporate Entities,* http://fringeware.com/friends/(accessed 1998); RTMARK, Nationwide Protest against Barnes & Noble(press release, November 10, 1998).

27 Ken Garcia, "Residents Lose Out to Superstores in San Francisco," *San Francisco Chronicle,* September 26, 1998, sec. A; John High, "Borders Permit Denied in San Francisco," *Publishers Weekly* 245(46), November 16, 1998, p. 23.

28 Adrienne Rich, "Letter to Santa Cruz Country Sentinel," *Bookselling This Week* 5(37), February 8, 1999, p. 9.

29 Dan Cullen, "Capitola Community Argues against 'Big Box' Expansion," *Bookselling This Week* 5(36), February 1, 1999, p. 3; Dan Cullen, "Capitola City Council Votes to Limit Size of Incoming Borders," *Bookselling This Week* 5(40), March 1, 1999, p. 3; Dan Cullen, "Capitola Shopping Center Blocked," *Bookselling This Week* 5(45), April 5, 1999, p. 4; Dan Cullen and Jane Allison Havsy, "Borders Nixes Capitola Store Unless City Council Reverses Space Limitation," *Bookselling This Week* 5(41), March 8, 1999, pp. 1, 3.

30 흥미롭게도 2000년대 초반까지 서점 주인들이 도서산업에 종사하지 않는 사람들과 협조해서 체인서점에 반대하는 경우는 거의 없었다.

31 예를 들면 다음을 참조. Frederic M. Biddle, "A Brewing Battle," *Boston Globe,* January 2, 1994, Business section; Pia Hinckle, "The 'Starbucks Legislation,'" *San Francisco Bay Guardian,* July 20, 1994; Julie Solomon, "Not in My Backyard," *News week,* September 16, 1996, pp. 65~66.

32 예를 들면 다음을 참조. Craig McLaughlin and Jim Balderston, "When the Chains Go Marching In," *San Francisco Bay Guardian,* July 20, 1994; Tracie Rozhon, "Group Says New Drugstores Are a Menace to Main Street," *New York Times,* June 14, 1999, sec. B; "Hudson Valley Communities Fight CVS," Home Town Advantage Bulletin, no. 6(electronic newsletter), August 2001.

33 월마트에 반대하는 캠페인에 대한 보고서는 다음을 참조. Sprawl-Busters, *Victorious Secret,* http://www.sprawl-busters.com/victoryz.html; Constance E. Beaumont, *How Superstore Sprawl Can Harm Communities, and What Citizens Can do about It*(Washington, D.C.: National Trust for Historic Preservation, 1994); Ben Bennett and Gail McCormack, *Guelph against Goliath: A community Stands Up to Wal-Mart and Other Big*

Box Stores(Guelph: Ben Bennett Communications, 2001); Stephen Eugene Halebsky, "Small Towns and Big Stores: Local Controversies over the Siting of Superstores"(Ph.D. diss., University of Wisconsin, 2001).

34 여기에 대한 예제는 다음을 참조. New Rules Project, *Physical Size Caps on Retail Businesses,* http://www. Newrules.org/retail/size.html.

35 Julie Bach, "Hungry Minds Speak," *American Booksellers* 19(6), January 1996, p. 12.

36 전형적인 예는 다음을 참조. Herbert Marcuse, *One-Dimensional Man: Studies in the Ideology of Advanced Industrial Society*(Boston: Beacon Press, 1964); John Fiske, *Understanding Popular Culture*(London: Routledge, 1989).

37 Mica Nava, "Consumerism Reconsidered: Buying and Power," *Cultural Studies* 5(1), January 1991, pp. 157~173.

38 Viviana A. Zelizer, "Human Values and the Market: The Case of Life Insurance and Death in 19th-Century America(1978)," in *The Sociology of Economic Life,* ed. Mark Granovetter and Richard Swedberd(Boulder: Westview Press, 1992), pp. 285~304.

39 예를 들면 다음을 참조. Eugene R. Beem, "The Beginnings of the Consumer Movement," in *New Consumerism: Selected Readings,* ed. William T. Kelley(Columbus: Grid, 1973), pp. 13~25; Robert N. Mayer, *The Consumers Movement: Guardians of the Marketplace*(Boston: Twayne, 1989), p. 81; Dana Frank, "Food Wins All Struggles': Seattle Labor and the Politicization of Consumption," *Radical History Review*(51), Fall 1991, pp. 565~589; Monroe Friedman, *Consumer Boycotts: Effecting Change through the Marketplace and the Media*(New York: Routledge, 1999); Jennifer Lee, *Civility in the City: Blacks, Jews, and Koreans in Urban America*(Cambridge: Harvard university Press, 2002), p. 24.

40 T. H. Breen, "'Baubles of Britain': The American and Consumer Revolutions of the Eighteenth Century," *Past and Present,* no. 119, May 1988, p. 93.

41 개인 소비자는 어떤 소매상을 애용할 것인지 하나만으로 결정하지 않는다. 독립소매상 주인은 자주 주요 서점과 함께 대중의 관심이 무엇보다도 중요하다고 지지하는 온라인 소매상과 같은 소매상과 접촉하면서 자신들의 협력단체에 반대 시위를 하기도 한다. 이러한 현상은 책 구매를 직접 지원하는 조직에서 나타난다. 이러한 조직은 주요 온라인 소매상인 무브온(MoveOn.org)이 2004년에 실행했거나 또는 2004년 아마존과 국제앰네스티(Amnesty International)가 했던 방식과 같이 온라인 소매상이 구매한 책의 일정량을 이 그룹에 기부한다는 계약을 하는 것으로 촉진된다. 더 자세한 내용을 보려면 다음을 참조. "E-InBox: MoveOn Moves on Book Sense Link," *PW Daily for Booksellers*(electronic newsletter), April 6, 2004; Amazon.com, Shop with a Purpose This holiday Season(promotional flyer, 2004).

42 비슷한 주장은 다음을 참조. Robert N. Bellah et al., *The Good Society*(1991; New York: Viatage Books, 1992), pp. 107~109; Naomi Klein, *No Logo: Taking Aim at the Brand Bullies*(Toronto: Vintage Canada, 2000), pp. 439~446.

43 Neal Ryan, "Reconstructing Citizens as Consumers: Implications for New Modes of Governance," *Australian Journal of Public Administration* 60(3) September 2001, p. 105.

44 U.S. Department of Commerce, U.S. Census Bureau, *Statistical Abstract of the United States, 2004~2005, 124th* ed.(Washington, D.C.: U.S. Government Printing Office, 2004), p. 463.

45 Alexandra Chasin, *Selling Out: The Gay and Lesbian movement Goes to Market*(New York: St. Martin's, 2000), p. 43.

참고문헌

ABA Almanac, 1950. 1950. New York: American Booksellers Association.

Acheson, Keith, and Christopher Maule. 1999. *Much Ado about Culture: North American Trade Disputes.* Ann Arbor: University of Michigan Press.

Albright, James F. 1969. "What to Tell the Neophyte: Bookselling Is a Good Career." In *A Manual on Bookselling,* 1st ed., ed. Charles B. Anderson, Joseph A. Duffy, and Jocelyn D. Kahn, pp. 47~50. New York: American Booksellers Association.

American Book Publishers Council. 1951. *The Situation and Outlook for the Book Trade.* New York: American Book Publishers Council.

American Book Trade Directory. 1961. 15th ed. New York: R. R. Bowker.

American Book Trade Directory, 1969~1970. 1969.19th ed. New York: R. R. Bowker.

Amory, Hugh, and David D. Hall, eds. 2000. *A History of the Book in America.* Vol. 1, *The Colonial Book in the Atlantic World.* Cambridge: Cambridge University Press.

Anglund, Sandra M. 2000. *Small Business Policy and the American Creed.* Westport, Conn.: Praeger.

Appel, Joseph H. [1929] 1930. "Does Chain Growth Tend Toward Standardization of Food? Is This Desirable?" In *Current, Conflicting Views on the Chain Store Controversy,* ed. T. H. Hall, p. 86. Chicago: National Research Bureau.

Aristotle. 1981. *The Politics.* Harmondsworth: Penguin.

Arnold, Matthew. [1932] 1960. *Culture and Anarchy.* Cambridge: Cambridge University Press.

Arthur Andersen & Co. 1982. *Book Distribution in the United States: Issues and Perceptions.* New York: Book Industry Study Group.

Arthur Donner Consultants Inc. and Lazar and Associates. 2000. *The Competitive Challenges*

Facing Book Publishers in Canada. Ottawa: Minister of Public Works and Government Services.

Atton, Chris. 2003. "Reshaping Social Movement Media for a New Millennium." *Social Movement Studies* 2(1), pp. 3~15.

Baensch, Robert E. 1988~1989. "Consolidation in Publishing and Allied Industries." *Book Research Quarterly* 4 (4), pp. 6~14.

Barth, Gunther. 1980. *City People: The Rise of Modern City Culture in Nineteenth-Century America.* Oxford: Oxford University Press.

Barthel, Diane. 1996. *Historic Preservation: Collective Memory and Historical Identity.* New Brunswick: Rutgers University Press.

Beaumont, Constance E. 1994. *How Superstore Sprawl Can Harm Communities, and What Citizens Can Do about It.* Washington, D.C.: National Trust for Historic Preservation.

Beem, Eugene R. 1973. "The Beginnings of the Consumer Movement." In *New Consumerism: Selected Readings,* ed. William T. Kelley, pp. 13~25. Columbus: Grid.

Beisel, Nicola. 1992. "Constructing a Shifting Moral Boundary: Literature and Obscenity in Nineteenth-Century America." In *Cultivating Differences : Symbolic Boundaries and the Making of Inequality,* ed. Michele Lamont and Marcel Fournier, pp. 104~128. Chicago: University of Chicago Press.

Bellah, Robert N., Richard Madsen, William M. Sullivan, Ann Swidler, and Steven M. Tipton. [1991] 1992. *The Good Society.* New York: Vintage Books.

Bender, Thomas. [1978] 1982. *Community and Social Change in America.* Baltimore: Johns Hopkins University Press.

Bennett, Ben, and Gail McCormack. 2001. *Guelph against Goliath: A Community Stands Up to Wal-Mart and Other Big Box Stores.* Guelph: Ben Bennett Communications.

Benson, Susan Porter. 1986. *Counter Cultures: Saleswomen, Managers, and Customers in American Department Stores, 1890~1940.* Urbana: University of Illinois Press.

Berthoff, Rowland. 1980. "Independence and Enterprise: Small Business in the American Dream." In *Small Business in American Life,* ed. Stuart W. Bruchey, pp. 28~48. New York: Columbia University Press.

Bluestone, Daniel M. 1990. "Roadside Blight and the Reform of Commercial Architecture." In *Roadside America: The Automobile in Design and Culture,* ed. Jan Jennings, pp. 170~184. Ames: Iowa State University Press.

Book Industry Study Group and Center for Communications and Media Management. 2002. *Book Industry Trends 2002.* Matawan, N.J.: Book Industry Study Group.

Book Industry Study Group, Statistical Service Center. 1993. *Book Industry Trends 1993.* New York: Book Industry Study Group.

Books in Print, 1994~1995. 1994. 47th ed. Vol. 1. New Providence, N.J.: R. R. Bowker.

Books in Print, 2001~2002. 2001. 54th ed. Vol. 1. New Providence, N.J.: R. R. Bowker.

Boorstin, Daniel J. [1973] 1974. *The Americans: The Democratic Experience.* New York: Vintage Books.

Boulding, Kenneth E. 1973. "Toward the Development of a Cultural Economics." In *The Idea of Culture* in *the Social Sciences,* ed. Louis Schneider and Charles M. Bonjean, pp. 47~64. London: Cambridge University Press.

Bound, Charles F. 1950. *A Banker Looks at Book Publishing.* New York: R. R. Bowker.

Bourdieu, Pierre. [1979] 1984. *Distinction: A Social Critique of the Judgement of Taste.* Cambridge: Harvard University Press.

Bowlby, Rachel. 2001. *Carried Away: The Invention of Modern Shopping.* New York: Columbia University Press.

Boynton, Henry Walcott. [1932] *1991. Annals of American Bookselling, 1638~1850.* New Castle: Oak Knoll Books.

Brandeis, Louis D. 1913. "Cutthroat Prices: The Competition That Kills." *Harper's Weekly* 58 (2969), November 15, pp. 10~12.

Breen, T. H. 1988. "'Baubles of Britain': The American and Consumer Revolutions of the Eighteenth Century." *Past and Present, no.* 119, pp. 73~104.

Brett, George P. 1913. "Book-Publishing and Its Present Tendencies." *Atlantic Monthly* 111, pp. 454~462.

Brett, George P., Jr. [1930] 1961. Contribution to *Publishers on Publishing,* ed. Gerald Gross, pp. 125~128. New York: Grosset & Dunlap.

Bunzel, John H. 1962. *The American Small Businessman.* New York: Alfred A. Knopf.

Burr, Henry I. 1949. *Observations on Trade Book Sales.* [New York]: American Book-Stratford Press.

Bushman, Richard L. 1993. *The Refinement of America : Persons, Houses, Cities.* New York: Vintage Books.

Business Week. 1956. "The Supermarket: Revolution in Retailing." In *Changing Patterns in Retailing: Readings on Current Trends,* ed. John W. Wingate and Arnold Corbin, pp. 75~90. Homewood, I11.: Richard D, Irwin.

Butler, Ellis Parker. 1930. *Dollarature; or, The Drug-Store Book.* Boston: Houghton Mifflin.

Buttimer, Anne. 1980. "Home, Reach, and the Sense of Place." In *The Human Experience of Space and Place,* ed. Anne Buttimer and David Seamon, pp. 166-87. New York: St. Martin's.

Callon, Michel. 1998. "The Embeddedness of Economic Markets in Economies." Introduction to *The Laws of the Markets,* ed. Michel Callon, pp. 1~57. Oxford: Blackwell.

Chandler, Alfred D., Jr. 1977. *The Visible Hand: The Managerial Revolution in American*

Business. Cambridge, Mass: Belknap Press.

Chase, Stuart, and F. J. Schlink. 1927. *Your Money's Worth: A Study in the Waste of the Consumer's Dollar.* New York: Macmillan.

Chasin, Alexandra. 2000. Selling *Out: The Gay and Lesbian Movement Goes to Market* New York: St. Martin's.

Cheney, O, H, 1951. *Economic Survey of the Book Industry, 1930~1931.* 1st ed. New York: National Association of Book Publishers.

Chotas, James, and Miriam Phelps. 1978. "Who Owns What." In *The Question of Size in the Book Industry Today: A Publishers Weekly Special Report,* ed. Judith Appelbaum, pp. 9~12. New York: R. R. Bowker.

Christianson, Elin B. 1972. "Mergers in the Publishing Industry, 1958~1970." *Journal of Library History* 7 (1), pp. 5~32.

Cody, Pat, and Fred Cody. 1992. *Cody's Books: The Life and Times of a Berkeley Bookstore, 1956 to 1977.* San Francisco: Chronicle Books.

Cohen, Lizabeth. 1996. "From Town Center to Shopping Center: The Reconfiguration of Community Marketplaces in Postwar America." *American Historical Review* 101 (4), pp. 1050~1081.

Compaine, Benjamin M. 1976. *Book Distribution and Marketing, 1976~1980.* White Plains, N.Y.: Knowledge Industry Publications.

Coser, Lewis A., Charles Kadushin, and Walter W. Powell. [1982] 1985. *Books: The Culture and Commerce of Publishing.* Chicago: University of Chicago Press.

Crawford, Margaret. 1992. "The World in a Shopping Mall." In *Variations on a Theme Park: The New American City and the End of Public Space,* ed. Michael Sorkin, pp. 3~30. New York: Noonday Press.

Damon-Moore, Helen, and Carl F. Kaestle. 1991. "Surveying American Readers." In *Literacy in the United States: Readers and Reading Since 1880,* ed. Carl F. Kaestle, Helen Damon-Moore, Lawrence C. Stedman, Katherine Tinsley, and William Vance Trollinger jr., pp. 180~203. New Haven: Yale University Press.

Daughters, Charles G. 1937. *Wells of Discontent: A Study of the Economic, Social, and Political Aspects of the Chain Store.* New York: Charles G. Daughters.

Davis, Kenneth C. 1984. *Two-Bit Culture: The Paperbacking of America.* Boston: Houghton Mifflin.

Davis, Mike. [1990] 1992. *City of Quartz: Excavating the Future in Los Angeles.* New York: Vintage Books.

Davis, Susan G. 1996. "The Theme Park: Global Industry and Cultural Form." *Media, Culture and Society* 18 (3), pp. 399~422.

_____. 1999. "Space Jam: Media Conglomerates Build the Entertainment City." *European*

Journal of Communication 14 (4), pp. 435~459.

Denning, Michael. 1987. *Mechanic Accents: Dime Novels and Working-Class Culture in America.* London: Verso.

Dessauer, John P. 1985. "Book Industry Economics in 1984." In *The Book Publishing Annual,* pp. 105-20. New York: R. R. Bowker.

_____. 1986. "Cultural Pluralism and the Book World." *Book Research Quarterly* 2 (3), pp. 3~6.

_____. 1993. *Book Publishing: The Basic Introduction.* New expanded ed. New York: Continuum.

DiMaggio, Paul. 1986. "Cultural Entrepreneurship in Nineteenth-Century Boston: The Creation of an Organizational Base for High Culture in America." In *Media, Culture and Society: A Critical Reader,* ed. Richard Collins, James Curran, Nicholas Garnham, Paddy Scannell, Philip Schlesinger, and Colin Sparks, pp. 194~211. London: Sage.

_____. 1990. Cultural Aspects of Economic Action and Organization." In *Beyond the Marketplace: Rethinking Economy and Society,* ed. Roger Friedland and A. F. Robertson, pp. 113~136. New York: Aldine de Gruyter.

_____. 1994. "Culture and Economy." In *The Handbook of Economic Sociology,* ed. Neil J. Smelser and Richard Swedberg, pp. 27~57. Princeton: Princeton University Press.

Dixon, Christopher M., Lynne (E. F.) McKechnie, Laura J. Miller, and Paulette M. Rothbauer. 2001. "Latte Grande, No Sprinkles: An Exploratory Observational Study of Customer Behaviour at Chapters Bookstores." In *Beyond the Web : Technologies, Knowledge and People: Proceedings of the 29th Annual Conference of the Canadian Association for Information Science {Universite Laval, Quebec, May 27~29},* pp. 165~174. Toronto: Canadian Association for Information Science.

Dobbin, Frank R. 1994. "Cultural Models of Organization: The Social Construction of Rational Organizing Principles." In *The Sociology of Culture: Emerging Theoretical Perspectives,* ed. Diana Crane, pp. 11741. Oxford: Blackwell.

Doebler, Paul D. 1978. "Areas of Major Change in the Book Industry Today." In *Book Industry Trends, 1978,* ed. John P. Dessauer, Paul D. Doebler, and E. Wayne Nordberg, pp. 7~58. Darien, Conn.: Book Industry Study Group.

Doubleday, F. N. 1972. *The Memoirs of a Publisher.* Garden City, N.Y.: Doubleday.

Du Gay, Paul, and Michael Pryke. 2002. "Cultural Economy: An Introduction." In *Cultural Economy: Cultural Analysis and Commercial Life,* ed. Paul du Gay and Michael Pryke, pp. 1~19. London: Sage.

Duffus,R. L. 1930. *Books: Their Place in a Democracy.* Boston: Houghton Mifflin.

Durkheim, Emile. [1925] 1973. *Moral Education: A Study in the Theory and Application of the Sociology of Education.* New York: Free Press.

Dutscher, Alan. 1954. "The Book Business in America." *Contemporary Issues* 5 (17), pp. 38~58.

Eisenstein, Elizabeth L. [1979] 1980. *The Printing Press as an Agent of Change: Communications and Cultural Transformations* in *Early-Modern Europe*. 2 vols. in 1. Cambridge: Cambridge University Press.

Ellul, Jacques. [1965] 1973. *Propaganda: The Formation of Men's Attitudes*. New York: Vintage Books.

Eppard, Philip B. 1986. "The Rental Library in Twentieth-Century America." Journal *of Library History* 21 (1), pp. 240~252.

Epstein, Jason. 2001. *Book Business: Publishing Past, Present, and Future*. New York: W. W. Norton.

Escarpit, Robert. [1965] 1966. *The Book Revolution,* London: George G. Harap & Co.

_____. [1958] 1971. *Sociology of Literature*. 2nd ed. London: Frank Cass & *Co.*

Falk, Pasi, and Colin Campbell, eds. 1997. *The Shopping Experience*. London: Sage.

Febvre, Lucien, and Henri-Jean Martin. [1958] 1990. *The Coming of the Book: The Impact of Printing, 1450~1800*. London: Verso.

Ferkauf, Eugene. 1977. *Going into Business : How to Do It, by the Man Who Did It*. New York: Chelsea House Publishers.

Fiske, John. [1987] 1989. *Television Culture*. London: Routledge.

_____. 1989. *Understanding Popular Culture*. London: Routledge.

_____. [1989] 1991. *Reading the Popular*. London: Routledge.

Fitch, James Marston. [1982] 1990. *Historic Preservation : Curatorial Management of the Built World*. Charlottesville: University Press of Virginia.

Flowers, Montaville. 1931. *America Chained: A Discussion of "What's Wrong with the Chain Store."* Pasadena: Montaville Flowers Publicists.

Francaviglia, Richard V. 1996. *Main Street Revisited: Time, Space, and Image Building in Small-Town America*. Iowa City: University of Iowa Press.

Frank, Dana. 1991. "'Food Wins All Struggles': Seattle Labor and the Politicization of Consumption. " *Radical History Review*, no. 51, pp. 65~89.

Fraser, Nancy. 1992. "Rethinking the Public Sphere: A Contribution to the Critique of Actually Existing Democracy." In *Habermas and the Public Sphere,* ed. Craig Calhoun, pp. 109~142. Cambridge: MIT Press.

Friedland, Roger, and Robert R. Alford. 1991. "Bringing Society Back In: Symbols, Practices, and Institutional Contradictions." In *The New Institutionalism in Organizational Analysis,* ed. Walter W. Powell and PaulJ. DiMaggio, pp. 232~263. Chicago: University of Chicago Press.

Friedman, Monroe. 1999. *Consumer Boycotts: Effecting Change through the Marketplace and the*

Media. New York: Routledge.

Fulton, Len. 1973. "Peopleship." In *The Whole COSMEP Catalog,* ed. Dick Higgins, pp. 5~6. Paradise, Calif.: Dustbooks.

Gans, Herbert J. 1974. *Popular Culture and High Culture: An Analysis and Evaluation of Taste.* New York: Basic Books.

_____. [1967] 1982. *The Levittowners: Ways of Life and Politics in a New Suburban Community.* New York: Columbia University Press.

Garrison, Dee. [1979] 2003. *Apostles of Culture: The Public Librarian and American Society, 1876~1920.* Madison: University of Wisconsin Press.

Gilreath, James. 1985. "American Book Distribution." *Proceedings of the American Antiquarian Society* 95, part 2, pp. 501~583.

Gitlin, Todd. 1985. *Inside Prime Time.* New York: Pantheon Books.

"Goals and Programs: A Summary of the Study Committee Report to the Board of Trustees, the National Trust for Historic Preservation, 1973." [1973] 1976. In *The History of the National Trust for Historic Preservation, 1963~1973,* ed. Elizabeth D. Mulloy, pp. 280~285. Washington, D.C.: Preservation Press.

Gordon, Ruth I. 1977. "Paul Elder: Bookseller-Publisher, 1897~1917: A Bay Area Reflection." Ph.D. diss., University of California, Berkeley.

Grannis, Chandler B. 1985. Title Output and Average Prices. In *The Book Publishing Annual,* pp. 121~129. New York: R. R. Bowker.

Granovetter, Mark. [1985] 1992. "Economic Action and Social Structure: The Problem of Embeddedness." In *The Sociology of Economic Life,* ed. Mark Granovetter and Richard Swedberg, pp. 53~81. Boulder: Westview Press.

_____. 1992. Economic Institutions as Social Constructions: A Framework for Analysis, *Acta Sociologica* 35 (1), pp. 3~11.

Greco, Albert. 2000. "Market Concentration Levels in the U.S. Consumer Book Industry, 1995~1996." *Journal of Cultural Economics* 24 (4), pp. 321~336.

Greco, Albert N. 1989. Mergers and Acquisitions in Publishing, 1984~1988: Some Public Policy Issues. *Book Research Quarterly* 5 (3), pp. 25~44.

Grether, Ewald T. [1939] 1976. *Price Control under Fair Trade Legislation.* New York: Arno Press.

Grodin, Debra. 1991. "The Interpreting Audience: The Therapeutics of Self-Help Book Reading." *Critical Studies in Mass Communication* 8 (4), pp. 404~420.

Gross, Sidney. 1965. "How to Stock." In *How to Run a Paperback Bookshop,* ed. Sidney Gross and Phyllis B. Steckler, pp. 52~64. New York: R. R. Bowker.

Gusfield, Joseph R. 1975. *Community : A Critical Response.* New York: Harper & Row.

Haas, Harold M. [1939] 1979. *Social and Economic Aspects of the Chain Store Movement.* New

York: Arno Press.

Habermas, Jurgen. [1962] 1989. *The Structural Transformation of the Public Sphere: An Inquiry into a Category of Bourgeois Society.* Cambridge: MIT Press.

_____. 1990. *Moral Consciousness and Communicative Action.* Cambridge: MIT Press.

Halebsky, Stephen Eugene. 2001. "Small Towns and Big Stores: Local Controversies over the Siting of Superstores." Ph.D. diss., University of Wisconsin, Madison.

Hallsworth, Alan G., Ken G. Jones, and Russell Muncaster. 1995. The Planning Implications of New Retail Format Introductions in Canada and Britain. *Service Industries Journal* (4), pp. 148~163.

Hanchett, Thomas W. 1996. "U.S. Tax Policy and the Shopping-Center Boom of the 1950s and 1960s." *American Historical Review* 101 (4), pp. 1082~1110.

Handler, Julian H. 1966. *How to Sell the Supermarkets: For Non-Food Manufacturers and Distributors.* 3rd ed. New York: Fairchild Publications.

Haugland, Ann. 1994. "Books as Culture/Books as Commerce." *Journalism Quarterly* 71 (4), pp. 787~799.

Hayward, Walter S., and Percival White. 1925. *Chain Stores: Their Management and Operation.* 2nd ed. New York: McGraw Hill.

Henderson, Bill. 1975. "Independent Publishing: Today and Yesterday." *Annals of the American Academy of Political and Social Science* 421, pp. 93~105.

Hesmondhalgh, David. 1999. "Indie: The Institutional Politics and Aesthetics of a Popular Music Genre." *Cultural Studies* 13 (1), pp. 34~61.

Hirsch, Paul M. [1972] 1992. "Processing Fads and Fashions: An Organization-Set Analysis of Cultural Industry Systems." In *The Sociology of Economic Life,* ed. Mark Granovetter and Richard Swedberg, pp. 363~383. Boulder: Westview Press.

Hochschild, Arlie Russell. 1983. *The Managed Heart: Commercialization of Human Feeling.* Berkeley and Los Angeles: University of California Press.

Hollander, S. C. 1966. "United States of America." In *Resale Price Maintenance,* ed. B. S. Yamey, pp. 65~100. Chicago: Aldine.

Horowitz, Helen Lefkowitz. [1976] 1989. *Culture and the City: Cultural Philanthropy in Chicago from the 1880s to 1917.* Chicago: University of Chicago Press.

Horowitz, Irving Louis. 1991. *Communicating Ideas : The Politics of Scholarly Publishing.* 2nd expanded ed. New Brunswick: Transaction.

Hosmer, Charles B. Jr. 1981. *Preservation Comes of Age: From Williamsburg to the National Trust, 1926~1949.* 2 vols. Charlottesville: University Press of Virginia.

Hower, Ralph M. 1943. *History of Macy's of New York, 1858~1919: Chapters in the Evolution of the Department Store.* Cambridge: Harvard University Press.

Humphrey, Kim. 1998. *Shelf Life: Supermarkets and the Changing Cultures of Consumption.*

Cambridge: Cambridge University Press.

Ingram, Paul, and Hayagreeva Rao. 2004. "Store Wars: The Enactment and Repeal of Anti-Chain-Store Legislation in America." *American Journal of Sociology* 110 (2), pp. 446~487.

Jackson, Kenneth T. 1985. *Crabgrass Frontier: The Suburbanization of the United States.* New York: Oxford University Press.

_____. 1996. "All the World's a Mall: Reflections on the Social and Economic Consequences of the American Shopping Center." *American Historical Review* 101 (4), pp. 1111~1121.

Jacobs, Jane. [1961] 1992. *The Death and Life of Great American Cities.* New York: Vintage Books.

Jakle, John A. 1982. "Roadside Restaurants and Place-Product-Packaging." *Journal of Cultural Geography* 3, pp. 76~93.

Kammen, Michael. 1999. *American Cultures American Tastes: Social Change and the 20th Century.* New York: Basic Books.

Kasson, John F. 1978. *Amusing the Million: Coney Island at the Turn of the Century.* New York: Hill & Wang.

Kirkpatrick, David D. 2000. *Report to the Authors Guild Midlist Books Study Committee.* Authors Guild and Open Society Institute.

Klein, Naomi. 2000. *No Logo: Taking Aim at the Brand Bullies.* Toronto: Vintage Canada.

Kotler, Philip. 2003. *Marketing Management.* 11th ed. Upper Saddle River, N.J.: Prentice Hall.

Kowinski, William Severini. 1985. *The Mailing of America : An Inside Look at the Great Consumer Paradise.* New York: William Morrow.

Lacy, Dan. 1967. "The Changing Face of Publishing." In *What Happens in Book Publishing,* 2nd ed., ed. Chandler B. Grannis, pp. 423-37. New York: Columbia University Press.

_____. 1992. From Family Enterprise to Global Conglomerate. *Media Studies Journal* 6 (3), pp. 1~13.

Lane, Michael. 1970. "Publishing Managers, Publishing House Organization and Role Conflict." *Sociology* 4 (3), pp. 367~383.

_____. 1975. "Shapers of Culture: The Editor in Book Publishing." *Annals of the American Academy of Political and Social Science* 421, pp. 34~42.

Lane, Michael, with Jeremy Booth. 1980. *Books and Publishers: Commerce against Culture in Postwar Britain.* Lexington, Mass.: Lexington Books.

Lasch, Christopher. 1984. *The Minimal Self : Psychic Survival in Troubled Times.* New York: W. W. Norton.

Lasswell, Harold D. [1927] 1971. *Propaganda Technique in World War 1.* Cambridge: MIT Press.

Leach, William. 1989. "Strategists of Display and the Production of Desire." In *Consuming Visions: Accumulation and Display of Goods in America, 1889~1920,* ed. Simon J. Bronner, pp. 99~132. New York: W. W. Norton.

_____. 1993. *Land of Desire: Merchants, Power, and the Rise of a New American Culture.* New York: Vintage Books.

Lebhar, Godfrey M. 1963. *Chain Stores in America, 1859~1962.* 3rd ed. New York: Chain Store Publishing Corporation.

Lee, Jennifer. 2002. *Civility in the City: Blacks, Jews, and Koreans in Urban America.* Cambridge, Mass.: Harvard University Press.

Lee, Maurice W. 1939. "Anti-Chain-Store Tax Legislation." *Journal of Business of the University of Chicago* 12 (3), pp. 1~80.

Lehmann-Haupt, Hellmut. 1952. "Book Production and Distribution from 1860 to the Present Day." In *The Book in America: A History of the Making and Selling of Books in the United States,* 2nd ed., by Hellmut Lehmann-Haupt, in collaboration with Lawrence C. Wroth and Rollo G. Silver, pp. 137~419. New York: R. R. Bowker.

Leidner, Robin. 1993. *Fast Food, Fast Talk: Service Work and the Routinization of Everyday Life.* Berkeley and Los Angeles: University of California Press.

Leonard, Eliot. 1985. "Bookstore Chains." In *The Business of Book Publishing: Papers by Practitioners,* ed. Elizabeth A. Geiser, Arnold Dolin, with Gladys S. Topkis, pp. 244~255. Boulder: Westview Press.

Levine, Lawrence W. 1988. *Highbrow/Lowbrow : The Emergence of Cultural Hierarchy in America.* Cambridge: Harvard University Press.

Liebs, Chester H. 1978. "Remember Our Not-So-Distant Past?" *Historic Preservation* 30(1), pp. 30~35.

Long, Elizabeth. 1985. *The American Dream and the Popular Novel.* Boston: Routledge & Kegan Paul.

_____. 1985~1986. "The Cultural Meaning of Concentration in Publishing." *Book Research Quarterly* 1 (4), pp. 3~27.

Longstreth, Richard. 1997. *City Center to Regional Mall: Architecture, the Automobile, and Retailing in Los Angeles, 1920~1950.* Cambridge: MIT Press.

Luey, Beth. 1992. "The Impact of Consolidation and Internationalization." Introduction to *The Structure of International Publishing in the 1990s,* ed. Fred Kobrak and Beth Luey, pp. 1~22. New Brunswick: Transaction.

Luxenberg, Stan. 1985. *Roadside Empires: How the Chains Franchised America.* New York: Viking.

_____. 1991. *Books in Chains : Chain Bookstores and Marketplace Censorship.* New York: National Writers Union.

Lynch, Kevin. 1972. *What Time Is This Placed* Cambridge: MIT Press.

Mabie, Hamilton Wright. 1896. *Books and Culture.* New York: Dodd, Mead and Company.

Macdonald, Kent. 1985. "The Commercial Strip: From Main Street to Television Road." *Landscape* 28 (2), pp. 12~19.

Madison, Charles A. 1966. *Book Publishing in America.* New York: McGraw-Hill.

Mahoney, Tom, and Leonard Sloane. 1966. *The Great Merchants: America's Foremost Retail Institutions and the People Who Made Them Great.* New and enlarged ed. New York: Harper & Row.

Marcuse, Herbert. 1964. *One-Dimensional Man : Studies in the Ideology of Advanced Industrial Society.* Boston: Beacon Press.

Market Facts Inc. 1984. *1983 Consumer Research Study on Reading and Book Purchasing: Focus on Adults.* New York: Book Industry Study Group.

Marlin, Randal. 2002. *Propaganda and the Ethics of Persuasion.* Peterborough, Ontario: Broadview.

Marx, Karl. [1869] 1963. *The Eighteenth Brumaire of Louis Bonaparte.* New York: International Publishers.

Marx, Karl, and Friedrich Engels. [1848] 1978. "Manifesto of the Communist Party." In *The Marx-Engeb Reader,* 2nd ed., ed. Robert C. Tucker, pp. 469~500. New York: W. W. Norton.

Mayer, Robert. N. 1989. *The Consumer Movement: Guardians of the Marketplace.* Boston: Twayne.

Mayo, James M. 1993. *The American Grocery Store: The Business Evolution of an Architectural Space.* Westport, Conn.: Greenwood.

Miller, Laura J. 1999. "Cultural Authority and the Use of New Technology in the Book Trade." *Journal of Arts Management, Law, and Society* 28 (4), pp. 297~313.

_____. 2000. "The Best-Seller List as Marketing Tool and Historical Fiction." *Book History* 3, pp. 286~304.

_____. 2001. "Publishing as Medium?" In *International Encyclopedia of the Social and Behavioral Sciences,* ed. Neil J. Smelser and Paul B. Baltes, pp. 12599~12603. Amsterdam: Pergamon.

_____. 2003. "The Rise and Not-Quite-Fall of the American Book Wholesaler." *Journal of Media Economics* 16 (2), pp. 97~120.

_____. Forthcoming. "Selling the Product." In *A History of the Book in America.* Vol. 5, *The Enduring Book: Print Culture in Postwar America,* ed. David Paul Nord, Joan Shelley Rubin, and Michael Schudson. New York: Cambridge University Press.

Miller, Laura J., Lynne (E. F.) McKechnie, and Paulette M. Rothbauer. 2003. "The Clash between Armchairs and Cash Registers: Customer Behavior and Corporate Strategies at Book Superstores." Paper presented at the Eleventh Annual Conference of the Society for the History of Authorship, Reading and Publishing, Claremont, Calif., July 11.

Miller, William. 1949. *The Book Industry*. New York: Columbia University Press.

Mills, C. Wright. 1951. *White Collar : The American Middle Classes*. New York: Oxford University Press.

Mitchell, Stacey. 2000. *The Home Town Advantage: How to Defend Your Main Street against Chain Stores ⋯and Why It Matters*. Minneapolis: Institute for Local Self-Reliance.

Monod, David. 1996. *Store Wars: Shopkeepers and the Culture of Mass Marketing, 1890~1939*. Toronto: University of Toronto Press.

Morton, Fiona M. Scott, and Joel M. Podolny. 2002. "Love or Money? The Effects of Owner Motivation in the California Wine Industry." *Journal of Industrial Economics* 50 (4), pp. 431~456.

Nava, Mica. 1991. "Consumerism Reconsidered: Buying and Power." *Cultural Studies* 5 (1), pp. 157~173.

Nelson, Walter Henry. 1965. *The Great Discount Delusion*. New York: David McKay.

Nichols, John P. 1940. *The Chain Store Tells Its Story*. New York: Institute of Distribution.

NPD Group Inc. 1993. *1991~1992 Consumer Research Study on Book Purchasing*. New York: Book Industry Study Group.

NPD Group Inc., and Carol Meyer. 1998. *1997 Consumer Research Study on Book Purchasing*. New York: Book Industry Study Group.

_____. 2000. *The 1999 Consumer Research Study on Book Purchasing*. New York: Book Industry Study Group.

Nystrom, Paul H. 1932. *Economics of Retailing: Retail Institutions and Trends*. 3rd revised and enlarged ed. New York: Ronald Press.

Ohmann, Richard. 1983. "The Shaping of a Canon: U.S. Fiction, 1960~1975." *Critical Inquiry* 10 (1), pp. 199~223.

Oldenburg, Ray. 1989. *The Great Good Place : Cafes, Coffee Shops, Community Centers, Beauty Parlors, General Stores, Bars, Hangouts and How They Get You through the Day*. New York: Paragon House.

Oliver, Marshal L. 1969. "Is an Architect Necessary?" *In A Manual on Bookselling*, 1st ed., ed. Charles B. Anderson, Joseph A. Duffy, and Jocelyn D. Kahn, pp. 19~24. New York: American Booksellers Association.

Oppenheimer, Martin. 1994. "Small-Minded." *Dollars and Sense*, no. 196, November/December, pp. 20~21, 39~40.

Palamountain, Joseph Cornwall Jr. [1955] 1968. *The Politics of Distribution.* New York: Greenwood.

Pearce, Charles Albert. 1939. *NRA Trade Practice Programs.* New York: Columbia University Press.

Peck, Abe. 1998. "From Underground to Alternative: Peace Signs and Dollar Signs." *Media Studies Journal* 12 (3), pp. 156~162.

Peiss, Kathy. 1986. *Cheap Amusements: Working Women and Leisure in Turn-of-the-Century New York.* Philadelphia: Temple University Press.

Phillips, Charles F. 1936. "State Discriminatory Chain Store Taxation." *Harvard Business Review* 14 (3), pp. 349~359.

Phillips, Patrick L. 1995. "Merging Entertainment and Retailing." *Economic Development Review* 13 (2), pp. 13~15.

Polanyi, Karl. [1944] 1957. *The Great Transformation.* Boston: Beacon.

_____. [1947] 1996. "Our Obsolete Market Mentality: Civilization Must Find a New Thought Pattern." In *Economic Sociology,* ed. Richard Swedberg, pp. 146~154. Cheltenham: Edward Elgar Publishing.

Pollack, Norman. 1990. *The Humane Economy: Populism, Capitalism, and Democracy.* New Brunswick: Rutgers University Press.

Postman, Neil. [1985] 1986. *Amusing Ourselves to Death: Public Discourse in the Age of Show Business.* New York: Penguin Books.

Powell, Walter W. 1980. "Competition versus Concentration in the Book Trade." *Journal of Communication* 30 (2), pp. 89~97.

_____. 1983. "Whither the Local Bookstore?" *Daedalus* 112 (1), pp. 51~64.

_____. 1985. *Getting into Print: The Decision-Making Process in Scholarly Publishing.* Chicago: University of Chicago Press.

The Project on Disney. 1995. *Inside the Mouse : Work and Play at Disney World..* Durham: Duke University Press.

Radway, Janice. 1989. "The Book-of-the-Month Club and the General Reader: On the Uses of 'serious Fiction.'" In *Literature and Social Practice,* ed. Philippe Desan, Priscilla Parkhurst Ferguson, and Wendy Griswold, pp. 154~176. Chicago: University of Chicago Press.

_____. 1990. "The Scandal of the Middlebrow: The Book-of-the-Month Club, Class Fracture, and Cultural Authority." *South Atlantic Quarterly* 89 (4), pp. 703~736.

_____. 1992. "Mail-Order Culture and Its Critics: The Book-of-the-Month Club, Commodification and Consumption, and the Problem of Cultural Authority." In *Cultural Studies,* ed. Lawrence Grossberg, Cary Nelson, and Paula A. Treichler, pp. 512~530. New York: Routledge.

_____. 1997. *A Feeling for Books: The Book-of-the-Month Club, Literary Taste, and Middle-Class Desire.* Chapel Hill: University of North Carolina Press.

Reference Press and Publishers Group West. 1993. *Hoover's Guide to the Book Business.* Austin: Reference Press.

Relph, E. 1976. *Place and Placelessness.* London: Pion.

Richberg, Donald R. [1938] 1939. "Who Wants Chain Stores?" In *Chain Stores and Legislation,* ed. Daniel Bloomfield, pp. 110~115. New York: H. W. Wilson.

Riesman, David. 1954. "Bookworms and the Social Soil." In *Individualism Reconsidered and Other Essays,* pp. 258~265. Glencoe, Ill.: Free Press.

Ritzer, George. 1996. *The McDonaldization of Society: An Investigation into the Changing Character of Contemporary Social Life,* revised ed. Thousand Oaks, Calif.: Sage.

Robinson, Michael J., and Ray Olszewski. 1980. "Books in the Marketplace of Ideas." *Journal of Communication* 30 (2), pp. 81~88.

Rosenbloom, Joshua L. 1991. "Economics and the Emergence of Modern Publishing in the United States." *Publishing History* 29, pp. 47~68.

Rousseau, Jean-Jacques. 1967. *The Social Contract and Discourse on the Origin of Inequality.* New York: Washington Square Press.

Ryan, Neal. 2001. "Reconstructing Citizens as Consumers: Implications for New Modes of Governance." *Australian Journal of Public Administration* 60 (3), pp. 104-9.

Sahlins, Marshall. 1972. *Stone Age Economic.* Chicago: Aldine Atherton.

Sams, E. C [1929] 1930. "Is the Chain System Detrimental to Personal Opportunity and Initiative." In *Current, Conflicting Views on the Chain Store Controversy,* ed. T. H. Hall, p. 46. Chicago: National Research Bureau.

Samson, Peter. 1981. "The Department Store, Its Past and Its Future: A Review Article." *Business History Review* 55 (1),pp. 26~34.

Schick, Frank L. 1958. *The Paperbound Book in America : The History of Paperbacks and Their European Background.* New York: R. R. Bowker.

Schiffrin, Andre. 2000. *The Business of Books: How International Conglomerates Took Over Publishing and Changed the Way We Read.* London: Verso.

"Shall We Curb the Chain Stores?" [1938] 1939. In *Chain Stores and Legislation,* ed. Daniel Bloomfield, pp. 28~35. New York: H. W. Wilson.

Shatzkin, Leonard. 1982. *In Cold Type: Overcoming the Book Crisis.* Boston: Houghton Mifflin.

Sheehan, Donald. 1952. *This Was Publishing : A Chronicle of the Book Trade in the Gilded Age.* Bloomington: Indiana University Press.

Shi, David E. 1985. *The Simple Life: Plain Living and High Thinking in American Culture.* New York: Oxford University Press.

Shields, Rob. 1992. "The Individual, Consumption Cultures and the Fate of Community." In *Lifestyle Shopping: The Subject of Consumption,* ed. Rob Shields, pp. 99~113. London: Routledge.

_____. 1992. "Spaces for the Subject of Consumption." In *Lifestyle Shopping: The Subject of Consumption,* ed. Rob Shields, pp. 1~20. London: Routledge.

_____, ed. 1992. *Lifestyle Shopping: The Subject of Consumption.* London: Routledge.

Shils, Edward. 1963. "The Bookshop in America." In *The American Reading Public: What It Reads, Why It Reads,* ed. Roger H. Smith, pp. 138~150. New York: R. R. Bowker.

Slater, Don. 1997. *Consumer Culture and Modernity.* Cambridge: Polity.

_____. 2002. "Capturing Markets from the Economists." In *Cultural Economy: Cultural Analysis and Commercial Life,* ed. Paul du Gay and Michael Pryke, pp. 59~77. London: Sage.

Slater, Philip. [1970] 1976. *The Pursuit of Loneliness: American Culture at the Breaking Point.* Revised ed. Boston: Beacon Press.

Smith, Roger H. 1976. *Paperback Parnassus: The Birth, the Development, the Pending Crisis ··· of the Modern American Paperbound Book.* Boulder: Westview Press.

Sorkin, Michael, ed. 1992. *Variations on a Theme Park: The New American City and the End of Public Space.* New York: Noonday Press.

Stokmans, M., and M. Hendrickx. 1994. "The Attention Paid to New Book Releases on a Display Table." *Poetics* 22 (3), pp. 185~197.

Stone, Gregory P. 1954. "City Shoppers and Urban Identification: Observations on the Social Psychology of City Life." *American Journal of Sociology* 60 (1), pp. 36~45.

Strasser, Susan. 1989. *Satisfaction Guaranteed: The Making of the American Mass Market.* Washington, D.C.: Smithsonian Institution Press.

Swidler, Ann 1986. "Culture in Action: Symbols and Strategies." *American Sociological Review* 51 (2), pp. 273~286.

Swingewood, Alan. 1977. *The Myth of Mass Culture.* London: Macmillan.

Symons, Allene, and Sonja Bolle. 1985. "Issues in Bookselling, 1984." In *The Book Publishing Annual,* pp. 185~192. New York: R. R. Bowker.

Tebbel, John. 1972. *A History of Book Publishing in the United States.* Vol. 1, *The Creation of an Industry, 1630~1865.* New York: R. R. Bowker.

_____. 1975. *A History of Book Publishing in the United States.* Vol. 2, *The Expansion of an Industry, 1865~1919.* New York: R. R. Bowker.

_____. 1978. *A History of Book Publishing in the United States.* Vol. 3, *The Golden Age between Two Wars, 1920~1940.* New York: R. R. Bowker.

Thornton, Patricia H. 2004. *Markets from Culture: Institutional Logics and Organizational Decisions in Higher Education Publishing.* Stanford: Stanford Business Books.

Trachtenberg, Alan. 1982. *The Incorporation of America : Culture and Society in the Gilded (* *Age*. New York: Hill & Wang.

Tryon, W. S. 1947. "Book Distribution in Mid-Nineteenth Century America: Illustrated by the Publishing Records of Ticknor and Fields, Boston." *Papers of the Bibliographical Society of America* 41 (3), pp. 210~230.

Van Ginkel, Blanche Lemco. [1961] 1971. "Aesthetic Considerations." In *Urban Problems: A Canadian Reader,* ed. Ralph R, Krueger and R. Charles Bryfogle, pp. 46~50. Toronto: Holt, Rinehart and Winston of Canada.

Veblen, Thorstein. 1904. *The Theory of Business Enterprise*. New York: Charles Scribner's Sons.

Venturi, Robert, Denise Scott Brown, and Steven Izenour. [1972] 1977. *Learning from Las Vegas: The Forgotten Symbolism of Architectural Form*. Revised ed. Cambridge: MIT Press.

Veronis Suhler Stevenson. 2003. *Communications Industry Forecast and Report*. 17th ed./ 21st ed. New York: Veronis Suhler Stevenson.

Walden, Keith. 1989. "Speaking Modern: Language, Culture, and Hegemony in Grocery Window Displays, 1887~1920." *Canadian Historical Review* 70 (3), pp. 285~310.

Wanamaker, John. 1911. *Golden Book of the Wanamaker Stores*. Philadelphia: John Wanamaker.

Weber, Lee A, 1969. "Managing a Branch Bookstore: Problems and Responsibilities." In *A Manual on Bookselling,* 1st ed., ed. Charles B. Anderson, Joseph A. Duffy, and Jocelyn D. Kahn, pp. 213~216. New York: American Booksellers Association.

Weber, Max [1915] 1946. "Religious Rejections of the World and Their Directions." In *From Max Weber: Essays in Sociology,* ed. H. H. Gerth and C. Wright Mills, pp. 323~359. New York: Oxford University Press.

_____. 1978. *Economy and Society: An Outline of Interpretive Sociology*. Vol. 1. Berkeley: University of California Press.

Wendt, Lloyd, and Herman Kogan. 1952. *Give the Lady What She Wants! The Story of Marshall Field O Company*. Chicago: Rand McNally.

Wheeler, Coburn T. 1933. "The Position of the Wholesaler in the Book Trade." *Harvard Business Review* 11 (2), pp. 237~243.

White, Ken, and Frank White. 1996. *Display and Visual Merchandising*. Westwood, N.J.: St. Francis Press.

Wilentz, Theodore. 1963. "American Bookselling in the 1960's." In *The American Reading Public: What It Reads, Why It Reads*, ed. Roger H. Smith, pp. 151~166. New York: R. R. Bowker.

Williams, Raymond. 1958. *Culture and Society, 1780-1950*. New York: Harper Torchbooks.

_____. 1977. Marxism and Literature. Oxford: Oxford University Press.

Williamson, Thad, David Imbroscio, and Gar Alperovitz. 2002. *Making a Place for Community: Local Democracy in a Global Era.* New York: Routledge.

Winkler, John K. 1940. *Five and Ten: The Fabulous Life of F. W. Woolworth.* New York: Robert M. McBride.

Wirten, Eva Hemmungs. 1998. *Global Infatuation: Explorations in Transnational Publishing and Texts: The Case of Harlequin Enterprises and Sweden.* Uppsala: Section for Sociology of Literature at the Department of Literature, Uppsala University.

Wolfenstein, Martha. 1955. "Fun Morality: An Analysis of Recent American Child-Training Literature." In *Childhood in Contemporary Cultures*, ed. Margaret Mead and Martha Wolfenstein, pp. 168~178. Chicago: University of Chicago Press.

Wroth, Lawrence C. 1952. "Book Production and Distribution from the Beginning to the American Revolution." In *The Book in America: A History of the Making and Selling of Books in the United States*, 2nd ed., by Hellmut Lehmann-Haupt, in collaboration with Lawrence C. Wroth, and Rollo G. Silver, pp. 1~59. New York: R. R. Bowker.

Zboray, Ronald J. 1993. *A Fictive People: Antebellum Economic Development and the American Reading Public.* New York: Oxford University Press.

Zelizer, Viviana A. [1978] 1992. "Human Values and the Market: The Case of Life Insurance and Death in 19th-Century America." In *The Sociology of Economic Life*, ed. Mark Granovetter and Richard Swedberg, pp. 285~304. Boulder: Westview Press.

_____. 1994. *The Social Meaning of Money.* New York: Basic Books.

Zimmerman, M. M. 1937. *Super Market: Spectacular Exponent of Mass Distribution.* New York: Super Market Publishing Co.

_____. 1955. *The Super Market: A Revolution in Distribution.* New York: McGraw-Hill.

Zukin, Sharon. 1995. *The Cultures of Cities.* Cambridge, Mass.: Blackwell.

_____. 2004. *Point of Purchase: How Shopping Changed American Culture.* New York: Routledge.

Zukin, Sharon, and Paul DiMaggio. 1990. Introduction to *Structures of Capital: The Social Organization of the Economy*, ed. Sharon Zukin and Paul DiMaggio, pp. 1~36. Cambridge: Cambridge University Press.

찾아보기

지은이

로라 J. 밀러(Laura J. Miller)
브랜다이스 대학교(Brandeis University) 사회학과 조교수

옮긴이

박윤규
현 성공회대학교 경영학부 교수
미국 클래어몬트 대학교(Clarement University) 박사
미국 보스턴 대학교(Boston University) 석사
미국 플로리다 공대(Florida Institute of Technology) 석사, 학사

이상훈
현 성공회대학교 경영학부 교수
미국 캔자스 대학교(University of Kansas) 경영학 박사
미국 아이오와 주립대학교(Iowa State University) 경영학 석사
중앙대학교 경영학 학사

한울아카데미 1635

서점 vs 서점 미국의 도서판매와 소비문화의 역사

ⓒ 박윤규 · 이상훈, 2014

지은이 | 로라 J. 밀러
옮긴이 | 박윤규 · 이상훈
펴낸이 | 김종수
펴낸곳 | 도서출판 한울

편집책임 | 이교혜
편집 | 김준영

초판 1쇄 인쇄 | 2014년 1월 20일
초판 1쇄 발행 | 2014년 2월 5일

주소 | 413-756 경기도 파주시 광인사길 153 한울시소빌딩 3층
전화 | 031-955-0655
팩스 | 031-955-0656
홈페이지 | www.hanulbooks.co.kr
등록번호 | 제406-2003-000051호

Printed in Korea.
ISBN 978-89-460-5635-0 93330(양장)
ISBN 978-89-460-4814-0 93330(학생판)

* 책값은 겉표지에 표시되어 있습니다.
* 이 도서는 강의를 위한 학생판 교재를 따로 준비했습니다.
  강의 교재로 사용하실 때에는 본사로 연락해주십시오.